普通高等学校实验室安全教育创新教材
供基础、临床、法医、预防等专业用

U0658874

实验室安全与医学实验安全

主　审　李云庆

主　编　吕海侠　刘利英

副主编　袁　栎　彭慧琴　白　亮　马天有

编　者（以姓氏笔画为序）

马　艳	新疆医科大学	危晓莉	浙江大学	张淑雅	宁夏医科大学
马天有	西安交通大学	刘利英	西安交通大学	陈婉南	福建医科大学
马宏炜	空军军医大学	汤华民	南京医科大学	郎　曼	新疆医科大学
王　玥	西安交通大学	许德晖	西安交通大学	姚　璐	西安交通大学
王　蓉	西安交通大学	李红芳	兰州大学	袁　栎	南京医科大学
王亚云	空军军医大学	杨　阳	陕西中医药大学	徐佳曦	西安交通大学
龙　瑶	兰州大学	杨　玲	复旦大学	郭　宁	西安交通大学
卢晓云	西安交通大学	杨　睿	西安交通大学	黄　宁	西安交通大学
叶　伟	空军军医大学	吴春生	西安交通大学	章　先	浙江大学
田　菲	空军军医大学	谷文媛	西安交通大学	彭慧琴	浙江大学
白　亮	西安交通大学	张　璐	福建医科大学	焦　倩	青岛大学
吕海侠	西安交通大学	张芳琳	空军军医大学	魏钦俊	南京医科大学

学术秘书　白　亮（兼）

人民卫生出版社
·北　京·

图书在版编目（CIP）数据

实验室安全与医学实验安全 / 吕海侠，刘利英主编 .
北京 ：人民卫生出版社，2025. 3. -- ISBN 978-7-117
-37639-6

Ⅰ . R446

中国国家版本馆CIP数据核字第2025ZQ5519号

人卫智网	www.ipmph.com	医学教育、学术、考试、健康，购书智慧智能综合服务平台
人卫官网	www.pmph.com	人卫官方资讯发布平台

实验室安全与医学实验安全
Shiyanshi Anquan yu Yixue Shiyan Anquan

主　　编：吕海侠　刘利英
出版发行：人民卫生出版社（中继线 010-59780011）
地　　址：北京市朝阳区潘家园南里 19 号
邮　　编：100021
E - mail：pmph @ pmph.com
购书热线：010-59787592　010-59787584　010-65264830
印　　刷：三河市潮河印业有限公司
经　　销：新华书店
开　　本：850 × 1168　1/16　印张：18
字　　数：495 千字
版　　次：2025 年 3 月第 1 版
印　　次：2025 年 3 月第 1 次印刷
标准书号：ISBN 978-7-117-37639-6
定　　价：59.00 元

打击盗版举报电话：010-59787491　E-mail：WQ @ pmph.com
质量问题联系电话：010-59787234　E-mail：zhiliang @ pmph.com
数字融合服务电话：4001118166　E-mail：zengzhi @ pmph.com

主审简介

李云庆

空军军医大学教授,博士研究生导师,全国优秀教师,享受国务院政府特殊津贴,首批军队科技领军人才以及军队杰出专业技术人才。现任中国解剖学会理事长,国务院学位委员会学科评议组成员,空军军医大学基础医学院梁銶琚脑研究中心主任,《神经解剖学杂志》主编;曾任国际解剖学工作者协会联盟(IFAA)副主席,中国神经科学学会常务理事,军队重点实验室主任。

从事解剖学教育40年,曾获第三届国家音像制品奖、省部级教学成果奖(特等奖和一等奖各1项);主编、主译教材及专著20部。围绕"痛与镇痛机制研究"先后承担国家重点基础研究发展规划("973")项目子课题、"863"项目(合作)及国家自然科学基金重点项目、国家杰出青年科学基金等22项;以第一或通信作者发表SCI收录论文265篇;以第一获奖人获国家科学技术进步奖一等奖、何梁何利基金科学与技术进步奖和军队后勤科技突出贡献奖各1项,陕西省科学技术进步奖一等奖2项、二等奖3项。

吕海侠

三级教授,博士研究生导师,西安交通大学基础医学院副院长。陕西青年科技奖、王宽诚育才奖及西安交通大学教学卓越奖获得者。西安医科大学妇产科学硕士,西安交通大学人体解剖学博士,英国诺丁汉大学神经科学博士后。中国神经科学学会第六届、第七届理事,中国解剖学会理事,陕西省解剖学会常务副理事长,侯宗濂基础医学拔尖学生培养基地(基础学科拔尖学生培养计划 2.0)项目主任。

从事教学工作 27 年,围绕"神经干细胞与脑损伤修复"展开科学研究,主持国家自然科学基金项目 5 项,国家重点实验室开放项目 1 项;获陕西省科学技术奖三等奖 1 项,陕西高等学校科学技术奖一等奖 1 项,发表科技论文 115 篇;围绕"医学教育和医学生创新能力培养"开展教学研究,开创性推行本科生双导师制度,主持省部级等教学改革项目 12 项,发表教学论文 27 篇,主编、副主编教材 7 部,参编教材 11 部。曾获西安交通大学教师授课比赛一等奖、教学成果奖及优秀本科生班主任等荣誉。

刘利英

博士,西安交通大学医学部研究员,九三学社社员。主要从事肿瘤细胞生物学、双光子激光扫描显微成像技术的开发与应用、实验室安全与建设及医工交叉与临床研究。任中国医药生物技术协会科研实验室建设与管理分会委员、陕西省骨与关节学会医工结合与临床研究分会委员。发表论文 70 余篇,其中 SCI 收录 50 余篇,参编教材 2 部;主持或参与国家级、省级及校级科研项目 20 余项;授权发明专利 2 项、实用新型专利 2 项;获陕西省科学技术奖三等奖 1 项、陕西高等学校科学技术奖特等奖 1 项、一等奖 1 项。

前　言

党的二十大报告指出，"教育、科技、人才是全面建设社会主义现代化国家的基础性、战略性支撑"。在强化教育、科技、人才"三位一体"协同发力所构建的新格局中，教育的基础性、先导性、全局性地位和作用更加凸显。高校是教育、科技、人才的交汇枢纽，承担着为党育人、为国育才的重任。其中，作为高等教育体系重要组成部分的"实验与实践教学"，是培养大学生科学素养和科技创新能力的重要抓手，"实验室"更是各类人才成长的重要场所。

医学教育是高校教育的重要组成部分，其教育质量关系到人民健康福祉。当前，我们正积极推进新医科建设，不断深化"医教协同"和"科教融合"，这是落实《"健康中国2030"规划纲要》、培养高素质医学人才的重要途径。

值得注意的是，高素质医学人才培养正逐步向本科教育延伸。越来越多的本科生走进实验室，开展综合性、创新性实验或参与科技创新活动，这无疑为实验室安全教育和安全管理带来了新的挑战。

随着医学高等教育的蓬勃发展，本科生参加科研活动时长显著增加，覆盖广泛且技术复杂多样。然而，与此形成鲜明对比的是，本科生的安全教育往往缺少系统性和规范性，尤其是与医学实验相关的安全教育内容匮乏，难以全面防范"实验室安全规则"之外的风险。为帮助医学本科生构建系统的实验安全行为规范，增强安全意识，养成良好的实验习惯，并为他们未来独立开展研究和可持续发展奠定基础，我们在充分调研的基础上，针对当前医学类本科生的安全知识背景和教育需求，形成了本教材的编写思路。

本教材分两篇十二章，紧扣医学教育各个阶段的实验内容，专业特点突出。第一篇为"生物医学实验室通用安全知识"，以通识安全教育为主，包括水电安全、危险及化学品安全、消防安全、仪器设备安全等方面；第二篇为"生物医学专业实验安全知识"，以医学专业实验安全教育为主，围绕实践教学内容，从分子细胞、组织器官、病原微生物、实验动物等不同层面，介绍试剂、药品、器械等使用安全及操作规范。本教材还根据医学科技发展和创新实验内容，增加转基因技术、辐射类实验及虚拟仿真实验等新的内容。另外，本教材利用现代信息技术，通过扫描二维码，可线上阅读相应章节的拓展材料等数字内容。

本教材各章节编排逻辑科学合理，遵循先通识后专业的原则，可读性强；同时，配合文字内容，附实验操作视频、习题训练及数字化拓展，更符合大学生学习特点，便于学生在实践中使用。除内容上体现与医学创新人才培养的契合以外，编写团队也力求全面。36 位编者来自全国 11 所综合性大学及医学类院校，既有专业课程教师，也有实验技术支撑岗教师及实验室安全管理人员。他们熟悉学生特点，掌握实验安全教育需求，从安全管理、风险防范及严谨科学态度等不同视角，对医学实验室安全及医学实验安全展开阐述。

　　作为一本面向医学及相关专业本科生的实验安全教材，期待本教材能够在维护实验室安全、实验安全、实验人员安全及校园安全方面发挥积极作用。在教材付梓之际，衷心感谢空军军医大学李云庆教授的悉心指导，衷心感谢人民卫生出版社和西安交通大学各部门的大力支持，也衷心感谢所有编者的辛勤工作。尽管全体编者以精益求精的态度进行编写，但由于水平有限，本教材难免存在不足之处，恳请广大师生读者批评指正。

尚海陕

2025 年 1 月

目 录

第一篇　生物医学实验室通用安全知识

第一章　生物医学实验室安全概述

安全的实验环境是保障师生人身财产安全，以及推动教学和科学研究顺利进行的基础，实验室安全也是评价高校办学实力、落实以人为本办学理念的基本内容。医学教育的历史源远流长，实践与实验教学是医学教育的重要环节。与其他专业相比，医学类实验面临的安全风险具有其特殊性，因此，医学实验安全管理与安全教育任重道远。

从安全管理的角度考虑，它既包括实验室的布局、仪器设备的维护与保养、危险化学品的存放与使用、仪器设备的使用及安全检查记录等，也包括实验室的文化建设、管理模式、管理制度等。从安全教育的角度考虑，除了要求相关人员熟知安全标志、遵守安全管理规定及操作规范，还包括养成严谨求实、精益求精和安全实验的良好工作习惯。

第一节　实验室安全的重要性

人类在与疾病作斗争的过程中，逐渐建立了医学，再将长期积累的医疗经验传给下一代，便产生了医学教育。随着医学科学的发展和研究技术的不断进步，医学教育被赋予了新的内容，包括对生命本质的认知、对疾病发生机制的探索及新的诊疗手段的开发等。医学教育质量不仅影响着社会的文明程度，也关系到人民群众的生活质量和健康福祉。面对"实施健康中国战略的新任务、世界医学发展的新要求"，我国医学教育也面临新的挑战。

实验教学是高等教育体系的重要组成部分，更是培养大学生科学素养和科技创新能力的重要手段。综合性、设计性、创新性实验已经逐渐成为高质量医学生培养的重要内容。

一、思维与能力培养成为新时代大学教育的重要内容

科教融合是大学教育从单纯教学转向科教并重的必然趋势，也是我国高等教育强国建设的必然选择，更是时代赋予我国大学的一个核心命题。为深入贯彻落实《"健康中国 2030"规划纲要》，教育部联合国家卫生健康委、国家中医药管理局于 2018 年共同提出了"卓越医生教育培养计划 2.0"，旨在推进以胜任力为导向的教育教学改革；2019 年 4 月，教育部、中央政法委、科技部、工信部等 13 个部门联合启动"六卓越一拔尖"计划 2.0，全面推进新工科、新医科、新农科、新文科建设，提高高校服

务经济社会发展能力。在实施新医科建设以及拔尖创新人才培养的过程中,不断深化"医教协同"和"科教融合"已成为落实国家战略规划、服务四个面向的重要途径。

党的二十大报告指出,"教育、科技、人才是全面建设社会主义现代化国家的基础性、战略性支撑"。在强化教育、科技、人才"三位一体"协同发力的新格局中,教育的基础性、先导性、全局性地位和作用更加凸显。在医药卫生领域,创新思维培养和综合能力提升,已成为加强教育在医药卫生领域科技创新中的引领作用的核心内涵;推动科技成果转化,在重大疾病防治、新药研发、医疗人工智能等前沿领域实现基础理论和核心技术的突破,则是新时期医学人才培养的重要目标。

二、创新实践活动在高素质医学人才培养中的地位

卫生健康事业发展必须依靠科技创新的引领和推动,保障人类健康离不开科学发展和技术创新。拔尖创新人才是新知识的创造者、新领域的开拓者、新技术的发明者,是引领科技创新与产业发展方向的关键力量。高素质医学拔尖创新人才,对于提升我国在健康领域的全球竞争力、把握医学科学未来发展机遇及增强国家发展安全性等方面起着至关重要的作用。

高素质医学人才的培养,特别是在院校教育阶段,已经不能单纯依赖硕、博士研究生培养。更多的高校在本科阶段通过开设多样化的实践类课程及课外科技创新活动,激发大学生创新意识,锻炼创新思维,提高创新技能,培育创新品格。现阶段,我国高校实施的"强基计划""基础学科拔尖学生培养计划"及"拔尖创新人才培养计划"等,为本科阶段实施拔尖创新人才的自主培养提供了良好环境;不断完善的科教融合育人机制,相关的国家实验室、国家科研机构、高水平研究型大学和科技领军企业,为拔尖创新人才的系统科研训练提供了培养平台。科技创新群体、科研团队及科研实验室成为高素质医学拔尖创新人才培养的重要载体,而各类科技创新项目、开放实验室项目及科研活动,则成为培养医学创新人才的主要抓手。

三、实验室安全与高素质医学人才培养的关系

高等学校的实验室是教师和学生开展实验教学和科技创新的重要场所。近年来,随着我国医学高等教育的快速发展,实验室数量和规模不断扩大,学生在实验室接受教育和培训的时间大幅度增加。同时,开放实验项目、自主创新项目等科研活动的覆盖面更加广泛,涉及的实验技术及仪器设备种类也更为复杂,因此实验室安全管理和安全教育的任务更加艰巨。

(一)医学类实验的特殊安全需求

医学类实验因实验对象、实验材料、实验废弃物等的特殊性,在安全要求方面有其特殊的规定。对部分实验研究,如生物技术研究开发与应用、病原微生物实验、人类遗传资源相关实验等,国家已出台专门的生物安全法规,对相关内容进行规范。自2021年4月15日起实施的《中华人民共和国生物安全法》,便是为了维护国家安全,防范和应对生物安全风险,保障人民生命健康,保护生物资源和生态环境,促进生物技术健康发展,推动构建人类命运共同体,实现人与自然和谐共生。

生物安全是国家安全的重要组成部分,包括生物技术安全、生物标本采集与使用安全、生命伦理安全、病原微生物实验安全等多个方面。国家鼓励生物科技创新,也鼓励科技领域的国际合作,对于我国人类遗传资源和生物资源采集、保藏、利用、对外提供等活动,均有严格的管理和监督机制,以保障人类遗传资源和生物资源安全。国家对我国人类遗传资源和生物资源享有主权。任何采集、保藏、

利用、对外提供我国人类遗传资源的行为，都应当符合伦理原则，并且不得危害公众健康、国家安全和社会公共利益。有关临床医学研究的样本、药品以及器械等，国家也有十分明确的规定。任何单位或个人，都要依法从事实验研究及相关活动。

（二）医学实验室安全管理

实验室安全是教育系统安全工作的重点，是不可逾越的红线。做好实验室的安全管理工作是保障高校教学实验室安全稳定运行的关键。

1. 医学类高校实验室安全风险等级相对较高　高校实验室安全管理工作是校园安全管理的重要内容，医学及生物学实验室由于功能的特殊性，不仅存在涉及水、电、气、高温、低温、高压、低压、真空、高速、强磁、辐射等危险因素的仪器设备，往往还存放有大量易燃、易爆、有毒、有害的化学和生物药品或试剂，部分实验室还涉及病毒、细菌等病原微生物，稍有疏忽就可能发生实验室安全事故。一旦出现安全事故，不仅会打乱教学或科研工作，影响高校的正常运行，还可能导致仪器设备、研究资料的损毁，造成重大损失。对于参与实验或研究活动的师生而言，他们不仅人身安全受到威胁，还可能从精神层面上产生对专业的负面认识。除此之外，实验室安全事故还可能因病原微生物泄漏而对环境乃至整个社会造成深远影响，甚至引起公众恐慌。

2. 高校实验室安全问题易发，加强安全管理势在必行　随着我国高等教育事业的迅猛发展和高等教育投入的不断增加，高校实验室呈现出设备先进、试剂或药品丰富、实验技术密集的特点。实验室安全问题易发的原因，除在客观上存在不安全因素较多外，也与人员流动性大、管理困难及实验设施操作要求高等因素有关。近年来，许多医学类高校扩大办学规模，也有许多学校新办医学院或建设新的医学专业，在校学生人数急剧增加；加之医学生培养目标和要求的转变，高校更加重视实践育人，实验及实践类课程比例不断增加，也使得需要进入实验室及参与实验的人员，包括本科生及研究生人数大幅增加。实验室的人员集中且流动性大，实验人员的安全素质参差不齐，与之不相匹配的是实验室安全管理人员相对较少、管理水平相对滞后、管理政策和管理手段相对贫乏。这些因素进一步使高校实验室的安全工作变得复杂而严峻，加强安全管理势在必行。

为切实增强高校实验室安全管理能力和水平，保障校园安全稳定和师生生命安全，2019年以来，教育部连续下发了《关于进一步加强高校教学实验室安全检查工作的通知》《教育部关于加强高校实验室安全工作的意见》《教育系统安全专项整治三年行动实施方案》《教育部办公厅关于开展加强高校实验室安全专项行动的通知》等一系列重要文件。这些文件要求切实盯紧安全薄弱环节，补齐安全管理短板，强化安全风险防控和隐患排查治理，全面落实责任体系建设，坚决防范、遏制安全事故发生，维护师生生命安全，保障校园安全稳定。各高校目前也把实验室安全作为一项重要的常态化工作，不断完善相关机制、规范管理、提供保障，提升实验室安全管理成效，保障各项工作的顺利开展。

（三）实验室安全教育

高校实验室安全管理工作内容复杂、任务重、要求高。单纯依靠学校相关管理部门的督查和巡检，难以保障从事实验的师生的生命及财产安全，也难以保证教学、科研活动的顺利进行。应从以下几个方面加强实验室安全教育。

1. 充分认识加强高校实验室安全教育的重要性　加强实验室安全教育，从根本上防范实验安全事故的发生，必须成为高校教育的重要内容。纵观各类实验室安全事故，绝大部分由人为因素造成。因此，加强实验安全教育，提高包括实验室管理人员、工作人员、指导教师和学生在内的所有实验人员的安全防范意识，规范实验操作，提高应急处理能力，是有效避免安全事故发生的关键。

大学生是接受实验室安全教育的主体,其安全意识的淡薄及安全技能的缺乏不仅表现在实验场所或实验操作的过程中,还表现在日常生活和工作中,如因违章使用电器导致火灾、野外实习操作不规范导致受伤,以及网络、电话诈骗导致财产损失等,后果极为严重。因此,在大学生范围内开展实验室安全教育,不仅是大学生思想政治教育和素质教育的重要内容,而且是保障大学生安全、维护校园安全及社会和谐稳定的重要措施。

2. 强化实验室安全教育体系建设 《教育部办公厅关于开展加强高校实验室安全专项行动的通知》中明确要求,高校要建设实验室安全教育体系,把实验室安全教育纳入学生的培养环节中,明确涉及实验风险的各级各类学生的培养要求。针对不同学科和专业实验,明确课程结构,设置教学大纲,开展相关教材编写与课程设置等工作。同时,也要求加强安全教育体系建设,建立实验室安全培训机制,并定期开展相关人员的培训与经验分享。加强实验室安全专家与师资队伍的培育力度,完善实验人员安全准入制度建设,加强高校实验室安全责任体系的各级管理人员、实验技术人员以及研究生导师培训力度,全面提升所有实验人员的安全意识和防范技能。

值得注意的是,现阶段高校实验室安全还存在诸多问题,如安全事故的诱因复杂化、安全问题多样化、安全管理涉及多个部门导致管理交叉化等。在安全管理方面还存在许多难点,如实验室危险源较多,用房面积紧张;实验室安全设施不足,实验室管理人员安全意识不强、安全知识不足、安全素养不高;实验室管理体制不健全、制度不完善,管理资金不足,硬件设施不配套,管理队伍不完整、人才不匹配等。随着高校教学和科研任务的日益加重,实验室安全问题更加凸显。高校除加强源头的管理以外,也应积极开展关于如何提高全员安全素养、创新实验室安全管理思路等课题研究,切实将实验室安全入心入脑,以保障师生的安全和各项工作的平稳运行。

第二节　实验室安全文化建设

一、实验室安全文化的定义

实验室安全文化是在开展实验教学和科学研究活动中长期凝练出来的一种文化氛围,是师生所接受的安全、学习或生活的行为方式和思维习惯,是他们对生命安全理解程度的集中体现。

二、实验室安全文化的特点

1. 稳定性 实验室安全文化是长期积淀而成的,与学校发展紧密相连。其形成是一个渐进过程,一经形成,便具有一定的稳定性,不因某一管理者、教师或学生的改变而立即改变。然而,它并非一成不变,会随着外部政治、经济和文化环境的变化而变化、调整、完善和升华,最终形成适应实验室安全发展需要、适应校园安全发展的稳定文化。

2. 独特性 实验室安全文化是学校作为一个整体向外界展示的群体生活素质水平,展现一个组织的综合情况,反映学校管理者、教师或学生的实验教学、生活状况及精神风貌。它不仅包含学校实验室安全管理方面的情况,还与学校实验室安全管理涉及的人、物和事相关。对于学校的实验室安全文化建设,学校的领导尤其是分管校长、院长等,有直接影响作用。学校的独特性决定了其实验室安全文化也独具特色。

3. 人本性 组织文化关注的中心是人。美国心理学家马斯洛的需求层次理论指出,人的需求由低到高依次是生理需求、安全需求、爱与归属、尊重需求和自我实现的需求。实验室安全文化以人为本,既满足教师自我价值的实现,也满足学生自我创新和发展需要的实现,体现了典型人本性。

4. 服务性 创建组织文化的根本目的是为组织自身的繁荣与发展服务,进而为社会经济发展服务。实验室安全文化中的物质文化、制度文化和精神文化,通过不同的表现形式,有形或无形地、规范或潜移默化地影响师生的思想和行为,让其行为规范、有序,既确保实验安全,也确保师生,特别是学生的身心安全。最终是让师生在实验中干得有尊严、行为有价值、心情舒畅,有效地实现预期实验目标,这些都体现了实验室安全文化的服务性。

5. 凝聚性 组织文化经过长期沉淀,能无形地、潜移默化地使自己的员工追求共同的目标,它像一条无形的手或者纽带把全体员工紧密团结在一起,这是组织文化的凝聚力。学校实验室安全文化,也如同组织文化一样,能够潜移默化地把全体师生紧密团结在一起,去追求共同的安全目标,这是实验室安全文化的凝聚性。

6. 激励性 激励是文化的独有特性。一旦融入某一组织文化,员工会自觉地围绕组织目标充分发挥自己的聪明才智。实验室安全文化能激发进入实验室的人员自觉遵守实验室安全管理规章制度,充分发挥自己的聪明才智,自觉学习和掌握实验安全理论和技术,在实验过程中严格按照科学设计的程序行动,实现思想解放与行为规范并重,这体现了实验室安全文化的激励性。

三、实验室安全文化建设方式

1. 营造安全文化氛围 实验室应从软硬件建设方面着手,深度融合安全文化元素,展现实验室的特色与内涵,构建积极向上的安全文化环境。与高校文化内涵深度融合,提升实验室人员的文化认同感与归属感。倡导科学价值观,提升科学素养,弘扬科学家精神。

实验室可通过建设文化墙等方式加强安全文化,设计色彩搭配简洁明快,与实验室的风格保持一致,内容主要包括实验室历史文化、学科经典、学术前沿、人才培养、科学研究、合作交流、名师风采、党建引领、文化标语、实验室安全文化口号等。标语应富有内涵,倡导主流价值观,形成正面引导。同时,注重实验室安全文化凝练与收集,梳理实验室发展史及大事记、杰出人物、安全亮点等;凝练优良传统,明确使命愿景,统一发展理念,提出安全文化口号,打造独特文化特色。

通过加强安全文化环境建设、营造浓郁的安全文化氛围,将概念化、条文化的安全规则转化为通俗易懂、贴近实际、操作性强的语言,以及图文并茂的文化墙、震撼人心的标语口号、言简意赅的宣传材料,使"居安思危""警钟长鸣"等思想观念深入人心,强化师生安全观念,实现全天候、全方位的安全教育。

2. 开展安全主题活动 开展各种形式的实验室安全活动,推动实验室安全文化建设。如"实验室安全月"活动、实验室安全大讲堂、安全培训沙龙、实验室安全微视频大赛、实验室安全摄影大赛、实验室安全海报大赛、实验室安全知识竞赛、应急演练、实验室安全知识和典型案例展示、知识大闯关等。

这些活动旨在弘扬实验室安全文化,牢固树立实验室安全理念,激发广大师生在实验室安全管理上的主动性,切实保障教学科研实验活动安全有序进行。营造由"要我安全"到"我要安全"的安全文化氛围。除此之外,可以组织实验室安全先进单位、先进实验室及先进个人评比工作,开展"安全先进实验室开放日"活动,发挥安全先进实验室的示范引领作用。

3. 加强安全文化宣传 实验室还应重视使用新媒体手段加强安全文化建设,应注意做好新媒体账号的规范申报、管理工作。可以联合学校宣传部门在学校网页设立专栏开展安全宣传；制作实验室安全宣传视频，并在学校楼宇屏幕（含电梯）等平台进行展示；制作大型实验室安全宣传展墙在校内驻放；制作海报于各校区食堂及教学区域展示；采取配乐图文和网络推文形式在线上发布实验室安全相关活动及知识；编制并印发学校实验室安全相关手册，并发放给所有参与实验活动的师生。

通过学校各级单位的各种活动，引导学生树立争先创优的良好风气，让学生亲身体验和感悟，引导学生建立健康向上、生动活泼的实验室安全文化氛围，激发学生在安全问题上的自觉性和主动性，促使学生安全、全面、协调发展和健康成长。

第三节　实验室安全制度建设

科学管理，制度先行。对于实验室安全管理而言，同样需要有法可依、有标准可执行，以确保管理的高效与科学性。做好高校的实验室安全工作，最主要的是建立一个合理且完备的实验室安全体系，其中，制定并实施合理有效的管理制度尤为重要。因此，应深入学习法律法规、标准及规章制度，并据此制定切实有效的实验室安全管理制度。

一、实验室安全制度的特点

1. **系统性**　各类实验室安全制度自成系统，又密切联系、相互配合，共同构成一个有机的大系统。在各项安全制度的共同作用下，使得实验室的人员、环境、危险源等有条不紊、有规则地运行。

2. **统一性**　具体指技术规范和行为规范的统一性。实验室安全制度规范实验室人员的行为，以实验室技术安全的要求为基础，要求他们"做什么""怎么做"的具体内容。实验室安全制度是技术规范与行为规范的统一体，亦可认为实验室安全制度是以技术规范为基础的行为规范。

3. **约束性**　实验室安全制度通过刚性规则，为实验人员提供了清晰的安全行为方式，还以柔性的实验室安全制度的意识、价值观、伦理观等环境氛围给实验人员以非正式约束，从而确保实验室安全工作的全面落实。

4. **实践性**　实验室安全制度具有很强的实践性，并非凭空臆造，而是基于长期实验室安全工作实践经验的总结。它反映了实验室安全工作的客观规律，一经形成，便需立即应用于实践中，成为实验室安全工作必须遵守的规范和准则。

二、实验室安全制度体系

当前实验室安全法律法规与规章制度的构建，呈现出从上至下、层层细化的特点。从全国人大、国务院、部委（局）的宏观指导性法律法规，到地方性人大、高校（院所）及院（系）的具体、微观、可操作性强的规章制度。其中，与实验室安全相关的国家标准规范主要由国务院各专业部（局）负责制定。

实验室安全相关的法律法规主要涉及安全生产、化学安全、生物安全、特种设备安全、辐射安全、环境保护、建筑与消防安全、职业防护等方面，由各个实验室安全管理相关的政府部门进行监管。

各高校的实验室安全制度主要涉及以下内容：综合管理、教育准入、风险评估、分级分类管理、化学安全、生物安全、辐射与特种设备管理、环保与废弃物管理、用水用电安全管理、仪器设备安全管理、实验环境管理、安全检查、应急管理、消防安全及奖惩制度。

三、生物实验室安全制度建设

（一）生物安全管理法律法规及标准

生物安全管理法律法规及标准主要有《中华人民共和国生物安全法》《麻醉药品和精神药品管理条例》《实验动物管理条例》《医学实验动物管理实施细则》《病原微生物实验室生物安全管理条例》《病原微生物实验室生物安全环境管理办法》《动物病原微生物菌（毒）种保藏管理办法》《基因工程安全管理办法》《生物安全实验室建筑技术规范》等。每项对相关内容均有对应的明确规定。

1. **全等级认证制度**　实验室实行生物安全等级认证制度，共分4级，且须经政府部门审批，获取相关资质。

2. **等级匹配制度**　危险性生物实验必须在相应的生物安全等级实验室中进行。

3. **上岗资质制度**　实验人员须经过有关机构的培训，并获取相应的证书。

4. **档案管理制度**　详细做好菌（毒）种台账，包括采购、保存、实验记录等。

5. **废弃物管理制度**　必须对涉及病原微生物的废弃物进行灭菌处理后方可排放。

（二）生物实验室安全制度

新形势下建设和完善高校生物实验室安全管理制度、明确各项工作标准、确保实验室工作有章可循、规范实验室管理、提高管理水平和管理效率，才能有效推动生物实验室的安全管理走向标准化、规范化、科学化，才能有效预防生物实验室安全事故的发生，保障师生员工的生命、财产安全，促进高校事业和谐、稳定、快速发展。

1. **安全工作责任制度**　生物实验室安全管理应坚持"安全第一，预防为主"的方针，贯彻"谁主管、谁负责，谁使用、谁负责"的原则，逐级落实安全管理责任。实验室应与在实验室开展教学科研的所有人员签订责任书。

实验室责任人是实验室安全的第一责任人，全面负责实验室的安全管理工作，其主要职责为：①贯彻执行各级实验室安全方面相关法律法规，保障本实验室安全符合规定，掌握实验室的安全情况；②为实验室安全提供必要的组织和经费支持，任命实验室安全管理人员；③组织本实验室的安全教育培训；④组织制定本实验室的安全管理制度、实验室安全操作流程及相应的应急处理措施；⑤组织实验室检查，整改实验室安全隐患并及时处理实验室安全问题；⑥制止和纠正违反操作规程行为；⑦组织本实验室安全事故的调查和救援，及时向上级汇报情况；⑧接受上级部门的监督检查，并按照要求治理安全隐患。

实验室安全管理人员是本实验室安全工作具体责任人，协助实验室责任人做好本实验室各项安全工作，其主要职责为：①完善本实验室的安全管理制度，责任到人；②建立实验室准入制度，确保进入实验室的实验人员参加相应的安全培训，保证其充分了解所涉及的设备设施等的操作规程或理化性质，必要时应取得相应的资质证书，禁止无关人员进入实验室；③对本实验室所使用的物料、设备等进行风险评估，并依据评估结果进行风险管理，开展相应的专项应急演练；④安排并落实实验室的值日值班；⑤纠正各类违规操作行为；⑥对实验室安全隐患进行排查，并进行整改；⑦对危险源张贴警示标志并制定相关的应急处理流程；⑧参与本实验室安全事故的调查和救援工作，及时汇报安全事故;⑨接受各部门的安全检查,并落实整改措施。

进入实验室开展实验的师生和其他实验人员是实验室安全的直接责任人,其主要职责为:①遵守各级单位的安全规章制度;②积极参加安全教育及应急演练,必要时应取得相应的资格证书;③按照学校、各学院和实验室的相关规定使用防护用品开展实验,并完整地填写各类标签和台账;④必要时参与事故调查并如实汇报相关情况。

2. **实验室安全准入制度**　　实验室安全准入制度体系的建立与完善对于实验室安全至关重要,实验室安全准入作为进入实验室的第一道防线必须严格把关。生物实验室应建立实验室出入许可制度,进入实验室学习或工作的所有人员应先进行安全知识、安全技能和操作规范培训,掌握设备设施、防护用品正确使用的技能,考核合格后方可进入实验室进行实验操作,无关人员一律不得入内。

3. **实验室分级管理制度**　　实验室安全分级是根据危险源的特性和导致(引发)危险的严重程度进行安全风险评估和评价,并配套专业化安全管理和预防措施。生物实验室应建立分级管理制度,对实验室进行分级管理。

4. **定期安全检查制度**　　生物实验室应当制定符合自身安全问题的定期检查制度,实行"全员、全过程、全要素、全覆盖"的安全检查,核查安全制度、责任体系、安全教育落实情况、各类危险源等存在的安全隐患,实行问题排查、登记、报告、整改、复查的"闭环管理",严格落实整改措施、责任、资金、时限和预案"五到位"。最终形成安全检查和整改报告,并留存备案。

5. **安全风险评估与管控制度**　　生物实验室应制定项目安全风险评估与管控制度,对所开展的教学科研活动进行风险评估,开展新增实验项目前必须进行风险评估,明确安全隐患和应对措施,并形成书面风险评估报告留存。凡涉及重要危险源的教学、科研项目,如有毒有害化学品、危险气体、动物及病原微生物、辐射源及射线装置、同位素及核材料、危险性机械加工装置、强电强磁与激光设备、特种设备等,应经过风险评估后方可开展实验活动。对存在重大安全隐患的项目,在未切实落实安全保障前,不得开展实验活动。

6. **危险源全周期管理制度**　　生物实验室应制定危险源全周期管理制度,对危险源进行风险评估,建立重大危险源安全风险分布档案和数据库,并制定危险源分级分类处置方案。

危险化学品的采购必须严格限定于具备生产经营许可资质的单位,剧毒品、易制毒品、易制爆品及爆炸品的购买程序要合规合法,麻醉药品、精神药品等的购置需事先向食品药品监督管理部门提交申请。实验室内应建立危险化学品动态管理台账,确保化学品有专用存放空间并科学有序存放,实验室内存放的危险化学品总量符合规定要求,化学品标签应显著完整清晰。

剧毒化学品执行"五双"管理(即双人验收、双人保管、双人发货、双把锁、双本账),技防措施符合管制要求。麻醉药品和第一类精神药品管理符合"双人双锁",并设有专用账册。易制爆化学品存量合规、双人双锁保管,易制毒化学品储存规范,台账清晰。爆炸品应单独隔离、限量存储,使用、销毁按照公安部门要求执行。此外,实验室内须规范收集化学废弃物。

采购或自行分离高致病性病原微生物菌(毒)种,须办理相应申请和报批手续,并妥善保存和严格管理。实验动物的购买、饲养、解剖等须符合相关规定。生物废弃物的中转和处置需遵循规范流程,与其他类别废物分开处理,且做好防护和消杀措施。

辐射设施和场所应设有警示、连锁和报警装置。放射性物质的采购、转移和运输应按规定报批。放射性废物(源)应严加管理,不得作为普通废物处理,不得擅自处置。大型、特种设备(如高压灭菌器)的使用需符合相关规定,有设备运行维护的记录及有安全操作规程或注意事项。

7. **实验环境管理制度**　　生物实验室应建立卫生值日表和安全值日表。卫生值日保持清洁整齐,仪器设备布局合理,实验室公共走廊整洁畅通,紧急通道畅通。实验室的物品必须摆放整齐,不得在实验室堆放杂物。安全值日应确保实验过程中不在实验台上放置与实验无关的物品,实验结束后及时清理现场。每日离开实验室前,务必进行安全检查,包括切断电源,关闭水源、气源和门窗等。各实验室应根据本实验室技术安全的性质,在实验室房门、房间内相应位置张贴醒目标志,标明实验室安全等级、安全责任人、紧急联系人、危险源、防护要求等信息。实验室的各区域均应张贴逃生指向标志和逃生路线图。

8. **应急预案和应急演练制度** 生物实验室应建立应急预案和应急演练制度,定期开展应急知识学习、应急处置培训和应急演练。保障应急人员、物资、装备和经费,保证应急功能完备、人员到位、装备齐全、响应及时,保证实验防护用品与装备、应急物资的有效性。

9. **标准操作程序** 根据实验对象、生物危害程度评估、实验内容、设施特点以及设施和设备情况,制定相应的标准操作程序。该程序应涵盖实验中可能遇到的各种危险,并详尽地提供如何在风险最低的前提下开展工作的作业指导和具体说明。对涉及的任何危险及如何在风险最小的情况下开展工作进行详细的作业指导和说明。并且要定期进行评审、评估、更新或者修订。

10. **其他制度** 除了上述制度,生物实验室还应有人员健康监测制度,事件、伤害、事故和职业性疾病报告制度,记录制度(培训记录、危害性评估、职业性疾病、实验记录等),文件管理制度等。

第四节 实验室安全标志

在生物医学实验室,实验室人员需要处理不同类型的试剂、仪器及实验样本。每个进入实验室的工作人员,都必须知晓常见的实验室危害,了解相应的预防措施,才能做到防微杜渐,最大程度地避免实验室事故的发生。

一、生物医学实验室安全提示系统

安全提示系统在保障实验室正常运转和人员安全的过程中发挥重要作用。常见的实验室安全提示系统一般包括:安全标志、安全标签、安全旗、楼层疏散平面图及安全通告等。

作为实验室安全文化建设的重要组成部分,实验室安全标志是保障实验室安全的关键要素。在生物医学实验室中,实验室安全标志起到了提示和警示的双重作用,它能够帮助实验室人员快速了解实验环境、掌握仪器设备的工作状况、明确实验试剂和样本的潜在危险性等。在进入实验室工作之前,所有实验室人员都应当熟练掌握常见实验室安全标志及其具体含义。

二、生物医学实验室安全标志的标准和使用

1. **实验室安全标志制定标准** 参照国际标准 ISO 7010《图形符号—安全颜色和安全标志》(*Graphical symbols—Safety colours and safety signs*),并结合现行国家标准 GB 2894—2008《安全标志及其使用导则》、GB/T 2893.5—2020《图形符号 安全色和安全标志 第 5 部分:安全标志使用原则与要求》进行制定。

(1)安全标志主体颜色,一般由醒目的颜色构成。如常见的红、蓝、黄、绿色,同时使用使安全色更加醒目的反衬色(对比色),如黑、白两色。现行国家标准对安全标志的色度性能进行了详细规定,因此标志面上相关内容的色度,包括安全色、对比色以及标志材料的逆反射光程度等,应满足国家标

准对标志材料颜色范围的规定。

（2）安全标志应使用黑体的简化汉字。必须做到工整、清楚、排列整齐、间隔均匀,高度应不小于3.5mm。

（3）安全标志一般都带有衬边。除警告标志使用黄色勾边以外,其余实验室生物安全标志均使用白色勾一窄边。

（4）制作安全标志应使用坚固耐用的材料制作而成,无毛刺、空洞和其他影响使用的瑕疵。

（5）国家标准对四类安全标志的尺寸,给出了7种制作规格,从小到大,依次为1型、2型、3型、4型、5型、6型、7型,其中1型为最小,较常使用的安全标志尺寸,为1～3型。

2. 生物医学实验室安全标志的使用　参照国际标准和国家标准,生物医学实验室安全标志张贴位置和使用,均有明确要求。

（1）张贴或悬挂位置必须醒目:实验室安全标志应张贴或悬挂在实验室的醒目位置,设置高度应大致与人眼视线一致,偏移距离应尽可能小。如提示实验室生物安全等级的安全标志应张贴在实验室入口处,高度与人的视线平齐。在涉及特定仪器和设备的安全信息时,安全标志的高度要根据具体情况而定。如提示开启液氮储藏罐时须佩戴防护面罩和保温手套的标志,应张贴在相关实验室入口处以及设备附近的醒目位置;警示实验试剂存在人体危害的标志,一般张贴在试剂外包装及瓶身上。总之,实验室张贴安全标志的目的是使实验室人员在进行相关操作之前,先行了解可能的风险,并给出建议的应对措施。

（2）使用效果要求快速且有效:安全标志的主要使用目的决定了使用要求,即快速且有效地传达警示、禁止及提示等信息。具体要求:①标志应设置与安全有关的醒目地方,设置环境明亮;②不可以设在窗、架等可移动的物体上;③标志的平面与视线夹角应接近90°;④多个标志在一起设置时,应按警告、禁止、指令、提示类型的顺序,先左后右、先上后下排列;⑤定期对安全标志进行检查、审核和更新,至少每年一次,当发现有损坏、颜色污染或有变化、褪色等情况,应及时修复或更换;⑥修整和更换安全标志时应有临时的标志替换,以避免发生意外的伤害。

3. 常用生物医学实验室安全标志　根据GB/T 2893.5—2020《图形符号　安全色和安全标志　第5部分:安全标志使用原则与要求》中更新的安全标志主要分为警告标志(用于提醒注意潜在的危险,几何图形为黑色正三角形,黄色背景,黑色图形符号)、禁止标志(用于表示禁止或制止某种行为,几何图形为带斜杠的圆环,红色背景,黑色图形符号和斜杠)、指令标志及提示标志等。

习　题

一、不定项选择题

1. 医学类高校实验室安全风险有（　　　）

　A. 水、电、气、高温、低温、高压、低压及辐射等带来的风险

　B. 易燃、易爆、有毒、有害化学药品、试剂带来的风险

　C. 病毒、细菌等病原微生物带来的风险

　D. 研究资料与实验数据保存、使用及传播风险

　E. 实验仪器、设备使用风险

2. 高校实验室安全问题易发的原因有（　　　）

　A. 实验室设备、试剂、药品密集,实验设施操作要求高

B. 实验室人员集中、流动性大

C. 实验室安全管理重视程度不够、教育不到位

D. 实验室安全管理措施不得力

E. 实验人员安全素质参差不齐,管理困难

3. 实验室安全文化的特点不包括(　　)

A. 稳定性

B. 人本性和独特性

C. 实践性和统一性

D. 凝聚性和激励性

E. 服务性

4. 作为国家安全重要组成部分的"生物安全"有(　　)

A. 生命伦理安全与生物技术安全

B. 生物标本采集与使用安全

C. 病原微生物实验安全

D. 临床研究的样本、药品及器械安全

E. 以上都包括

二、判断题(正确√,错误×)

1. 实验室管理人员是高校实验室安全教育的主体。(　　)

2. 医学类院校的实验室安全风险等级相对较高。(　　)

3. 高校实验室安全稳定对于教学及科研的稳定开展十分关键。(　　)

4. 实验室安全事故的直接原因是实验人员操作不当,留下安全隐患。(　　)

5. 实验室安全事故的本质原因是实验人员的安全意识淡薄、安全知识匮乏和实验技能不高。(　　)

答案

一、不定项选择题

1. ABCDE　2. ABCDE　3. C　4. E

二、判断题

1. ×　2. √　3. √　4. √　5. √

(吕海侠　谷文媛　徐佳曦)

第二章 生物医学实验室消防安全

生物医学实验室是人员密集、建筑密布的场所,集教学、科研、学习、工作和生活于一体,因其特有的设施、仪器设备、实验材料、化学试剂和实验操作等各种因素,使得火灾隐患客观存在,任何疏忽大意都可能导致火灾发生。近年来,全国各类实验室发生火灾和爆炸事故的报道屡见不鲜。其中,实验操作不规范、实验中发生意外、电气设备故障、危险品储存不当,以及易燃易爆气体和液体泄漏是事故发生的主要原因。此外,高校职能部门消防安全组织领导不健全、安全管理制度体系不完善、消防设施缺失、事故应急处置能力弱和建筑物防火标准低等问题,也是造成实验室消防安全事故频发的重要原因。

因此,作为在生物医学实验室工作的主体人员,均应谨记"以防为主,防消结合"的消防安全工作方针,熟练掌握防火防爆基本常识和必备技能,主动预防火灾和爆炸事故的发生。同时,一旦发生火灾,能够及时、有效地进行扑救和紧急逃生,最大限度地减少火灾造成的损失和危害。

第一节 实验室消防常识

实验室科研与管理人员对于实验室消防常识的熟悉与掌握程度,直接关系到实验室安全隐患的防范。将实验室消防常识作为进入实验室之前的安全教育第一课,可有效防控爆炸、火灾事故的发生。

一、实验室消防安全事故常见原因

生物医学实验室发生火灾和爆炸事故的主要原因有以下几方面。

1. 人为因素 人为因素是高校实验室火灾和爆炸发生的主要原因,具体表现为实验室相关人员对消防安全的认识不足、实验过程中的违规操作、对实验化学品的存储及使用不当、对实验仪器设备的违规使用等。

(1)麻痹大意,私自脱岗:应加强实验室消防安全意识,坚决不能松懈,一旦放松就有可能发生严重的安全事故。例如,某学院学生在实验室进行酒精灯加热操作时,临时离开去卫生间,在此期间未让其他同学代为看管,结果酒精灯无故自然爆裂,乙醇沿工作台流向四周引发火灾。这一案例警示我们,实验室消防安全意识稍有松懈,就可能造成不可挽回的严重后果。

(2)违反实验操作规定及实验化学品存储规定:针对某些具有火灾或爆炸危险性的化学实验,绝对不能擅自更改实验流程。同样,对于高压灭菌器、烤箱等设备应严格按照说明书操作,一旦违反操作规定或将酿成事故。研究表明,在实验室火灾事故中,约有71%的火灾是由实验人员操作不慎、操作失误所致,这一数据再次强调了规范操作的重要性。

2. **实验本身具有危险性**　实验过程中可能会使用具有危险性的仪器设备、危险化学品,或者在实验流程中存在易引发火灾或爆炸的危险工艺。

（1）危险性仪器设备引发火灾或爆炸:高校实验室中常见的高压灭菌器、恒温水浴锅、电烘箱及酒精灯等设备,如果使用不当,极易引发火灾或爆炸。

（2）危险化学品引起火灾和爆炸:生物医学实验室因科研或教学需要,广泛使用各型各类危险化学品及易燃易爆品,且种类繁多。这些物品化学性质活泼、稳定性差,有的易燃,有的易爆,有的因化学性质相抵触,一旦相互接触即能发生着火或爆炸。在储存和使用中,稍有不慎,就可能酿成火灾或爆炸事故。

（3）实验流程引发火灾或爆炸:如高校化学实验室常见的蒸馏、回流、萃取、重结晶及化学反应等操作,引发火灾和爆炸的危险性都非常大,稍有不慎便可能发生严重的安全事故。

3. **实验室管理存在漏洞**　仪器设备缺乏定期维护,实验室消防基础设施缺失、老旧或失效,消防管理制度不完善,以及应急处置水平差,均是实验室火灾发生的重要原因。

4. **电气火花**　生物医学实验室会大量配备使用各类电气设备,一旦发生过载、短路、断线、接点松动、接触不良、绝缘下降等故障,便可能产生电热或电气火花,极易引燃周围的可燃物引起实验室火灾。

5. **静电火花**　实验室易发生静电积聚和高压放电的情况包括:实验人员身穿的化纤、羊毛等服装发生摩擦;电阻率较高的有机溶剂在流动中与容器壁发生摩擦,或溶剂各流动层之间的相互摩擦;有机溶剂与有机绝缘材质的管道、容器、设备之间的摩擦;对含有机溶剂的物料采用化纤材料进行过滤;离心机刹车制动过猛,等等。以上情况均可能产生静电火花,进而引发火灾或爆炸事故。

二、防火基本常识

燃烧是指可燃物（如有机物等可以燃烧的物质）与助燃物（如氧化剂等）相互接触,并且环境温度达到着火温度（点火源）时,发生的释放热量并发出光亮的氧化反应,通常还可能伴有发烟现象。凡在时间或空间上失去控制的燃烧所造成的灾害,都为火灾。

1. **燃烧的三个必要条件**　任何物质发生燃烧,都必须具有可燃物、助燃物（如氧化剂等）和着火温度（点火源）,以上三个条件必须同时满足,并相互结合、相互作用,燃烧才能发生。它们又被称为"燃烧三要素"。

（1）可燃物:凡是能和空气中氧气或其他氧化剂起燃烧反应的物质都被定义为可燃物。常见的固体可燃物,如煤、木材、纸张、衣物、棉被等;液体可燃物,如汽油、乙醇、甲醇、苯、油漆等;气体可燃物,如氢气、一氧化碳、煤气、液化气等。

（2）助燃物（如氧化剂等）:凡是能帮助和支持可燃物燃烧的物质均为助燃物,即能与可燃物发生燃烧反应的物质。常见的助燃物有空气、氧气、氯气和氯酸钾等氧化剂。

（3）着火温度（点火源）:凡供给可燃物和助燃物发生燃烧反应的能源,统一称作着火温度或点火源。如明火、撞击、摩擦和化学反应等。

在扑灭初起火灾时,只要去掉其中一个燃烧条件,火即可被熄灭。通过控制可燃物、隔绝空气、消除点火源、防止形成新的燃烧条件并阻止火灾范围的扩大,都可以防止火灾的发生。采用将可燃物与点火源隔离的隔离法、消除氧化剂的窒息法、将燃烧物的温度降至着火温度的冷却法均可灭火。

2. 燃烧的类型　燃烧按其形成的条件和瞬间发生的特点及燃烧的现象,可分为闪燃、阴燃、自燃和点燃。

（1）闪燃及闪点：液体表面都有一定的蒸气,由于蒸气压的大小取决于液体的本身性质和所处的温度,所以蒸气的浓度也由液体的温度所决定。闪燃是指易燃或可燃液体表面挥发出来的蒸气与空气混合后,遇火源发生一闪即灭的燃烧现象。发生闪燃现象的最低温度称为闪点。可燃液体的温度高于其闪点时,随时有被点燃的危险。

闪点这一概念主要适用于可燃液体。某些可燃固体（如樟脑和萘等）也能蒸发或升华为蒸气,因此也有闪点。由于闪燃往往是着火的先兆,所以物质的闪点越低,越容易着火,火灾的危险性也越大。常见可燃液体的闪点见表2-1。

表 2-1　常见可燃液体的闪点

液体名称	闪点 /℃	液体名称	闪点 /℃
戊烷	＜ -40	庚烷	-4
乙醚	-45	甲苯	4.4
汽油	-42.8	甲醇	11
二硫化碳	-30	乙醇	11.1
己烷	-21.7	氯苯	28
丙酮	-19	二甲苯	30
苯	-11.1	乙酸	40
乙酸乙酯	-4.4	醋酐	49

（2）阴燃：是指一些固体可燃物在空气不流通、加热温度低或可燃物含水多等条件下,出现的只冒烟而无火焰的燃烧现象。它是一种没有明火的缓慢燃烧现象,由可燃固体因供氧不足而形成的一种缓慢氧化反应。阴燃属于火灾的初起阶段,由于只冒烟而没有明火,一般不会引人注意,一旦遇到合适条件,便可能迅速转化为明火,造成更大危害。

（3）自燃及自燃点：自燃指可燃物在没有外来明火源的作用下,靠受热或自身发热导致热量积聚达到一定的温度时,自行发生的燃烧现象。在规定条件下,可燃物在空气中发生自燃的最低温度,称为自燃点。部分可燃物的自燃点见表2-2。当温度达到自燃点时,可燃物与空气接触不需要明火的作用即能发生燃烧。物质的自燃点越低,发生火灾的危险性就越大。

表 2-2　部分可燃物的自燃点

物质名称	自燃点 /℃	物质名称	自燃点 /℃
二硫化碳	102	二甲苯	465
乙醚	170	丙烷	466
硫化氢	260	乙烷	515
汽油	280	甲苯	535
醋酐	315	甲烷	537
丁烷	365	丙酮	537

物质名称	自燃点 /℃	物质名称	自燃点 /℃
天然气	550～650	苯	555
乙醇	422	氯苯	590
甲醇	455	一氧化碳	605

自燃分为受热自燃和自热自燃两种类型。①受热自燃是当有空气或氧气存在时,可燃物虽未与明火直接接触,但在外部热源的作用下,由于传热而导致可燃物的温度上升,达到自燃点而着火燃烧。②自热自燃是某些物质在没有外部热源作用下,由于物质内部发生的物理、化学或生化反应而产生热量,这些热量在适当的条件下会逐渐积累,致使物质温度升高,达到自燃点而着火燃烧。

受热自燃和自热自燃的区别在于热的来源不同。受热自燃的热源来源于外部,而自热自燃的热源来自物质本身的热效应。自热自燃有以下几种类型:氧化热积蓄、分解发热、聚合热或发酵热、化学品混合接触等。受热自燃的火焰是由外而内,而自热自燃的火焰则多是由内而外。因自热自燃不需要外部热源,在常温或低温下也能发生自燃,所以其火灾危险性更大。

(4)点燃和燃点:点燃指可燃物在空气中受到外界火源直接作用,即使移去火源后仍能持续燃烧的现象。可燃物开始起火持续燃烧的最低温度称为燃点。与闪点相同,物质的燃点越低,越容易着火,火灾的危险性也越大。常见物质的燃点见表2-3。

表2-3 常见物质的燃点

物质名称	燃点 /℃	物质名称	燃点 /℃
樟脑	70	有机玻璃	260
赤磷	160	聚丙烯	400
石蜡	150～195	聚乙烯	400
硝酸纤维	180	聚氯乙烯	400
松香	216	吡啶	480
硫磺	255	醋酸纤维	480

3. 燃烧的产物与危害　燃烧产物主要是可燃物发生燃烧时产生的气体、烟雾等物质。其组成取决于可燃物的成分和燃烧条件。按照燃烧的完全程度,可分为完全燃烧产物和不完全燃烧产物。可燃物燃烧后的产物不能继续燃烧的称为完全燃烧产物。可燃物燃烧后的产物还能继续燃烧的称为不完全燃烧产物。多数可燃物的燃烧产物包括二氧化碳、一氧化碳、水蒸气、硫氧化物、氮氧化物、氰化氢等。一些有机物在不同的条件下燃烧,会生成醇类、酮类、醛类、醚类等化合物及其他复杂化合物。

燃烧产物的主要成分是烟气,烟气对人体最大的危害是烧伤、窒息和吸入有毒气体中毒。燃烧产生的高温烟气可导致人体呼吸系统受损甚至衰竭,如呼吸道黏膜充血、起水疱,组织坏死,甚至导致肺水肿而使人窒息死亡。大量事实表明,因火灾而死亡的人中,80% 以上是因为吸入了有毒气体而窒息死亡。此外,有些不完全燃烧产物还能与空气形成爆炸性混合物而造成二次灾害。

三、防爆基本常识

（一）爆炸的定义与分类

1. 爆炸的定义　爆炸是指一种物质从一种状态转化为另一种状态,并在瞬间以机械功的形式放出大量能量的过程。爆炸现象一般具有以下特征:①爆炸过程瞬间完成;②爆炸点附近的瞬间压力急剧升高;③发出响声;④周围介质发生震动或物质遭到破坏。

2. 爆炸的分类　根据物质发生爆炸的原因和性质差异,可将爆炸分为物理爆炸、化学爆炸、核爆炸 3 类。在高校实验室中,常见的爆炸事故主要是物理爆炸和化学爆炸,核爆炸在此不作讨论。

（1）物理爆炸:由于物质的物理变化(如温度、压力、体积等的变化)引起的爆炸。如容器内液体过热、汽化而引起的爆炸,锅炉爆炸,以及压缩气体或液化气体超压引起的爆炸等,均属于物理爆炸。物理爆炸前后,物质的化学成分及性质均无变化。

（2）化学爆炸:由于物质发生高速放热的化学反应,产生大量气体并急剧膨胀做功而形成的爆炸。化学爆炸前后,物质的性质和成分均发生根本的变化。化学爆炸必须同时具备以下 3 个条件:存在易燃易爆气体或蒸气且达到爆炸极限、存在助燃物、存在点火源。

化学爆炸根据爆炸时所发生化学变化的不同,可分为简单分解爆炸、复杂分解爆炸和爆炸性混合物爆炸 3 类。爆炸性混合物可以是气态、液态、固态或是多相系统。根据引起爆炸反应的相分类,化学爆炸又可分为不凝相爆炸(气相爆炸)与凝相爆炸。不凝相爆炸包括混合气体爆炸、粉尘爆炸、气体的分解爆炸和喷雾爆炸。凝相爆炸又分为固相爆炸与液相爆炸。固相爆炸包括爆炸性物质的爆炸、固体物质混合引起的爆炸和电流过载所引起的电缆爆炸等。液相爆炸包括聚合爆炸和不同液体混合引起的爆炸。

此外,根据爆炸传播速度,化学爆炸还可分为轻爆、爆炸和爆轰。①轻爆:爆炸传播速度数量级 0.1 ~ 10m/s 的过程。②爆炸:爆炸传播速度数量级 10 ~ 1 000m/s 的过程。③爆轰:爆炸传播速度大于 1 000m/s 的过程。这里"爆轰"的定义包含了燃烧过程中的爆轰。

3. 爆炸极限及影响因素

（1）爆炸极限:可燃物与助燃物均匀混合形成爆炸性混合物,其浓度达到一定的范围时,遇到明火或一定的引爆能量立即发生爆炸。这个浓度范围称为爆炸极限(或爆炸浓度极限)。其中,形成爆炸性混合物的最低浓度称为爆炸浓度下限,最高浓度称为爆炸浓度上限,爆炸浓度的上限、下限之间称为爆炸浓度范围。

可燃物的爆炸极限受诸多因素的影响,如温度、压力、氧含量、能量等因素的影响;而可燃粉尘的爆炸极限受分散度、湿度、温度和惰性粉尘等影响。气体混合物的爆炸极限一般用可燃气体或蒸气在混合物中的体积分数来表示。常见粉尘的爆炸极限见表 2-4、表 2-5。

表 2-4　常见粉尘的爆炸极限

粉尘种类	粉尘	爆炸下极限 /（g·m^{-3}）	起火点 /℃
金属	钼	35	645
	锑	420	416
	锌	500	680
	锆	40	常温
	硅	160	775

粉尘种类	粉尘	爆炸下极限 / (g·m⁻³)	起火点 /℃
金属	钛	45	460
	铁	120	316
	钒	220	500
	硅铁合金	425	860
	镁	20	520
	镁铝合金	50	535
	锰	210	450
热固性塑料	绝缘胶木	30	460
	环氧树脂	20	540
	酚甲酰胺	25	500
	酚糠醛	25	520
热塑性塑料	缩乙醛	35	440
	醇酸	155	500
	乙基纤维素	20	340
	合成橡胶	30	320
	醋酸纤维素	35	420
	四氟乙烯	—	670
	尼龙	30	500
	丙酸纤维素	25	460
	聚丙烯酰胺	40	410
	聚丙烯腈	25	500
	聚乙烯	20	410
	聚对苯二甲酸乙酯	40	500
	聚氯乙烯	—	660
	聚醋酸乙烯酯	40	550
	聚苯乙烯	20	490
	聚丙烯	20	420
	聚乙烯醇	35	520
	甲基纤维素	30	360
	木质素	65	510
	松香	55	440

粉尘种类	粉尘	爆炸下极限 / (g·m⁻³)	起火点 /℃
塑料一次原料	己二酸	35	550
	酪蛋白	45	520
	对苯二酸	50	680
	多聚甲醛	40	410
	对羧基苯甲醛	20	380
塑料填充剂	软木	35	470
	纤维素絮凝物	55	420
	棉花絮凝物	50	470
	木屑	40	430

表 2-5 常见物质的爆炸极限

物质名称	爆炸极限 /%		物质名称	爆炸极限 /%	
	下限	上限		下限	上限
乙醛	4	57	乙酸（冰醋酸）	4	19.9
甲醇	6 ～ 6.7	36	甲烷	4.4 ～ 5	15 ～ 17
乙醇	3 ～ 3.3	19	乙二醇	3	22
乙烯	2.7	36	乙烷	3	12 ～ 12.4
丙酮	2.6 ～ 3	12.8 ～ 13	乙烯	2.5	82
异丙醇	2	12	异丁醇	2	11
异丁烷	1.8	9.6	正丁醇	1.4	11.2
戊烷	1.5	7.8	庚烷	1.05	6.7
苯	1.2	7.8	二甲苯	0.9 ～ 1.0	6.7 ～ 7.0
甘油	3	19	氢气	4	75.6
二氧化硫	1	50	一氧化碳	12	75
二甲基亚砜	2.6 ～ 3	42	二氯甲烷	16	66
汽油	1.4	7.6	柴油	0.6	7.5
邻二氯苯	2	9	乙酸乙酯	2	12
吡啶	2	12	萘	0.9	5.9

粉尘在空气中达到一定的浓度时，一旦遇到明火，火焰瞬间传播于整个混合粉尘空间，化学反应速度极快，同时释放大量的热，形成高温高压。爆炸系统的能量转化为机械功以及光和热的辐射，具有很强的破坏力。影响粉尘爆炸的因素主要有以下几个方面。

1）粉尘的物理和化学性质：粉尘的燃烧热越大、氧化速率越快、挥发性越强、越容易带电荷，就越容易引起爆炸。

2）粉尘颗粒大小：一般粉尘颗粒越小，爆炸下限越低；粉尘颗粒越干燥，燃点越低，危险性也越大。

3）粉尘的悬浮性：粉尘悬浮的时间越长，危险性也越大。

4）粉尘的浓度：粉尘与可燃物一样，其爆炸也有一定的浓度范围。

（2）影响爆炸极限的因素：爆炸极限是在一定条件下测得的数据，并不是固定不变的，可随外界条件的变化而变化，主要有以下几个方面。

1）起始温度：爆炸性气体化合物的起始温度越高，则爆炸极限范围越宽，即下限降低而上限增高，使爆炸的危险性增加。

2）压力：在压力增加的情况下，爆炸极限的变化不大。一般压力增加，爆炸上限随着压力增加显著增加。爆炸极限范围扩大，爆炸危险性增加。

3）惰性介质：若爆炸性混合物中加入惰性气体，可使爆炸上限显著降低，爆炸极限范围缩小。当惰性气体增加到一定浓度时，可使混合物不燃不爆。因为惰性气体的增加，降低了氧气的相对含量，从而降低了爆炸上限。

4）容器：容器的大小对爆炸极限有影响。容器直径越小，爆炸极限范围越窄，发生爆炸的危险性减小。当容器的直径小到一定程度时，这种器壁会使火焰无法继续而熄灭。

5）点火能源：爆炸性混合物的点火能源，如电火花的能量、炽热表面的面积、火源与混合物接触时间长短等，对爆炸极限均有一定影响。随着点火能量的加大，爆炸范围变宽，燃烧爆炸的危险性增加。

6）含氧量：当爆炸性混合气体中氧气含量增加时，爆炸极限范围变宽，爆炸危险性增加。如氢气在空气中的爆炸极限是 4% ～ 75%，在纯氧中的爆炸极限是 4% ～ 94%。如果降低空气中的含氧量至氢气爆炸极限以下，氢气就不会发生燃烧爆炸。

7）火焰传播方向（点火位置）：在爆炸极限测试管中进行爆炸极限测定时，可发现，在垂直测试管中于下部点火，而火焰由下向上传播时，爆炸下限值最小，上限值最大；反之，当于上部点火时，火焰向下传播，爆炸下限值最大，上限值最小。在水平管中测试时，爆炸上下限值介于前两者之间。

实验室爆炸事故多发生在具有易燃易爆物品和压力容器的实验室。酿成事故的主要原因：①违反操作规程引燃易燃物品，进而导致爆炸。②易燃气体在空气中泄漏到一定浓度时遇明火发生爆炸。③回火现象引发的燃气管道爆炸。管径在 150mm 以下的燃气管道，一般可直接关闭闸阀熄火；管径在 150mm 以上的燃气管道着火时，不可直接关闭闸阀熄火，应采取逐渐降低气压，通入大量水蒸气或氮气灭火的措施，气体压力不得低于 50 ～ 100Pa。严禁突然关闭闸阀或水封，以防燃气管道内形成负压，喷嘴的火焰跟随进入管道产生回火，造成管道内部着火，炸毁管道，引起大楼损毁事故和火灾事故。当着火管道被烧红时，不得用水骤然冷却。④压力气瓶遇高温或强烈碰撞引起爆炸，压力容器操作不当引发爆炸等。⑤粉尘爆炸。

（二）防爆基本措施

防止可燃物化学爆炸全部技术措施的实质，在于制止化学爆炸三个必要条件的同时出现。具体而言，防爆措施主要包括下列几个方面。

1.室内保持良好的通风，防止爆炸混合物的形成，即设法使混合气浓度低于爆炸下限。

2.保持系统密封，防止可燃物泄漏。

3. 严格控制火源，严禁一切可能会产生火花的违规行为。

4. 安装监控系统和报警装置。

5. 掌握各种可燃物发生爆炸的机制，无论是属热爆炸还是链反应爆炸，以便采取相应的防爆、熄爆措施。

6. 安装泄压装置，确保其在燃烧开始时就能及时泄压降温，以减弱爆炸的破坏作用，或阻止爆炸的发生。

7. 采用隔爆装置等措施切断爆炸的传播途径。

8. 在爆炸初期，当压力升高速度还不太快时，利用抑爆装置迅速向设备内加入抑爆剂制止爆炸的继续发展。

四、火灾的分类和特点

（一）火灾的分类

根据 GB/T 4968—2008《火灾分类》，火灾可按照可燃物的类型及其燃烧特性，分为以下 6 类（表 2-6）。

表 2-6　火灾的分类

火灾分类	基本定义	引起火灾的物质举例
A 类	固体物质火灾，燃烧后通常有灰烬产生	木材、纸张、塑料、橡胶、纺织品等
B 类	液体火灾或可熔化固体物质火灾	汽油、煤油、柴油、原油、沥青、石蜡等
C 类	气体火灾	煤气、天然气、甲烷、乙烷、丙烷、氢气等
D 类	金属火灾	钾、钠、镁、钛、锆、锂、铝镁合金等
E 类	物体带电燃烧的火灾	电机、电器设备等
F 类	烹饪器具内的烹饪物火灾	动植物油脂等

（二）火灾发展的 4 个阶段

实验室内火灾的发展过程可分为 4 个阶段：初起阶段、发展阶段、猛烈阶段、衰减和熄灭阶段（图 2-1）。

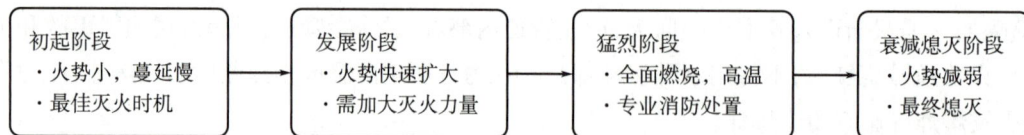

初起阶段
·火势小，蔓延慢
·最佳灭火时机

发展阶段
·火势快速扩大
·需加大灭火力量

猛烈阶段
·全面燃烧，高温
·专业消防处置

衰减熄灭阶段
·火势减弱
·最终熄灭

图 2-1　火灾发展过程

1. 初起阶段　物质在起火燃烧后的 10～15 分钟内，此时燃烧面积还不大，烟和气体的流动速度比较缓慢，火焰辐射出的热量较低，火势向周围发展蔓延较慢，周围物品和结构开始受热，温度逐渐上升，但上升趋势尚缓。该阶段是灭火的最佳时机，也是人员安全疏散的最有利时段。因此，应设法把火灾及时控制、消灭在初起阶段。

2. 发展阶段 随着燃烧强度增大,温度升高,导致气体对流增强,燃烧面积扩大,燃烧速度加快的阶段。此阶段需要投入较多的灭火力量和灭火器材才能将火有效扑灭。

3. 猛烈阶段 由于燃烧面积扩大,燃烧发展达到高潮,温度最高,气体对流达到最高限度,辐射热最强,使周围的可燃物全部卷入燃烧,火灾达到猛烈程度的阶段。该阶段是火灾最难扑救的阶段,燃烧物质分解出大量的燃烧产物,房屋建筑材料和结构的强度受到破坏,可导致其发生变形或倒塌。

4. 衰减和熄灭阶段 随着可燃物燃烧殆尽或者燃烧时氧气不足或者灭火剂的作用,火势开始逐渐衰减,直至最终熄灭的阶段。

众多火灾事件表明,在火灾的初起阶段如果能有效扑灭,成功率在95%左右。当火势很小且未蔓延时,可在30秒或更短的时间内扑灭时,应选择合适的灭火器材扑灭。然而,如果3分钟内仍未将火扑灭,应尽快撤离现场逃生。作为常规的预防措施,高校职能部门或院系应每年至少安排一次关于灭火器材正确使用的培训活动,让大家了解并熟悉掌握如何扑灭初起火灾,确保在保障扑火人员生命安全的前提下有效控制灾害的发展。同时,每年组织一到两次疏散逃生演习也是非常必要的。

（三）化学品发生火灾的特点

火灾是人类共同的敌人,一旦发生火灾,就会造成难以挽回的财产损失,有的会危害人的健康甚至夺去生命。尤其是化学品一旦发生火灾,造成的后果一般都比较严重。化学品火灾一般具有以下特点。

1. 燃烧猛烈,蔓延迅速,易发生爆炸。各种危险化学品,如易燃液体、气体或固体,在发生火灾时,火势异常猛烈,短时间内就可能形成大面积火灾;瓶装或罐（桶）装的易燃、可燃液体在受热后,有发生爆炸的可能;易燃液体蒸气、可燃气体、可燃粉尘等,在一定条件下均可能发生爆炸。

2. 火情复杂多变,灭火剂选择难度大。危险化学品种类繁多,各具特性。在灭火和疏散物资时,如果不慎使性质相异的物品混杂、接触,或错误使用忌用的灭火剂,都将造成火情突变。不同的火源和可燃物发生火灾,其造成的损失和扑救的方法不同。

3. 产生有毒气体,易发生化学性烧伤,扑救难度大。着火后,不少危险化学品在燃烧和受热条件下,可发生分解,释放出有毒、有腐蚀性的气体。特别是具有强氧化性的罐（桶）装酸或碱,一旦容器破裂,遇某些有机物可能发生燃烧或爆炸,遇某些无机物可能发生剧烈的反应,产生有腐蚀性的气体或毒气等。

（四）消防安全标志

消防安全标志是由以安全色、边框、图像为主要特征的图形符号或文字构成的标志,用于表达与消防有关的安全信息。常见的消防安全标志可查阅 GB 13495.1—2015《消防安全标志 第1部分:标志》。

第二节 实验室消防安全管理

生物医学实验室是高校开展教学、科研工作的重要场所,加强科学管理,建立和健全消防安全保障措施,规范实验室工作制度,是保证学校教学、科研顺利进行的重要举措。消防安全是实验室安全管理工作的重要方面,因此,应提升组织领导和应急管理水平,完善制度体系和教育培训机制,加大危险化学品的管制力度,确保消防设施的完好,才能有效提升实验室安全管理水平。

一、消防法律法规的相关规定

1. 根据《中华人民共和国消防法》第二条规定,消防工作实行防火安全责任制。相关法规规定法人单位的法定代表人或者非法人单位的主要负责人是单位的消防安全责任人,对本单位的消防安全工作全面负责。

2. 所有单位应根据实际需要指定本单位的消防安全管理人,组织实施相关消防安全管理工作。

3. 所有单位都要制定消防安全制度、消防安全操作规程,制定用火、用电等内容的消防安全管理制度,并切实执行。

4. 所有单位都必须加强员工的消防意识教育,从思想上树立"预防为主、防消结合"的消防意识。

5. 通过消防知识教育,使员工具备必要的消防技能。

二、高校实验室火灾和爆炸的预防管理制度

"预防为主、防消结合"是实验室消防工作的方针之一,"预防为主"是消防安全的基础和保障,针对引发实验室火灾和爆炸的原因,必须落实以下几方面的预防管理制度。

1. 制定一系列防火安全制度　各个实验室应结合自身的实际情况制定适用于本实验室的消防安全工作制度,其主要内容包括以下 5 个方面。

(1) 建立防火、防爆工作管理制度:各实验室根据其自身特点和相关法律法规制定相应的管理制度,并严格执行。

(2) 建立岗位责任制:建立自上而下的岗位责任体系,强化责任意识,做到事事有人管,层层有人抓。

(3) 建立消防安全教育、培训及考核制度:通过开展各项消防安全教育以提升实验室相关人员的素质,通过考核强化学习效果。

(4) 建立防火检查和整改制度:建立综合性检查、专业性检查、季节性检查、节假日检查和日常检查制度,落实检查出的安全隐患整改措施。

(5) 严格用火审批流程:非必要情况下,在实验室内杜绝使用明火,如需使用明火,必须建立申报制度并做好防火措施。

2. 保障实验室防火防爆资金投入　实验室仪器设备的维护和危险化学品的定期检测必然需要相关资金的投入,否则将导致大量安全隐患堆积。

3. 提高实验人员防火防爆的综合素质　人的不安全行为是消防工作中最难控制的"顽疾",也是火灾事故不断发生的主要原因。通过实施定期安全教育、安全考核等措施,可以有效提升实验人员防火防爆的综合素质,这是预防消防安全事故的关键策略。

4. 加强仪器设备管理和危险化学品管理　从事易燃易爆设备操作的人员,须经公安、消防部门培训,考核合格后方能上岗。同时,对实验室危险化学品要严格执行"五双"管理制度。

5. 优化实验设计　实验设计需符合国家的相关规定,实验工艺、原料、半成品和成品需经过严谨论证,力求将实验安全风险降至最小。

6. 定期进行防火演练并做好防火档案记录　定期组织实验人员进行防火演练,检查防火防爆基础设施,一旦发现问题及时上报和解决,做好防火防爆档案记录。

三、实验室火灾的预防管理措施

严格执行操作规程是确保实验室消防安全工作的基石。实验室首先应根据各类实验性质,在积累经验的基础上,制定科学的实验安全操作规程。实验人员应熟悉所使用物质的性质、影响因素与正确处理事故的方法;了解仪器结构、性能、安全操作条件与防护要求,严格按规程操作。实验中如需修改规程,必须经过严格的科学论证,否则不可随意改动。实验室火灾的预防要做到以下方面。

1. 安全用电

(1)电器设备安装:应按照电器规程安装和使用电器设备,严禁乱接乱拉电线。照明灯具应远离可燃物。同时,严禁使用铜丝、铁丝代替保险丝,否则遇到漏电、短路、超负荷等情况不能及时熔断,将导致线路、电器发热起火或烧毁。

(2)电源插座:使用电源插座时须注意选择质量合格的产品,最好选择带有漏电保护装置的产品;不可用裸线头代替插头,插头要插实插牢;防止超负荷、接触电阻过大,造成短路或打火引发火灾。

(3)仪器设备:应放在通风干燥的地方,避免震动、冲击、碰撞、温度骤热或湿热条件下引起电线短路;大功率仪器避免与周围物品距离过近;注意接线与电器功率的配套;设置短路、漏电保护装置。

2. 安全使用燃气

(1)在燃气管道或设备上,严禁吊挂重物或连接电器设备的接地线路。

(2)严禁燃气具和管道周围堆放易燃易爆物品。

(3)应定期对燃气具、管道进行检测,用毛刷蘸肥皂水在燃气管道和灶具的开关阀门、管道接头处、调压器等处涂抹,检查燃气是否泄漏,一旦发现燃气泄漏,应立即关闭燃气管道阀门,并迅速通知燃气管理部门前来检修。

(4)在停止使用或外出时,应注意关掉室内燃气管道总阀门或燃气罐阀门。

3. 安全使用实验试剂和药品　实验室应有安全员专人管理实验试剂和药品,在使用易燃易爆化学危险品时,应随用随取,注意登记,强化管理;使用时,应有安全防护措施,并配备相应的灭火器材;使用完后的废液及时处理;未用完的易燃易爆品应根据相关要求进行管理。

4. 实验用压力容器安全防火　实验用压力容器必须采购自国家认可的制造商,并附有检定证书。对于自行设计制造的压力实验装置,必须严格执行国家相关安全规范,委托符合资质要求的专业设计机构设计,交由符合资质要求的专业制造商加工制作,并经过国家认可的质量检验部门检测、鉴定合格方可投入实验运行。同时,应做好在用的实验用压力容器的日常维护保养工作,确保其完好状态并安全使用,还应定期检验、检测,确保其安全可靠。

5. 避免"燃烧三要素"的同时存在和作用

(1)控制易燃易爆物品的使用和储存:尽可能不用或少用易燃易爆物品(尤其是"爆炸性物质"),控制其库存量,并避免在实验室内存放超过使用需要量的易燃易爆品。储存易燃易爆物品的仓库,必须符合安全防火规范,严格控制易燃易爆物品储存量。

(2)避免易燃物与助燃物的接触:应经常检查易燃物品的储存器,确保易燃物品的密封保存,避免泄漏和扩散,注意防止爆炸性混合物的形成和积聚。一些具有强挥发性的易燃物品,必要时可以在其包装容器中充入氮气。凡是相混可能产生燃烧、爆炸危险的物质,不得混合储存。

（3）控制和消除点火源:在易燃易爆环境中,应使用防爆电器,避免产生电火花并禁用明火。防止易燃易爆物品与高温物体表面接触,避免摩擦、撞击产生火花及热的作用,避免光和热的聚焦作用。此外,还应采取措施做好静电释放,防止静电积聚。做好通风、降温工作,避免易燃易爆物品储存和使用环境达到着火温度。

（4）注意做好日常实验工作的防火防爆:实验室人员应了解实验的燃烧、爆炸危险性和预防措施。实验室内不得乱丢火柴及其他火种,并禁止吸烟。酒精灯必须在火种熄灭后才能添加乙醇。使用易燃液体时,必须远离火源和火种。乙醚应避免过多接触空气,防止过氧化物生成。禁止将氧化剂与可燃物品一起研磨,不得在纸上称量过氧化物和强氧化剂。在使用爆炸性物品时,如三硝基苯酚、高氯酸及其盐、过氧化氢等,应避免撞击、强烈震荡和摩擦。当实验中有高氯酸蒸气产生时,应避免同时有可燃气体或易燃液体蒸气存在。对于可能发生爆炸的实验,必须在特殊设置的防爆炸的地方,如具有爆炸防护的装置内进行,并注意避免发生爆炸时,爆炸物飞出伤人或飞到储存有危险物品的地方。散落的易燃易爆物品必须及时清理,含有燃烧、爆炸性物品的废液、废渣应妥善处理,不得随意丢弃。内部含有可燃物的仪器,实验完成后,应注意彻底排出。不要使用成分不明的物质。

（5）加强气瓶的安全管理:使用气瓶时,必须遵照《气瓶安全技术规程》(TSG 23—2021)及其他有关规定进行管理。气瓶必须标志清楚,专瓶专用(含压力表等附件),不得擅自改装其他气种。阀门等附件必须安全完好,并定期检验。气瓶严禁抛、滚、撞击及摩擦,并避免阳光暴晒和受热;在冬季,如出气缓慢可以使用较低温度的暖水(如≤35℃)浸泡温暖瓶身,但不得浸到钢瓶阀门,以确保安全。气瓶及管道附近不得存放易燃易爆物品,并避免与腐蚀性物品接触,以免受到腐蚀。氧气和乙炔气瓶严禁沾染油脂类物质。气瓶内气体不准用尽,应保留不小于50kPa的余压。经过检验不合格的钢瓶,必须及时报废,不得再用。

四、消防安全技术

消防安全的首要任务是预防发生火灾事故。"预防为主、防消结合"是消防工作一贯的指导方针。消防安全技术是防患于未然的重要保障,消防器材的正确和熟练使用对挽救生命、保护人员健康和财产安全至关重要。对师生员工进行定期、有效的培训可以保证他们能够正确、有效地使用消防器材。

在校园的每个角落都不同程度地存在消防安全隐患,有的甚至存在燃烧和爆炸的危险。为了保证教学和科研工作的顺利开展,我们必须对有燃烧和爆炸的危险物质加强管理,采用相应的消防安全技术措施,防止火灾和爆炸事故的发生。一旦发生,也要具备一定的救援措施,以减少危害,把损失降到最低限度。

（一）防火防爆技术

防火防爆技术是消防安全技术的重要内容之一。安全第一,预防为主,消除可能引起燃烧和爆炸的危险因素,这是最根本的解决办法。使易燃易爆品不处于危险状态,或消除一切火源和安全隐患,有助于预防火灾或爆炸的发生。

1. **防止可燃可爆系统的形成** 为了防止火灾发生,防止可燃可爆系统的形成是重中之重,应做好以下预防工作。

（1）控制可燃物和助燃物：教学与科研实验室在实际运行过程中，保证可燃物和助燃物始终处于安全状态，同时消除可能存在的安全隐患，是实验室防火防爆的重要前提。

1）控制用量：教学、科研及生产实践过程中尽量少用或不用可燃物和助燃物。通过技术或工艺路线改进，使用非易燃易爆的试剂和溶剂。一般低沸点溶剂比高沸点溶剂更具易燃易爆的危险性，如乙醚。相反沸点高的溶剂不易形成爆炸浓度，如沸点在110℃以上的液体，在常温下通常不会形成爆炸浓度。

2）加强密闭：为了防止易燃气体、蒸气和粉尘与空气混合，形成易爆混合物，应将室内储存易燃易爆品的容器封闭保存。对于实验室微量、正在进行、有可能产生压力且无法密闭的反应，应确保尾气少量排入下水道，大量尾气要加以吸收或回收，以消除安全隐患。

3）通风除尘：室内易燃易爆品很难完全密封保存和反应，总会有部分易燃蒸气、气体或粉尘泄漏。因此，必须做好通风和除尘工作，通过通风换气，使易燃、易爆和有毒物质的浓度不超过最高允许浓度。通风分为自然通风和机械通风，前者是依靠外界风力和室内空气进行自然交换，而后者是依靠机械造成的室内外压力差，使空气流动进行交换，如鼓风机、脱排油烟机、通风柜和排气扇等。两者都可以从室内排出污染空气，使室内空气中易燃易爆物的含量不超过最高允许浓度。

4）惰性化：在可燃气体、蒸气或粉尘与空气的混合物中充入惰性气体，降低氧气、可燃物的体积分数，使混合物气体达不到最低燃烧或爆炸极限。

5）实时监测：实时监测室内易燃易爆物的含量是否达到爆炸极限，是保证安全的重要手段之一。在可能泄漏可燃或易爆品区域设立报警仪是一项基本防爆措施。

（2）控制点火源：校园内的点火源一般有以下几个方面。

1）明火：是指敞开的火焰和火星等。敞开的火焰具有很高的温度和热量，是引起火灾的主要着火源。明火主要有炉灶火、各类点燃的灯具（如酒精灯、煤气灯、酒精喷灯）、烟头、火柴、打火机、蜡烛及工作中的电炉等。在易燃易爆场所，严禁使用上述明火源，同时严禁在办公室、库房、实验室内吸烟。

2）高温表面：高温表面的温度如果超过可燃物的燃点，当可燃物接触到该表面时有可能着火。常见的高温表面有通电的白炽灯泡、电炉、电吹风等。

3）摩擦与撞击：摩擦与撞击往往会引起火花，引发安全事故。因此有易燃易爆品的场所，应该采取措施防止火花的发生。主要包括：①机器上的轴承等转动部分，应该保持良好的润滑并及时加油，如实验室的加工机械、水泵和通风的电机最好采用有色金属或塑料制造的轴瓦。②凡是撞击或摩擦的部分都应该采用不同的金属制成，如实验室用的锤子、扳手等。③含有易燃易爆品的实验室、库房，不能穿带钉子或带金属鞋掌的鞋。④硝酸铵、氯酸钾和高氯酸铵等易爆品，不要大量储存，少量使用也要轻拿轻放，避免撞击。

4）防止电气火花：用电设备由于线路短路、超负荷或通风不畅，温度急剧上升，超过设备允许的温度，不仅能使绝缘材料、可燃物、可燃灰尘燃烧，而且能使金属熔化，酿成火灾。为了防止电火花引起的火灾，在易燃易爆品场所，应该选用合格的电气设施，最好是防爆电器，并建立经常性检查和维修制度，防止线路老化、短路等，保证电气设备正常运行。

5）消除静电：静电也会产生火花，引发火灾。其中人体的静电防护主要有以下几个方面：①进入实验室或易燃易爆品库房不能穿易产生静电的化纤类服装，最好穿防静电服装，如实验服、防护服、静电鞋和手套。②长发应盘起，防止头发与衣服摩擦产生静电。③人体接地，房间入口处设有裸露的金属接地物，如接地的金属门、扶手、支架等，人体接触到这类物质即可以导出人体内的静电。④安全操作,进入存放易燃易爆品的实验室或库房,最好不要做产生人体静电的动作,如脱衣、梳头等。

2. 控制火灾和爆炸的蔓延　一旦发生火灾和爆炸事故,要尽一切可能将其控制在一定的范围之内,并及时采取扑救措施,防止火灾和爆炸的蔓延,实验室一般可以采用以下办法。

（1）实验室应少量且规范地存放易燃易爆品,如固液分开、氧化剂和还原剂分开、酸碱分开放置等。存放化学试剂的冰箱应有防爆功能。

（2）实验室常用设施不能为易燃品,如窗帘、实验台面、实验柜、药品柜和通风柜等。

（3）实验室的通风柜应具有防爆功能,具有危险性的实验可以在通风柜内操作。一旦发生安全事故,可以控制在通风柜内,防止进一步蔓延。

（4）实验室必须配备足量消防器材,如灭火毯、灭火器、消防桶等。

（5）实验室人员应具备很强的安全意识,熟练掌握相关安全知识和技能,熟练使用消防器材。一旦火势失控,应在安全撤离时关闭相应的防火门,防止火势蔓延扩散。

（二）灭火基本方法

1. 隔离法　将正在燃烧的可燃物与其他可燃物分开,中断可燃物的供给,造成缺少可燃物而停止燃烧。例如,关闭液体管道的阀门、迅速转移燃烧物附近的有机溶剂、拆除与燃烧物毗连的可燃物等,均是隔离的很好办法。

2. 窒息法　消除助燃物,阻止空气流入燃烧区域或用不助燃的惰性物质冲淡空气,使燃烧物得不到足够的氧气而熄灭。实际应用时,可用石棉毯、湿麻袋、灭火毯或干燥的黄沙等不燃烧或难燃烧物质覆盖在着火物体表面,或封闭着火物品的空洞,以窒息燃烧源。但须注意,炸药等爆炸性物质无须外界供给氧气,即可发生燃烧和爆炸,所以窒息法对炸药无效。不可用沙子扑灭爆炸或爆炸物引起的火灾,以防沙子从爆炸中迸出造成伤害。

3. 冷却法　将灭火剂直接喷射到燃烧物表面,以降低燃烧物的温度至燃点以下,从而使燃烧停止。或者将灭火剂喷洒到火源附近的可燃物上,防止辐射热影响而起火。如用水或干冰等灭火剂喷到燃烧物上,可起到冷却作用。但在实验室灭火要注意燃烧物或其附近不能存在与水或二氧化碳（干冰）起反应的物质。

4. 化学抑制灭火法　将化学灭火剂喷至燃烧物表面或者喷入燃烧区域,使燃烧过程中的游离基（自由基）消失,抑制或终止使燃烧得以继续或扩展的链式反应,从而使燃烧停止。

（三）灭火剂的选择

灭火剂的种类很多,但常用的有以下几种。

1. 水　是最常见的灭火剂,主要作用是冷却降温,也有隔离和窒息作用。水作为灭火剂方便易得,成本低廉。但水不能用于液体有机物火灾、遇水易放出可燃或助燃气体发生的火灾及电气火灾。

2. 二氧化碳和其他惰性气体　加压的二氧化碳气体从钢瓶中喷出即形成雪花状的固体（干冰）,干冰的沸点是 $-78.5\,^{\circ}\mathrm{C}$,能起到冷却及冲淡燃烧区空气中含氧量的作用。另外,二氧化碳的密度比空气大,也能起到隔离和窒息作用。二氧化碳适用于液体或可熔化固体燃烧、可燃气体燃烧、电器引起的火灾等。但它的射程短,灭火距离小于 2m,有风时效果不佳。不可用于钠、钾、镁等金属及其过氧化物引起的火灾。

3. 卤代烷灭火剂　代表性的物质是四氯化碳,是不可燃液体,沸点较低,遇到燃烧物能迅速蒸发,吸收热量使燃烧物的温度降低。四氯化碳气体的密度较大,笼罩在燃烧区,使其与空气隔绝,可使燃烧停止。卤代烷灭火剂主要用于扑救各种易燃可燃气体火灾以及甲类、乙类、丙类液体火灾和可燃固体的表面火灾、电器设备火灾。

4. 化学干粉灭火剂 是一种干燥的、易于流动的微细固体粉末,由具有灭火作用的基料(如碳酸氢钠、磷酸盐等,占 90% 以上)和防潮剂、流动促进剂、结块防止剂等添加剂组成。它依靠压缩氮气的压力被喷射到燃烧物表面,起到覆盖隔离和窒息的作用。化学干粉适用于扑救固体有机物燃烧、液体或可熔化固体燃烧、可燃气体燃烧等。因灭火剂是碳酸氢钠等盐类,残余物有适度的腐蚀性,需要立即清理。

5. 泡沫灭火剂 分为化学泡沫和机械性泡沫。二者的灭火原理相同,主要是泡沫覆盖燃烧物的表面,起到覆盖隔离和窒息的作用。泡沫灭火剂主要适用于固体物质、油类制品等引起的火灾,一般不适用于电器和遇水燃烧或产生可燃气体等物质引起的火灾。

6. 黄沙和土等覆盖物 此类覆盖物起到覆盖隔离和窒息的作用。沙土可用于扑灭一切不能用水扑救的火灾,沙土必须保持干燥,不得用沙子扑灭爆炸或爆炸物引起的火灾,以防沙子从爆炸中迸出造成伤害。

7. 灭火毯 在火灾初起阶段,将灭火毯直接覆盖住火源,并采取积极的灭火方式,直至着火物熄灭。也可在火灾发生时,将灭火毯披盖在身体上,迅速逃离火场。灭火毯应放置在方便易取之处,如有损坏或污损须及时更换。

8. 水系灭火剂 是新发展起来的一种由增稠剂、稳定剂、阻燃剂、发泡剂等多种成分组成的灭火剂,与传统灭火剂相比,具有环保、高效、多功能、抗复燃能力强、不造成次生污染,不含消耗臭氧层物质,对人体无毒、无害。

9. 洁净气体灭火剂 常用的洁净气体灭火剂有六氟丙烷、IG541(50% 氮气、40% 二氧化碳、10% 惰性气体)等,主要都是通过降低氧气浓度和冷却燃烧物质灭火。多用于计算机数据库、博物馆、图书馆等场所。

实验室应在适当的位置配备足量合适的灭火器材。所有人员应熟悉其位置和使用方法,不得随意移动。灭火器材必须保证处于完好有效的状态,通常应被放在房间进出口边、有特别易燃的装备或操作的区域。

第三节　实验室消防设施

《中华人民共和国消防法》明确指出,消防设施是指火灾自动报警系统、自动灭火系统、消火栓系统、防烟排烟系统以及应急广播和应急照明、安全疏散设施等。

一、火灾自动报警系统

火灾自动报警系统主要由火灾探测器、火灾报警控制器、火灾警报装置等部分组成(图 2-2)。它能在火灾初期,将燃烧产生的烟雾、热量、火焰等物理量,通过火灾探测器变成电信号,传输到火灾报警控制器,发出火灾警报并显示出火灾发生的部位、时间等,使人们能够及时发现火灾,并采取有效措施,扑灭初起火灾,最大限度地减少因火灾造成的生命和财产的损失。

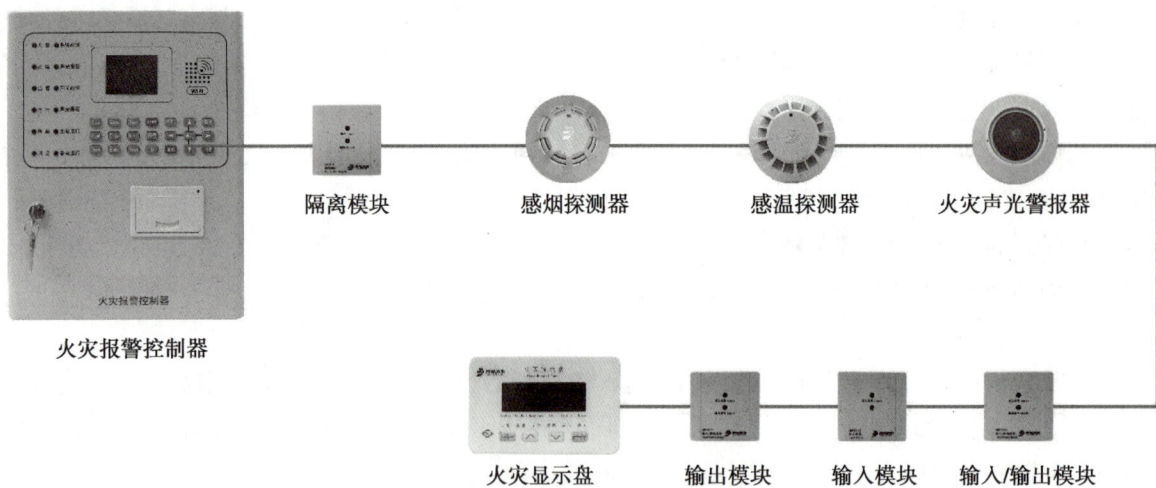

图 2-2　火灾自动报警系统

1. **火灾探测器**　是火灾自动报警系统的"感觉器官",能对火灾的特征物理量(如温度、烟雾、气体浓度和光辐射等)响应,并立即向火灾报警控制器发送报警信号。火灾探测器可以分为:感烟式、感温式、感光式、复合式等。

(1)感烟式火灾探测器:分为光电式、电离式和吸气式。

(2)感温式火灾探测器:利用热敏元件来探测火灾的。在火灾初始阶段,一方面有大量烟雾产生,另一方面物质在燃烧过程中释放出大量的热,使周围环境温度急剧上升。探测器中的热敏元件发生物理变化,从而将温度信号转变成电信号,并进行报警处理。感温式火灾探测器可分为定温式、差温式及差定温式。

(3)感光式火灾探测器:又称火焰探测器,利用对扩散火焰燃烧的光强度和火焰的闪烁频率响应的一种火灾探测器。根据火焰的光特性,现使用的火焰探测器又分为紫外火焰探测器和红外火焰探测器。

(4)复合式火灾探测器:能够响应两种及以上火灾特征物理量,如感烟感温式、感烟感光式、感温感光式等。

2. **火灾报警控制器**　是在火灾自动报警系统中,用于接收、显示和传递火灾报警信号,并能发出控制信号和具有其他辅助功能的控制指示设备。火灾报警控制器具有为火灾探测器供电、接收、显示和传输火灾报警信号,并能对自动消防设备发出控制信号的完整功能,是火灾自动报警系统中的核心组成部分。根据用途不同,火灾报警控制器可分为区域火灾报警控制器、集中火灾报警控制器和通用火灾报警控制器 3 种基本类型。

(1)区域火灾报警控制器:控制器直接连接火灾探测器,处理各种报警信号,是组成自动报警系统最常用的设备之一。

(2)集中火灾报警控制器:一般不与火灾探测器相连,而与区域火灾报警控制器相连,处理区域火灾报警控制器送来的信号,常使用在较大型系统中。

(3)通用火灾报警控制器:兼有区域、集中两级火灾报警控制器的特点。通过设置或修改某些参数即可作区域级使用,连接探测器;又可作集中级使用,连接区域火灾报警控制器。

3. **火灾警报装置**　在火灾自动报警系统中,有一种装置专门用以发出区别于环境声、光的火灾警报信号,提醒人们采取安全疏散、灭火救灾措施。常见的火灾警报装置有警铃、讯响器及火灾显示盘等。

二、消火栓系统

消火栓系统由室外消火栓设施和室内消火栓设施构成。室外消火栓设施主要由蓄水池、加压送水装置（水泵）等构成；室内消火栓设备由消火栓箱、消防水枪、消防水带、室内消火栓、消防管道等组成（图2-3）。

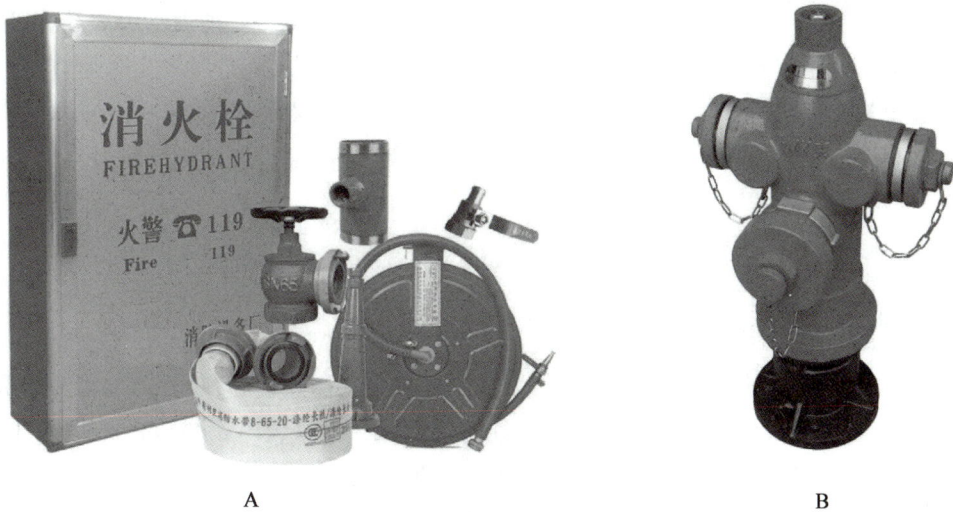

图2-3 消火栓
A.室内消火栓；B.室外消火栓

1. **消火栓箱** 遇有火警时，根据箱门的开启方式，按下门上的弹簧锁，销子自动退出，拉开箱门后，取下水枪并拉转水带盘，拉出水带，同时把水带接口与消火栓接口连接上，拨动箱体内壁的电源开关，把室内消火栓手轮顺开启方向旋开，即能进行喷水灭火。

2. **消防水枪** 是灭火的射水工具，用其与水带连接会喷射密集充实的水流。它由管牙接口、枪体和喷嘴等主要零部件组成。

3. **消防水带** 是消防现场输水用的软管。消防水带按材料可分为无衬里消防水带和有衬里消防水带两种。无衬里消防水带承受压力低、阻力大、容易漏水、易霉腐，寿命短，适合于建筑物内火场铺设。有衬里消防水带承受压力高、耐磨损、耐霉腐、不易渗漏、阻力小，经久耐用，也可任意弯曲折叠，随意搬动，使用方便，适用于外部火场铺设。

4. **室内消防栓** 通常安装在消火栓箱内，与消防水带和水枪等器材配套使用，通过管道与室外消防设施相连，使用时可直接连接水带。

5. **水带接口** 用于水带与水枪之间的连接，以便输送水进行灭火。它由本体、密封圈座、橡胶密封圈和挡圈等零部件组成，密封圈座上有沟槽，用于扎水带。

6. **管牙接口** 用于水带和消火栓之间的连接，内螺纹固定接口装在消火栓上。

7. **消火栓按钮** 消火栓按钮安装在消火栓箱中。当发现火情必须使用消火栓的情况下，手动按下按钮，向消防中心送出报警信号。若自动灭火系统的主机设置在自动时，将直接启动消火栓泵。

消火栓是灭火供水设备之一，发生火情时，应快速找到最近的消火栓位置，取下消火栓的保护盖或箱门，旋转消火栓的手柄（通常是顺时针方向），开启水源，将消防水带的一端连接到消火栓的出水口，另一端连接到水枪或消防车。完成连接后，打开消火栓的阀门放水，调整水枪的方向和力度，对准火源进行灭火。

三、自动灭火系统

自动灭火系统分为自动喷水灭火系统和气体自动灭火系统两大类。

1. **自动喷水灭火系统** 属于固定式灭火系统，是目前全球较为广泛采用的一种固定式消防设施，它具有价格低廉、灭火效率高等特点。能在火灾发生后，自动进行喷水灭火，同时发出警报。在一些发达国家的消防规范中，几乎所有的建筑都要求使用自动喷水灭火系统。在我国，随着建筑业的快速发展及消防法规的逐步完善，自动喷水灭火系统也得到了广泛应用。自动喷水灭火系统又分为采用闭式洒水喷头的闭式系统和采用开式洒水喷头的开式系统。

2. **气体自动灭火系统** 是以气体为灭火介质的灭火系统，根据灭火机制和采用的灭火剂不同，主要分为二氧化碳灭火系统、卤代烷灭火系统、气溶胶灭火系统、七氟丙烷灭火系统及混合气体灭火系统等。

四、其他消防设施

1. **防火卷帘门** 是一种适用于建筑物较大洞口处的防火、隔热设施，能有效地阻止火势蔓延，是现代建筑中不可缺少的防火设施。当卷帘门附近的感烟探测器报警时，将卷帘门降至中位（距地面1.8m），人员疏散逃离；当火势蔓延至卷帘门附近时，卷帘门附近的感温探测器报警，将卷帘门降到底，完成防火分区之间的隔离。在卷帘门两侧分别安装手动开关，利用此开关可现场控制卷帘门的升降。发生火灾时，若有人困在卷帘门的内侧，可以按"上升"键提升卷帘门，以便逃生。

2. **手动火灾报警按钮** 主要安装在人流密集的公共场所中明显和便于操作的部位。当有人发现有火情的情况下，手动按下按钮，向报警控制器送出报警信号。手动火灾报警按钮比探头报警更紧急，一般不需要确认。因此，手动报警按钮要求更可靠、更确切，处理火灾要求更快。

五、消防器材

1. **灭火毯** 具有非常出色的隔热效果，可以用于扑灭一些火势较小的火灾（图2-4）。灭火时，只需要将灭火毯打开直接覆盖住火源即可；此外，灭火毯还可以用于大型火灾时的紧急逃生，只需要将灭火毯打开包裹住身体，就可以很好地保护自己。

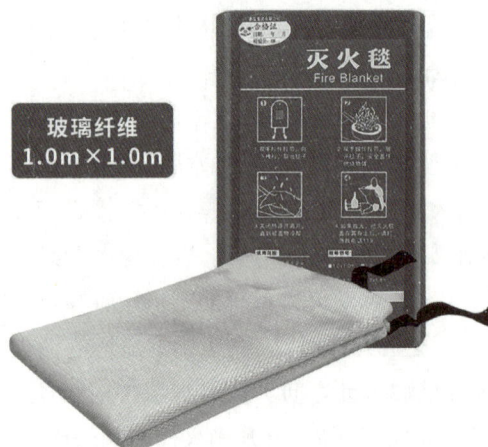

图2-4　灭火毯

2. **消防沙**　盛装消防沙的容器是红色的消防桶或消防沙箱（图2-5），消防沙相较普通沙颗粒更细，具有良好的密闭性，一般用于扑灭油类的初起火灾，同时也可用于高温液态物或液体着火时的吸附和阻截。

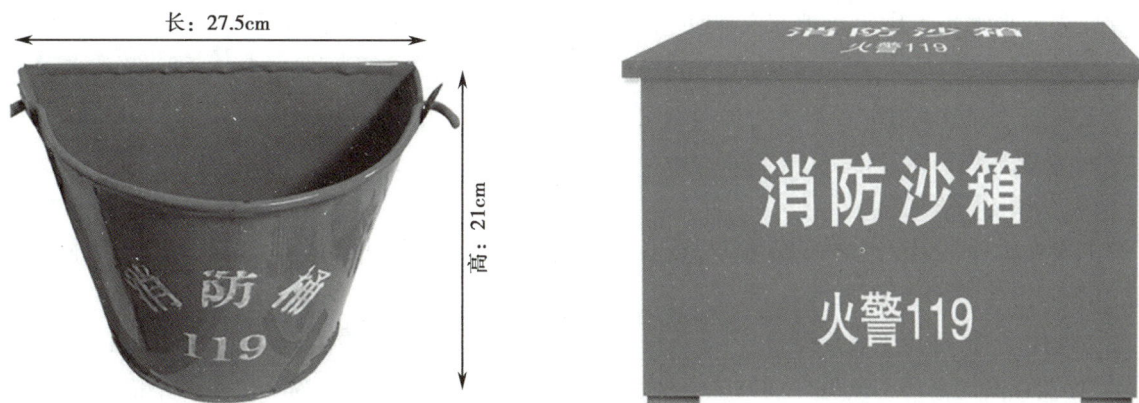

图2-5　消防桶及消防沙箱

3. **灭火器**　是一种轻便可携式灭火工具，由筒体、器头、喷嘴等部件组成，借助驱动压力可将所充装的灭火剂喷出（图2-6）。它是一种常见的防火设施，一般存放于灭火器箱内（图2-7），置于公共场所或有可能发生火灾的地方，是实验室必备的消防设施。根据灭火器内所填充的灭火剂的种类，可将灭火器分为泡沫灭火器、酸碱灭火器、干粉灭火器、二氧化碳灭火器、卤代烷灭火器及七氟丙烷灭火器等类型。

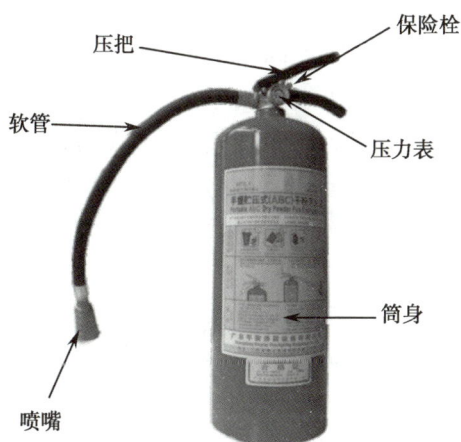

图2-6　灭火器构造

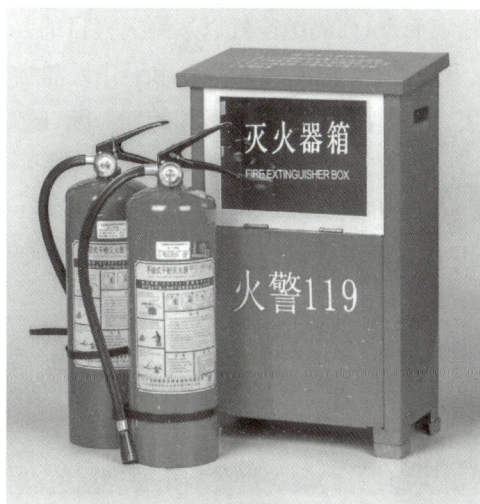

图2-7　灭火器箱和干粉灭火器

（1）干粉灭火器

1）灭火原理：以高压二氧化碳气体或氮气作为动力，喷射干粉灭火剂灭火，对燃烧有化学抑制、窒息及冷却等作用。

2）使用场景：干粉灭火器分普通干粉灭火器和多用干粉灭火器两大类。普通干粉，又称"BC干粉"，包括碳酸氢钠或改性钠盐、氨基干粉等，适用于由易燃的液体、气体和电气设备引起的初起火灾；多用干粉又称"ABC干粉"，包括磷酸铵盐干粉、聚磷酸铵干粉等，除适用于上述几类火灾的扑救以外,其还可用于扑救由固体类物质所引起的初起火灾。但是,干粉灭火器不能扑救金属燃烧火灾。

3)使用方法:可将干粉灭火器用手提或肩扛至火灾现场,选择距火源5～6m处的上风口位置。使用前先将灭火器上下颠倒几次使桶内干粉松动,拔下保险销,一手握住压把,另一手握住喷嘴,对准火源根部用力压下压把左右晃动扫射,使喷射出的干粉覆盖燃烧物表面,直至将火焰全部扑灭。

4)维护、保养和检查:存放干粉灭火器的地点应选择在干燥通风处,温度应为10～45℃;每半年检查1次钢瓶内的压力,若有降压现象应立即停用。

（2）二氧化碳灭火器

1)灭火原理:二氧化碳本身不能燃烧也不支持燃烧,液态二氧化碳从灭火器中喷出时有降温和隔绝空气的作用,以达到灭火目的。

2)使用场景:适用于贵重设备、档案资料、仪器仪表、600V以下电气设备及油类的初起火灾。由于二氧化碳在高温下可与某些金属发生燃烧反应,故不能扑灭金属火灾,也不能用于扑救硝化棉、火药等本身含有氧化基团的化学物质火灾。

3)使用方法:使用时拔出保险销,一手紧握启闭阀压把,另一手握住喇叭筒根部手柄,将喇叭筒近距离对准火源根部,用力压下压把即可喷出二氧化碳进行灭火。使用时,应防止发生低温冻伤。

4)维护、保养和检查:每3个月检查1次重量,若减重超过10%需查明原因并补充气体;存放地点的温度不能超过42℃,且不能靠近火源,以防止温度过高使桶内压力过大而发生危险。

（3）泡沫灭火器

1)灭火原理:泡沫灭火器通过桶内酸性溶液和碱性溶液混合后发生化学反应,喷射出泡沫,覆盖在燃烧物表面,从而隔绝空气以达到灭火目的。

2)适用场景:泡沫灭火器适用于扑灭油脂类、石油产品以及一般固体物质（如木材、纤维等）的初起火灾,但不能扑救带电设备和醇、酮、酯、醚等有机溶剂引起的火灾。

3)使用方法:右手握着压把,左手托着灭火器底部,轻轻地取下灭火器,将灭火器迅速提至火灾现场。在距火源5～6m处,一手握住提环,另一手扶住桶底,将灭火器颠倒,再将喷嘴对准火源根部并用力摇晃灭火器,灭火剂即可喷出。使用时应逐渐靠近火源并将泡沫覆盖在所有燃烧物的表面。

4)维护、保养和检查:泡沫灭火器存放处的温度应为0～45℃,以防止气温过低导致冻结或气温过高导致药剂分解;应每月检查喷嘴、喷枪等有无阻塞;闲置2年后应换装药剂。

（4）酸碱灭火器

1)灭火原理:酸碱灭火器利用2种药液混合后喷射出来的水溶液扑灭火焰。

2)使用场景:适用于竹、木、棉、毛、草、纸等一般可燃物的初起火灾,但不宜用于油类、忌酸物质、忌碱物质及电气设备引起的火灾。

3)使用方法:在运送灭火器的过程中,不能将灭火器扛在肩上或横拿,也不能让灭火器过分倾斜,以防2种药剂混合而提前喷射。到达火灾现场后,颠倒桶身,将水溶液喷射向燃烧最猛烈处,之后逐步向火源周围喷射。

4)维护、保养和检查:除药液应于1年后换新以外,其余与泡沫灭火器的检查、维护方式相同。

（5）卤代烷灭火器

1)灭火原理:卤代烷灭火器是充装卤代烷灭火剂的灭火器。该类灭火剂品种较多,在我国主要发展两种,一种是二氟一氯一溴甲烷(简称:1211灭火器)和三氟一溴甲烷(简称:1301灭火器)。主要通过抑制燃烧的化学反应过程使燃烧中断,达到灭火目的。但是,由于卤代烷灭火剂的蒸气对人体具有毒性,且其化学成分对环境具有危害性,1211灭火器和1301灭火器是已经被列入国家淘汰目录的消防产品。

2)适用场景:卤代烷灭火器适用于扑救油类、精密的仪器仪表、图书、档案等贵重物品的初起火灾。其具有绝缘性好,灭火时不会污损物品,灭火后不留痕迹且灭火效率高、速度快的优点。

3)使用方法:垂直操作灭火器,不可将其放平或颠倒使用,先拔掉保险销,一手紧握压把开关,另一手握住喷嘴,将其对准火源根部,并向火源边缘左右扫射。灭火时要防止回火复燃,针对零星小火可点射灭火。

4)维护、保养和检查:应存放在明显、便于取用的地方,不应将其放在加温加热设备旁,也不应将其放在阳光直射处。每半年检查一次卤代烷灭火器的总重量,减重10%以上时应补充药剂和充气。

(6)七氟丙烷灭火器

1)灭火原理:七氟丙烷灭火器被认为是替代卤代烷灭火器最理想的产品之一,具有灭火效率高、洁净、安全、环保等优点,主要通过抑制燃烧的化学反应过程使燃烧中断,以达到灭火目的。

2)适用场景:与卤代烷灭火器基本相同,主要用于电气火灾或贵重物品的初起火灾,不适用于金属火灾,如钠、钾、镁等。

3)使用方法:可将七氟丙烷灭火器用手提或用肩扛至火场,在距燃烧物2m左右处放下灭火器并拔出保险销,一手握住启闭阀压把,另一手握住喇叭筒根部手柄,对准火源根部由近及远左右扫射。如在室外使用七氟丙烷灭火器,应站至上风口;如在室内使用七氟丙烷灭火器,灭火完成后应尽快撤离室内,以防窒息。

4)维护、保养和检查:将七氟丙烷灭火器存放于明显、便于取用的地方,不应将其放在加温加热设备旁或阳光直射处,以防止受热使气瓶内的压力升高。检查瓶体是否有开裂、凹凸,每半年检查一次灭火器的总重量和压力,当其减重超5%时应再装或更换。

4.灭火器的报废年限 灭火器需根据出厂日期和表2-7所示年限进行判定并适时报废。

表2-7 常见灭火器的报废年限和维修期限

灭火器类型		报废年限	维修期限
水基型灭火器	手提式水基型灭火器	6	出厂期满3年; 首次维修以后每满1年
	推车式水基型灭火器		
干粉灭火器	手提式干粉灭火器	10	出厂期满5年; 首次维修以后每满2年
	推车式干粉灭火器		
洁净气体灭火器	手提式洁净气体灭火器	10	
	推车式洁净气体灭火器		
二氧化碳灭火器	手提式二氧化碳灭火器	12	
	推车式二氧化碳灭火器		

注:灭火器筒体、器头发生严重损坏时灭火器应进行报废处理。

第四节 火灾应急措施

一、消防安全"四懂四会"

（一）消防安全"四懂"

1. 懂本岗位发生火灾危险性 ①防止触电；②防止引起火灾；③可燃品、易燃品及火源。
2. 懂预防火灾的措施 加强对可燃物质的管理；管理和控制好各种火源；加强电气设备及其线路的管理；易燃易爆场所应有足够的、适用的消防设施，并要经常检查，做到会用、有效。
3. 懂灭火方法 隔离法、窒息法、冷却法和化学抑制灭火法。
4. 懂逃生方法 自救逃生时要熟悉周围环境，要迅速撤离火场。

（二）消防安全"四会"

1. 会报警 大声呼喊报警，使用手动报警设备报警，如使用专用电话、手动报警按钮、消火栓按键击碎等；拨打 119 火警电话，向当地公安消防机构报警。
2. 会使用消防器材 各种手提式灭火器的操作方法简称为一拔（拔掉保险销）；二握（握住喷管喷头）；三压（压下握把）；四准（对准火焰根部即可）。
3. 会扑救初起火灾 在扑救初起火灾时，必须遵循"先控制后消灭、救人第一、先重点后一般"的原则。
4. 会组织人员疏散逃生 按疏散预案组织人员疏散；酌情通报情况，防止混乱；分组实施引导。

二、火灾的扑救

在实验室各类火灾的初起阶段，灭火人员应在确保自身人身安全的前提下采取科学、有效的灭火手段进行火灾的扑救，通过扑救可以有效控制或扑灭起火源。根据可燃物性质的不同可以将火灾的扑救分为一般火灾的扑救和特殊火灾的扑救。

（一）一般火灾的扑救

一般火灾的扑救主要包括固体物质火灾（A 类火灾）的扑救、液体或可熔化的固体物质火灾（B 类火灾）的扑救和气体火灾（C 类火灾）的扑救等。

1. A 类火灾的扑救 如棉、毛、麻、纸张、桌椅等突然起火的扑救。如果不含贵重物品或珍贵资料的可用水直接浇水或水型灭火器灭火，也可以使用酸碱灭火器、泡沫灭火器、干粉灭火器等灭火；如果是珍贵的图书或文献资料起火，应使用二氧化碳灭火器、卤代烷灭火器或七氟丙烷灭火器灭火。

2. B 类火灾的扑救 首先应切断可燃液体的来源，关闭可燃液体的阀门，或将未燃烧的可燃液体转移至安全区域。扑救此类火灾时，应优先考虑使用沙土和干粉灭火器。若现场无此设备，可根据实际情况选择其他灭火方法。特别注意，对于有毒物质蒸气（如苯蒸气、硝基苯蒸气等），扑救时应佩戴防毒护具。

根据可燃液体与水共存性质的不同，可分以下 3 种情况进行处理。

（1）可燃液体不溶于水且密度大于水：如实验室常用的溶剂二硫化碳。这类液体发生火灾后，可以使用沙土、泡沫灭火器、干粉灭火器灭火。视火灾情况可以酌情用水灭火。

（2）可燃液体不溶于水且密度小于水：如石油烃类、苯等芳香族化合物。这类液体发生火灾后严禁用水灭火。一般使用沙土、干粉灭火器灭火，如果火灾范围较小、火势较小，也可以使用二氧化碳灭火器灭火。

（3）可燃液体溶于水或微溶于水：如甲醇、乙醇、乙醚、丙酮等。这类液体发生火灾后一般使用沙土、干粉灭火器灭火，根据火灾情况也可以使用雾状水、二氧化碳灭火器灭火。

3. C类火灾的扑救　容易引发火灾的气体有氢气、天然气、甲烷、乙烷等。可燃气体发生火灾时应首先关闭气体阀门，切断可燃气体泄漏的途径，防止发生爆炸。然后，选用干粉、卤代烷或二氧化碳灭火器灭火。如果气体阀门损坏或泄漏口较大无法封堵，此时不能盲目扑灭泄漏处的火势，防止堵漏失败后大量可燃气体与空气混合形成爆炸混合体。根据现场情况，可以采用隔离其他可燃物并冷却着火容器及周围容器的方法，防止容器爆炸，任其稳定燃烧，直到自行燃尽熄灭。

（二）特殊火灾的扑救

特殊火灾的扑救包括金属火灾（D类火灾）的扑救、物体带电燃烧的火灾（E类）的扑救、烹饪器具内的烹饪物火灾（F类）。

1. D类火灾的扑救　如钾、钠、镁、锂、铝镁合金等突然起火的扑救。一般选用沙土、石粉或金属火灾专用干粉灭火器实施扑救。禁止使用水、二氧化碳、四氯化碳、卤代烷及泡沫等灭火剂扑救金属火灾，也不能用以二氧化碳为动力源的干粉灭火器或干粉车。镁、铝燃烧时温度非常高，水及其他灭火剂基本无效。钾、钠燃烧时严禁用水扑救，水与钠、钾可以发生化学反应，释放大量的热和氢气，将促使火灾更加猛烈地发展。

2. E类火灾的扑救　如电线、配电箱、计算机、冰箱、电加热炉等突然起火的扑救。带电火灾发生后应第一时间关闭电源，严禁直接用水或灭火器实施扑救，防止触电。扑救E类火灾应选用卤代烷、二氧化碳、干粉灭火器。

3. F类火灾的扑救　如烹饪油锅、烤箱、煎炸等突然起火的扑救。首先应关闭燃气阀门或电源，严禁直接用水扑救。扑救F类火灾应选用泡沫灭火器等。

三、火灾的自救与逃生

火灾的发展和蔓延十分迅速，初起火灾的灭火行动不可能持续较长时间，一旦火势失控，面对肆虐的大火，火场人员应立即展开自救与逃生。火灾发生后，最重要的是要保持头脑清醒，保持良好的心理状态，应冷静、机智地运用自己学习和掌握的火场逃生知识，根据火势情况采取最佳的自救方案，争取时间尽快脱离危险区域，以达到减少损失，避免不必要的伤亡。

1. **学会扑救初起火灾**　初起火灾一般着火面积较小，这是火灾最容易扑灭的阶段。面对火情首先应保持沉着冷静，在了解和判断火灾的类型之后，及时考虑该采用何种手段扑救初起火灾。

A类初起火灾，黄沙、泥土、湿衣物、湿棉被、水桶、水瓶等均可使用。B类初起火灾，不宜使用水来扑灭，可用黄沙、泥土等覆盖，实现窒息灭火。C类初起火灾，首先要确定是否可以切断气源，如果可以切断气源或气源的压力较小（小于标准大气压的一半），可以用湿衣服或湿棉被盖住气源，使其与氧气隔绝。如果不能切断气源，切勿轻易灭火。D类初起火灾，必须确认燃烧的金属是否具有强氧化性，如钠、锂等。因其能与空气中的水分发生剧烈反应，放出氢气和大量的热能，直至发生爆炸，所以当遇到该类火灾时,切忌使用含水的物质灭火,可用干燥的黄沙、石灰、干粉等将其覆盖,火势控制后,及时收集燃烧物,放入密闭空间。E 类初起火灾,避免用水来扑灭,以免引发触电事故和造成更大的财产损失。F 类初起火灾,若燃烧物还在烹饪器具以内或者面积不大,可用锅盖、湿棉被等扑灭;若燃烧物分散或者流淌至四周,可用黄沙、泥土等灭火。

然后,应根据火灾类型迅速选用合适的灭火器材消灭初起之火。如果错误地选择和使用灭火器材往往会适得其反。当灭火器无法控制或扑灭火情时,应使用室内消火栓进行灭火。

2. 学会如何正确报火警　在发生火灾时,除了要学会利用灭火器材扑灭初起火灾,准确及时报火警,让消防队及时地赶到火场是减少火灾损失、扑灭火灾的重中之重。任何人都不得阻拦他人报火警,也不得谎报火警。拨打火警电话 119 时,要注意如下几点。

(1)要准确说出发生火灾的地点和着火楼层及部位。

(2)简明扼要地说明着火物性质、火势情况、有无人员被困(如果楼内有使用危险化学品,也应向消防队说明)。

(3)留下自己的姓名和联系方式。报警以后,应该派人到路口去引导消防队到达火场,同时疏通消防车道。

3. 学会扑救火灾的基本方法　根据火场的不同情况,可以因地制宜地采取堵截、快攻、排烟、隔离等基本方法。

(1)堵截:当火势较大人员不能接近时,应该根据火场的现场状况,在火灾蔓延的方向上,关闭防火门、防火卷帘等,并且多配置水枪遏制火情的发展。

(2)快攻:灭火人员能够接近着火点时,应该快速地利用灭火器材灭火,以控制火情。

(3)排烟:在门窗上破拆孔洞,将高温浓烟雾排出,引导火势向楼外蔓延,能够减少楼内火情的扩散速度。

(4)隔离:当火势比较复杂(如着火点分散、多个防火分区着火且使用用途不同等),或者是着火面积已经很大时,应该根据情况,将火场分割成数个区域,分别部署灭火人员,利于火灾的扑灭。

火灾扑灭后,应积极配合消防部门火灾原因认定和损失确认工作,协助消防部门保护火灾现场,完成火灾的事后处理工作。

4. 学会逃生与自救

火灾发生后,现场工作人员应立即组织和引导人员疏散快速有序撤离,防止不必要的事故发生。被困人员的逃生成功与否不仅取决于建筑设施的耐火等级、高度、消防设施配备和运行情况,还依赖于个人的逃生知识与技巧。火灾逃生的基本方法如下。

(1)未雨绸缪,有备无患:了解和熟悉经常或临时所处的学习、生活的建筑环境。若有逃生路线图,应现场勘查逃生路线,确认逃生出口、逃生方法和可使用的逃生工具;若无设置逃生路线图,可自行勘查逃生通道,制订火灾自救计划,必要时自行进行火灾逃生训练和演练。

(2)保持冷静,积极逃生:面对大火,切勿慌乱,应坚定信念,积极自救,时刻保持冷静。一旦意识到自己可能被烟火包围,应立即按照逃生指示标志或逃生路线图撤离。逃生时不可乘坐电梯,因为火灾发生时,电梯的供电和机械系统可能不可靠,存在被困风险。

(3)防范烟雾,确保呼吸安全:烟雾含有大量有毒气体和微粒,对生命安全构成严重威胁。在火灾现场,采取有效措施减少烟雾吸入至关重要。若条件允许,应优先考虑使用专业的防毒面具或呼吸器来提供更有效的保护。若无法使用专业装备,可浸湿毛巾或手帕,将其拧至不滴水为宜,捂住口鼻,在穿越烟雾弥漫区域时,可采取低姿态(如弯腰、蹲姿等)行进,以减少烟雾的吸入,并注意保持呼吸顺畅。同时,由于视野受限,行进时需格外小心,确保安全。

（4）浸湿衣物，防止烧伤：火场一般具有较高的温度，有时可高达几百甚至上千摄氏度，在这样的环境下人的忍耐力十分有限。在逃生时可将身体用水浇湿，并用浸湿的棉被、毯子包裹，以防止烧伤。

（5）善于观察，寻找出口：在火场逃生时，应观察"紧急出口""安全通道""安全出口"等指示标志，并结合火灾广播提醒，按照火灾逃生路线图有序撤离，避免盲目追随。

（6）互相帮助，有序逃生：被困人员在火场逃生时应相互帮助，有序逃生，边逃生边向其他人员高呼示警。在情况允许的前提下应自觉、主动救助年老体弱者、妇女、儿童和受火灾威胁程度更大的人员。

（7）生命第一，逃生优先：身处险境时应尽快撤离，不要将宝贵的逃生时间浪费在寻找、携带贵重物品上。已经逃离火灾现场的，切勿为取出贵重物品而重返火灾现场。

（8）身上着火，切忌惊跑：一旦发现身上衣物着火，切忌用手拍打或惊慌失措地乱跑，应立即寻找水源浇灭。如果附近没有可用水源，可以就地滚动压灭火焰，或者迅速撕脱衣服摆脱火情。禁止直接用灭火器喷射身体，以防灭火剂污染、腐蚀伤口，导致伤情加重。

（9）大火堵门，固守待变：如果逃生时，发觉房门已烫手，说明火势已经蔓延至门外，切勿开门，避免让火焰和浓烟进入房间；应用湿毛巾、湿衣服堵住门缝，防止烟雾进入，然后用水不停地泼湿房门，延长其耐火时间。如果情况允许，可将被单、衣服等卷成绳子状挂在窗口，凭此转移到下一个楼层。

（10）积极求援，勿轻易跳楼：如果被困在楼内无法逃离，应该尽量待在阳台和窗口等易于被救援者发现的位置。用衣服、手电筒、发光物品（如手机屏）向窗外快速挥动并大声呼喊，引起救援者的注意。需要强调的是，跳楼逃生应作为最后的无奈之选，仅在火势逼近、生命受到直接威胁，且楼层较低或楼下已备好救生气垫等安全设施的情况下才可考虑。即使选择跳楼，也必须谨慎选择落地点，如水池、绿化带或救生气垫上，并在落地瞬间抱紧头部、蜷缩身体，以最大程度地减轻伤害。在任何情况下，都应优先考虑其他更安全的逃生方式，并积极等待专业救援人员的到来。

习 题

一、不定项选择题

1. 以下不属于实验室消防安全事故常见原因的是（　　　）

    A. 人为因素　　　　　　　B. 气候因素　　　　　　C. 实验本身具有危险性

    D. 电气火花　　　　　　　E. 实验室管理存在漏洞

2. 实验室易发生静电积聚和高压放电的情况不包括（　　　）

    A. 实验人员身穿的化纤、羊毛等服装发生摩擦

    B. 有机溶剂与有机绝缘材质的管道、容器、设备之间的摩擦

    C. 含有机溶剂的物料采用化纤材料进行过滤

    D. 离心机刹车正常制动

    E. 溶剂各流动层之间的相互摩擦

3. 燃烧按其形成的条件和瞬间发生的特点以及燃烧的现象，下列不属于燃烧类型的是（　　　）

    A. 爆炸　　　B. 阴燃　　　　C. 自燃　　　　D. 点燃　　　　E. 闪燃

4. 根据 GB/T 4968—2008《火灾分类》的规定，依据可燃物的类型和燃烧特性，火灾分为 6 类。对

此下列说法错误的是（　　　　）

    A. A类火灾指固体物质火灾

    B. B类火灾指液体或可熔化的固体物质火灾

    C. C类火灾指气体火灾

    D. D类火灾指金属火灾

    E. E类火灾指烹饪器具内的烹饪物火灾

5. 有关实验室火灾的预防,下列做法错误的是（　　　　）

    A. 注意仪器设备的用电安全

    B. 安全使用燃气

    C. 安全保存和使用实验试剂和药品

    D. 实验用压力容器安全防火

    E. 避免"燃烧三要素"单独存在或相互作用

6. 下列不属于灭火基本方法的是（　　　　）

    A. 隔离法   B. 窒息法   C. 冷却法   D. 可燃物燃尽法   E. 化学抑制灭火法

7. 窒息灭火法是将氧气浓度降低至最低限度,以防止火势继续扩大。其主要工具是（　　　　）

    A. 沙土   B. 水   C. 二氧化碳灭火器   D. 干粉灭火器   E. 泡沫灭火器

8. 使用灭火器扑救火灾时要对准火焰喷射的部位是（　　　　）

    A. 上部   B. 中部   C. 根部   D. 中上部   E. 中下部

9. 实验室如因氢气引发火灾,首先应该要做的是（　　　　）

    A. 关闭气体阀门   B. 选用干粉灭火器灭火   C. 隔离其他可燃物

    D. 选用沙土扑救   E. 灭火毯覆盖灭火

二、判断题

1. 任何物质发生燃烧,都必须具有可燃物、助燃物(如氧化剂等)和着火温度(点火源),并且三者要相互作用。（　　　　）

2. 按照物质发生爆炸的原因和性质不同,可将爆炸分为物理爆炸、化学爆炸、生物爆炸3类。（　　　　）

3. 实验室内火灾的发展过程可分为4个阶段:初起阶段、发展阶段、猛烈阶段、衰减和熄灭阶段。（　　　　）

4. 实验大楼因出现火情发生浓烟时应迅速离开,当浓烟已穿入实验室内时,要沿地面匍匐前进,因地面层新鲜空气较多,不易中毒而窒息,有利于逃生。当逃到门口时,千万不要站立开门,以避免被大量浓烟熏倒。（　　　　）

5. 在扑灭电气火灾的明火时,用气体灭火器扑灭。（　　　　）

6. 用灭火器灭火时,灭火器的喷射口应该对准火焰的中部。（　　　　）

7. 扑救气体火灾切忌盲目扑灭火势,首先应切断火势蔓延途径,然后疏散火势中压力容器或受到火焰辐射热威胁的压力容器,不能疏散的部署水枪进行冷却保护。（　　　　）

8. 在熟睡时,听到火警信号后正确的做法是:①用手试一试门是否热,如是冷的,可开门逃生;②准备好湿毛巾;③切勿随意跳楼,自制救生绳索后再设法安全着落;④利用自然条件作为救生滑道。（　　　　）

9. 同学发现宿舍楼的电闸箱起火,可以用楼内的消火栓灭火。（　　　　）

10. 消防工作的方针是"预防为主、防消结合",实行消防安全责任制。（　　　　）

11. 使用手提灭火器时,拔掉保险销,握住胶管前端,对准燃烧物根部用力压下压把,灭火剂喷出,左右扫射,就可灭火。（   ）

12. 实验室必须配备符合本室要求的消防器材,消防器材要放置在明显或便于拿取的位置。严禁任何人以任何借口把消防器材移作他用。（   ）

答案

一、不定项选择题

1. B　2. D　3. A　4. E　5. E　6. D　7. C　8. C　9. A

二、判断题

1. √　2. ×　3. √　4. √　5. √　6. ×　7. √　8. √　9. ×　10. √　11. √　12. √

（魏钦俊　袁　栎）

第三章　生物医学实验室水电安全

生物医学实验室是医学院校开展教学与科学研究的重要活动场所,实验室水电安全是必须加倍重视的问题。保持正常的供水、供电不仅是进行生物医学实验的首要必备条件,而且是维持大型精密仪器正常运行的技术条件和安全保障。生物医学实验室仪器设备多、线路多、人员多,水电安全工作须遵循"安全第一,预防为主"的原则。因此,制定严格的实验室水电管理制度,定期对实验室开展科研工作的学生、教师、实验人员及其他相关人员进行水电安全常识教育,配备相应的紧急安全预防措施至关重要。

第一节　实验室水电安全常识

水和电是实验室最常见的危险源,它可能引发水灾、触电、火灾等严重事故。由于生物医学实验使用的仪器种类较多,牵涉到大量用水用电,加之实验室人员流动性大、初入实验室学生的安全意识不足,以及水电线路持久使用易老化等原因,许多高校生物医学实验室存在着潜在的水电使用隐患。因此,正确使用水电,加强安全知识普及,是确保实验室安全的首要任务。

一、实验室用水概述

生物医学实验室是进行生命科学研究和医学诊断的重要场所,实验过程中涉及许多化学、生物反应,这些反应对实验用水的质量有着极高的要求。实验室用水作为实验过程中的重要媒介和溶剂,其质量直接关系到实验结果的准确性和可靠性。

（一）实验室用水的特点

1. **高纯度**　实验室用水需要去除水中的各种杂质,如溶解的离子、有机物、微生物等,以保证实验结果的准确性和可靠性。在实验室用水的制备过程中,需要采用各种纯化技术,如蒸馏、反渗透、离子交换等,以去除水中的杂质,以达到高纯度的要求。

2. **低电导率**　电导率是衡量水中离子含量的重要指标,也是评价实验室用水质量的重要参数之一。为减少离子对实验结果的影响,在实验室用水的制备过程中,需要严格控制水中的离子含量,使电导率达到极低的水平。

3. **无菌性**　生物医学实验室用水需要保证无菌,以防止微生物污染对实验结果造成干扰。在实验室用水的制备和储存过程中,需要采用无菌操作技术,并定期进行微生物检测,确保无菌状态的维持。

4. **稳定性**　生物医学实验室用水应具有良好的稳定性,避免在储存和使用过程中发生化学变化或微生物生长。实验室用水在制备和储存过程中需要采取相应的措施,保持其稳定性。

除了上述基本特点,生物医学实验室用水还可能根据具体实验需求而具有其他特殊要求。

(二)实验室用水的重要性

1. **保障实验结果的准确性和可靠性**　在物理化学实验、分子生物学实验、细胞培养等实验中,实验室用水作为溶剂和反应介质,其质量直接影响实验结果的准确性和可靠性。高质量实验室用水能够满足更加复杂和精细的实验需求,是目前医学研究进步和发展的必要条件。

2. **维护实验室安全和卫生**　生物污染可能导致实验室环境的恶化,增加实验人员感染的风险。因此,保证实验室用水的无菌性,对于维护实验室的安全至关重要。

(三)实验室用水的制备与质量控制

为了满足生物医学实验室对用水的高质量要求,需要采用一系列制备技术和质量控制措施。

1. **制备技术**　生物医学实验室用水的制备通常包括预处理、纯化和消毒等步骤。预处理主要去除水中的悬浮物、颗粒物和大部分溶解性杂质;纯化则通过蒸馏、反渗透、离子交换等技术进一步去除水中的离子、有机物等微量杂质;消毒则采用紫外线照射、臭氧处理等方法杀灭水中的微生物。在制备过程中,需要注意以下几点:首先,应选择合适的水源,避免使用含有大量杂质或微生物污染的水源;其次,应选用高质量的制备设备和材料,避免引入新的污染源;最后,应严格控制制备过程中的操作条件,确保制备出的水符合质量要求。

2. **质量控制**　生物医学实验室用水的质量控制包括日常监测和定期检测两个方面。日常监测主要关注水的电导率、pH 等关键指标,确保水质的稳定性;定期检测则需要对水中的离子、有机物、微生物等进行全面检测,以评估水质的整体状况。为确保质量控制的有效性,需要建立严格的质量管理体系,包括制定水质标准、建立检测方法和程序、培训检测人员等。同时,还需要定期对制备设备和储存容器进行清洗和消毒,避免污染和变质的发生。

二、实验室用水的安全使用

实验室用水的安全使用不仅关系到实验结果的准确性,更直接关系到实验人员的安全和健康。因此,每一个进入实验室的工作人员都应当充分认识到其重要性,并严格遵守相关规定。

1. **深入了解水质特性**　实验室用水的类型多样,包括自来水、蒸馏水、超纯水等。每种水质都有其特定的用途和特性因此,实验室人员需要了解各种水质的特性,根据实验需求选用合适的水质。

2. **选用合适的水质**　不同的实验对水质的要求各不相同。例如,在分子生物学实验中,需要使用超纯水作为聚合酶链反应(polymerase chain reaction,PCR)的溶剂,以确保脱氧核糖核酸(deoxyribonucleic acid,DNA)或核糖核酸(ribonucleic acid,RNA)的完整性;而在一些普通的化学分析中,蒸馏水可能就已足够。因此,实验室人员必须根据实验的具体需求,选用合适的水质。

3. **规范取水与存储操作**　取水时应使用专用的取水器,避免手直接接触水源。取水器应定期清洗和消毒,以防止细菌滋生。存储实验室用水的容器应密闭、清洁,并放置在阴凉、干燥、通风的地方,避免阳光直射和高温。同时,不同类型的水质应分开存放,避免混淆。

4. **定期检查与维护设备**　实验室应定期对储水设备、管道和取水工具进行检查和维护。检查内容包括设备的完整性、密封性、是否有漏水或渗水现象等。对于发现的问题和隐患,应及时进行维修和更换,确保设备的正常运行。

三、实验室用电概述

了解实验室用电安全标准和实验室电气事故的特点及分类,是安全用电的有力保障,可以有效杜绝电气事故的发生。

(一)实验室用电安全的标准

1. 设备与环境标准

(1)电器设备选择:实验室在引进实验设备时,应选择符合国家标准和行业标准的电器设备,且应带有合格证号和生产厂家信息。同时,设备应放置在实验室通风良好、干燥且无阻碍的区域,避免存放在潮湿、易燃、易爆或有腐蚀性的环境。

(2)插座与开关的位置:插座应安装在离地面一定高度的地方,以防水或其他液体进入插座发生触电。开关的位置也应方便操作,避免在开关电器时产生不必要的风险。

(3)用电环境:实验室用电环境应保持整洁,不得乱拉乱接电线,防止线路短路或电线老化引发事故。同时,电器设备周围禁止堆放易燃、易爆、有腐蚀性的试剂或物品。

2. 安装与使用标准

(1)安装要求:实验室仪器设备的安装应由专业人员进行,并遵循产品说明书和国家标准的要求。电线规格和材料选择应根据电流负荷、线路长度和实验室内使用环境等因素综合考虑,确保电线能够承受正常运行时的电流和温度。

(2)插头与插座:规定使用带有三孔安全插座的仪器设备,并确保插头与插座连接良好,避免设备接触不良导致火灾。同时,严禁在实验室较潮湿的区域安装和使用电器,以免引发触电事故。

(3)使用与维护:实验室内各类电器设备的使用应符合产品说明书的要求,避免超负荷使用。在实验室使用过程中,若发现有异常情况,如发热、异味等,应立即停止使用,并及时请专业人员进行检查和维修。

3. 实验室线路与配电标准

(1)导线与电缆:实验室内必须使用绝缘导线,绝缘无破损、老化现象。电缆中必须包含全部工作芯线和用作保护零线或保护线的芯线。实验室内配线所用导线或电缆的截面应满足一定的要求,以确保其承载能力和安全性。

(2)接户线与进线:接户线在档距内不得有接头,进线处距地高度不得小于规定值,以防止各类实验室人员的接触或机械损伤。

(3)配电箱与开关箱:实验室内的配电箱、开关箱应安装端正、牢固,移动式配电箱、开关箱应装设在坚固的支架上,其中心点与地面的垂直距离应满足相关标准。

4. 实验室内电路接地与绝缘标准

(1)接地系统:电力系统的接地是防止电气设备外壳带电的重要手段,应确保电器设备和线路都正常接地,并且接地电阻符合国家相关标准。

(2)绝缘保护:电路的绝缘和接地是保障实验室仪器设备和操作者安全的重要保证。电线的铺设和固定应符合国家标准要求,避免电线绞接、悬挂或穿过门窗等不安全行为。

5. 实验室用电安全教育与培训
用电安全教育是预防电气事故的关键。应对实验室工作人员和学生进行用电安全教育,确保他们掌握正确的用电常识和安全操作技能。遵守用电安全标准,包括设备的选择、安装、使用、维护及线路配电、接地绝缘等,可大幅降低电气事故风险。同时,定期的安全检查和培训也至关重要。

（二）实验室电气事故的特点及分类

电气事故是与电能直接关联的意外灾害,局外电能作用于人体或电能失去控制会导致一些意外事件,可能造成人身伤亡和设备、设施的毁坏。管理、规划、设计、安装、试验、运行、维修、操作中的失误都可能导致电气事故。

1. 电气事故的特点

（1）危害大：每一次电气事故的发生都伴随着巨大的人身危害和财产损失。发生事故时,电能直接作用于人体,会造成电击;电能转换为热能作用于人体,会造成烧伤或烫伤;电能脱离正常的通道,会形成漏电、接地或短路,构成实验室火灾、爆炸的起因。

（2）隐蔽性强、识别难度大：由于电能本身不易被人们直观地识别,因此由电引发的危险具有隐蔽性,不易被察觉及识别,电气事故往往来得猝不及防。因此,对于实验室电气事故的防护,相关仪器设备的正确使用,操作人员的教育和培训就尤为重要。

（3）涉及领域广：电气事故不局限于普通的触电、设备和线路故障等,在一些非用电场所,因电能的释放也会造成灾害或隐患,如雷电、静电和电磁场危害等。因此,实验室需全面培训员工,提升对不同类型电气事故的认知与防范能力,并且完善电气事故的防护措施。

（4）防护综合性强：电气事故的机制涉及电学、力学、化学、生物学、医学等学科,其预防措施包含技术和管理两个方面。一般来说,电气事故的共同原因是安全组织措施不健全和安全技术措施不完善。即使有完善的技术措施,如果没有相适应的组织措施,仍然会发生电气事故。因此,必须重视防止电气事故的综合措施。

（5）具有规律性：无法预料、不可抗拒的电气事故是极少数。大量的电气事故都具有重复性和频发性,其发生规律可以被人们认识和掌握。只要依照客观规律办事,不断完善电气安全技术措施和管理措施,电气事故是可以避免的。

2. 电气事故的分类　电气事故按发生灾害的形式,可以分为人身事故、设备事故、电气火灾和爆炸事故等。按照发生事故时的电路状况,可以分为短路事故、断线事故、接地事故和漏电事故等。按事故的基本原因,电气事故又可分为以下几类。

（1）触电事故：人身触及带电体或过分接近高压带电体时,由于电流流过人体而造成的人身伤害事故,又可分为单相触电、两相触电和跨步电压触电。

（2）雷电和静电事故：局部范围内暂时失去平衡的正、负电荷,在一定条件下将电荷的能量释放出来,对人体造成的伤害或引发的其他事故。雷击常可摧毁建筑物,伤及人、畜,还可能引起火灾;静电放电则可能引发实验室火灾或爆炸事故,也可能造成对人体的伤害。

（3）射频伤害：电磁场的能量对人体造成的伤害,即电磁场伤害。在高频电磁场的作用下,人体因吸收辐射能量,各器官会受到不同程度的伤害,从而引起各种疾病。除高频电磁场以外,超高压的高强度工频电磁场也会对人体造成一定的伤害。

（4）电路故障：电能在传递、分配、转换过程中,由于失去控制而造成的事故。线路和设备故障不但威胁人身安全,而且也会严重损坏电气设备。

以上4种电气事故中,以触电事故最为常见。但无论哪种事故,都是由于各种类型的电流、电荷、电磁场的能量不适当释放或转移而造成的。

四、实验室用电安全的常见问题及注意事项

（一）用电安全的常见问题

1. 电气设备的安装和使用管理不规范　大功率实验设备应使用专用线路，谨防因超负荷用电触发火灾。大型仪器设备须接地良好，对电线老化等隐患要定期检查并及时排除。金属外壳的电气设备应按规定进行接地安装、修理及接地线要由电工进行。在使用电热设备时，人员不得离岗，长时间离开应切断电源。

2. 实验室使用不合格的电器或不当操作　禁止购买使用假冒伪劣电器及配件，三孔插座必须安装接地线，不可随意将三孔插头改为二孔插头。发现落地的电线，应请专业电工来处理，移动仪器设备必须先断电，严禁带电移动。

3. 湿毛巾等物品与电线开关插座安全距离不够　在开关、熔丝盒和电线附近，避免放置乙醇、抹布、木屑等易燃物品，以防发生电气火灾。如果发现有烧焦橡皮、塑料的气味，应立即切断电源，严禁使用导电灭火剂进行扑救。定期检查电线、插头和插座，发现损坏立即更换。定期对漏电保护开关进行灵敏性试验。

（二）安全用电的注意事项

为了便于识别并防止错误操作，电线和其他电器设备采用不同颜色来区分其用途。例如，红色电线通常表示火线，绿线表示零线，黄线表示地线，而信号和警告回路则用白色。在实际应用中，应根据具体情况选择合适的安全用电标志，并确保其清晰可见、易于理解。同时，人们需要时刻注意这些标志，并遵循相关的安全规定和操作要求，以确保用电安全。

1. 辨识安全用电标志　为保证安全用电，必须严格按照有关标准使用颜色标志和图形标志。图形标志主要用于告诫人们远离接近危险场所，通常配合醒目的图案和文字说明，以提醒人们注意安全。颜色标志则常用于区分不同性质、不同用途的导线，或表示某处的安全程度。我国安全色标采用的标准，基本上与国际标准草案（ISD）相同。一般采用的安全色有以下 5 种。

（1）红色：用于标志禁止、停止和消防。例如，信号灯、机器上的紧急停机按钮等。

（2）黄色：用于标志注意危险，预示"当心触电""注意安全"等。

（3）绿色：用于标志安全无事，如"在此工作""从此进出"等。

（4）蓝色：用于标志强制执行，如"必须穿防护鞋"等。

（5）黑色：常用于标志图像、文字符号和警告标志的几何图形，以提供清晰明了的视觉信息。

2. 安全使用实验室电器设备　在使用电器设备前，先了解电器仪表要求使用的电源是交流电还是直流电，是三相电还是单相电，以及电压的大小（380V、220V、110V 或 6V）。需确认电器功率是否符合要求，以及直流电器仪表的正负极。仪表量程应大于待测量。若待测量大小不明，应从最大量程开始测量。大功率用电设备应装设漏电保护器，以保证使用电器时的人身安全。电器使用时，应确保外壳良好接地。实验室内空调、电脑等用电设备的出风口不可遮挡与覆盖，并经常进行清理，保持通风良好。实验室内的电热设备周围应预留安全散热距离，防止设备散热不良，引发火灾隐患；远离易燃物品，设备用完后应切断电源，拔下插头，以防意外。

3. 检查线路连接是否正确　学生在进行实验前，应经指导教师检查同意后方可接通实验室仪器设备电源。在电器仪表使用过程中，如发现异常声响、局部温升或嗅到绝缘漆过热产生的焦味，应立

即切断电源,并上报、检查。仪器设备的电源插头和插座要安全可靠,不得使用损坏的插头和插座。应根据电器容量合理用电,避免超负荷使用。实验室内的仪器设备在使用过程中,如发生打火、异味、高热、怪声等异常情况,必须立即停止操作,关闭电源,并联系电工检查、修理。确认设备能安全运行时,才能继续使用。

4. **仪器设备使用完毕后应拔掉电源插头**　插拔电源插头时,应避免用力拉拽电线,以防止电线的绝缘层受损造成触电;电线的绝缘皮剥落,应及时更换新线或者用绝缘胶布包好。湿手不得触摸带电的电器,也不得用湿布擦拭使用中的电器。

5. **提倡文明用电**　实验室内照明应做到人走关灯,当空调、微波炉、电脑复印机等电器设备长时间不用时,应切断电源,拔下插头,以防意外。此外,夏季天气炎热,应避免超负荷用电,在明确线路的负载之前,切勿在实验室内使用大功率电器,禁止使用不符合国家安全标准的用电器。不得在用电设备旁堆放杂物,以免影响设备散热,造成实验室安全隐患。遇到打雷天气时,应及时关闭用电设备,切断电源,以免造成设备损坏或造成安全事故。

第二节　实验室水电安全管理

一、实验室水电安全管理的重要性

生物医学实验室是从事实验教学、科学研究和社会服务的重要场所,其水电的安全管理尤为重要。从实验台的水道布置、电路埋设,到实验室用水用电管理模式、安全教育和管理制度等方面,都要求全体成员本着严谨务实、精益求精的作风,在实验进行过程中,培养良好、安全的用水用电习惯。每个实验室应将"实验室用水用电安全制度"贴在墙上,实验室相关人员,包括学生、教师、实验员等,应定期进行水电安全教育,确保安全制度得到有效执行,排除水电安全隐患,杜绝相关事故发生。

二、实验室用水安全管理

在生物医学实验室,水资源的安全使用直接关系到实验室能否正常、有效运行。节约用水、文明用水、安全用水是每位实验室成员必须遵守的基本原则。

1. **合理布置实验室的下水道**　下水道的布置要考虑水系统的位置,实验室实验台的水系统位于台面两端。在预设位置时,应根据尺寸,把规格适当的下水管道放在水系统下面,这样便于后期使用。精确安装适配的下水管道,以便利后续使用。

2. **了解实验楼自来水各级阀门的位置**　实验室楼宇要有自来水总阀,化学、生物实验室等需设置分闸。总闸由值班人员负责启闭,分闸由相关管理人员负责启闭。实验室需要保持水槽和排水渠道畅通,若发现水龙头或水管漏水、下水道堵塞时,应及时联系专业人员进行修理、疏通。

3. **定期检查实验设备冷却冷凝系统管路**　应定期检查实验设备冷却冷凝系统管路等,检查冷却水装置的连接胶管接口和老化情况,及时更换老化、堵塞的管路,以防漏水。冷却水输水管应使用橡胶管,不得使用乳胶管;上水管与水龙头连接处及上、下水管与仪器或冷凝水管的连接处必须用管箍夹紧固定;水管必须插入水槽中的下水管道中。冬季做好水管的保暖和放空工作,防止水管受冻爆裂。建议在实验室安装带有逆流口的水槽,有效避免漏水事件的发生。

4. 保持应急用水装置畅通 实验室应安装应急喷淋装置与洗眼器并确保其位置合适、方向正确和距离适宜(与工作区域之间距离不得超过30m)。水管总阀应处于常开状态,喷淋头下方无障碍物,并设置应急喷淋指示标志,保持通道畅通。严禁以普通淋浴装置代替应急喷淋装置。每月至少启动一次阀门进行测试,同时做好检查记录。洗眼器应接入生活用水管道,水量水压适中,保证洗眼器喷水高度8～10cm,水流畅通平稳。每周应检查洗眼器,擦拭洗眼喷头,盖好防尘盖,确保使用时无锈水脏水,做好检查记录。

5. 保证供水的安全、可靠和不间断 如有停水事宜,后勤管理单位应事先通知实验室,以便做好相应准备。实验室中任何个人不得擅自拆、改供水管管道或安装水龙头,实验完毕必须及时关好水闸和水龙头。

6. 实验室日常用水管理 打开水龙头时必须全程有人,中途离开必须先关闭水源。纯净水的取用应按照操作规程进行操作;取水时应注意及时关闭取水开关,杜绝无人值守中转取水桶的现象,防止纯水溢流。水管发生漏水和浸水时,应第一时间关闭水阀。发生水灾或水管爆裂时,应首先切断室内电源,转移仪器防止被水淋湿,组织人员清除积水,及时报告维修人员处置。如果仪器设备内部已被淋湿,应报请维修人员维护。化学及生物实验室的废弃化学试剂、实验产生的有毒有害危险废弃物、遇潮遇水易起化学反应和性质不稳定、易分解变质的化学药品,严禁直接倒入下水管道,应分类收集后统一交由专业机构无害化处理。

三、实验室用电安全管理

电是实验室仪器设备运行最主要的动力来源。现代化仪器设备,特别是大型精密仪器设备,均要求电源稳压、稳频、不间断。因此,后勤管理处要高度重视实验室的供电,满足实验室对供电的质量要求和技术要求,保证供电的安全可靠。对有特殊要求的实验室及仪器设备应实施专路供电。具体的用电安全管理措施主要包含以下几点。

1. 实验室所在的建筑应根据建筑的高度及其周边环境情况,安装避雷装置,并应确保装置符合规范和标准的要求。同时,实验室所在的建筑内或实验室内部必须安装符合使用要求的地线,避雷装置和地线不可混同使用。

2. 实验室内电气设备的安装和使用管理,应符合安全用电管理规定,大功率实验仪器设备用电应使用专线,谨防因超负荷用电着火。实验室内应使用空气开关并配备必要的漏电保护器;电气设备和大型仪器须接地良好,对电线老化等隐患要定期检查并及时排除。实验室要定期检查电器设备、线路和插头插座,保持其完好状态,发现可能引起火花、短路、发热和绝缘破损、老化等情况,应立即通知电工维修。

3. 严禁在实验室内乱接乱拉电线,不得使用接线板;严格控制用电功率,避免超负荷用电;实验室内不得有裸露的电线头;配电箱内外均不得堆放物品,不能妨碍使用。熔断装置所用的熔丝应与线路允许的容量相匹配,严禁用其他导线替代。未经允许,不得私自改动墙上电源线路。严禁在电源插座附近堆放易燃物品,严禁在一个电源插座上通过接转头连接过多的电器。

4. 实验前先连接线路,检查用电设备,确认仪器设备状态完好后,方可通电。实验结束后,先关闭仪器设备,再切断电源,最后拆除线路。严禁设备带电时进行插接电源或清洁操作,严禁手部潮湿的情况下接触电器设备。

5. 实验室各种电器应远离木质墙壁、门窗及实验柜台等;明火电器周围严禁放置易燃、易爆物品。电器设备安装应具有良好的散热环境,远离热源和可燃物品,并确保设备接地可靠。使用高压灭菌器、电烘箱、电热板、电烤箱等电加热设备时,必须全程有人值守,并做到人走断电。对于长时间不间断使用的电气设施,需采取必要的预防措施;若较长时间离开房间时,应切断电源开关。

6. 实验室内高压大电流的电气危险场所应设立警示标志,高电压实验应注意保持一定的安全距离。高压、高频设备要定期检修,并具备可靠的防护措施,凡设备要求安全接地的,必须严格执行。

7. 实验室应有严格的用电管理制度并认真落实,对进入实验室工作或学习的师生、实验技术人员及其他人员,应经常进行安全用电教育,把安全用电制度落到实处。白天工作或学习期间,当实验室光线充足时,尽量使用自然光源;光线不足时,根据实际需要开启电灯;离开实验室时,应随手关灯,坚决杜绝长明灯;在实验室公共区域如走廊等,在保证照明的前提下,关闭部分照明设施。

8. 每学期,实验室安全部门定期组织对各实验室用电安全工作执行情况的全面检查,对发现的安全隐患要立即采取措施,并及时进行处理。每逢寒暑假和重大节日,各实验室都应认真检查用电安全情况,并认真填写安全记录,接受安全保卫部门的指导和督促。

第三节　实验室水电安全事故应急措施

生物实验室的用电设备在运行过程中,由于外界的影响如冲击压力、潮湿、异物侵入或内部材料的缺陷、老化、磨损、受热、绝缘损坏,以及因运行过程中的误操作等,均有可能发生各种故障和异常的运行情况,为了有效地避免安全事故的发生,必须采取正确的保护及紧急措施与应急预案。

一、实验室用电的潜在隐患

(一)危险温度

危险温度是因电气设备过热引起的,而电气设备过热主要由电流产生的热量所造成。实验室内的大量电气设备在运行时均会散发热量,当其正常运行条件遭到破坏时,发热量将增加,温度会升高,从而可能引发火灾。实验室内引起电气设备过度发热的异常运行,大体有以下几种情况。

1. 短路　短路时,线路中的电流增加为正常时的几倍甚至几十倍,而产生的热量可与电流平方成正比,使得温度急剧上升甚至超过允许范围。如果温度达到自燃物的自燃点或可燃物的燃点,即会引起燃烧,导致火灾。容易发生短路的情况有以下几种。

(1)实验室内部分老旧电气设备的绝缘老化变质,受机械损伤,在高温、潮湿或腐蚀的作用下,使绝缘破坏。

(2)雷电冲击导致绝缘击穿,且雷电电流极大,可能引发火灾甚至爆炸。

(3)实验室内电器设备在安装和检修工作中,由于接线和操作的错误。

(4)实验室管理制度落实不到位,管理不严或维修不及时,有污物聚集、小动物啃咬电线,致电线内金属线裸露等。

2. 过载　过载会引起电气设备发热,造成过载的原因大体有如下几种情况。

(1)实验室在建设设计之初选用的线路或设备不合理,以致在额定负载下出现过热。

(2)实验室内设备使用不规范,如超载运行、连续使用时间超过线路或设备的设计值,造成过载。

(3)设备故障运行造成设备和线路过载,如三相电动机单相运行、三相变压器不对称运行。

3. **散热不良** 实验室内的电气设备在设计和安装时,虽考虑有一定的散热或通风措施,但这些措施若受到破坏,可造成设备过热。此外,电灯、电炉、电烘箱、电烤箱等直接利用电流产生热能的电气设备,工作温度都比较高,若安装和使用不当,均可能引起火灾。

（二）电火花和电弧

电火花是电板间击穿放电,而电弧是由大量密集的电火花汇集而成。在有爆炸危险的场所,电火花和电弧是一个十分危险的因素。电火花大体分为工作电火花和事故火花。

1. **工作电火花** 电气设备正常工作或操作过程中产生的火花,如交直流电机电刷接触滑动小火花、开关或接触的开合的火花等。

2. **事故火花** 线路或设备发生故障时出现的火花,如短路、接地、绝缘损坏、导电体松脱、保险丝熔断、过压放电、静电、感应电及修理工作中错误操作火花等。

电气设备本身事故一般不会出现爆炸事故,但在特定环境条件下可能引起空间爆炸。例如,生物实验室内的乙醇、乙醚等易燃液体,氢气、氧气等易燃气体发生泄漏并积聚时,在危险温度或电火花作用下,则有可能引起空间爆炸。

二、实验室用水事故的预防措施及应急处理

（一）用水事故的预防措施

实验室预防水污染是一个至关重要的环节,也是减少实验室用水安全问题的最佳方式。

1. **合理设计实验室布局** 实验室应合理规划工作区、存储区、废弃物处理区等,确保各类操作能够有序进行,减少交叉污染的可能性。

2. **制定严格的实验操作规程** 实验室应制定详细的实验操作规范,包括实验前的准备、实验中的注意事项及实验后的清理等,确保每个实验人员都能按照规范进行操作。

3. **通过优化实验方法减少废弃物产生** 采用更加环保、减少废弃物产生的实验方法,减少化学试剂的使用量,从而减少废水的产生。同时,对实验中产生的可回收物质进行回收和再利用,如废液中的有用成分可以经过处理后再次使用,减少新废水的产生。

4. **定期检查与维护** 实验室应定期对储水设备、管道和取水工具进行检查和维护,确保其完好无损、运行正常。对于发现的问题和隐患,应及时进行维修和更换。

5. **加强人员培训** 实验室人员应接受关于实验室用水安全使用的培训,了解不同类型的水质及其适用范围、正确的取水和使用方法、应急处理措施等。

6. **建立安全管理制度** 实验室应建立完善的安全管理制度,明确实验室用水的安全使用要求和责任分工。制度应包括水质检测、取水与存储操作规范、设备检查与维护、应急处理等方面内容。同时,定期对制度进行审查和更新,确保内容适应实验室工作的需要。

7. **加强实验室用水安全的监管与评估** 实验室应建立用水安全监管机制,定期对实验室用水安全进行检查和评估。通过监管和评估,及时发现和解决实验室用水安全问题,确保实验室用水的安全稳定。此外,还可以引入智能化管理系统,对实验室用水进行实时监测和预警,提高管理的效率和准确性。

（二）用水事故的应急处理

1. **水泄漏处理** 一旦发现水泄漏,应立即关闭水源,并使用吸水材料将泄漏的水吸干。同时,通

知相关人员协助处理现场,确保泄漏区域得到及时清理和消毒。

2. **水污染处理** 如果实验室用水被污染,应立即停止使用,并将受污染的水进行妥善处理。处理方法包括使用化学试剂进行中和、使用过滤器进行过滤等。对于可能对人体健康造成危害的污染物,应采取特殊的防护措施,如佩戴防护手套、口罩等避免直接接触。同时,立即通知实验室管理人员和相关部门,协助进行污染源的排查和处理。

三、实验室常见用电事故的预防措施及应急处理

(一)实验室常见电气事故的预防措施

1. 实验室内严禁随意拉接电线,插线板应固定上墙。若发现电线断落,无论带电与否,都应视为带电,应与电线断落点保持足够的安全距离,并及时向有关部门汇报。使用大电功率用电设备时,操作人员切勿离开,电加热设备上亦不能烘烤衣物。

2. 更换熔断丝、拆修电器或移动电器设备时必须切断电源,不可冒险带电操作。发现电器设备冒烟或闻到异味时,应迅速切断电源进行检查。

3. 当电源开关外壳和电线绝缘有破损不完整或带电部分外露时,应立即联系专业电工维修,否则不能使用该电器。另外,在带电的用电器上或破旧的电线周围,禁止使用钢卷尺和夹有金属线的皮尺或线尺进行测量工作。

4. 高温季节,手易出汗,触电风险增加。另外,洗完手后,不可湿手去操作带电设备,一定要擦干后再进行操作。

(二)实验室电气事故的应急处理

1. **触电危险和断电** 发现触电或电气设备、电线等起火时,首先要迅速切断电源。在此过程中,应注意以下几点。

(1)火灾发生后,由于受潮或烟熏,开关设备绝缘能力降低。因此,拉闸最好用绝缘工具将电线切断。

(2)如果电源开关离触电地点较近,应迅速拉下开关。

(3)切断的电线应妥善放置,做好标记,以防误触。

(4)当带电的导线误落在触电者身上或触电者无法脱离漏电设备时,可使用绝缘物体,如干燥的木棒、竹竿等将导线移开。

2. **带电灭火安全要求** 在紧急情况下,若需带电灭火,务必遵循以下安全要求。

(1)使用不导电灭火剂:如二氧化碳、四氯化碳或干粉灭火器等灭火器。四氯化碳灭火器对电气设备发生的火灾具有较好的灭火作用,四氯化碳不燃烧、不导电;二氧化碳灭火器适用于扑救电器及电子设备发生的火灾,二氧化碳无腐蚀作用,不致损坏设备;干粉灭火器综合了四氯化碳和二氧化碳的长处,适用于扑救起火范围大,火势猛、能量大的电气火灾。注意,泡沫灭火器的灭火剂(水溶液)具有导电性,禁止对电气设备带电灭火。

(2)保持安全距离:在灭火过程中,应保持足够的安全距离,站在干燥、绝缘表面,避免直接接触水源或潮湿地面。对架空线路或者架空设备进行灭火时,人体位置与带电体之间的偏角不超过45°,以防导线断落伤人。如遇带电导体断落地面,要划出一定的警戒区,防止跨步电压伤人。

(3)穿戴防护装备:灭火人员应穿戴齐全的个人防护装备,以有效减少触电和烧伤的风险。

（4）防止火势扩散：采取措施防止火势扩散，如设置防火墙等。

（5）报警与求助：如果火势无法控制，应立即报警并寻求专业消防队的帮助。在等待消防队到来的过程中，灭火人员应保持冷静，采取必要的安全措施。

（6）培训与演练：定期对实验室工作人员进行带电灭火的安全培训和演练，提升他们的安全意识和提高应急能力水平。培训内容应包括带电灭火的基本知识、安全操作规程、个人防护装备的使用等。

（7）定期检查设备：定期对带电灭火设备进行检查和维护，检查设备的外观、压力、密封性等，发现问题应及时处理，确保设备的正常运行和可靠性。

四、实验室人员触电事故的紧急处置与预防

（一）触电类型

根据电流通过人体的路径和触及带电体的方式，一般可将触电分为单相触电、两相触电和跨步电压触电等。

1. **单相触电**　当人体某一部位与大地或与大地绝缘不佳接触，另一部位触及一带电体所致的触电事故。

2. **两相触电**　人体的不同部位同时触及两相带电体（同一变压器供电系统）。

3. **跨步电压触电**　当带电体接地处有较强电流进入大地时（如输电线路结故障），电流通过接地体向大地作半球形流散，并在接地点周围地面产生一个相当大的电场。人若双脚分开站立，两脚间存在电位差，即跨步电压。人体触及跨步电压而造成的触电，称跨步电压触电。

（二）触电伤害的临床表现及现场抢救措施

发生触电事故时，现场急救的具体操作可分为迅速脱离电源、简单诊断和对症处理。

1. **迅速脱离电源**　面对触电事故，首先应保持冷静。对于 220/380V 的低压触电，若电源开关或电源插头就在附近，应立即切断电源。对于高压触电应及时通知供电部门，采取相应紧急措施，以免产生新的事故。

2. **简单诊断**　脱离电源后，迅速评估患者状态：①判断意识是否丧失；②观察呼吸是否存在；③检查颈动脉搏动；④观察瞳孔是否扩大。

3. **处理方法**

（1）患者神志清醒，但感乏力、头昏、胸闷、出冷汗，甚至有恶心或呕吐，应让其就地安静休息，以减轻心脏负荷，加快恢复；情况严重时，应立即送医，途中严密观察患者，以防意外。

（2）患者呼吸、心搏尚存，但神志不清。应使其仰卧，保持周围空气流通，注意保暖，并且立即送医。此时还要严密观察，做好人工呼吸和胸外按压急救的准备工作。

（3）若检查发现患者呼吸、心搏骤停，应立即进行心肺复苏，包括胸外按压和人工呼吸，同时准备送医。若现场只有一人，可交替进行口对口和口对鼻人工呼吸。

（三）触电事故的预防措施

1. **防止接触带电部件**　常见的安全措施有绝缘、屏护和安全间距。

（1）绝缘：使用不导电的绝缘材料封闭带电体。

（2）屏护：采用遮拦、护罩、护盖、箱闸等隔离带电体。

（3）间距：保持带电体与其他物体之间的安全距离。

2.防止电气设备漏电伤人

（1）保护接地：将正常运行的电气设备不带电的金属部分和大地紧密连接，限制漏电电压。保护接地适用于中性点不接地的电网中，电压高于 1kV 的高压电网中的电气装置外壳，也应采取保护接地。

（2）保护接零：在三相四线制（380/220V）供电系统中，把用电设备在正常情况下不带电的金属外壳与电网中的零线紧密连接起来。

（3）采用安全电压：根据实验室的特点，采用相应等级的安全电压，是防止发生触电伤亡事故的根本性措施。GB 19517—2023《国家电气设备安全技术规范》规定我国安全电压额定值的等级为 42V、36V、24V、12V 和 6V，应根据实验室的使用条件、使用方式、供电方式、线路状况等因素选用。

（4）漏电保护装置：又称触电保安器，在低压电网中发生电气设备及线路漏电或触电时，它可以立即发出报警信号并迅速自动切断电源，从而保护人身安全。

（5）安全用电组织措施：制定安全用电措施和规章制度，进行安全用电检查、教育和培训，组织事故分析，建立安全资料档案等。

📝 习 题

一、不定项选择题

1.以下实验室电气事故的特点中错误的是（　　）

　A.电气事故的发生都伴随着巨大的人身危害和财产损失

　B.电气事故不包括雷电、静电和电磁场危害等

　C.电气事故的机制涉及电学、力学、化学、生物学、医学等学科

　D.电能本身不易被人们直观识别，因此由电所引发的危险具有隐蔽性、不易察觉及识别，电气事故往往来得猝不及防

　E.电气事故的规律是可以被人们认识和掌握的

2.以下生物医学实验室用水事故的预防措施中错误的是（　　）

　A.定期检查与维护，实验室应定期对储水设备、管道和取水工具进行检查和维护，确保其完好无损、运行正常

　B.制定严格的实验操作规程，详细的实验操作规范，确保每个实验人员都能按照规范进行操作

　C.实验室人员不用特别接受关于实验室用水安全使用的培训，不需要了解不同类型的水质及其适用范围和使用方法等

　D.实验室建立完善的安全管理制度，明确实验室用水的安全使用要求和责任分工

　E.实验室合理规划工作区、存储区、废弃物处理区等，确保各类操作能够有序进行，减少交叉污染的可能性

3.实验室安全用电的非潜在隐患有（　　）

　A.实验室内部分老旧电气设备的绝缘老化变质

　B.实验室管理制度落实不到位，管理不严或维修不及时，有污物聚集、小动物啃咬电线，致电

线内金属线裸露等

  C. 实验室内设备使用不规范,如超载运行、连续使用时间超过线路或设备的设计值,造成过载

  D. 实验操作人员应定期检查维修设施,以防止故障或损坏影响正常运行

  E. 实验室内高压大电流的电气危险场所不需要设立警示标志

 4. 实验室电气事故的错误处置方法有( )

  A. 火灾发生后快速用绝缘工具操作将电线切断

  B. 当带电的导线误落在触电者身上或触电者无法脱离漏电设备时,使用绝缘物体将导线移开

  C. 切断的电线做好标记以防误触

  D. 快速用泡沫灭火器进行灭火

  E. 快速用灭火毯覆盖住初起火苗,进行灭火

 5. 灭火用具不可以带电灭火的是( )

  A. 干粉灭火器 B. 二氧化碳灭火器 C. 泡沫灭火器 D. 气溶胶灭火器   E. 灭火毯

 6. 当人员触电事故发生后,紧急处置方法错误的是( )

  A. 快速切断电源

  B. 拉拽触电者身体使之摆脱电源

  C. 用绝缘工具切断带电导线(如电工钳、木柄斧等)断开电源

  D. 观察有否呼吸存在,检查颈动脉有搏动

  E. 心脏停止跳动,应用人工心脏按压法来维持血液循环

 7. 夏季实验室用电安全需要注意事项中的错误方式有( )

  A. 超负荷用电

  B. 遇到打雷天气,及时关闭用电设备,切断电源

  C. 使用完设备后及时断开电源,做到人走电关

  D. 不在用电设备旁堆放杂物,影响设备散热

  E. 实验室内所有用电设备都保持良好接地和相对固定的位置,不随意拆卸,不随意拉接电线和增加用电设备

 8. 应急喷淋装置安装位置要合适,方向要正确,与工作区域之间距离不得超过( )

  A.10m   B.20m   C.30m   D.40m   E.50m

 9. 实验室应有严格的用电管理制度,不包括的是( )

  A. 对进实验室工作或学习的学生、教师、实验技术及其他人员,应经常进行安全用电教育

  B. 白天工作、学习期间,当实验室光线充足时,需开启电灯照明

  C. 光线不足时,根据实际需要开启电灯

  D. 离开实验室应随手关灯

  E. 实验室公共区域如走廊等,在保证照明的前提下,关闭部分照明设施

二、判断题

 1. 安全用电标志不同颜色分别代表不同含义,红色用于标志禁止、停止和消防,如信号灯、信号旗、机器上的紧急停机按钮等都是用红色来表示"禁止"的信息。( )

 2. 安全用电标志不同颜色分别代表不同含义,蓝色用于标志注意危险,如"当心触电""注意安全"等。( )

 3. 安全用电标志不同颜色分别代表不同含义,黄色用于标志强制执行,如"必须戴安全帽"等。( )

4. 实验室内发生水电事故不需要立即报告上级领导和有关部门,自行处置即可。(　　)

5. 发生触电事故时,需要使用绝缘物体将触电者与电源分离,不能直接用手触碰触电者身体,使之摆脱电源。(　　)

6. 当发生触电事故时,患者呼吸、心搏尚存,但神志不清,首先应立即采用胸外按压和人工呼吸进行救治。(　　)

7. 对有特殊要求的实验室及仪器设备应实施专路供电。(　　)

8. 实验室内严禁乱接乱拉电线,墙上电源未经允许,不得拆装和改线。(　　)

9. 对进入实验室工作或学习的学生、教师、实验技术及其他人员,应经常进行安全用水和用电教育。(　　)

答案

一、不定项选择题

1. B　2. C　3. D　4. D　5. C　6. B　7. A　8. C　9. B

二、判断题

1. √　2. ×　3. ×　4. ×　5. √　6. ×　7. √　8. √　9. √

（王亚云　田　菲　白　亮）

第四章 生物医学实验室仪器 设备使用安全

实验室仪器设备是企业、科研院所及高等院校等机构用于生产、科研、教学等活动的必备工具。目前不同国家和组织对实验室仪器的定义存在差异。结合我国仪器仪表的生产类别并参考国外仪器仪表的分类，通常将其分为：①测量仪器；②分析仪器；③实验室仪器；④医疗生物仪器。以上4类设备统称为科学仪器。

此外，上述实验室仪器又可以细分为7大类：①光学仪器；②光电仪器；③通用实验室仪器（用于物理、化学或者生物分析）；④X射线分析仪器及原子核、粒子加速器和谐振式谱分析仪；⑤基于其他工作原理的仪器；⑥用于电子测量和记录的通用实验室仪器；⑦为分析做准备的设备和测试仪器。

按照教育部《高等学校仪器设备管理办法》的规定，以下3类仪器设备属于教育部所管理的贵重仪器设备：①设备单价在人民币40万元（含）以上的仪器设备；②单台（件）不足40万元，但属于成套购置和需配套使用的，人民币40万元（含）以上的成套仪器设备；③单价不足人民币40万元，但属于国外引进、教育部根据国家有关规定明确为贵重、稀缺的仪器设备。本章重点介绍的生物医学实验室常用仪器设备和大型仪器设备均遵循教育部的上述分类标准。

第一节 常用仪器设备介绍

本节介绍的常用仪器设备按照生物医学实验室通用设备及各个功能实验室（包括形态学实验室、分子生物学实验室、细胞培养室、微生物实验室）的专用设备分别介绍，简要介绍常用仪器设备的简单功能、原理和使用注意事项（含维护）。正确掌握仪器设备的操作与维护方法，可有效避免仪器设备故障及其故障时附带的各种安全事故和隐患。

一、生物医学实验室通用仪器设备

生物医学实验室中，通用设备是一些在不同功能实验室里都会使用的基础型常规设备，如移液器、恒温水浴锅、离心机、超低温冰箱等。

（一）移液器

移液器广泛用于生物、医学、化学等实验室，是实验室中用于精准转移液体试剂的计量工具，常用规格有 0.5～2μL、0.5～10μL、0.5～20μL、10～100μL、20～200μL、10～1000μL、1～5mL。

1. 移液器的工作原理和应用 实验室常用的微量移液器的设计原理基于胡克定律：在一定限度

内,弹簧伸展的张力与弹力成正比,即移液器内的液体体积与移液器内的弹簧弹力成正比。微量移液器加样的物理学原理有两种:使用空气垫加样和使用无空气垫的活塞正移动加样。这两种不同原理的微量移液器有其不同的应用场景。

(1)空气垫加样器:便于固定或可调体积液体的加样,加样体积的范围在 1 ~ 10mL。加样器中的空气垫,将吸于塑料吸头内的液体样本与加样器内的活塞分隔开。空气垫随加样器活塞的弹簧样运动而移动,进而带动吸头中的液体吸入和排出,其体积和移液吸头中高度的增加决定了空气垫的膨胀程度。因此,活塞移动的体积需略大于目标吸取体积(2% ~ 4%),同时应通过结构改良来降低温度、气压和空气湿度等外部因素的影响。

(2)活塞正移动加样器:以活塞正移动为原理的加样器和分配器与空气垫加样器所受物理因素的影响不同,因此,在空气垫加样器难以应用的情况下,活塞正移动加样器可以应用。活塞正移动加样器的吸头与空气垫加样器吸头有所不同,其内含一个可与加样器活塞耦合的活塞,这种吸头一般由生产活塞正移动加样器的厂家配套生产,不能与其他类型或厂家的吸头混用。

2. 移液器的分类　根据移液器的工作原理、吸头安装数量、刻度是否可以调节等因素进行分类(表4-1)。其中,多通道加样器通常为8通道或12通道,与 8×12=96 孔微孔板匹配。这样的设计不但可减少实验操作人员的加样操作次数,而且可提高加样的精密度。而电动式移液器为半自动加样系统,其最大的优点是具有很高的加样重复性,应用范围广。

表 4-1　移液器的分类因素及分类

分类因素	分类
工作原理	空气置换移液器、正向置换移液器
刻度是否可调	固定移液器、可调节移液器
调节刻度的方式	手动式移液器、电动式移液器
吸头安装数量	单通道移液器、多通道移液器
用途	全消毒移液器、大容量移液器、瓶口移液器、连续注射移液器

3. 移液器的使用注意事项

(1)选择合适类型的移液器:移取标准溶液(如水、缓冲液、稀释的盐溶液和酸碱溶液)时,多使用空气置换移液器;移取具有高挥发性、高黏稠度及密度大于 $2.0g/cm^3$ 的液体或者在聚合酶链反应(PCR)测定中的加样时,为防止气溶胶的产生,最好使用正向置换移液器。

(2)选择合适量程的移液器:根据取样体积选择合适量程的移液器,如移取 15μL 的液体,最好选择最大量程为 20μL 的移液器,选择 50μL 及以上量程的移液器可能降低取样精度。

(3)选择合适的吸头:一次性吸头是本加样系统的一个重要组成部分,其形状、材料特性及与加样器的吻合程度均对加样的准确度有很大的影响。因此,务必选择合适的吸头进行液体移取。

(4)单通道移液器与多通道移液器的操作区别:在使用单通道移液器时,需要将移液器的嘴锥对准吸头管口,轻轻用力垂直下压使之装紧。在使用多通道移液器时,将移液器第一个管嘴对准一排吸头的第一个管口,倾斜插入,前后稍微摇动以拧紧。

(5)移取液体时注意吸头与操作杆的操作细节:在移取液体时,将吸头尖端垂直浸入液面以下 2 ~ 3mm 深度(严禁将吸头全部插入溶液中),缓慢均匀地松开操作杆,待吸头吸入溶液后静置 2 ~ 3 秒,并斜贴在容器壁上淌走吸头外壁多余的液体。

（6）用完移液器的正确处理：移液器使用完毕后，用大拇指按住吸头推杆向下压，安全退出吸头后将其容量调至最大值，然后将移液器悬挂在专用的移液器架上；长期不用时应置于专用盒内保存。

（7）如何调节移液器刻度：在调节移液器刻度时，转动旋钮不可转太快，避免超出其最大或最小量程，否则易导致量程不准确，并且易卡住内部机械装置而损坏移液器。

（8）如何装配吸头：在装配吸头时，不可反复强烈撞击吸头，否则不仅可能导致吸头松动，还可能使移液器内部零件松散，严重时会导致调节刻度的旋钮卡住。

（9）移液器吸头里有液体勿平放或倒置：当移液器吸头里有液体时，切勿将移液器水平放置或倒置，以免液体倒流而腐蚀活塞弹簧。

（10）移液器高温消毒须谨慎：对移液器进行高温消毒时，应首先查阅所使用的移液器是否适合高温消毒。

（二）电子天平

电子天平是实验室必备的称量工具之一，用于精确称量微量化学试剂、微小组织块等。根据其精度可分为 4 类（表 4-2）。

表 4-2　电子天平的分类

电子天平种类	最大称量值 /g	标尺分度最小值
超微量电子天平	2～5	10^{-6}
微量电子天平	3～50	10^{-5}
半微量电子天平	20～100	10^{-5}
常量电子天平	100～200	10^{-5}

1. 电子天平的工作原理和应用　电子天平采用了现代电子控制技术，利用电磁力补偿平衡原理，实质是一种杠杆平衡，只是在杠杆的一端采用了电磁力。在测量物体时，采用电磁力与被测物体重力相平衡的原理实现测量。电子天平主要适用于测量微量试剂、微量组织块等高精度称量需求。

2. 电子天平的使用注意事项

（1）电子天平实验前后一定要进行调零。

（2）每次称量结束要进行清洁。

（3）称量过程中，要将放取样品门关闭，以防外界干扰。

（4）电子天平要放置在平整、稳定的工作台上，远离振荡、噪声、电磁干扰等不利环境。

（5）电子天平中的传感器和电路还会受温度、气流的影响，导致电子天平产生漂移，造成测量误差，因此应尽量避免这些因素的影响。

（6）要定期对电子天平进行校正。

（7）称取易挥发或有腐蚀性的物品时，应放置在密闭的容器中，以免腐蚀和损坏电子天平。

（8）选择电子天平时，应根据具体的称量和精度需求而定。如称量 100mg 以上的物质，如果精度要求高则要用万分之一天平（分析天平），而十万分之一天平用于精密称量 10～100mg 的物质。

（三）实验用纯水机

实验用纯水机，是一种制备高纯度水的设备，其是生物医学实验室中的必需设备，用于满足实验用水的特殊条件或苛刻要求。

1. 实验室用纯水机的工作原理和应用　其工作原理基于多级过滤技术，包括预处理、反渗透、离子交换、终端处理等步骤。

（1）预处理：该阶段主要是去除水中的大颗粒杂质和悬浮物，包括泥沙、有机物、余氯和气体等杂质。这一过程通过砂滤、多介质过滤、活性炭过滤、软化、调节 pH 和脱气等步骤实现。

（2）反渗透：即应用反渗透膜，将水中所含的绝大部分无机盐（含重金属）、有机物、细菌及病毒等阻隔在反渗透膜上，只允许水分子和离子态的矿物质元素通过。因为反渗透膜的孔径只有 0.2μm 以下，因此完全可以将病毒等小分子阻隔，从而得到纯净的水质。

（3）离子交换：这一过程通过离子交换树脂实现，树脂上的可交换离子与水中的离子进行交换，从而去除水中的离子，提高水的纯度，从而达到更高的水质标准。

（4）终端处理：对经过反渗透和离子交换的水进行进一步的处理，以满足各类特定的实验要求。这可能包括紫外线杀菌、超滤过滤和微滤等步骤。

2. 实验用纯水机的使用注意事项　根据设备参数提示，及时更换过滤柱。实验用纯水机连接的废水排水管一定要插入地漏或水池下水处，以防漏水。

（四）制冰机

制冰机是实验室常用设备，制出的冰块多用于低温实验，通常在 PCR、蛋白质提取、核酸提取、质粒提取、细胞破碎等过程中发挥着重要作用，为样品提供 4℃低温操作环境。

1. 制冰机的工作原理和应用　制冰机是一种通过制冷系统将水制冷后生成冰的机械设备。其由储水箱、压缩机、流量控制阀等组成。

2. 制冰机的使用注意事项

（1）制冰机不能靠近热源，使用环境温度应控制在 5～40℃，以免温度过高影响冷凝器散热，达不到良好的制冰效果。

（2）制冰机应安装于平稳的平台上或落地安装，并调整机器底部的地脚螺钉来保证机器水平放置，以避免不脱冰及运行时产生噪声。同时，四周应留有空间，便于散热。

（3）定期清洗进水阀滤网，避免水中砂泥杂质堵塞进水口，而引起进水量变小，导致不制冰。一般 6 个月左右，要用制冰机清洗剂和消毒剂对分水管、水槽、储冰箱及挡水板进行清洗消毒，并漂洗干净。长期不使用时，应清洗干净，并用电吹风吹干冰模及箱内水分，放在无腐蚀气体及通风干燥的地方，避免露天存放。

（4）在搬运制冰机时，应小心轻放防止剧烈震动。经过长途运输后，应放置 2～6 小时后方能开机制冰以确保机器稳定运行。

（五）恒温水浴锅

恒温水浴锅是实验室中常用的恒温设备，广泛用于各种需要恒温加热的场合，是生物、遗传、病毒、医药等生化、分析实验室必备的工具。

1. 恒温水浴锅的工作原理和应用　恒温水浴锅主要是通过底部的不锈钢管状加热器和温度控制仪表协同作用，实现水温的上升和恒定控制，达到温度控制和恒温加热的需求。

2. 恒温水浴锅的使用注意事项

（1）箱内外应保持清洁。

（2）恒温水浴锅的箱外壳必须有效接地。

（3）在未加水之前，切勿打开电源，以防电热管的热丝烧毁。

（4）如遇温度控制失灵，可能是控制器上的传感器失灵，调换后即可使用。

（5）恒温水浴锅使用结束后，先将温控按钮调到最小值，再关闭电源。

（6）长时间使用应定期更换水，避免残留的水垢导致内部生锈，影响恒温水浴锅使用寿命。

（六）加热磁力搅拌器

加热磁力搅拌器是用于混合液体的实验室仪器，主要用于搅拌或同时加热搅拌低黏稠度的液体或溶解固体试剂。

1. 加热磁力搅拌器的工作原理和应用　加热磁力搅拌器利用磁极相吸相斥原理，驱动容器内磁性搅拌子旋转，进而带动样本均匀混合。配备加热系统的型号能精确控温，确保实验条件稳定，以满足特定液体混合需求。

2. 加热磁力搅拌器的使用注意事项

（1）搅拌异常时，先断电检查烧杯平稳性、位置准确性及电压（220±10）V是否符合。

（2）加热时间一般不宜过长，间歇使用可延长寿命，不搅拌时停止加热。

（3）中速运转建议不超过8小时，高速则限4小时，使用时避免剧烈震动。

（4）使用三孔安全插座，并确保接地良好。

（5）保持仪器清洁干燥，防止液体渗入，不使用时务必切断电源。

（七）旋涡振荡混合器

旋涡振荡混合器是化学分析实验室常用的一种用于混合试剂溶液的小设备，体积小、操作简单。

1. 旋涡振荡混合器的工作原理和应用　旋涡振荡混合器利用偏心旋转使试管等容器中的液体产生涡流运动，从而实现溶液的充分混合。该仪器混合速度快、效果彻底，液体呈旋涡状能将附在管壁上的试剂全部混匀，并且可用于一般试管、烧杯、烧瓶、分液漏斗内液体的混合均匀。对于一些难溶解的药物如红霉素及染色液等，也容易混匀。混合液体时无须电动搅拌和磁力搅拌，可避免外界污染和磁场影响。

旋涡振荡混合器广泛用于环境监测、医疗卫生、石油化工、食品、冶金等领域的实验室、化验室，适用于混合匀和、萃取以及生物、生化、细胞、菌种等各种样品振荡培养。

2. 旋涡振荡混合器的使用注意事项

（1）使用前，先将变速旋钮放置小部位，关闭电源总开关。

（2）混合时，避免容器过满，以防溶液飞溅。

（3）若不慎洒出溶液，应及时清理干净。

（八）振荡器

振荡器在实验中用于混悬样品。

1. 振荡器的工作原理和应用　振荡器主要是由电容器和电感器组成的LC回路，通过电场能和磁场能的相互转换产生自由振荡。它广泛应用于生物、医学、微生物、遗传、病毒等科研实验室。适用于细胞、菌种等各种液态、固态化合物的振荡培养。

2.振荡器的使用注意事项

（1）使用前,应根据实验要求选择振荡器的频率、温度等参数。

（2）使用中,应注意其稳定性,如果振荡器不稳定,可能会导致系统工作异常。

（3）振荡器的频率易受环境因素影响,如温度、电源电压、电源噪声等,因此需要根据实际情况进行调整和校准。

（4）使用时,负载过大或过小都可能影响振荡器正常工作或工作不稳定,因此负载要在振荡器适用范围内。

（九）超声波清洗仪

超声波清洗仪利用超声波在液体中的空化作用、加速度作用及直进流作用,对液体和污物直接及间接作用,促使污物层分化、乳化并剥离,从而达到清洗目的。目前所用的超声波清洗机中,空化作用和直进流作用应用较为普遍。

1.超声波清洗仪的工作原理和应用　该设备通过换能器将功率超声频源的声能转换成机械振动,这些振动通过清洗槽壁辐射到槽中的清洗液。由于受到超声波的辐射,槽内液体中的微气泡能够在声波的作用下保持振动状态,进而破坏污物与清洗件表面的吸附,引起污物层的疲劳破坏而被剥离,气体型气泡的振动对固体表面进行擦洗。

超声波清洗广泛应用于表面喷涂处理行业、机械行业、电子行业、医疗行业、半导体行业、钟表首饰行业、光学行业、纺织印染行业等。在生物医学实验室,超声清洗主要用实验用玻璃器皿,如细胞培养瓶、玻璃吸管、移液管等。

2.超声波清洗仪的使用注意事项

（1）需要超声清洗的物品要先放入清洗网架中,再放入清洗槽内,不能直接将物品放入清洗槽内。

（2）清洗槽内加入的水或水溶液要在槽内设定的最低和最高水位线之间。

（3）除特殊情况以外,清洗温度一般设定在60℃,清洗时间设定20分钟左右,清洗功率设定在100%。

（十）离心机

离心机是一种利用离心力分离液体与固体颗粒或液体与液体的混合物中各组分的设备。离心机主要用于将悬浮液中的固体颗粒与液体分开,或将液体中两种或两种以上密度不同的物质分开。其广泛应用于医学、生物学、化学、物理学等多个学科和领域。生物医药类实验室常用离心机的分类:①按照离心机转速可以分为:常速离心机（＜6 000r/min）、超速离心机（10 000～50 000r/min）和超高速离心机（＞50 000r/min）;②按照离心机工作温度分为:常温离心机（室温）和低温离心机（-20～+4℃）;③按照离心机的大小或安装方式分为:迷你离心机、台式离心机和立式离心机。

本部分介绍常用的3种离心机:迷你离心机、常温常速离心机及低温高速离心机。

1.迷你离心机　分为手掌式离心机和微孔板迷你离心机。手掌式离心机标配8孔角转子,适用于中低速离心及微量管的沉淀和离心。微孔板迷你离心机适用于各种PCR微孔板,可以快速离心挂壁液滴,是PCR实验前后使用的常规设备。

2.常温常速离心机　多为台式离心机,最高转速6 000r/min。常温常速离心机的使用注意事项有以下几项。

（1）离心机一定要放置在坚固、平稳且平整的水平台面或地板上,确保无晃动。

（2）离心机使用前样品一定要配平，且将同质量、同体积的样品放在对称位置。如果是单管样品，可使用同质量、同体积的水进行配平。

（3）离心过程中如有噪声或机身振动，须立即关闭电源。

（4）离心前转子盖必须盖好，以防离心过程中样品飞出破损。

（5）离心速度设置不得超过设备最高转速。

（6）若是低温离心，需要提前预冷转头，离心后要用软布拭去离心室内的冷凝水。

3. 低温高速离心机　通常需要在低温情况下分离样品。使用前需要将温度设定到所需温度，并提前打开离心机进行预冷。其注意事项与常温常速离心机相同。

（十一）高压灭菌器

高压灭菌器是利用电热丝加热水产生蒸汽，并能维持一定压力的装置。它主要由一个可以密封的桶体、压力表、排气阀、安全阀、电热丝等部件组成。可分为手提式高压灭菌器和立式高压灭菌器。可通过高温蒸汽消除杀灭培养基、金属器械、玻璃、敷料、橡胶等耐高温物品上的微生物，以保证实验的无菌条件。

1. 高压灭菌器的工作原理和应用　该设备利用密闭容器中压力和温度的不断升高，使水的沸点不断提高，从而产生大量热蒸汽，使锅内温度达到121.3℃，压力维持在103kPa（1.05kg/cm^2），时间保持15～30分钟，即可杀灭包括芽孢在内的所有微生物。其广泛应用于生物公司、医药公司、科研院所、高校、医院等场所，操作简单且使用方便。

2. 高压灭菌器的使用注意事项

（1）灭菌结束后，不可立即放气减压。在压力降到0kPa之前，不能打开灭菌器盖。

（2）压力表出现异常时，应立即停止使用。

（3）打开灭菌器盖时，应充分注意来自灭菌室内的蒸汽，防止烫伤。

（4）放置灭菌物品时，应避免碰触损伤内胆中的温度探头，也不宜放置过紧。

（5）为避免阻塞管系，应经常换水；如该设备准备长时间停用时，则应将灭菌器内的水排空。

（十二）电热恒温干燥箱

电热恒温干燥箱，简称烘箱或干燥箱，可用于烤片、熔蜡及烘干实验器皿、灭活RNA酶等。

1. 电热恒温干燥箱的工作原理和应用　该设备利用电热丝隔层加热使物体干燥，一般由箱体、电热系统和自动恒温控制系统组成。控制温度为室温至300℃，适用于恒温烘焙、干燥、热处理等多种应用场景。

2. 电热恒温干燥箱的使用注意事项

（1）使用电热恒温干燥箱时，勿用湿手触摸开关。

（2）设置电热恒温干燥箱温度时，不能超过最高温度上限，以防烧毁内部线路。

（3）电热恒温干燥箱内的物品不能放置过多，以免影响空气对流。

（4）严禁将塑料制品及纸质制品等易燃物放入电热恒温干燥箱内。

（5）设备使用结束后，要将设定温度数值回归到室温，并关闭设备开关。

（十三）通风柜

通风柜，又称通风橱，是实验室排风系统中很重要的安全设备，几乎所有实验室都需要通风柜。除了一些生物安全实验室用到的生物安全柜来保护实验人员，其他一些实验室都是通过通风柜将室内有刺激性、有毒或有害的气味排放出去。

1. 通风柜的工作原理和应用 通风柜集水、电、气通风于一体,内装多功能电源插座,便于实验过程中使用其他电气设备;采用快开阀,使实验过程中用水方便;前挡板为可上下移动玻璃门,顶部为低速风机,可将实验过程中的有味气体顺利排出;工作面底部装有不锈钢水槽,可将消毒液、实验残留物通过水槽从排水槽排出,保护实验环境安全、可靠。当操作窗全闭合时,上部与下部同时补风,避免负压引起噪声及玻璃窗震动的现象。

实验室通风柜分为无管道通风型和有管道通风型。无管道通风型无外连管道,不会污染外部环境,而且对实验室温度影响小。但缺点是必须定期更换过滤材料,且实验人员接触有害气体的风险比使用有管道通风型大,而且因为多装的排风扇离实验人员很近,存在噪声。有管道通风型将柜内空气抽到别处,经适当处理后排散到大气中。这类通风柜比无管通风能更有效地除去实验室有害气体,噪声小且维护简单。缺点是要安装排风管道,在室内外温度不同的情况下可能妨碍实验室维持恒温,而且对环境卫生不利。但是可以设计补风系统以减少能耗,低碳环保。

2. 通风柜的使用注意事项

(1)实验室内在使用通风柜时,应时常通风,利于试验人员的身体健康。

(2)通风柜在使用时,每2小时进行10分钟的补风(即开窗通风),使用时间超过5小时的,应敞开窗户,避免室内出现负压。

(3)禁止在未开启通风柜内做实验。

(4)在做实验时,严禁将头伸进通风柜内操作或查看。

(5)禁止在通风柜内存放实验易燃易爆物品。

(6)禁止将移动插线排或电线放在通风柜内。

(7)禁止通风柜内进行国家禁止排放的有机物质与高氯化合物质混合的实验。

(8)禁止在通风柜内及周围堆放过多实验器材或化学试剂。

(9)移动上下视窗时,应缓慢、轻移操作,以免门拉手将手压住。

(10)实验过程中,将视窗抬高离台面10～15cm。

(十四)生物安全柜

生物安全柜是一种能防止实验操作处理过程中某些含有危险性或未知性生物微粒发生气溶胶散逸的箱型空气净化负压安全装置。

1. 生物安全柜的工作原理和应用 该设备通过向外抽吸柜内空气使柜内保持负压状态,通过垂直气流来保护工作人员;外界空气经高效空气过滤器过滤后进入安全柜内,以避免处理样品被污染;柜内的空气也须经过高效空气过滤器过滤后再排放到大气中,以保护环境。生物安全柜广泛应用于微生物学、生物医学、基因工程、生物制品等领域的科研、教学、临床检验和生产中,是实验室生物安全中一级防护屏障中最基本的安全防护设备。

2. 生物安全柜的使用注意事项

(1)为避免物品间的交叉污染,实验所需物品应在工作开始前一次放置在安全柜中,以便在工作期间无需经过空气流隔层拿出或放入任何物品。

(2)在开始工作前后,应维持气流循环一段时间,完成安全柜的自净过程,每次实验结束应对柜内进行清洁和消毒。

(3)操作过程中,应尽量减少双臂进出次数,并且双臂进出安全柜时动作应该缓慢,避免影响正常的气流平衡。

（4）柜内物品移动应遵循低污染向高污染移动原则,柜内实验操作应按从清洁区到污染区的方向进行。操作前可用消毒剂浸湿的毛巾或纸巾垫底,以便吸收可能溅出的液滴。

（5）尽量避免将离心机、振荡器等仪器安置在安全柜内,以免仪器震动时滤膜上的颗粒物质抖落,导致柜内洁净度下降;同时,这些仪器散热排风口气流可能影响柜内的气流平衡。

（6）安全柜内严禁使用明火,防止燃烧过程中产生的高温细小颗粒杂质带入滤膜而损伤滤膜。

（十五）液氮罐

液氮罐是用于存储生物样本、活性生物材料等的一种容器,广泛用于生物医学实验室、临床实验室和研究平台。

1. **液氮罐的工作原理和应用** 液氮罐利用液氮的物理特性进行工作。首先,打开罐体底部的液体管道排放阀,之后液氮通过管道排出后经过罐体底部的蒸发器进行汽化,汽化后的气体随后进入罐体顶部,以提供液氮的罐内压力来达到自增压效果。当需要给外界提供气体的时候,罐内液体靠着罐内压力将罐内的液体通过管道压出来,液氮经过汽化器汽化后释放,再将样品放入保存。液氮罐主要用于长期保存生物样本和活性生物材料。

2. **液氮罐的使用注意事项**

（1）液氮罐中不可装入其他低温介质,容器只能充装液氮。

（2）容器应放在阴凉、干燥处,室内应有良好通风。

（3）液氮温度为 -196℃,操作时应有防护措施,如戴皮棉手套、护目镜,以及不穿露足趾的鞋等,严防液氮飞溅,碰到皮肤或眼引起冻伤。

（4）液氮的容器首次充装液氮或长期停用后重新充装液氮时,因内胆是常温的,充装切勿过快,应先少量注入,使内胆逐渐冷却,液氮沸腾现象减弱后再加快充注速度,否则液氮会沸腾向外飞溅,引起冻伤;液氮不宜充装过满,切勿使液面高到与玻璃钢颈管接触。

（5）检查液面高度时,用一木尺插入液氮罐容器底部中心,10～15秒后取出,其结霜长度即为液面高度;切勿用空心管检查,以防液氮从管内喷出伤人;液面最低不能低于冷藏物体最高面,要保证液氮将冷藏物淹没。当液氮蒸损至藏物将要露出液面时,应及时补充液氮。

（6）液氮罐容器污染后,可用于净水清洗。先排尽液氮,恢复常温后再清洗,清洗贮存容器时注意装水不要太多（不超过容积的三分之一）。

（十六）超低温冰箱

超低温冰箱是生物医学实验室配置的基础类存储设备之一,主要用于存储生物大分子（核酸和蛋白质）、细胞、组织和器官以及各种生物液体样本。

1. **超低温冰箱的工作原理和应用** 该设备采用复叠式制冷方式,一般配备2个全封闭式的压缩机作为高温和低温压缩机使用。低温压缩机的蒸发器铜管以盘管形式直接安装于冰箱内箱体外部,并以导热胶泥填堵在盘管和冰箱壁之间的空隙中,从而达到增加热交换效果的目的。箱体内的冷凝蒸发器多为壳管式结构,内部为四管螺纹形的铜管,通常采用逆流形式的热交换方式。此外,在冰箱的低温工作系统中还配有相关的气热交换器,能够将蒸发器中排出的低压气体与进入冷凝蒸发器之前的高压气体进行冷热交换。这种设计方法减少了冷凝蒸发器工作中的热负荷,能够较大程度地利用冰箱工作中产生的热量,减少能源的损耗。超低温冰箱主要用于长期存放各种生物样本、药品、疫苗等。超低温冰箱使各种实验样本在一定期限内维持生物样本的原有组织结构的完整性和生物特性的稳定性。

2.超低温冰箱的使用注意事项

（1）断电或搬运后必须静置至少12小时才能通电。搬运冰箱时，倾斜度不得超过45°。

（2）冰箱内为 -80℃超低温环境，取放样品时应戴上手套防止冻伤。

（3）严禁一次性放入过多相对太热的物品，否则会造成压缩机长时间不停机，温度不下降则很容易烧毁压缩机。物品一定要分批放入，分阶梯温度降温，直至所需要的低温。

（4）当发生意外停电时，应依次关闭电池开关、电源开关、外部电源。来电后，反向依次打开所有开关。

（5）除霜时必须切断冰箱电源，打开冰箱门自然化霜，严禁用硬物撬冰霜或用热水冲洗冰霜。

二、形态学实验室专用仪器设备

形态学实验室，通常指的是免疫组织化学实验室，包括免疫组织化学切片的制备、染色及结果获取和分析。该实验室涉及的专用仪器设备有自动组织脱水机、石蜡包埋机、石蜡切片机、冰冻切片机等，以下逐一进行介绍。

（一）自动组织脱水机

自动组织脱水机是一种自动快速处理组织标本的仪器。它可以对人体组织或动植物组织按照自动程序浸入各种溶剂进行脱水，是石蜡包埋前的处理步骤之一。

1. 自动组织脱水机的工作原理和应用　自动组织脱水机可通过脱水剂把组织的水分置换出来。人体内的物质组成中水分含有 55% ~ 67%，且无论是正常组织还是病变组织，其中都含有不同程度的水分。由于石蜡不溶于水，因此在制作石蜡包埋前，需要将组织中的水分置换出来，这是石蜡切片制作成功的关键步骤之一。目前国内脱水剂基本上都是乙醇，其脱水性较强，可选择 70%、80%、90%、100% 的浓度梯度进行脱水。组织脱水机有两大类：生物组织脱水机（长条机）和全封闭智能组织脱水机（全封闭型）。

2. 自动组织脱水机的使用注意事项

（1）必须确保供应电源电压与本机额定电压相一致，并确保接地良好。

（2）必须从板箱底部抬起和移动机器，切勿直接抬起机身，在移动过程中，若有振动、倾斜应进行运输清洗，否则可能发生严重的内部损害。严禁在开机状态下移动机器。

（3）仪器运行过程中，当工作室在加压和抽真空时，不可打开工作室盖。

（4）开机前确认每个试剂瓶内有充足的试剂，并已完全推入试剂室底部，连接紧密。只能使用本机规定用试剂以免损害机器，不可使用丙酮、苯、三氯乙烷和含汞固定剂。

（5）不可用二甲苯、苯等有机溶剂或锐利器具擦洗仪器台面，尤其是油漆表面、屏幕和键盘，必须用机器附带的塑料铲子或软布擦洗。

（二）石蜡包埋机

石蜡包埋机是对经过固定、脱水、浸蜡的人体或动植物组织标本进行蜡块包埋，是制作切片的必要步骤。

1. 石蜡包埋机的工作原理和应用　该设备利用石蜡作为包埋剂是组织学切片技术中常用的一种包埋方法，将浸过蜡的组织块置于石蜡内制成蜡块。包埋的原理是将石蜡作为支持物质浸入到组织块内部，利用石蜡的物理特性，将石蜡由液态转变为固态的同时，使整个组织具有均匀一致的固态结构和足够的硬度,可用切片机制取薄的切片。石蜡包埋机广泛应用在病理学、法医学及其他学科领域的研究,是判断组织、细胞的形态、结构变化的主要方法。

2. 石蜡包埋机的使用注意事项

（1）放置组织块的镊子需要提前加热,以防温度过低,使石蜡部分位置凝固。

（2）每个蜡块的所对应组织样本要标记好。

（3）废蜡盒中的石蜡要及时清除,且不能二次利用。

（三）石蜡切片机

石蜡切片机是将石蜡包埋的组织块进行切片处理的设备,在医学和生物学研究领域应用十分广泛。

1. 石蜡切片机的工作原理和应用　该设备主要通过精准的步进马达系统,保障切片的精准厚度和每张片子的均匀一致。

2. 石蜡切片机的使用注意事项

（1）安装刀片和退刀片时注意操作安全,以防切手。

（2）用于展片的恒温水浴锅温度设置为40℃,切片前提前打开升温。

（3）每次切片结束,须将恒温水浴锅内残留的组织碎屑清理干净,数次操作后将恒温水浴锅内的水更换为干净的水。

（四）冰冻切片机

冰冻切片机是一种在低温条件下将速冻组织（新鲜组织置于液氮10～20秒速冻,然后置于-80℃冰箱保存备用）进行切片的设备。

1. 冰冻切片机的工作原理和应用　该设备通过精确的步进马达系统和温控系统,实现温度和切片厚度的精准控制,保障切片质量。

2. 冰冻切片机的使用注意事项

（1）速冻台温度极低,操作时勿徒手操作。

（2）切片过程中将冷冻窗口留个小缝即可,不可敞开窗口进行切片。

（3）每次切片结束,要清洁冷冻箱和刀片。

（4）切片粘贴于载玻片后要放在室温干燥,避免放在冷冻操作箱内。

（五）振动切片机

振动切片机在不固定、不冰冻的情况下进行切片,切片厚度一般为20～100μm。以漂浮法在反应板内进行组织化学或免疫组织化学染色。因组织不冷冻,无冰晶形成也无组织抗原破坏,染色前可避免组织脱水、透明、包埋等步骤对抗原的损害,故能较好地保留组织内脂溶性物质和细胞膜抗原。振动切片主要用于显示神经系统抗原分布的研究。对于柔软的胚胎脑组织,可用低熔点（45～55℃）10%琼脂糖包埋,再进行切片。

1. 振动切片机的工作原理和应用　振动切片机主要通过精密的步进机构,并配合往复运动刀片的切削动作,快速简单地获得组织切片。通常用于电生理学、神经生理学、神经病理学、组织学、细胞学等领域。

2. 振动切片机的使用注意事项

（1）琼脂糖包埋组织时,一定要使温度冷却到50～60℃,以免温度过高损伤样品。

（2）琼脂糖凝固过程中不可反复移动组织，防止切片时发生组织脱落。

（3）更换样品前要清洗刀片，以防样品之间相互污染。

（4）不同的组织切片，其切片参数（包括切片厚度、切片速度、刀片角度、刀头振幅等）会有所不同，需要通过预实验以达到最佳切片参数。

（5）切片时要注意做好个人防护，戴上防护手套和护目镜，以防意外伤害。

（6）切片机刀片应保持锋利，定期检查并更换刀片。

（六）摊片烤片机

摊片烤片机用于石蜡切片的摊片和烤片，是制作石蜡切片的必要设备。若无摊片烤片机，可用恒温水浴锅进行摊片，用电热恒温干燥箱进行烤片。

1. 摊片烤片机的工作原理和应用　该设备采用 PID 模糊控制技术，将水温控制在 $40 \sim 60\,℃$，可使石蜡切片后的组织样品完全展开，并将黏附在载玻片上的组织切片，通过一定时间和温度烘烤后将存在于组织切片中的杂质和水分与组织切片分离开。摊片烤片机适用于组织病理学、生物学等实验室中对动植物或人体的组织切片进行摊片烤片。

2. 摊片烤片机的使用注意事项

（1）伸展器中的水必须水温适宜（以 $40\,℃$ 为宜）且洁净（尤其是水面）。

（2）每切完一个蜡块后，必须认真清理水面，不得遗留其他病例的组织碎片，以免污染。

（3）蜡片附贴于载玻片的位置应适中，无气泡。

（4）注意仪器保洁。

（七）光学显微镜

光学显微镜是由一个或多个透镜组成的一种光学仪器。根据物镜位置，又分为正置显微镜和倒置显微镜。用于观察细菌、病毒等微生物及真核细胞、组织等的显微结构。

1. 光学显微镜的工作原理和应用　光学显微镜基于凸透镜成像原理，经过两次成像使物体成为一个倒立、放大的虚像。其广泛用于观察组织、细胞及微生物中的蛋白质、核酸、糖类、胶原等的免疫组化染色。其中倒置光学显微镜常用于细胞培养室中活细胞的观察。

2. 光学显微镜使用注意事项

（1）镜检标本应严格按照操作程序进行，从低倍镜开始观察，看清标本后再转用高倍镜、油镜。

（2）显微镜的光学和照明部分只能用擦镜纸擦拭，机械部分用布擦拭。

（3）放置标本片时要将样品对准通光孔中央，且不能放反。正置显微镜样品正面朝上，倒置显微镜样品正面朝下。

（4）调节样品焦面前先将镜头调到距离样品最近处，然后按照镜头远离样品的方向缓慢调节，直至目镜下看到清晰的样品即可。切忌将 Z 轴上下来回调节，以免镜头碰到样品，压碎盖玻片或压坏镜头。

（5）使用油镜时要在盖玻片上（正置显微镜）滴油或镜头上（倒置显微镜）滴油后才能使用。油镜使用结束后，先用擦镜纸将镜头上的油擦干净，再用蘸有无水乙醇的擦镜纸擦拭镜头进行清洁，否则油干后不易擦去，以致损伤镜头。

（6）切勿随意取下目镜，以防止尘土落入物镜，也不要任意拆卸各种零件，以防损坏。

（7）使用完毕后，取下标本片，转动旋转器使镜头离开通光孔，下降镜台，平放反光镜，下降集光器（但不要接触反光镜），关闭光圈，推片器回位，关闭显微镜电源，最后填写使用登记表。

（8）及时记录显微镜使用情况、性能、故障及解决办法，定期维修保养。

（八）体视显微镜

体视显微镜，又称立体显微镜或实体显微镜，是一种具有正像立体感的显微镜，广泛用于观察物体的表面形貌及组织结构或进行镜下解剖操作。

1. 体视显微镜的工作原理和应用　该设备利用光学原理，把人眼所不能分辨的微小物体放大成像，供人们提取微细结构信息的光学仪器。

2. 体视显微镜的使用注意事项　与光学显微镜类似，可参考光学显微镜使用注意事项部分。

（九）荧光显微镜

荧光显微镜是利用特定波长的光照射荧光标志物，并利用显微镜观察标志物所产生的荧光。

1. 荧光显微镜的工作原理和应用　荧光发光现象是指荧光基团通过吸收特定波长的光线（激发光），再发射出其他波长的光线（发射光）的物理现象。荧光基团的激发光谱和发射光谱之间存在差值，发射光能量比激发光低，波长比激发光长，这个差值称为"斯托克斯位移"。荧光现象有两种：自发荧光与继发荧光。自发荧光是指样品自带荧光团，经照射后就能发出荧光，如叶绿体；继发荧光也称二次荧光，样品经照射后不能发出荧光，需先用荧光染料标记处理，再经照射才能发出荧光。荧光显微镜主要检测继发荧光。荧光显微镜广泛用于生物学、医疗、矿物学、材料科学等领域。

2. 荧光显微镜应用注意事项

（1）应严格按照荧光显微镜出厂说明书要求进行操作，不要随意改变程序。

（2）使用荧光显微镜应在暗室中操作，避免外界光线的影响。

（3）载玻片、盖玻片、封片剂及镜油应不含自发荧光杂质。

（4）启动高压汞灯后，15分钟内不得关闭，一经关闭，必须待汞灯冷却后方可再启动。严禁频繁开闭，避免减少汞灯寿命。

（5）根据样品标记的荧光染料选择合适的激发光源和荧光滤片。

（6）较长时间观测荧光标本时，最好戴可阻挡紫外线的护目镜，以加强对眼的保护。

（7）普通光学显微镜的使用注意事项同样适用于荧光显微镜。

三、分子生物学实验室专用仪器设备

（一）组织研磨仪

组织研磨仪可对各类生物组织进行干磨、湿磨和低温研磨，研磨过程全部自动化，可以帮助实验人员进行快速、均匀、充分地研磨样品，为实验提供可靠样本，确保实验结果的准确性和科学性。该仪器采用全封闭式设计，可以避免交叉污染，且可配备不同规格的研磨管，研磨球材质也有多种可选。

1. 组织研磨仪的工作原理和应用　该设备利用高速旋转的研磨珠、研磨板、砂纸等处理器具对样品进行研磨、切割和混合，使样品中的细胞和亚细胞被破碎。其处理器件的大小和结构可根据实验要求任意调节。其广泛应用于生物医学研究、动植物组织学研究、分子生物学等领域。

2. 组织研磨仪的使用注意事项

（1）研磨球或者珠子使用后要用无水乙醇浸泡，然后用灭菌蒸馏水冲洗干净，干燥后使用。

（2）适配器及样品管不可以放入液氮中，以免破裂，可以在 -20℃预冷。

（3）在适配器中放置样品要保持平衡。

（4）实验结束后，应用乙醇棉球擦拭适配器。

（二）超微量紫外分光光度计

超微量紫外分光光度计是现代分子生物实验室常规仪器，常用于核酸、蛋白定量以及细菌生长浓度的定量。它使用方便、快捷，检测样品所需体积仅 $1 \sim 2\mu L$，样品无需稀释，无需比色皿或其他样品定位装置。

1. 超微量紫外分光光度计的工作原理和应用　该设备基于朗伯－比尔定律（Lamber-Beer law），即在入射光一定时，溶液的吸光度与溶液的浓度及液层厚度成正比。其应用广泛，可定量测定溶于缓冲液的寡核苷酸，单链、双链 DNA 及 RNA 含量。这是由于核酸、核苷酸及其衍生物都具有共轭双键，具有紫外吸收的特性，最大的吸收波长在 260nm，吸收波谷在 230nm。除了核酸浓度，分光光度计可通过显示 A_{260}/A_{280} 等比值来评估样品的纯度。此外，它还可用于蛋白质的直接定量。与传统分光光度计相比，超微量紫外分光光度计要求的样品体积小，无需比色皿，只需用干净的吸水纸将样品从检测平台上擦拭干净即可。此外，实验过程也更为简单，无须预热，可随时检测，在检测结果显示吸光度值的同时，程序可以直接给出浓度值。

2. 超微量紫外分光光度计的使用注意事项

（1）超微量紫外分光光度计应放在干燥的房间内，坚固平稳的工作台上，室内照明不宜太强。天热时，不可用电扇直接向仪器吹风，防止灯泡灯丝发光不稳定。

（2）测量前将样品多次吹打混匀。

（3）移液器吸头插入液面下吸取样品，可避免吸入气泡。

（4）每次测量完毕后，用蒸馏水清洁上下光纤端面，以保证下一次测量的准确性（主要针对超高浓度样品，一般样品无此要求）。

（5）每次做空白检测前一定要先用水清洁上下光纤表面，以保证空白检测准确。

（6）每次测量的核酸样品量建议为 $1 \sim 2\mu L$，蛋白样品量建议为 $2\mu L$。过少可能无法形成水柱，过多可能溢出。

（7）加样后尽快测量，以防蒸发浓缩以及灰尘落入，已加样品不能多次检测，如需重测则需重新滴加同一样品。

（8）仪器避免阳光直射，避免强风吹拂，以避免蒸发。

（9）连续测量一段时间后擦净样品，用水清洁上下光纤表面，然后用水或缓冲液进行重新空白后再检测。

（10）清洁光纤端面时必须用洁净质软的实验室用纸进行轻轻擦拭。

（11）仪器不用时，将上臂放下，可以防止灰尘。

（三）PCR 仪

PCR 仪是通过 PCR 技术，对特定 DNA 进行扩增的仪器。PCR 仪可以用于分子生物学研究如核酸定量分析、基因表达差异分析等，以及医学研究如产前诊断、病原体检测等。生物医学实验室常用的 PCR 仪包括普通 PCR 仪、梯度 PCR 仪、原位 PCR 仪及实时荧光定量 PCR 仪。实时荧光定量 PCR 仪属于大型仪器设备，将在本章第四节中进行介绍，本节介绍普通 PCR 仪、梯度 PCR 仪及原位 PCR 仪。

1. 普通 PCR 仪　一次 PCR 扩增只能运行一个特定退火温度。普通 PCR 仪只能进行 PCR 的扩增,扩增产物需要通过琼脂糖凝胶电泳进行分析。产物的分析需要将样品从 PCR 仪中取出,因此样品容易受到污染,同时也有污染环境的潜在风险。

（1）普通 PCR 仪的工作原理和应用:该设备通过高温变性、退火复性、延伸复制三个部分实现 DNA 的扩增。双链 DNA 在高温 $90 \sim 95℃$ 变性,形成单链,然后退火降温至 $40 \sim 60℃$,在酶、扩增缓冲液及辅助因子的作用下,引物与单链 DNA 结合,再快速升温至 $70 \sim 75℃$,合成双链 DNA,完成一个扩增循环。该设备主要用于科学研究、教学、医学临床、检验检疫等。

（2）普通 PCR 仪的使用注意事项

1）严格注意本机的使用环境条件和对电源的要求。

2）机盖开关要轻,防止损坏盖锁。

3）工作时严禁打开机盖。

4）定期用中性肥皂水清洁样品槽,严禁使用强碱、有机溶液和高浓度乙醇擦洗。

5）产品出现故障时及时请专业的维修人员或厂家的维修人员维修。

2. 梯度 PCR 仪　在进行一次性 PCR 扩增时,可以设置一系列不同的退火温度（温度梯度通常有 12 种）。通过采用这种温度梯度的扩增方式,仅需一次实验即可完成 PCR 扩增,可以高效地筛选出扩增效率最高的最适合的退火温度,利于后期进行有效的扩增。

（1）梯度 PCR 仪的工作原理和应用:梯度 PCR 仪工作原理是利用温度梯度控制反应温度,以便同时进行多个不同的 PCR 反应。通常在 PCR 预实验时,通过使用梯度 PCR 仪,可以快速筛选出最适合的退火温度进行有效地扩增。梯度 PCR 仪主要用于研究未知 DNA 退火温度的扩增。在不设置梯度温度的情况下,也可以作为普通 PCR 仪进行扩增。

（2）梯度 PCR 仪的使用注意事项:与普通 PCR 仪的使用注意事项相同。

3. 原位 PCR 仪　用于从细胞内靶 DNA 的定位分析的细胞内基因扩增仪,如病原基因在细胞内的位置或目的基因在细胞内作用位置等。它保持了细胞或组织的完整性,使 PCR 反应体系渗透到组织和细胞中,在细胞的靶 DNA 所在的位置上进行基因扩增,不但可以检测到靶 DNA,还可以标出靶序列在细胞中的位置,对于在细胞和分子水平研究疾病的发病机制和临床过程及病理的转变有重大的实用价值。

（1）原位 PCR 仪的工作原理和应用:原位 PCR 仪的工作原理和普通 PCR 相同,即将 PCR 技术的高效扩增与原位杂交的细胞定位结合起来,在组织细胞原位检测单拷贝或低拷贝的特定的 DNA 或 RNA 序列。原位 PCR 技术可应用于细胞悬液、细胞涂片、冰冻切片及石蜡切片。

（2）原位 PCR 仪的使用注意事项:与普通 PCR 仪的使用注意事项相同。

（四）电泳仪

电泳仪是实现电泳分析的仪器,一般由电源、电泳槽、检测单元等组成。电泳,即带电粒子在电场中的运动,因物质所带电荷及分子量的差异,在电场中运动速度不同,据此可以对不同物质进行定性或定量分析,或将一定混合物进行组分分析或单个组分提取制备。电泳仪是鉴定 DAN、RAN 或蛋白质的必备工具。根据电泳槽的不同,可将常见的电泳仪分为水平板电泳仪和垂直板电泳仪。此外,还有毛细管电泳、连续流动电泳等多种类型。

1. 电泳仪的工作原理和应用　在直流电场作用下,带电粒子在一定介质中可发生定向运动,利用这种现象对化学或生物化学组分进行分离分析的技术称为电泳。蛋白质、核酸、同工酶等生物分子,在溶液中能吸收或释放氢离子从而带电。因此,在电场影响下,这些生物分子在不同介质中的运动速度不同。利用这一原理,可以通过电泳对其进行定量分析,或者将一定混合物组分分离,以及可以进行少量的制备。

2. 电泳仪的使用注意事项

（1）电泳仪通电进入工作状态后，禁止人体接触电极、电泳物及其他可能带电部分。

（2）仪器通电后，禁止临时增加或拔出输出导线插头，以防短路现象发生，虽然仪器内部附设保险丝，但短路现象仍有可能导致仪器损坏。

（3）由于不同介质支持物的电阻值不同，电泳时所通过的电流量也不同，其泳动速度及泳至终点所需时间也不同，故不同介质支持物的电泳不能同时在同一电泳仪上进行。

（4）在总电流不超过仪器额定电流时（最大电流范围），可以多槽关联使用，但要注意不能超载，否则容易影响电泳仪寿命。

（5）在使用过程中，一旦发现异常现象，如噪声大、放电等，应立即切断电源进行检修，以免发生意外。

（五）电泳仪电源

电泳仪电源是电泳不可缺少的部分。电泳仪电源可分为简易型和多用型两种。简易型是双稳态，多用型是三稳态（三常数）。无论有几个稳定功能，电泳仪电源在实际工作中只能稳定其中一个参数，具体稳定哪个参数，取决于电泳仪电源的设置和电泳仪的等效负载电阻。

1. 电泳仪电源的工作原理和应用　电泳仪电源的主体装置是一个整流器。电泳时需用直流电，因此 220V 交流电经整流器变为直流电源。一般对直流电源的要求是能够输出 0～300V 的可调直流电压。不同型号的电泳仪电源输出参数的工作范围不同。如果实际需要超过这个范围，则更换满足使用要求的电泳仪电源。

电泳仪电源电压分为高压 1 500～5 000V，中压 500～1 500V，低压 500V 以下；电流分大电流 500～2 000mA，中电流 100～500mA，小电流 100mA 以下；功率分大功率 200～400W，中功率 60～200W，小功率 60W。实验室常用的是低压电泳仪电源。

电泳仪电源一般用于核酸、蛋白、转印等电泳，可以恒压、恒流、恒功率输出，可同时运行 2 台或 2 台以上电泳槽。电泳仪电泳一般具有以下 3 个功能。

（1）电源设定：当电源设定恒定任意值（电压、电流或功率）后，其余两项会自动升至匹配的值，无须手动寻找匹配位置，避免了将输出值调到最大后对电源结果的影响，也避免了因寻找不准而误恒定的现象。

（2）微电流状态功能：电泳到结束后，在蜂鸣报警的同时电流变成微小输出，长时间无人处置也不会跑过头或扩散。

（3）断电自动保护恢复功能：因停电、掉闸或人为因素造成使用过程中电泳仪电源断电时，电源会自动记忆当时电泳状态，来电后自动恢复。

2. 电泳仪电源的使用注意事项　与电泳仪的使用注意事项相同，同时注意电压和电流调节、接地保护等。

（六）脱色摇床

脱色摇床是一种工作方式为摇摆式的摇床，在同类产品中技术较先进，具有质量可靠、运行平稳、噪声小、无级调速等特点。脱色摇床主要是指对电泳后的凝胶进行染色、脱色，还有用作抗体孵育、分子杂交、细菌培养等需要。其优点是体积较小，台面平整，水平回旋均匀度和一致性比较好。

1. 脱色摇床的工作原理和应用　脱色摇床采用永磁直流电机作为动力，通过先进的电子调速电路,能够保持较为平稳的运动速度,同时具有使用寿命长、维护简单、操作方便的优点。其应用有以下几个方面。

（1）电泳凝胶分离谱带的固定,考马斯亮蓝染色和脱色的振荡摇晃。

（2）硝酸银染色时的固定、染色、显影等步骤。

（3）放射自显影中X射线显影、定影。

（4）电泳转移纤维素膜的进一步处理,抗原－抗体反应和染色。

（5）装上摇瓶架后,可用于分子杂交、细胞、微生物的培养及各种需要混匀、振荡培养的实验和研究。

2.脱色摇床的使用注意事项

（1）工作台面上不可堆放重物,仪器应放置在干燥、通风、无腐蚀性气体的地方。

（2）工作台面上溢出的液体应及时清理干净。

（3）调速时,应从低速向高速逐渐增加,切勿快速进入高速振荡,以防平台上容器移位或溶液泼洒。

（七）半干式转印仪

半干式转印仪是免疫印迹（immunoblotting,Western blot）转印时需要的一种设备。将滤纸、凝胶和膜组合成"三明治"形式,即将凝胶和膜夹在两层滤纸中间,由上向下放置的顺序依次是:滤纸—凝胶—膜—滤纸,然后将其置于石墨平板电极之间,利用外界施加电压,将凝胶上的蛋白条带转印到膜上。

1.半干式转印仪的工作原理和应用　半干式转印仪的底座带正电,上面盖子带负电。转印前将凝胶放置在聚偏二氟乙烯（polyvinylidenefluoride,PVDF）膜的上层或硝酸纤维素膜（nitrocellulose membrane,NC membrane）的上层。转印开始时,半干式转印仪上面的电极板带着负电荷携带凝胶上的带负电的蛋白质分子向正极板方向（即转印仪底座）迁移,便可将凝胶上的蛋白质分子转印到PVDF膜或NC膜上。

2.半干式转印仪的使用注意事项

（1）转印过程需全程戴手套操作,以防污染蛋白条带,并确保个人安全。

（2）转印"三明治"每层之间不能有气泡,要用玻璃棒将气泡挤压出去。

（3）转膜条件的选择要根据目的蛋白的大小、胶浓度具体进行选择和调整。

（4）滤纸、胶和膜之间的大小,一般是滤纸≥膜≥胶。

（八）湿式转印仪

湿式转印仪的工作原理及注意事项基本与半干式转印仪基本相同,主要区别在于湿式转印过程中,"三明治"是完全浸泡在转膜液中进行转印的。

（九）凝胶成像分析仪

凝胶成像分析仪广泛应用于蛋白、核酸、多肽、氨基酸及其他生物大分子的分离和纯化结果的定性、定量分析。本部分介绍的凝胶成像系统主要用于普通凝胶的拍摄,当然,目前市售的成像系统有的可以同时拍摄化学发光和普通凝胶成像双模块,也有的可以拍化学发光、普通凝胶和免疫荧光成像三个模块。

1.凝胶成像分析仪的工作原理和应用　该设备采用数字摄像头将置于暗箱内的电泳凝胶在紫外光或白光照射下的影像采集进计算机,通过相应的凝胶分析软件,可一次性完成DNA、RNA、蛋白凝胶、薄层层析板等图像的分析,最终可得到凝胶条带的峰值、分子量或碱基对数、面积、高度、位置、体积或样品总量等关键信息。

2. 凝胶成像分析仪的使用注意事项

(1)开关抽屉时,避免将溴乙锭(一种高度灵敏的荧光染色剂,用于观察琼脂糖和聚丙烯酰胺凝胶中的 DNA)粘在抽屉或暗箱上,如不慎粘上,应擦干后用水冲洗;也要防止接触过凝胶的手套接触仪器的门和观测台的把手及电脑鼠标等。

(2)为了防止紫外线外漏,应在使用的过程中,禁止操作人员开门。

(3)拍摄时,应注意不要将过量的缓冲液倾倒在投射底座上。

(4)为防止污染,禁止戴手套触摸电脑鼠标、键盘、暗箱门和灯箱电源开关等。

(5)保持观测室内环境干燥,及时将遗留在观测板上的水或其他液体擦干。

(6)实验结束后,务必要将内部的胶取出,并关闭软件。

(十)化学发光成像分析仪

化学发光成像分析仪采用先进的设计,操作方便,具有灵敏度高,成像清晰、电脑即时图像显示及自动聚焦等特点。其使用高量子效率的制冷型电荷耦合器件(charge coupled device,CCD)相机,超大光圈高性能的镜头,可捕获到极微弱的荧光和化学发光信号,为化学发光图像的获取和分析提供强大的硬件技术保证。其适用于化学发光、多色荧光检测与普通凝胶检测。

1. 化学发光成像分析仪的工作原理和应用 该设备利用化学发光物质经催化剂的催化和氧化剂的氧化,形成一个激发态的中间体,当这种激发态中间体回到稳定的基态时,同时发射出光子。这些光子被化学发光免疫分析仪器中核心探测器件检测到,并通过电脑数据处理将发光信号转换为数字信号。通过电脑数据处理,即可输出目的条带的图像。其适用于各种 DNA/RNA 电泳凝胶、印迹杂交、蛋白电泳胶、薄层层析板、放射自显影胶片等。

2. 化学发光成像分析仪的使用注意事项

(1)切勿将潮湿样品长期放在暗箱内,以防腐蚀滤光片,更不可将液体溅到暗箱底板上,以免烧坏主板。

(2)使用后将平台擦干净,以防有水损坏 CCD。

(3)仪器使用完后应及时关闭电源,特别是 CCD 电源。

(4)只有在进行化学发光实验时,才需要提前打开冷 CCD 预冷 30 分钟再使用,其他操作无须预冷。

四、细胞培养室专用仪器设备

(一)超净工作台

超净工作台是为了适应各科研领域对局部区域洁净度的需求而设计的。

1. 超净工作台的工作原理和应用 超净工作台内置紫外线灯管杀菌,并配备小型变速离心风机。该风机可将经过高效过滤器过滤的空气以水平或者垂直的单向气流吹出,并能以一定的均匀断面风速吹过工作台,可以排出工作区原来的空气,带走尘埃颗粒和微生物颗粒,营造一个无菌、无尘的工作环境。超净工作台有单人、双人工作台,单人、双人工作台分别又分为单面操作工作台和双面操作工作台。超净工作台主要适用于医药卫生、生物制药、食品安全等领域,为需要局部洁净无菌工作环境的科研和生产提供支持。对于生物医学专业而言,超净工作台是细胞培养室必备设备,也是分子生物学实验室常用设备之一,用于细胞实验和分子克隆的无菌操作。

2. 超净工作台的使用注意事项

（1）定期对超净工作台内外进行清洁。

（2）照明灯和紫外线灯达到使用寿命后更换相同规格灯管。

（3）切勿在工作台面喷洒75%乙醇,以防在使用酒精灯的过程中发生意外使台面起火。

（4）超净工作台使用前后都需用紫外线照射30分钟进行消毒。

（5）应定期检查进风口,拆洗金属网罩内的阻拦物,如泡沫塑料片或无纺布,如发现老化应及时更换。

（6）定期维护超级滤清器,如使用年久或尘粒堵塞,应及时更换以保证无菌操作。

（二）二氧化碳培养箱

二氧化碳培养箱通过模拟生物体内细胞或组织的生长环境,实现细胞或组织进行体外培养。该培养箱要求稳定的温度（37℃）、稳定的 CO_2 水平（5%）、恒定的酸碱度（pH 7.2～7.4）和较高的相对饱和湿度（95%）。

1. 二氧化碳培养箱的工作原理和应用

（1）二氧化碳培养箱分为水套式培养箱和气套式培养箱。

1）温度控制:水套式培养箱通过一个独立隔套中的热水环绕在内腔体周围维持温度,加热后的水通过自然对流在腔体内循环。水中的热辐射到内腔体以保持培养室内的温度恒定。由于水是一种非常有效的绝缘体,所以水套式培养箱在经常停电的情况下,是一种更可靠的加热方法。当发生停电时,水套式培养箱可以保持培养室内的设定温度时间比气套式培养箱长4～5倍。

气套式培养箱通过安装在培养室周围腔体的加热器来加热,并将热辐射传递至培养室内,当培养室的箱门开启或者温度设置变化时,可快速地恢复设定温度。气套式培养箱加热系统对用户而言更简单,无须注入、监测和清空水套夹层中的水。在培养区域外安装一个风扇可以帮助培养室内的空气循环,而不会干扰细胞培养。当培养室门开启时,这种温和的循环可以加快内部温度、CO_2 浓度和湿度的恢复。

2）传感器对 CO_2 的控制:通过培养室内置的红外或热导传感器测定并设定 CO_2 浓度。当水套式培养箱或气套式培养箱门打开导致 CO_2 浓度的下降后,系统可自动将 CO_2 注入培养室,提升浓度至设定水平。

3）湿度控制:在培养箱中加入无菌水盘,保持箱体内湿度。

（2）二氧化碳培养箱广泛应用于医药学、微生物学、免疫学等领域的组织和细胞的培养。

2. 二氧化碳培养箱的使用注意事项

（1）从培养箱取放物品前,应用乙醇清洁双手（或手套）,并尽量缩短开门时间和减少开门次数。（培养箱中的空气是经过过滤的洁净空气。长时间敞开或频繁开关培养箱门,容易造成污染。）

（2）从培养箱拿取细胞时应轻拿轻放,动作迅速,随手关紧培养箱门。未经允许,禁止翻看、移动他人的细胞或样品。如有特殊需要,应联系实验室负责人协调。

（3）培养瓶、培养皿放入培养箱前,用乙醇消毒表面,并稍等至乙醇挥发后再放入,以免培养箱内滞留过多乙醇蒸气。

（4）培养箱内细胞培养器皿的放置应整洁有序,方便查找,同时应尽量提高培养箱的使用效率,负责人可视实验情况启用或停止空培养箱的使用,节约资源。

（5）普通培养中的细胞,若非实验特殊需要,每瓶或每板细胞每天只需要观察生长状态一次。2人以上共用的细胞,可约好时间一起观察（频繁将细胞拿出观察,容易造成培养箱污染,同时也会影响细胞生长条件的恒定）。

（6）实验人员应经常注意检查培养箱温度、CO_2气体量是否符合设定值。密切注意培养箱内的增湿盘,定期更换无菌水并进行消毒。密切注意培养箱内情况,如出现霉变、菌斑、支原体和衣原体感染或其他明显染菌迹象,应立即通知管理员及其他使用者。

（7）用70%乙醇或中性不含氯的消毒剂给培养箱内进行定期的常规消毒。

（8）培养箱内的湿盘用水为无菌水,不可将自来水直接倒入湿盘中。

（9）培养箱如果长期不使用,应切断电源,把湿盘拿出来并且把箱内擦干净。

（三）细胞计数仪

细胞计数是细胞培养和细胞实验中必备的基本技能,旨在确保培养的细胞以适宜的密度生长。细胞计数有人工细胞计数和细胞计数仪计数,其中人工细胞计数使用的是血细胞计数器,自动细胞计数使用的是细胞计数仪。本部分内容介绍全自动细胞计数仪。

1. 细胞计数仪的工作原理和应用　细胞计数仪是一种集计数、统计、显示为一体的微电脑控制的计数仪器,能够实时检测和测量细胞数量。它由传感器、计算机硬件和软件组成,可以自动检测、计数和显示细胞数量。传感器将细胞样本中的细胞数量转换为电子信号,然后输送至计算机,计算机将信号转换成细胞数量,然后显示在显示器上。此外,细胞计数仪还可以实时显示细胞的大小、体积、形态等信息,有助于研究人员更好地了解细胞的状态。其广泛应用于细胞生物学和药物研发等领域。

2. 细胞计数仪的使用注意事项

（1）细胞密度过大或过小都会影响细胞计数的准确性,因此用细胞计数仪计数的细胞密度要适中。

（2）取出样本,加样到计数板上前要充分混合细胞,因为细胞静置后容易沉淀。

（3）细胞悬液要打散成单细胞悬液,有细胞团块会影响细胞计数的准确性。

（4）每1～3个月需要对细胞计数仪进行一次验证。

（四）手持式超声波细胞粉碎机

手持式超声波细胞粉碎机利用高压原理对细胞进行挤压破碎,特别适用于厚壁细胞、细菌和较浓样品的破碎,具有快速、方便、低噪声的特点。

1. 手持式超声波细胞粉碎机的工作原理和应用　在超声作用下,使液体中的固体颗粒或生物组织等破碎,这主要是利用超声波在介质中传播的超声空化效应及机械作用复合而实现的。主要表现为超声在液体介质中传播时产生疏密区,负压力可在介质中产生很多空腔。这些空腔随振动产生的高频压力变化而膨胀、爆炸,空腔爆炸时产生瞬时压力可达到数千甚至上万个大气压,产生巨大的冲击力,从而振碎周围的物质颗粒。另一方面,由于超声波在液体中传播时产生剧烈的振动作用,使物质产生高速运动,从而相互碰撞或与器壁相互碰撞而击碎。超声波细胞粉碎机在细胞破碎、提取细胞内物质等方面具有广泛应用。

2. 手持式超声波细胞粉碎机的使用注意事项

（1）严禁在变幅杆未插入液体内（空载）时开机,否则会损坏换能器或超声发生器。

（2）对于各种细胞粉碎量的多少、时间的长短及功率的大小,应根据不同细胞摸索确定,选取最佳值。

（3）在超声粉碎时，由于超声波在液体中起空化效应，使液体温度会很快升高，建议采用短时间（每次不超过5秒）的多次粉碎，同时可外加冰浴冷却或选配低温循环泵。

（五）厌氧培养箱

厌氧培养箱是一种在无氧或低氧环境下进行细菌培养及操作的装置，可培养难生长的厌氧生物，还能避免厌氧生物在大气中操作时接触氧而死亡的危险性。其结构分为取样室和操作室，这两个室有内门分隔。

1. **厌氧培养箱的工作原理和应用**　厌氧培养箱利用混合充气中的氢气在钯的催化下和箱中残留氧化合成水，从而维持箱内的无氧或低氧状态。厌氧培养箱适用于厌氧细菌、厌氧细胞的大量培养研究。

2. **厌氧培养箱的使用注意事项**

（1）设备放置于空气清洁、温度变化小的地方。

（2）开机前要全面熟悉和了解各组成配套仪器、仪表的说明书，掌握正确的使用方法。

（3）培养物必须在操作室内达到厌氧环境后再放入。

（4）经常检测气路有无漏气。调换气瓶时要扎紧气管，避免流入含氧气体。

（六）酶联免疫检测仪

酶联免疫检测仪简称酶标仪，是酶联免疫吸附试验的专用仪器。酶标仪测定是在特定波长下检测被测物的吸光值。随着检测方式的发展，拥有多种检测模式的单体台式酶标仪叫作多功能酶标仪，可检测吸光度、荧光强度、时间分辨荧光、荧光偏振和化学发光。

酶标仪从原理上可以分为光栅型酶标仪和滤光片型酶标仪；根据检测通道的多少，酶标仪又可分为单通道酶标仪和多通道酶标仪。单通道酶标仪又可分为自动和手动两种。自动型的仪器有X方向和Y方向的机械驱动机构，可将微孔板上的小孔一个个依次送入光束下面测试，手动型则靠手工移动微孔板来进行测量。

1. **酶标仪的工作原理和应用**　酶标仪类似于变相光电比色计或分光光度计，其基本工作原理与主要结构和光电比色计基本相同。

光源灯发出的光波经过滤光片或单色器变成一束单色光，进入塑料微孔极中的待测标本。该单色光一部分被标本吸收，另一部分则透过标本照射到光电检测器上。光电检测器将这一待测标本的光信号转换成相应的电信号，电信号经前置放大、对数放大、模数转换等信号处理后送入微处理器进行数据处理和计算，最后由显示器和打印机显示结果。

微处理器还可通过控制电路控制机械驱动机构X方向和Y方向的运动来移动微孔板，从而实现自动进样检测过程。而其他酶标仪则是采用手工移动微孔板进行检测，因此省去了X方向和Y方向的机械驱动机构和控制电路，从而使仪器更小巧，结构也更简单。

该仪器适用于临床检验、微生物学、流行病学、免疫学、内分泌学及农林科学等领域，并广泛用于医院、血站、防疫站、生物制品等部门。

2. **酶标仪的使用注意事项**

（1）维护和保养：应对酶标仪进行常规的维护和保养，保持酶标仪较好的性能，使其处于正常的工作状态，延长其使用寿命。

（2）为了保证酶标仪正常工作，在安放酶标仪时应注意以下事项。

1）工作台表面要平坦、稳固、无震动。

2）酶标仪的工作环境室温应在 -10 ～ +50℃,相对湿度 ≤ 95%,大气压的范围应在 70 ～ 106kPa。

3）避免大的噪声源和电磁设备的干扰,交流电源必须接地良好且稳定,禁止与大功率用电器共用电源。

4）避免阳光直射和大量灰尘。

5）避免腐蚀性气体,确保通风良好。

（七）气瓶

气瓶是一种移动性压力容器,其充装的气体一般具有易燃、易爆、有毒、强腐蚀等特性,因此具有爆炸危险。其主体结构为瓶状,用于充装气体,以实现气体的存储和运输。气瓶广泛应用于生产领域、科研场所及生活领域。此外,由于气瓶具有可移动、瓶内气体重复充装、操作人员不固定和使用环境变化等特点,使得气瓶比其他压力容器更为复杂和危险。因此,使用气瓶一定要严格遵守专门的规定和要求。

1.气瓶的分类　气瓶按照填充介质类型、气瓶的制造工艺和标称工作压力分类。

（1）按照填充介质类型分类

1）永久气瓶:用于充装如氢气、氮气、氧气、空气、氩气、氦气等临界温度低于 10℃、常温下为气态的永久性气体。这类钢瓶通常以高压填充,以增加填充气体的体积,提高利用率和运输效率,常用的填充压力为 15MPa。

2）液化气瓶:根据临界温度的不同,液化气体可分为高压液化气体和低压液化气体。高压液化气体的临界温度范围是 -10 ～ +70℃;常见的有乙烯、乙烷、二氧化碳、氯化氢等;常用填充压力是 15MPa 和 12.5MPa。低压液化气体临界温度大于 70℃,如溴化氢、硫化氢、氨、丙烷、丙烯等。液化气瓶的最高工作温度为 60℃。低压液化气体在 60℃时的饱和蒸气压低于 10MPa,因此该气体的填充压力不高于 10MPa。

3）溶解气瓶:专门用于吸收乙炔的钢瓶。由于乙炔气体极不稳定,必须溶解在溶剂中(如丙酮)。圆筒内充满多孔材料以吸收溶剂。

（2）按照气瓶制造工艺分类:可将气瓶分为焊接气瓶、无缝钢气瓶和缠绕式玻璃纤维气瓶。

（3）按照标称工作压力分类:可将气瓶分为高压气瓶和低压气瓶。高压气瓶的额定工作压力是:30MPa、20MPa、15MPa、12.5MPa、8MPa。低压气瓶的额定工作压力是:5MPa、3MPa、2MPa、1.6MPa、1MPa。

2.气瓶的使用注意事项

（1）在使用前,应进行外观、标签、气瓶种类、气压、纯度等的安全状况检查,并严格按照安全使用规定正确使用气瓶,做好台账管理。

（2）气瓶必须分类分处保管,直立放置时要有固定装置,存放于阴凉、干燥、远离热源的地方,避免暴晒和剧烈震动。

（3）易燃易爆气体和助燃气体的气瓶不得混放,实验室内严禁将氢气瓶和氧气瓶混放。

（4）存放易燃易爆、有毒气体的场所应配有通风设施和合适的监控报警装置等,并张贴必要的安全警示标志。

（5）气瓶上选用的减压器要分类专用,安装时螺扣要旋紧,防止泄漏;减压器和开关阀必须缓慢开关;使用时应先旋动开关阀,后开减压器;用完,先关闭开关阀,放尽余气后,再关减压器。

（6）可能造成气体回流的管路,压力气瓶上必须配置防止倒灌的装置。

（7）搬运气瓶时,应用特制的担架或小推车,轻装轻卸,装上防震垫圈,旋紧安全帽,以保护开关阀,防止其意外转动和减少碰撞。

（8）调换气瓶时,应按规定保留一定量气体,不可完全用尽瓶内气体,以防重新充气时发生危险。

（9）如果使用气体管路,须连接正确且有明确标志。管路选择合适、无破损或无老化现象的材质,并定期进行气体泄漏检查。

（10）气瓶应定期在指定的单位进行检查,检测每 3 年一次,表头至少每 6 个月检测一次。

五、微生物实验室专用仪器设备

（一）生化培养箱

生化培养箱具备制冷和制热双向调温系统,具有可控的温度设置功能,是从事微生物、生物、植物、医学、遗传等科研工作不可或缺的设备之一。它广泛应用于培养实验、恒温实验和环境实验中。

1. **生化培养箱的工作原理和应用**　生化培养箱主要由制热、制冷、反馈系统及控制系统等部分组成。主要采用热电阻丝和压缩机进行温度的升降调节,实现温度可控。

2. **生化培养箱的使用注意事项**

（1）设备应放置在较平整的地面上或大的工作台面上,环境整洁,通风良好。切勿把仪器放在热源边或阳光直射处。

（2）环境温度高于 30℃时,应打开窗户通风,或者打开空调辅助降温,否则因整机连续制冷而导致压缩机使用寿命缩短。

（3）移动仪器时,在任意方向上的倾斜角度应小于 45℃,以保证仪器制冷系统的正常。

（4）不可用力开启或闭合仪器箱门,也不宜频繁打开箱门,否则会影响恒温效果。

（5）可燃性和挥发性的化学物品切勿放入箱内。

（6）设备停机不用时,应做除湿处理,应将箱内底部接水盘的水倒掉,将温度设定在 42℃,运行 5 小时,并每隔 2 小时开一次箱门放掉湿气,处理完毕后拔掉电源插头。

（7）设备长期不用,应拔掉电源线以防止设备损伤,并定期（一般一季度 1 次）按使用条件运行 2～3 天,以去除电器中的湿气,避免损坏有关器件。

（二）霉菌培养箱

霉菌培养箱用于细菌、霉菌、微生物等的培养,是生物科研实验室常用设备之一。

1. **霉菌培养箱的工作原理和应用**　霉菌培养箱由箱体、紫外线消毒灯、加热器、循环风扇、温度传感器、智能温度控制器、湿度传感器、加湿器、制冷机和超温保护器等组成。当箱内温度传感器测到温度后,将实际温度转换成电信号,传递给微电脑,微电脑根据事先设定的温度参数,控制制冷压缩机或加热器工作,以使箱内达到指定温度。其原理是在密闭的空间内设置相应的温度、湿度,使霉菌生长 4～6 小时,属于人工加快繁殖霉菌,以作检测之用。霉菌培养箱是高等院校和医药、军工、电子、化工及生物科研部门用于细菌、霉菌、微生物的培养,植物培养和水体分析的生化需氧量（biochemical oxygen demand, BOD）测定等实验,是科研实验室必需设备之一。

2. **霉菌培养箱的使用注意事项**

（1）箱体落地后,如地面不平应以垫平。

（2）箱体正常运行时,箱内培养物的摆放应不影响空气流通,以保证箱内的温湿度均匀。

（3）箱体长期不用，应拔掉电源线，以防止培养箱带电伤人。定期按使用条件运行 1 ~ 2 天，以避免有些器件老化损坏。

（4）箱体如发生故障，应联系专业人员或生产厂维修解决。

（5）温度传感器断、短路时报警，并停止加热和制冷。

（6）培养箱突然停止工作，应检查熔丝管（箱后）和供电情况。

第二节　常用仪器设备安全管理

正确且安全地使用实验室仪器设备，对维护实验人员和生物医学实验室的安全至关重要。在严格遵守生物医学实验室安全准则的同时，正确使用实验室仪器设备能够最大程度地减少仪器设备故障带来的危害和安全隐患。此外，规范操作及定期维护保养有助于优化仪器设备的性能，还可以显著延长仪器设备的使用寿命。本节将重点介绍常用实验室仪器设备的日常管理和安全管理。

一、常用实验室仪器设备的日常管理原则

1. 必须仔细阅读仪器设备的相关使用说明　仪器设备在使用前必须判断适用范围，相关内容一般会在制造商说明书中有详细的描述，除非实验室标准操作程序另有说明，否则应始终遵循制造商的说明书。

2. 满足仪器设备的水、电及气路铺设需求　仪器设备在接入电源前，应仔细核对电压范围与实验室电源电压是否匹配；金属外壳的仪器设备必须配有干燥的接地等。

3. 满足仪器设备摆放空间的要求　需要根据仪器设备的具体性能、使用方式及安全特性，按照相关使用说明的要求，为仪器设备安排合理的空间进行放置，不可过于密集。

4. 对仪器设备进行定期维护　根据制造商说明书或者使用频率的要求，对其进行保养、维修、校准及验证；对仪器设备的维护历史应进行详细记录，必要时提供一定的备注和情况说明；设立仪器设备保养、维修、校准及验证的专项基金，满足其安全运转的需求。

5. 对仪器设备进行定期的检查　为保证仪器设备的完整性和正常运转，除定期维护以外，还应在约定的预防性维护期间，定期进行性能验证，以确保设备按预期工作。在使用过程中，任何故障应立即报告，负责人应确保再次使用设备之前设立提醒标志，并尽快完成故障的维修和设备性能的验证。

6. 对仪器设备的使用情况进行记录　仪器设备的使用必须保留记录，详细记录仪器的使用历史，包括使用时间、使用人和使用状态。

7. 仪器设备旁边应留有其使用手册或者简明使用指南　对于存在潜在危险的设备，还应设置相关安全标志和使用注意事项的提示。

8. 做好仪器设备相关记录　在适当的情况下保留以下记录：设备库存、设备采购请求和授权购买、安装、校准及验证人员的联系信息，计划外的仪器设备维修或者使用事故，以及仪器设备的操作培训记录等。

9. 仪器设备使用结束需要及时关机　操作结束后应及时关闭仪器设备或恢复至其待机状态，以防加热装置引起的火灾或爆炸事故、设备过热或转速过快引起的试剂或生物样品喷溅事故，以及易燃易爆或有毒气体泄漏等实验室安全事故。

二、常用仪器设备安全管理原则

在制定实验室安全规范时,除了用途,还应该重点考虑到仪器的主要特点和技术参数,"量身打造"安全操作规程。生物医学实验室中常用的仪器设备除了可以按照本章第一节分类,还可以按照功能分为:①手持型设备;②制冷类设备;③加热类设备;④消杀设备;⑤搅拌、预混合离心设备;⑥超声设备;⑦发光设备;⑧气体类设备;⑨真空设备;⑩其他实验室常用仪器设备。以下将简要介绍各类设备的安全管理原则。

1. 手持型设备 主要包括移液枪和血清移液器,其本身不会对操作人员形成任何危险,但是必须注意规范操作,以防吸取的生物或化学试剂时出现喷溅、滴洒和倒吸,以及在移液器内形成气溶胶等。在使用手持移液设备时,应注意不要吸取生产商说明书禁止的高黏稠液体、腐蚀性液体、强挥发性液体等。如吸取的液体为生物试剂,如菌液、病毒液等,则必须使用带有滤塞的枪头或者血清移液管,防止生物气溶胶在设备内形成。

2. 制冷类设备 主要包括各类冰箱、层析柜、冰柜、制冰机、超低温冰箱及冷库等,主要防范冻伤。一般工作温度在0℃以上或附近的制冷设备不要求在操作时佩戴隔温手套,主要须注意放置设备时与墙体、与其他设备之间的距离,应满足说明书规定的最小距离。超低温冰箱还要求在开启时佩戴隔温手套;而且在超低温冰箱的管理中应强调对其中保存的物品和样本进行定期清点,制订物品和样本的位置表格,减少冰箱开启的时间和次数。一般生物医学实验室中常用的冷库设计为全自动运行控制,提供并保持0~4℃,使用时应先进行登记;进入前注意指示灯颜色,勿在非正常运行时进入;冷库内禁止使用明火;保持地面干燥,严禁液体流到地面上,以防出现人员滑倒等事故;有计划地出入库,尽量减少开关门时间等。

3. 加热类设备 主要包括各种水浴装置、金属浴、烘箱、加热盘、喷枪、喷灯,以及烤箱和微波炉等。这一类设备最需要注意烫伤、烧伤和火灾隐患,同时也是实验室中最容易出现安全事故的一类设备。

对于上述加热设备,首先应在其醒目位置设立安全提醒标志,提示操作人员佩戴相应的个人防护装备,警示实验室人员勿将易挥发性、易燃材料存放在装置附近,并限制加热易燃材料等。此外,在使用烘箱、烤箱和微波炉时,严禁用于干燥易燃材料制成的物品,不可使用非防爆的玻璃器皿作为容器;不可加热任何危险化学品或有毒试剂;不可在不通风的烘箱中干燥含有有机化合物的玻璃器皿;为避免残留的溶剂爆炸,在放入烘箱前务必使用蒸馏水冲洗玻璃器皿;不可使用水银温度计指示温度,双金属条状温度计是监测烘箱和烤箱温度的首选。对于以上安全注意事项,实验室安全管理人员应详细列出,并将其张贴于设备附近的醒目位置。

4. 消杀设备 主要包括高压灭菌器、环氧乙烷灭菌柜和紫外线灯。除遵守防火及水电相关的安全管理制度以外,消杀设备安全管理的核心原则是严格按照设备说明进行操作及日常维护。具体需要注意以下几点。

(1)灭菌时要注意不同灭菌设备的灭菌方式和灭菌物品的适用范围,切忌超范围使用。

(2)应设立安全标志,提示该设备的潜在危险性,如高温蒸汽容易引起烫伤,环氧乙烷气体易燃易爆并且对人体存在一定的毒性。

(3)消杀设备应放置在实验室的特定位置,确保其周围通风性良好。

(4)按设备说明进行检查和维护,完成内部与外部的定期清洁,确保设备的压力监控装置(压力表等)能够正常工作。

（5）应在设备的醒目位置设立提醒标志，提示实验人员及时完成相应操作环节，如高压灭菌器加纯水、环氧乙烷灭菌柜抽真空后打开气瓶等。

5. **搅拌、预混合离心设备**　主要包括磁力搅拌器、混旋仪和各类离心机。搅拌器或混旋仪应注意其是否装备加热面板，如其具备加热功能，应进一步参考加热类设备的安全管理原则。对于各类离心机的安全使用，应注意以下事项。

（1）注意重量和位置的配平。

（2）注意防止液体试剂或者生物样本的漏液和倾洒。

（3）在使用前确认离心机转子的型号，检查转子是否安装牢固。

（4）务必使用与该型号离心机和转子匹配的、质量合格的离心管。

6. **超声设备**　主要包括超声清洗设备和超声匀浆器，由于这类设备在使用时会发出高频声波（20～20 000Hz），因此在安全管理的过程中应特别注意噪声防护。对于这类设备，应尽量放置在隔音箱中进行使用；实验室安全管理人员还应在其醒目的位置处设立安全标志，提醒操作人员注意保护听力。

7. **发光设备**　主要包括荧光显微镜、激光共聚焦显微镜、光遗传学实验设备及紫外凝胶成像分析仪等。除电气通用的安全规程以外，在发光设备的安全管理的过程中还须注意对实验人员视力的保护。应在设备旁边设立相关安全标志，提醒操作人员不要直视光源，以免造成视网膜的损伤；对于确需直视的情况，应提醒操作人员佩戴防强光的护目眼镜。

8. **气体类设备**　主要指的是设有气路的仪器设备及其所配套的各类气瓶。此外，液氮储存罐也是实验室中常见的一种气体类设备。非惰性气体的气瓶和液氮罐是实验室安全管理的重中之重，一旦发生危险，这类设备造成的损失往往十分惨重，因此需要格外重视以下事项。

（1）对于气体类设备，应参考我国《特种设备安全监察条例》和《气瓶安全技术规程》，并结合生物医学实验室的实际情况，单独制定具体的管理规定。

（2）考虑到气体为消耗品，除使用和维护等内容以外，此类设备安全管理的范围还应包括气瓶的采购与验收、搬运与存放。

（3）此类设备应设置专门区域存放，其中气瓶的存放应尽量远离明火和热源。

（4）对于气体设备的气路管材选择必须参考对应气体的属性，整齐有序铺设，并有明确标志。

（5）在气体设备的安全管理中，应建立日常检查制度，严禁使用超过检验期限的气体设备。

（6）为防止安全事故的发生，对于气体类设备所使用的气瓶，应实行登记管理，登记内容包括领用日期、气体名称、钢瓶编号、实验室名称及领用人。

9. **真空设备**　除吸取实验废液时所使用的真空泵以外，在生物医学实验室中，常见的真空设备还包括真空干燥机和冷冻干燥机等。以上这些设备均需要借助真空泵来实现仪器的真空状态。对于真空泵的安全使用，应主要注意以下几个方面。

（1）真空泵应设置在水平、通风并且干燥的地方，与主设备的连接紧密，确保无泄漏点。

（2）使用前确认真空泵中的油位。

（3）严格按照设备的操作说明进行使用，防止真空泵压力过高的情况发生。

（4）在设备启动后，应确认其运转平稳、声响正常，并且无过热和压力超标等异常情况，严禁在开启设备后未进行上述观察即离开实验室。

（5）由于真空设备在使用过程中，真空部件需要承受高强度的挤压，因此应特别重视对防压装置、压力监控装置的日常检查与维护。

10. **其他实验室常用仪器设备**　如切片类设备是生物医学实验室十分常用的一类仪器设备，主要包括石蜡切片机、冰冻切片机及振动切片机。对于各类组织切片机，安全管理的重点在防止操作过程中出现割伤或挤压伤等机械损伤事故的发生。

刀片是切片机的耗材部分，生锈、变钝或卷边的刀片往往会导致切片质量的下降，因此在其使用过程中经常需要更换。所有切片机均设有锁定刀头的装置，在更换刀片时必须锁定刀头。

第三节　常用仪器设备事故应急处理

生物医学实验室中，常用的仪器设备种类繁多，而且各自有不同的技术参数及操作要点。一旦出现事故，如何快速地应对和处置，是在实验室安全管理过程中需要考虑的重要问题。基于第二节的内容，本节将对生物医学实验室中常用仪器设备事故的应急处置措施做一简要的介绍。

一、常用仪器设备事故的一般处理原则

在实验室中，仪器设备事故主要涉及由于操作不当引起的化学品或生物样品泄漏、化学品或生物样品喷溅于人体、外伤（包括烫伤、冻伤和机械损伤等）、水电相关事故、火灾及爆炸等。首先，所有类型的事故均应该遵守以下的基本处置原则：①以人为本，安全第一。发生实验室安全事故时，要及时采取人员避险措施，优先进行人员抢救，同时注意救援人员的自身安全；②把握先机，快速应对。对发生的实验室安全事故，实验室安全相关负责人第一时间作出反应，迅速到位，防止事故扩大，造成二次伤害，最大限度减少人员伤亡；③统一领导，分级负责。事故发生后，各相关单位应在学院的统一领导下，立即启动应急预案，分工负责，相互协作；④预防为主，常备不懈。贯彻落实"安全第一，预防为主"的方针，坚持事故应急与预防工作相结合，做好常态下的隐患排查、风险评估、事故预警、风险防范体系建设和预案演练等工作。

实验室发生安全事故的现场应急处理程序是：①关——切断电源；②报——立即向校园保卫和实验室安全负责人报告事故地点、起火部位及燃烧物种类等基本情况，并拨打火警急救电话；③戴——佩戴防毒面具，或使用湿毛巾捂住口鼻，防止有毒气体的吸入；④撤——撤离火场内人员和易燃易爆材料；⑤通——如遇化学危险品引起的爆炸，应注意开窗通风，从而减少有毒气体聚集；⑥防——注意防止火灾引起的二次事故的发生，如中毒、触电、重物砸伤和坠落等；⑦救——查看并对受伤人员进行紧急救护，及时送医治疗。

二、常用仪器设备事故应急处理方式

本节主要介绍常用仪器设备中部分设备，如离心机、PCR仪、电热恒温干燥箱、磁力搅拌器、培养箱、高压灭菌器等设备故障或出现事故时的应急处理。

（一）离心机的相关事故及应急处理

1. 中途停电导致的离心机停转及应急处理　离心机工作期间如果出现停电，首先应立即关闭电源开关，并向实验室相关负责人报告，查明停电原因。在转子完全静止后，再尝试打开离心机盖。不同类型离心机的开盖方式不同，如遇离心机盖自动锁死的情况，可使用仪器配备的解锁装置开启离心机盖；超高速离心机开盖时，需要重新连接电源，解除真空状态才可以开启转子舱门。在

离心机开盖后,检查转子和样本管是否完整无松动,可用双手将转子平稳放于生物安全柜内,然后旋开转子盖子,取出样本管,消毒转子外表面后,再从生物安全柜内取出放到平稳的操作台上即可。

2. **离心过程发生离心管破裂及应急处理**　当离心时发生离心管破裂,需要按照以下程序进行处理:①立即切断离心机电源;②若无采用密闭型离心杯,在开盖前应先让离心机静止 30 分钟,然后再缓慢地打开离心机盖;③如果发现离心机内腔被污染,应往离心机腔里倒入一定量的 75% 乙醇溶液,消毒 30 分钟后吸取这些乙醇溶液并弃至废液桶中;④应使用镊子等工具清理玻璃碎片或其他坚硬物质,并放入消毒缸内浸泡消毒,过夜后再丢弃;⑤用蘸有消毒液的纱巾消毒离心机其他被污染的部位;⑥如有必要,可将整个离心转子放入消毒桶内浸泡消毒过夜;⑦消毒后,可使用干净纱巾蘸清水擦拭转子内腔及表面,干净后再用干纱巾擦拭内腔,直至完全干净无液体残留。

3. **离心转子脱落及应急处理**　离心过程中如果发生离心转子脱落,一般会引起离心机内腔损坏和离心管破裂,超速离心机一旦发生转子脱落,可引起更为严重的设备损坏,并有可能带来人员伤害。处理流程与离心管破裂相似,重点检查是否有离心杯破裂及人员伤害。有人员伤害时,立即求助急救"120",并进行简单处置。若发生感染材料泄漏,离心机内腔被污染,按前述方法处理。

（二）PCR 仪的相关事故及应急处理

PCR 仪工作性能稳定,在正常使用的情况下,不易出现紧急故障,也不会对操作人员形成危险。PCR 仪故障多是由于操作人员未遵守仪器使用流程和要求,违规操作或使用与仪器不匹配的 PCR 样品管,引起事故或 PCR 仪器故障。因此在使用此类仪器时,必须注意规范操作,务必注意使用与机器型号匹配的样品管(包括型号和材质),以防 PCR 仪和实验室污染,以及实验出现假阳性或结果不可信,造成经济损失。

1. **PCR 仪设备故障的应急处理**　故障发生后,应先用红牌故障标志提示故障仪器,以防被错误使用。然后关闭电源开关,取下电源插头,用相应防尘罩遮蔽仪器,并上报实验室相关负责人。

2. **PCR 仪及实验室污染应急处理**　PCR 实验室污染有以下几种情况:①若核酸样本溢出:立即用布或纸巾覆盖,由外围向中心倾倒 10% 的次氯酸消毒剂,约 30 分钟后,清除污染物品,再用次氯酸消毒剂擦拭,并用 75% 乙醇喷洒,使用移动紫外线灯定点照射 1 小时。②其他不明情况污染:暂停所有实验操作;清理实验室内所有物品,寻找污染来源;加大实验室的通风;对实验室内所有表面(台面、地面及墙面)进行消毒;75% 乙醇喷洒;开启紫外线消毒装置,延长照射时间(4 小时以上)。以上措施每日进行,直至污染消除,并用新试剂及确认无污染的器材进行原污染项目的试剂空白检测,连续 3 次均阴性后方可恢复常规检测。

（三）电热恒温干燥箱的相关事故及应急处理

1. **温控失灵的应急处理**　温控失灵是电热恒温干燥箱事故的常见原因,该故障会造成电热恒温干燥箱中物料温度过高而自燃。此时,应立即关闭加热蒸汽阀门,关闭电源;烘箱门不得打开(遇氧气即燃烧),同时报警并通知相关部门;进行外部强制冷却,如有明火利用现场灭火器材进行扑救,并注意防止复燃。

2. **烫伤事故的应急处理**　当遇到被设备烫伤时,应及时对受伤位置进行冷却(冷却水温度在 $10 \sim 15℃$ 为宜),直至刺痛感觉改善。对于较严重的情况,应及时就医,并在过程中一直保持受伤部位的冷却。对于脸和躯干等不易冲洗冷却的部位,可用湿毛巾包上冰袋敷于受伤位置;同时注意经常移动毛巾,防止同一部位过冷造成的继发性冻伤。

（四）恒温水浴锅的相关事故及应急处理

1. **恒温水浴锅温度失控的应急处理**　①首先立即切断恒温水浴锅的电源；②将实验材料从恒温水浴锅中取出；③应尽量避免接触恒温水浴锅的表面，以免烫伤；④将恒温水浴锅搬离实验台，防止引发火灾；⑤立即通知实验室负责人、相关人员或消防人员。

2. **恒温水浴锅漏电的应急处理**　①尽快切断恒温水浴锅的电源，避免电击伤害；②尽量避免接触恒温水浴锅的表面及导线，以免触电；③使用绝缘工具或手套将漏电的部分隔离；④迅速通知实验室负责人、相关人员及电力维修人员进行进一步处理，排查漏电原因。

3. **溢出液体的应急处理**　①切断恒温水浴锅的电源；②使用胶手套或保护性手套，小心地清除溢出的液体；③对已溢出的液体进行妥善处理，避免对实验室和环境造成污染。在佩戴适合的个人防护装备（如护目镜、手套和长袖实验室外套）后，使用实验室化学品泄漏处置专用设备（包括中和试剂和吸收垫）中和并吸收化学试剂，然后用水清洁泄漏的区域；④如遇到烧烫伤，可参考电热恒温干燥箱的相关事故及应急处理。

4. **加热液体发生喷溅时的应急处理**　应立即使用实验室配备的紧急喷淋装置，包括紧急眼部喷淋装置和淋浴装置，大量清水冲洗暴露区域。对于能够引起皮肤外伤或化学性烧伤的化学品，在充分冲洗的同时，还应考虑使用适当的中和剂处理。如遇到强酸性化学品喷溅时，应先用毛巾或纸巾擦干暴露位置后，才可以使用大量清水冲洗，再用弱碱性溶液（如肥皂水）冲洗之后继续以清水冲洗；当有毒化学品溅入眼内时，应优先以清水彻底冲洗15分钟以上，注意在清洗时将眼睑拨开，然后及时就医。

（五）磁力搅拌器的相关事故及应急处理

磁力搅拌器明显的风险是涉及热板功能，这些设备能够达到较高的温度，因此存在潜在的烧伤或着火风险。其他潜在的安全事故包括潜在的腐蚀性液体飞溅或液体蒸发以及因留空容器破裂导致的意外。在使用磁力搅拌装置时，应配备适当的个人防护，如手套、护目镜和防护服。当遇到液体喷溅或溢出、烧烫伤、漏电、过热及着火等紧急事故时，首先应切断仪器电源，并参考电热恒温干燥箱和恒温水浴锅的相关事故处理方法。

（六）实验室制冷设备的相关事故及应急处理

实验室所有的制冷设备，尤其是工作温度在0℃以下的设备，均可能引起不同程度的冻伤。特别是超低温冰箱（-80℃），如果操作时未按规定佩戴隔温手套，易引起轻度的冻伤。此外，在使用液氮储存罐时，如未按要求佩戴手套和防护面罩，也可能引起冻伤事故的发生。在进入4℃冷库进行实验时，如未按规定着装或停留时间过长时，则可能导致人体失温（核心体温过低）。一旦出现冻伤或失温，实验人员应迅速脱离低温环境，并尽快对患处进行保暖。可将受伤部位放入40℃（不可高于此温度）的温水中浸泡20～30分钟或用保温毯等包裹。若情况严重时，应立即就医。

（七）培养箱的相关事故及应急处理

1. **培养箱发生洒溅等污染事故的应急处理**　培养箱作为病原微生物，如细菌、病毒或真菌等培养的重要设备，难免发生各种培养物的意外溢漏、洒溅或沾染等情况。如果在取出或者放入培养容器时发生溢洒、泄漏，或使用培养板培养时由气溶胶引起培养箱内腔或表面污染时，若没有及时、规范、有效的处置，极有可能导致相关人员的感染和实验设备的污染，发生此类事件应按下列方法处置。

（1）首先评估污染范围、部位及污染物量，判断是少量污染物还是大量污染物，是仅限于培养箱内部，还是内外部都被污染。如果仅是培养箱内部受到污染，则应轻轻关上培养箱的门，静置30分钟，同时按照规定程序向实验室主任报告。30分钟后再缓慢打开培养箱的门，用蘸有消毒剂（根据微生物的特性选择）的纱巾覆盖在污染的区域，静置消毒30分钟，然后使用70%乙醇溶液喷雾消毒（注意关闭培养箱门）30～60分钟，并使用蘸有消毒剂的纱巾擦拭培养箱内壁，最后使用蘸有清水的毛巾擦拭干净，自然干燥即可；在消毒结束后应填写处置记录。

（2）若外溢的感染性材料量比较大，且污染培养箱的外部，应立即向实验室主任报告，以求外部人员的帮助和指导。首先立即切断电源，关闭培养箱门，然后对培养箱外部的污染区域进行处置，先用蘸有消毒剂（根据微生物的特性选择）的纱巾擦拭或覆盖污染区域，反复几次后，用蘸有清水的毛巾擦净污物和消毒剂。培养箱外部清理结束后缓慢打开培养箱的门，用吸水纸巾覆盖在污染部位，吸干污染物后，再用蘸有消毒剂的纱巾覆盖污染区域，静置消毒30分钟，必要时可往消毒纱巾上倾倒适量的消毒液，静置消毒30分钟。清理完培养箱内部的物品后，再用消毒纱巾反复擦拭内壁，最后再用清水擦净内壁，自然晾干。完整记录处置过程，必要时可以考虑对整个设备进行去污染操作。

2. 培养箱出现电路故障的应急处理　培养箱出现电路故障的可能性较高，如隔水式培养箱的隔层里的水干枯，导致加热电炉丝损毁，或电压不稳导致线路烧毁，或是使用年限过长出现电路老化、电路故障等问题。一旦发生此类故障，需要进行检修，甚至需要将设备转移到实验室外部进行修理。在处置和移动设备时，可能存在潜在的安全风险，为了保护实验人员和维修人员的安全，应遵从以下流程处置。

首先应检查确认配电箱空气开关是否跳闸或其他可能的原因，如果确认系培养箱的电路故障时，应立即切断电源，然后将培养箱内的培养物转移到其他正常运行的培养箱内。然后对发生故障的培养箱内部进行常规消毒处置，确认安全后，让设备维修人员进行故障检查，情况允许时进行现场修复；如果现场无法修复需要将设备转移至实验室外部修理，则进行整机的去污染工作，然后再将设备转移至实验室外部进行修理。修理完成后，应在实验室外试运行一定的时间，确认运行稳定后，再移入实验室内。

（八）气瓶的相关事故及应急处理

气瓶事故一般包括气瓶气体泄漏、气瓶受外界火焰威胁及气瓶事故造成的人员伤亡。

1. 气瓶发生泄漏事故的应急处理　根据气瓶泄漏部位、泄漏量、泄漏气体性质及其影响和影响范围，确定应采取的应急措施：①如果气瓶泄漏不能被就地阻止且无除害装置，可根据气体性质将泄漏的气瓶浸入冷水池或石灰水池中使之吸收；②如果泄漏毒性气体，则应令周围的人迅速疏散，同时立即穿戴防护用具进行妥善处置，并立即向消防部门寻求帮助；③可燃气体泄漏时，除迅速处置以外，还应做好各项灭火准备，并立即向消防部门寻求帮助。

2. 气瓶受外界火焰威胁时的应急处理　如果气瓶受外界火焰威胁，必须根据火焰对气瓶的威胁程度确定应急措施。

①当火焰尚未波及气瓶，则立即全力扑火；②当火焰已波及气瓶或气瓶已处于火中，为防止气瓶受热爆炸，在气瓶还未过热之前，必须迅速将气瓶移至安全处，情况严重需立即向消防部门寻求帮助；③当无法转移气瓶时，在保证安全距离的前提下，用水龙带或其他方法向气瓶上喷射大量的水进行冷却，情况严重须立即向消防部门寻求帮助；④如果火焰发自瓶阀，应迅速关闭瓶阀切断气源，若条件不允许，则必须确保气体在受控下燃烧，严防火焰蔓延烧损其他气瓶或设施，情况严重须立即向消防部

门寻求帮助。

3. 气瓶事故造成人员受伤的应急处理　气瓶事故一旦造成人员受伤,立即送往医院救治。在发生这类紧急事故时,应及时撤离并拨打校园保卫和急救电话。若泄漏的气体易燃,应尽快关闭火源与热源;在做好个人防护的前提下,现场人员可转移至空气新鲜的场所,在必要时给予伤者人工呼吸或者使用自动体外除颤器进行紧急抢救;遇到气体吸入性中毒时,应抓紧时机,在可能的情况下立即给予伤者相应的特效解毒剂;尽快查清气体种类和危险性,妥善隔离和保护。

（九）高压灭菌器的相关事故及应急处理

1. 高压灭菌器泄漏蒸汽的应急处理　立即关闭设备停止加热。若有人员被蒸汽烫伤,立即用大量冷水冲洗患处,以减轻灼痛,及时到医院就医。具体可参考电热恒温干燥箱的相关事故及应急处理。

2. 高压灭菌器爆炸事故的应急处理　在场人员要立即卧倒,趴在地面不要动,双手抱头迅速蹲下,或借助其他物品掩护就近找掩蔽体掩护。爆炸过后,非施救人员不要前往事发地区,防止发生新的伤害事故,受伤人员立即送往医院救治。

（十）切片类设备的相关事故及应急处理

切片类设备包括石蜡切片机、冰冻切片机及振动切片机。由切片机事故引起的割伤或挤压伤多为静脉或者毛细血管损伤,可采用加压止血的方法进行伤口止血。使用无菌敷料以适当的压力包扎伤口,如遇伤口较深的情况需及时前往医院进行进一步处理。在使用切片机时极少遇到动脉割伤,若遇到其他实验室设备引起的外伤事故时,如有动脉出血（动脉出血颜色鲜红、有搏动或呈喷射状）,可采用指压止血结合止血带的方法进行初步止血。首先用手指、手掌或拳头压迫伤口近心端的动脉,将动脉压向深部的骨骼以阻断血液流通,从而实现临时止血。在遇到动脉出血时,可先用指压止血,必要时使用止血带进行止血。现场止血处理后立即送往医院进行救治。

（十一）光学显微镜的相关事故及应急处理

光学显微镜属于精密仪器,包括常用的荧光显微镜和大型仪器设备,如激光共聚焦显微成像系统和双光子激光扫描显微成像系统。本部分只涉及常用的荧光显微镜和普通显微镜。当这两种显微镜发生使用故障后,一般不建议使用者自行解决故障。操作的过程中若遇故障,使用者应当立即上报仪器的相关负责人并且停止使用。然后使用故障标志提示故障仪器,关闭仪器电源,用相应防尘罩遮蔽仪器,等待仪器负责人的进一步处理和通知。荧光显微镜需要激光器作为光源,应时刻注意激光安全问题。碰到或推测可能激光照入眼或身体接触必须立即到医院眼科或相关科室就医。在光源开启的情况下,将易燃非生物组织样品置于物镜焦面,极易引发火情。出现此类事故的应急处理方法可参见恒温水浴锅温度失控的处理方法。

第四节　大型仪器设备安全管理

大型仪器设备是开展高水平实验教学和科学研究的重要支撑资源,是生物实验室的重要技术装备。生物医学实验室常见的大型仪器设备有:激光共聚焦显微成像系统、质谱仪、超速冷冻离心机、流式细胞仪、实时荧光定量 PCR 仪等。大型仪器设备具有操作复杂和资产价值高（40 万元及以上）

等特点,往往由学校或学院统一购置成立大型仪器设备共享平台,以期更好地配置科研资源,达到惠及更多科研实验室的目的。大型仪器设备使用不当,可能造成仪器故障,甚至威胁仪器操作人员的人身安全,因此,制定相关安全规范及严格遵守操作规程对于最大限度地保障实验人员安全至关重要。

一、大型仪器设备的日常管理

1. 大型仪器构造精密、操作相对复杂,操作者在自主操作前应先参加相应的大型仪器规范操作培训,培训合格后方可进行自主操作。

2. 大型仪器设备在使用前应先进行预约登记,写明具体预约时间、具体实验内容及样本信息,实验结束须登记使用人相关信息,如姓名、使用时间、使用人及其所在课题组、检测样本数、仪器设备运行状态、联系电话等信息。大型仪器应按预约时间使用,任何时间调整须提前与仪器管理员沟通并获得批准。

3. 使用人开始操作大型仪器设备前,需要了解大型仪器设备平台配备的防护设施(如防毒面具、洗眼器、应急喷淋装置等)的具体安置位点、消防器材的放置位置。此外,部分大型仪器对运行环境有一定的要求,使用该类大型仪器设备前先检查大型仪器设备所处环境条件(实验室的温度、湿度、冷却循环水位、电源插座等)是否符合要求,通风系统等是否正常,避免影响实验人员人身安全及仪器安全。

4. 使用大型仪器设备前,应当熟悉样品性质,准备、处理、安装好测试样品,符合相应安全级别的样品才能进行检查,操作过程中应避免样品污染大型仪器设备或仪器样品腔。若实验样品用到的化学试剂带有一定的腐蚀性及危险性,使用之前需要对仪器设施进行提前保护工作及善后的清洗工作,否则可能损害仪器设备的寿命,更有甚者会引发爆炸等事故,威胁仪器的正常使用及实验人员的人身安全。

5. 使用大型仪器设备前须认真阅读学习每台仪器的"大型仪器设备操作规程"和"仪器安全操作注意事项",按照操作流程执行。应严格按操作流程进行开机前的准备,确认满足开机条件后再启动仪器,并保证预热、电池充电的时间符合规范。

6. 使用危险性较高的大型仪器设备时,仪器管理人员应在现场操作,不得私自启动使用。

7. 实验过程中,要根据所进行的操作及样品的特性,选择相应的防护装备,包括防护眼部、面部、手部、手臂及呼吸器官等的防护用品,有效规避有害样品或样品飞溅等带来的安全危害。

8. 在大型仪器设备使用过程中若听到异响,或闻到焦味、臭味等异常,应及时联系仪器管理人员。若在使用过程发生故障或损坏,应及时报告仪器管理人员,如实登记,不得自行拆开机器。

9. 大型仪器设备使用结束后,要及时清理地面及实验台的物品,消毒必要物品。

10. 大型仪器设备实验数据的拷贝应使用光盘刻录,避免使用 U 盘或移动硬盘,以防电脑中毒。

二、大型仪器设备事故的应急处理

大型仪器设备在使用过程中,难免会遇到各种故障,包括设备机械故障和操作不当所致故障。若不及时处理,便可能造成安全隐患或安全事故。大型仪器设备故障通常情况下需要设备公司专业的工程师进行维修。但作为设备的使用人,有必要了解生物医学实验室大型仪器设备常见故障及应急处理措施。

（一）激光扫描共聚焦显微成像系统

1. **激光扫描共聚焦显微成像系统的功能介绍**　该系统通过使用荧光探针对研究对象进行标记，在荧光显微镜基础上配置激光扫描装置，采用共轭聚焦方式，对样品进行逐点扫描，实现高分辨的共聚焦图像。激光扫描共聚焦显微成像系统不仅可观察固定的细胞、组织切片，还能够实时地观测活细胞的结构、分子、离子动态等；广泛应用于荧光标记活细胞、生物组织切片、生物材料荧光标记、活细胞荧光标记的成像、三维图像重建分析，以及细胞生物物质和离子的定性、定量和定位分布检测等方面。

2. **激光扫描共聚焦显微成像系统的常见故障及处理**

（1）采集不到荧光信号或荧光信号很弱

1）荧光显微镜下的标本未切换至激光，须先切换至激光再进一步调节激光值、增益值及焦平面等参数。激光强度直接影响着样品荧光信号的强弱，随着激光使用时间的增加，激光强度会有所下降。所以在保证成像质量的前提下，激光功率通常要尽可能小。

2）被检测基因载体的转染率较低，因此只有较少细胞有信号，需要先在目镜下找寻有荧光信号的细胞后再进行检测。

3）如果激光调至较高程度的时候仍没有信号或是信号依旧很微弱，一是考虑样本制样问题，可更换样本或重新制作样本；二是在样品制样没问题的情况下没有荧光信号，考虑激光器出现故障或使用寿命达到极限，这种情况出现要由专业工程师进行专业的判断和维修。

4）预览的时候采集到了明显的荧光信号，停止预览设置好采图的各种参数准备拍摄图像时，荧光信号大幅度减弱，须注意在锁定目标的时候不要将激光能量设置太高，以防淬灭荧光信号。在目标样本达到拍摄图像要求时即停止预览，以防荧光淬灭。

（2）出现假阳性或交叉荧光信号

1）样本过曝导致的背景噪声，在 LUT 模式下将曝点调无即可。

2）当两种荧光发射光波长过于接近，应使用序列扫描模式。

3）避免使用发射波长接近的染料或载体，以减少串色。

（3）扫描图像清晰度不高

1）物镜和 ZOOM 值选用不正确。若观察的样本形态体积较小，一般采用高倍物镜观察，再适当调整 ZOOM 值。

2）先准确调焦，再通过 Z-Position 旋转球的左右调节，可以观察到样品图像随着 Z 轴距离变化伴随的图像清晰度的改变。

（二）实时定量 PCR 仪

1. **实时定量 PCR 仪的功能介绍**　即在普通 PCR 仪基础上，加有荧光信号检测系统与数据分析系统，其可在 PCR 扩增的同时，实时检测样品管中的 DNA 含量，最后通过与内参基因的比较或通过标准曲线，计算出模板中目的基因的含量。实时定量 PCR 仪可以一体化完成基因的扩增、鉴定与定量，主要用于核酸定量、基因表达水平的分析、基因突变的检测，如病原体检测、药物疗效评价、肿瘤基因检测、临床疾病诊断等。其技术原理是在 PCR 反应体系中加入荧光基团，利用荧光信号累积对 PCR 进程中合成的 DNA 进行实时监测，通过 C_t 值法或标准曲线对未知模板中目的基因进行定量分析的方法。

2. **实时定量 PCR 仪常见故障及处理**

（1）反应孔显示异常高信号：可能是由于反应孔被污染。运行背景校正反应板，当一个或多个反应孔连续显示异常高信号,则表明该孔可能被污染;或者在不放任何物品到样本块上的前提下,执行 ROI 的校正,当某个孔的信号明显高出其他孔时,则表明该孔被污染。清除样本加热块污染的步骤为:用移液器吸取少量乙醇并滴入被污染的反应孔中,轻柔地吹打数次后将废液吸入废液桶;重复以上步骤(乙醇 3 次,去离子水 3 次);确保反应孔中的残留液体蒸发完。

(2)仪器—计算机通信不稳定:可能是仪器同时配备有线网络与无线网络连接互联网连接不稳定,特别是在无线配置条件下。解决方法是保证仪器仅插入一种连接方案;配置有线或无线网络连接改变为有线连接;采用信号与稳定性强的无线网络。

(3)开机出现光源不亮:出现这个故障需要专业维修人员进行维修,要依次检查保险丝、灯泡、供电电路等逐个排除故障。

(4)出现无法识别仪器与计算机之间的连接:这是没有完全建立连接导致的,可以关闭仪器电源后重新开启。

(5)触摸屏为黑屏:多是因为仪器电源并未开启。可以先点击仪器触摸屏任意位置,如果触摸屏变亮即可,不亮就需要检查电源是否开启,供电电源连接是否完好。如果电源连接和供电都正常,触摸屏还是不亮则需联系维修人员。

(三)超速冷冻离心机

1. **超速冷冻离心机的功能介绍** 超速冷冻离心机是一种带低温控制系统的高速旋转机械,它可以通过高速旋转产生的离心力场对不同沉淀系数的混合物进行快速分离、浓缩和提纯。超速冷冻离心机是生物化学、分子生物学、生物学功能测定等方面不可缺少的分离、纯化手段,广泛应用于细胞、亚细胞器、细菌及病毒等的快速分离。

2. **超速冷冻离心机常见故障及处理**

(1)转子不平衡:离心机使用过程中须注意配平,若样品管为奇数管可用蒸馏水作平衡管,将配平的离心管对称放入转子的对称孔内,拧紧转子盖,关上离心机盖再开始离心。

(2)电机达不到额定转速:可能是因为超速冷冻离心机轴承损坏或转动受阻,轴承内缺油或轴承内有污垢较多,引起摩擦阻力增大,应及时清洗或更换轴承。整流子表面有一层氧化物,甚至烧成凹凸不平或电刷与整流子外缘不吻合也可能导致转速下降,所以应及时清理整流子及电刷,使其接触良好。

(3)离心过程中发生异响:应立即关闭电源,若离心管破裂,则应视为气溶胶暴露,须立即加强个人防护,戴手套卸掉转子,并于生物安全柜内小心打开转子,用镊子小心清理破碎物品。

(四)质谱仪

1. **质谱仪的功能介绍** 质谱仪具有精准的定性、定量分析能力,是进行基础研究不可或缺的高效工具。其工作原理是将样品分子或原子电离为带电离子,检测后得到质荷比与相对强度质谱图,对分析物进行定性和定量的分析。利用质谱仪可进行同位素分析、化合物分析、气体成分分析及金属和非金属固体样品的超纯痕量分析。在生物医学领域广泛应用于糖、核酸、蛋白质等生物大分子的分析。

2. **质谱仪常见故障及处理**

(1)电源常见故障为保险丝损坏。当质谱仪保险管损坏时,专用软件可在状态页上指出故障状态,在更换保险丝前关闭电源并拔出电源线。另外,保险管旁有 LED 灯,当保险丝无故障时,该灯闪亮,有故障时 LED 灯不亮。

（2）真空系统出现故障但质谱仪仍能分析检测出结果时,可用棉签沾湿丙酮在容易漏气的部位擦拭,包括毛细管两端连接处、旋转泵和涡轮分子泵连接处、旋转泵和毛细管旁通管线连接处及真空计连接处。观察是否有丙酮的特征离子峰形成以判断是否漏气。如果因真空问题导致质谱仪无法正常工作,检查质谱仪各电源状态是否正常;检查涡轮分子泵工作状态,分子泵工作状态指示灯是否为绿灯;检查专用软件中分子泵转速是否是 100%,分子泵是否需要更换油杯;检查旋转泵状态、油位、油内有无杂质、泵油是否及时更换。若真空计有离子灼伤,可通过电极打磨或超声波清洗。同时,检查自动排放阀状态,确保在涡轮分子泵正常操作时在专用软件中是否处于"OFF"状态。

（五）气相色谱

1. 气相色谱的功能介绍　气相色谱法可快速、高效地进行组分分离和定量测定,适用于不同混合物的分离、分析。气相色谱可分为气－固色谱法与气－液色谱法两类。气相色谱仪主要利用物质的沸点、极性及吸附性质的差异以实现试样中混合物的分离,其广泛应用于生物、环境、医药等研究领域。

2. 气相色谱常见故障及处理

（1）载气流速稳定性参数示值超差:检查载气瓶减压阀压力,看是否在合理的区间。若近期更换过色谱柱,应认真排查色谱柱两端接口是否有漏气,必要时重新更换密封垫,再次测量;然后检查其他气路是否有漏气现象,检测进样隔垫是否存在老化导致漏气现象。

（2）气相色谱基线的波动和漂移:常见原因为载气流量波动、色谱柱被污染、气体被污染等。首先可以检查气体供应是否连续,若载气的供应不连续或不稳定,可通过调整载气压力大小来排除故障;其次,可考虑色谱柱是否被污染,可通过对色谱柱进行彻底老化来将这种效应降到最小;若经过检查排除前两类产生故障的原因,则考虑是否管路泄漏导致气体污染,此时需重新调整管路连接。

（3）进样口问题:检查进样针是否有堵塞现象,若有堵塞须进行清洗或更换新的进样针;检查进样口漏气或色谱柱连接两端处是否漏气、进样口密封垫是否老化,若有异常则进行更换;检查气相色谱的柱流速是否正常,检查检测器出口是否顺畅。

（4）特殊峰形:"舌头峰"出现须检查色谱柱安装是否正确。若正确再检查载气流速是否过低或者是进样量过大等。针对这些问题,可通过调整载气流速、减少进样量或调整分流比予以解决。"拖尾峰"出现须检查气化管安装是否正确、是否存在破损,若有破损要及时更换;检查载气流速是否过低或进样量是否过大,考虑适当增大载气流速,减少进样量;更换进样垫,更换 O 形圈等方式予以解决。

（六）流式细胞仪相关事故的应急处理

1. 流式细胞仪的功能介绍　流式细胞仪主要由液流系统、光路系统和监测分析系统组成,用于细胞的自动分析和分选。它可以快速测量悬浮在液体中的分散细胞的一系列重要的生物物理、生物化学方面的特征参量,并可以根据预选的参量范围把指定的细胞亚群从中分选出来。此类仪器昂贵且精密,因此使用过程中,应规范操作,并注意仪器日常保养,避免因使用不当引起仪器故障。液流系统出现的一般故障可以自行处理,但在光路系统和监测分析系统的故障建议请厂家维修。

2. 流式细胞仪常见故障及处理

（1）进样异常:仪器进样速度不稳定或是进样速度一直显示为 0,此时多是由于进样针被堵塞。处理方法:①上样前用 200 目细胞筛网过滤样品并充分混匀样品;②用水高速冲洗;③将进样针取下进行反复冲洗。

（2）无信号：①检查鞘液剩余量、压力是否正常、鞘液过滤器中是否有气泡，若有则进行添加鞘液、排气泡等处理；②检查废液量，进行倾倒废液等处理；③检查废液流量是否正常，打开废液桶盖，检查是否流畅，液滴是否连续滴下；④检查激光的功率，必要时需专业人员对激光器进行更换。

（3）样品检测速度极快：①样品浓度过高，需要重新制备样品或稀释样品；②样品流速过快，建议维持在 10 000events/s 左右；③流动室内可能有气泡，需进行排气泡处理。此外，流式细胞仪一般由专业人员管理，在使用过程中，如遇设备出现故障不能解决时，应及时寻求专业技术人员帮助。

习 题

一、不定项选择题

1. 电热恒温干燥箱不能用作的用途是（ ）

A. 烤片 　　　　B. 熔蜡 　　　　C. 烘烤实验器皿

D. 加热液体试剂 　E. 灭活玻璃器皿 RNA

2. 二氧化碳培养箱正常的 pH 是（ ）

A. 4.0～5.5 　B. 5.0～6.5 　C. 6.0～8.0 　D. 7.2～7.4 　E. 8.0～8.5

3. 液氮罐中存放标本时，错误做法是（ ）

A. 戴护目镜 　B. 戴棉手套 　C. 穿漏足趾鞋 　D. 穿实验服 　E. 戴口罩

4. 具有感染性的废弃物应使用什么设备进行消毒灭菌（ ）

A. 高压灭菌器 　B. 烘箱 　　C. 微波炉 　　D. 紫外线灯 　　E. 加热真空烘箱

5. 生物实验个人防护用具不包括（ ）

A. 防护服 　　B. 护目镜 　　C. 口罩 　　D. 湿巾 　　E. 一次性手套

6. 未装可封闭离心桶的离心机，离心过程中若发生异响，若样本具有潜在感染性，应立即关闭电源，让机器密闭（ ）

A. 0 分钟 　　B. 10 分钟 　　C. 15 分钟 　　D. 20 分钟 　　E. 30 分钟

7. 移液枪和血清移液器可以吸取的液体是（ ）

A. 高黏稠液体 　B. 腐蚀性液体 　C. 强挥发性液体 　D. 琼脂糖溶液 　E. 病毒液

8. 工作温度在（ ）以上或附近的制冷设备不要求在操作时佩戴隔温手套

A. 4℃ 　　B. 0℃ 　　C. −20℃ 　　D. −4℃ 　　E. −80℃

9. 监测烘箱和烤箱温度的首选是（ ）

A. 水银温度计 　　B. 双金属条状温度计 　　C. 电子温度计

D. 乙醇温度计 　　E. 指针式温度计

10. 样本溅入实时荧光定量 PCR 仪反应孔，正确的操作是（ ）

A. 待样品蒸发完后可使用

B. 可直接放入样品

C. 用移液器吸收液体后用去离子水清洗 3 次，用棉签吸干后使用

D. 用移液器吸取少量乙醇并滴入被污染的反应孔中，吹打数次；将废液吸入废液杯中；重复以上步骤（乙醇 3 次，去离子水 3 次）；确保反应孔中的残留液体蒸发完再使用

E. 用移液器吸取少量 DEPC 水并滴入被污染的反应孔中，吹打数次；然后将废液吸入废液杯中；重复以上步骤（DEPC 水 3 次，去离子水 3 次）；确保反应孔中的残留液体蒸发完再使用

11. 组织自动脱水使用的脱水剂基本上都是乙醇,可选择不同浓度的乙醇进行梯度脱水,不适合梯度脱水的浓度是(　　　)

    A. 70%　　　　　　B. 80%　　　　　　C. 50%　　　　　　D. 90%　　　　　　E. 100%

12. 使用通风柜在实验过程中,将视窗抬高离台面的最适距离是(　　　)

    A. 10～15cm　　B. 15～20cm　　C. 5～10cm　　D. 20～25cm　　E. 高于25cm

二、判断题

1. 所有移液器均可高温消毒。(　　　)

2. 通风柜中可以存放或实验易燃易爆物品。(　　　)

3. 使用半干式转印仪时必须全程戴手套操作。(　　　)

4. 超净工作台在使用前后都需要紫外照射消毒。(　　　)

5. 培养瓶、培养皿放入二氧化碳培养箱前,可以用乙醇消毒表面。(　　　)

6. 高压灭菌器灭菌结束后可以放气减压。(　　　)

7. 实验操作中若感染性液体溅到皮肤,应在实验工作的同时用75%的乙醇喷洒皮肤进行消毒。(　　　)

8. 大型仪器使用完成后可直接插入自己的U盘进行数据拷贝。(　　　)

9. 设备指测量仪器及其必需资料的总称。(　　　)

10. 烫伤、烧伤和火灾隐患是加热类设备最需要注意的安全问题。(　　　)

11. 蒸馏水、自来水及纯水均可加入高压灭菌器灭菌。(　　　)

12. 气体类设备安全管理的范围除使用和维护等内容以外,还应包括气瓶的采购与验收、搬运与存放。(　　　)

答案

一、不定项选择题

1.D　2.D　3.C　4.A　5.D　6.E　7.E　8.B　9.B　10.D　11.C　12.A

二、判断题

1.×　2.×　3.√　4.√　5.√　6.×　7.×　8.×　9.√　10.√　11.×　12.√

(刘利英　徐佳曦　杨　阳)

第五章　生物医学实验室化学品使用安全

生物医学实验室,作为开展生物医学相关科学研究或实验教学的场所,近年来随着学科领域的不断拓宽与国家高等教育事业的快速发展,新材料、新技术和新方法被广泛使用,所涉及的化学品种类也日益增多。生物医学实验中的相关化学品在助推生物医学实验进程的同时,也带来了较大隐患。一些化学反应较为激烈,常潜伏着各种意外因素,如化学品的操作或管理不当,都可能对人员安全及环境构成重大威胁。因此,只有在全面了解化学品分类和安全性能,做好化学品安全管理,掌握化学品易发事件应急措施后,才能最大程度地降低生物医学实验室中化学品的使用风险,保障科研和实验教学工作顺利开展,维护师生员工的生命财产安全,保护生态环境。

第一节　生物医学实验室化学品介绍

化学品是一类由天然或人造元素组成的纯净物或混合物,包括化学元素、化合物、混合物、清洁剂、溶剂及润滑剂等。据美国《化学文摘》统计,全球已有化学品超过 700 万种,常见的有 7 万多种,世界范围内每年新增化学品超 1 000 种。在生物医学实验室中化学品是不可或缺的工具,可以帮助实验人员进行相关生物学研究,如蛋白质分析、细胞培养和 DNA 测序等,也可被用于制备实验所需的溶液和介质。但化学品的使用同样存在风险,如可能对人体或环境造成伤害或产生有害气体、引发爆炸和火灾等,因此对其安全使用和管理至关重要。化学品安全使用和管理的前提是明确其分类,根据危险性可将化学品分为非危险化学品和危险化学品。

一、非危险化学品

(一)非危险化学品概念

非危险化学品是指在正常情况下不会对人体、动植物和环境造成危害的化学品,包括普通化工产品、日用化学品等。这些非危险化学品通常用于制备实验所需的溶液和介质,其特点是稳定性较好,常温下不易挥发或产生有害气体。

(二)常用非危险化学品介绍

1. 氢氧化钠　一种固体碱性无机化合物,常用于制备缓冲液和溶液,调节溶液 pH。

2. 氯化钠　一种无机离子化合物,无色立方结晶或细小结晶粉末,主要用作生物医学实验中培养基和生理盐水等溶液的配制。

3. 碳酸氢钠　一种无机化合物,呈白色结晶性粉末,常用于调节溶液的 pH,还可用于制备缓冲液和清洗仪器。

二、危险化学品

（一）危险化学品概念

危险化学品是指在生产、储存、运输和使用过程中，可能对人体、动植物和环境造成危害的化学品，主要包括有毒有害化学品和易燃易爆化学品。

（二）有毒有害化学品

有毒有害化学品是指进入人体或环境后，可通过蓄积、转化或化学反应等方式损害人体健康或生态环境，或通过接触对人体具有严重危害和潜在危险的一类化学品。有毒有害化学品属于危险化学品范畴，其中具有急性毒性健康危害的有毒有害物质属于急性毒性范围，其他如皮肤腐蚀性或刺激性、严重眼部损伤或刺激、皮肤或呼吸过敏、致突变性、致癌性、生殖毒性、特定靶器官毒性及吸入危害等，则直接按其健康危害种类分类和称谓。有毒有害化学品对人体或生态环境存在危害或可造成潜在威胁，有毒物质少量即可造成伤害，有害物质则无剂量上的规定。

1. 有毒有害化学品种类

（1）毒害品：指进入机体后累积达一定量，能与体液和器官组织发生生物化学或生物物理作用，扰乱或破坏机体的正常生理功能，引起某些器官和系统暂时性或持久性的病理改变，甚至危及生命，半数致死量（median lethal dose，LD_{50}）或半数致死浓度（median lethal concentration，LC_{50}）是评价毒害品毒性的主要指标之一。LD_{50}是指给一定数量动物投药后，引起半数动物死亡的剂量，以半数动物死亡为标准，作为测定药物急性毒性的指标。GB 30000.1—2024《化学品分类和标签规范　第 1 部分：通则》（2024 年 7 月 24 日发布，并将自 2025 年 8 月 1 日起正式实施）对毒品的定义是经口摄取半数致死量：固体 $LD_{50} \leqslant$ 500mg/kg，液体 $LD_{50} \leqslant$ 2 000mg/kg；经皮肤接触 24 小时，$LD_{50} \leqslant$ 1 000mg/kg；粉尘、烟雾及蒸气吸入 $LC_{50} \leqslant$ 10mg/L 的固体或液体。常见的毒害品包括无机毒物（氰、砷、硒）及其化合物类（氰化钾、三氧化二砷、氧化硒），有机毒物类中卤代烃和卤代物（氯乙醇、二氯甲烷等），有机磷、硫、砷、腈、胺等化合物类，有机金属化合物，某些芳香烃，稠环及杂环化合物等。毒害品的主要特性包括溶解性和挥发性，溶解性毒害品的毒性与其在水中的溶解度呈正相关，在水中溶解度越大则更易被人体吸收而引起中毒。有些毒害品虽不溶于水但溶于脂肪，也会对人体产生一定危害。

（2）放射性物品：指放射性比活度大于 74×10^4Bq/kg 的一类化学品，如硝酸钍、夜光粉等。放射性物品具有放射性，能够自发、不断地放出人体无法通过感觉器官觉察的射线，包括 α 射线、β 射线、γ 射线、X 射线和中子流等。不同放射性物品释放的射线种类和强度不尽相同。毒性较大的放射性物品，如 ^{210}Po、^{226}Ra、^{228}Ra、^{230}Th，高毒性的包括 ^{22}Na、^{60}Co、^{131}I、^{210}Pb 等。放射性物品不能用化学方法中和使其不放出射线，只能通过清除放射性物质或采用适当材料对射线进行屏蔽或吸收。

（3）腐蚀品：指能烧伤人体组织并对金属等物品造成损坏的固体或液体，这类物质与皮肤接触后 4 小时内出现可见坏死现象；或温度在 55℃时，对 20 号钢表面均匀年腐蚀深度超过 6.25mm 的固体或液体。腐蚀品的化学特性包括强烈的腐蚀性、毒性、易燃性和氧化性。腐蚀品化学性质较活泼，能与很多金属、有机化合物、动植物机体发生化学反应，可烧伤人体组织，其对金属、动植物机体和纤维制品等具有强烈的腐蚀作用。多数腐蚀品有不同程度的毒性，有些甚至属于剧毒品；此外，许多腐蚀品如甲酸、冰醋酸、苯甲酰氯和丙烯酸等还具有易燃性，氧化性也是腐蚀品的主要特性，如硝酸、硫酸、高氯酸、溴素等与木屑、食糖和纱布等可燃物接触时均可发生氧化反应,引起燃烧。

2. 有毒有害化学品进入人体途径

（1）呼吸道:是有毒有害化学品最可能的侵入途径。有毒气体或有毒物质蒸气、雾、粉尘可经呼吸道进入肺部,通过肺泡壁进入血液后经血液循环到达全身,造成急性或慢性全身中毒。有毒有害物质在空气中的浓度是其通过呼吸道入侵人体最重要影响因素,浓度越高,入侵速度越快。

（2）皮肤:是有毒有害化学品较常见的侵入途径。毒害物沾染皮肤后可经皮肤渗透入侵人体,通过血液循环到达全身造成中毒。脂溶性有毒有害化学品如硝基化合物、氨基化合物和有机磷等,能溶解皮肤表面脂肪层,相较于非脂溶性的更易通过皮肤入侵。但某些非脂溶性毒害物如氰化物,能从皮肤破裂处侵入,同样值得注意。

（3）消化道:多由卫生习惯不良引起。有毒有害化学品沾染手指后随进食、饮水或吸烟环节经消化道进入体内。

（三）易燃易爆化学品种类

易燃易爆化学品系指 GB 12268《危险货物品名表》中以燃烧爆炸为主要特性的压缩气体和液化气体、易燃液体、易燃固体、自燃物品和遇湿易燃物品、氧化剂和有机过氧化物,以及毒害品、腐蚀品中部分易燃易爆化学物品。这些化学品通常具有易燃性、易挥发性和易反应性等特点,使用时需要采取严格的防范措施,避免产生火灾或爆炸等危险。

1. 爆炸品

指在外界作用下（如受热、摩擦、撞击等）能发生剧烈化学反应,瞬时产生大量的气体和热量,使周围压力急剧上升,发生爆炸,对周围环境造成破坏的物品,不包括无整体性爆炸危险,但具有燃烧、抛射及较小爆炸危险的一类化学品。爆炸性是一切爆炸品的主要特性,这类物品都具有化学不稳定性,在一定外界因素下,会进行猛烈的化学反应,主要有以下特点。

（1）化学反应速度极快:一般以万分之一秒的时间完成化学反应,极短时间内释放爆炸能量,破坏力巨大。

（2）对撞击、摩擦、温度等非常敏感:敏感度是确定爆炸品爆炸危险性的重要标志,敏感度越高,爆炸危险性越大。

（3）部分爆炸品具有一定毒性:如三硝基甲苯、硝化甘油等。

（4）可与酸、碱、盐金属发生反应:发生反应后能生成更容易爆炸的化学品。

2. 压缩气体和液化气体

储存于耐压容器中的压缩、液化或加压溶解的气体,处于气体状态的称压缩气体,处于液体状态的称液化气体。当受到热、撞击或强烈震动时,上述气体会发生膨胀导致容器内压力增大,引发破裂爆炸,或使气瓶阀门松动漏气,导致火灾、爆炸、中毒和窒息等事故。危险性主要表现在以下方面。

（1）易燃易爆性:尤其是处于燃烧浓度范围内的易燃气体,遇到火源即可着火或爆炸,且由于充装容器为压力容器,受热或热辐射后还易发生物理性爆炸。

（2）扩散性:由于分子间距大,相互作用力小,压缩气体和液化气体非常容易扩散,能自发充满任何容器,在与空气形成爆炸性混合物后遇火源即可发生燃烧或爆炸。

（3）可缩性和膨胀性:压缩气体和液化气体的热胀冷缩程度较大,遇到高温、暴晒后,易急剧膨胀,当超过容器耐压强度时,会引起容器的变形或爆炸。

（4）静电性:压缩气体和压缩液体从管口或破损处高速喷出时,在强烈摩擦的作用下可能会产生静电,继而发生危险。

（5）腐蚀毒害性:含氢、硫元素的气体具有腐蚀性,可能腐蚀设备,导致裂缝和漏气,造成危险。

（6）窒息性：不燃和无毒压缩气体和液化气体的窒息性易被忽视，如二氧化碳、氮气、氦气和氩气等惰性气体，一旦发生泄漏，均可使人窒息死亡。

（7）氧化性：可表现为助燃性，如氧气、压缩空气和一氧化氮；还可表现为与可燃气体混合后发生燃烧和爆炸，如氯气与乙炔混合后即可发生爆炸、氯气与氢气混合见光爆炸、氟气遇氢气即可发生爆炸等。

3. 易燃液体　是指易燃液体、液体混合物或含固体物质的液体。易燃液体与其挥发的可燃气体在空气中达到爆炸极限时，遇火星即发生爆炸。若将其存放密闭容器中受热后可使容器爆裂而引起燃烧，大量可燃气体扩散到空气中，亦可造成中毒或窒息。其特性主要包括以下方面。

（1）易燃性：易燃液体的燃烧实质是液体蒸气与氧发生氧化反应，由于易燃液体沸点很低，很容易挥发出易燃蒸气，其着火所需能量极小，因此易燃液体具有高度易燃性。

（2）易燃蒸气的爆炸性：易燃液体具有挥发性，其产生的蒸气易与空气形成爆炸性混合物，所以易燃液体存在着爆炸的危险性，挥发性越强，爆炸的危险性越大。

（3）热膨胀性：与其他液体相同，易燃液体也具有热膨胀性。储存于密闭容器中的易燃液体受热后，体积膨胀，蒸气压力增加。若超过容器压力限度，会造成容器变形甚至爆破。

（4）流动性：易燃液体黏度一般较小，极易流动的同时还具有渗透、浸润及毛细现象，可经容器的极细、小裂痕渗出，在面积扩展的同时不断挥发，导致空气中易燃液体蒸气浓度升高，燃烧爆炸危险性增加。

（5）静电性：易燃液体多数均为电解质，在灌注、输送和流动过程能产生静电，静电积聚到一定程度发生放电，可引发着火或爆炸。

（6）毒害性：易燃液体本身或挥发的蒸气具有毒害性，不饱和、芳香族碳氢化合物和易蒸发的石油产品比饱和碳氢化合物、不易挥发的石油产品毒性更大。

4. 易燃固体、自燃物品和遇湿易燃物品　易燃固体是指除已列入爆炸品以外的一类燃点低，对受热、撞击、摩擦敏感，易被外部火源点燃，燃烧迅速，并可散发出有毒烟雾或有毒气体的固体。其主要特性包括容易被氧化，受热易分解或升华，遇明火常引起强烈、连续的燃烧，与氧化剂、脂类等接触时反应剧烈而发生燃烧爆炸。此外，许多易燃固体本身有毒或其燃烧产物有毒或有腐蚀性。自燃物品是指燃点低，在空气中易发生氧化反应，放出热量而自行燃烧的一类化学品。自燃物品的主要特性是燃烧性，其化学结构无规律性，不同自燃物品具有不同的自燃特性，如黄磷极易氧化且燃点较低，暴露在空气中易自燃，但因其不与水发生化学反应，通常置于水中保存；二乙基锌、二乙基铝等有机金属化合物，除在空气中能自燃以外，遇水还会发生强烈分解产生氢气，引发爆炸。遇湿易燃物品是指遇水或受潮时可发生剧烈化学反应，放出大量易燃气体和热量的一类化学物品，有些无需明火即能燃烧或爆炸。除遇水反应以外，该类化学物品遇酸或氧化剂也能发生反应，且反应更加强烈，危险性更大。

5. 氧化剂和有机过氧化物　是指具有强氧化性，易引发燃烧和爆炸的一类化学品，可分为氧化剂和有机过氧化物。氧化剂是指处于高氧状态，易分解并释放氧和热量，具有强氧化性，本身不一定可燃但能致可燃物燃烧的一类化学品。其与粉末状可燃物能组成爆炸性混合物，对受热、震动或摩擦较为敏感。有机过氧化物因其分子组成中含过氧键，本身易燃易爆且极易分解，对热、震动和摩擦极为敏感。危险特性主要包括以下内容。

（1）遇易燃物品、可燃物品、有机物和还原剂等会发生剧烈化学反应引起燃烧和爆炸。

（2）遇高温更易分解放出氧气和热量，极易引起燃烧爆炸。

（3）较多氧化剂（如氯酸盐类、硝酸盐类）和有机过氧化物对摩擦、撞击和震动极为敏感。

（4）多数氧化剂,特别是碱性氧化剂,遇酸反应剧烈甚至发生爆炸,如氯酸钾和高锰酸钾遇硫酸立即发生爆炸。

（5）部分遇水可分解放出氧气和热量,有助燃作用,使可燃物燃烧,甚至引发爆炸,如过氧化钠、过氧化钾等。

（6）部分氧化剂具有不同程度的毒性和腐蚀性,如铬酸酐、重铬酸盐既有毒性又可烧伤皮肤。

（7）某些氧化剂与其他氧化剂接触后能发生复分解反应,并放出大量热,从而引起燃烧爆炸。如亚硝酸盐和次亚氯酸盐等,在遇到更强的氧化剂时,会显还原性,发生剧烈反应,带来安全隐患。

第二节　生物医学实验室化学品安全管理

生物医学实验的顺利开展离不开化学品的合理使用,而化学品的安全管理也是生物医学实验室安全运行的必要条件。化学品的稳定性受温度、湿度和光照等环境因素影响,因此,正确的保存方法可降低上述因素对化学品的影响,保证化学品稳定性,延长化学品使用寿命,保证化学品质量和纯度,进而保障生物医学实验结果的准确。对实验室人员和实验环境而言,化学品的不当保存可能会导致化学品变质、泄漏和挥发,从而污染环境或对人员造成危害。因此,为了保障操作人员和实验环境安全,保证实验结果可靠准确,避免不必要浪费,加强化学品的安全管理非常必要。非危险化学品和危险化学品因其危险性质和风险程度不同,需采用不同的安全管理方法。

一、非危险化学品管理

（一）非危险化学品一般管理要求

非危险化学品危险性较低,但实验室人员仍需了解化学品的基本性质,正确存储和使用,避免泄漏和污染。这也是所有化学品最基本的管理要求。

1. **存储要求**　根据化学品的性质进行分类存放,避免混放。如酸性、碱性和盐类化学品应分开存放,保存在整洁、干燥和通风的地方,并避免与有毒有害化学品和易燃易爆化学品混放。

2. **标志要求**　每个化学品都必须有明显的标志,包括化学品名称、成分、危险性、存放位置、开封日期等信息,以便识别和管理。无标签或者标签无法辨识的化学品都应重新鉴定后小心处理,不可随便丢弃。

3. **使用要求**　使用前需了解化学品的性质、危险性、用途及操作方法等,必须按照安全操作规程进行操作,使用完毕后务必将化学品放回原位。实验室内禁止饮食。

4. **监测要求**　定期对实验室内化学品进行检查和监测,发现化学品变性或泄漏等问题,须及时处理。

5. **储存期限要求**　不同化学品储存期限不同,应按照规定的期限进行存放和使用,过期的化学品必须及时处理。

（二）常用非危险化学品管理要求

1. **氢氧化钠**　易潮解,遇水或水蒸气会大量放热,形成腐蚀性溶液;与酸发生中和反应并放热。氢氧化钠具有强腐蚀性,应储存于防腐蚀的碱柜中,碱柜应放在阴凉、干燥且通风良好的实验室内,远离火种和热源。

2. **氯化钠** 普通盐溶液,储存于密闭容器,放置在干燥、阴凉和通风的试剂架或实验柜内即可。

3. **碳酸氢钠** 可与酸反应生成二氧化碳和相应盐类,属于一种碱式盐,应存于阴凉、干燥且通风良好的碱柜中,远离火种和热源。

二、危险化学品管理

在生物医学实验室中,虽然有毒有害化学品与易燃易爆化学品均被归类为危险化学品,但因其性质差异,管理方法也各不相同。

(一)有毒有害化学品管理

1. **有毒有害化学品一般管理要求** 有毒有害化学品的安全管理更严格,因其可以经过呼吸道、皮肤和消化道侵入人体,对人体造成伤害。

(1)实验室应设置专门的有毒有害化学品储存区域,储存区域应符合国家有关规定,并应定期检查和维护。存储区还应备有泄漏应急处理设备和合适的处置材料。

(2)应设有专门的有毒有害化学品管理人员,负责储存、记录、处理和处置有毒有害化学品。

(3)应对有毒有害化学品进行分类储存,按照物理性质、化学性质、危险性质等分类,避免混存和交叉污染。

(4)应配备必要的防护设施和防护装备,如防护手套、防护眼镜、防护面罩、防护服等,尽量在通风柜中进行相关实验操作,确保实验人员的安全。防护设施和防护装备等应定期检查和维护,确保其正常运行和使用效果。

(5)有毒有害化学品的使用应严格进行记录,包括使用目的、使用方法、使用时间和使用量等内容。

(6)应建立有毒有害化学品事件应急预案,明确应急处理流程和责任分工,提高应急处理能力和效率。

(7)应定期进行有毒有害化学品安全培训,增强实验人员的安全意识和提高其操作技能水平。

2. **常用有毒有害化学品管理要求**

(1)毒害品:在生物实验室实验过程中,不可避免地会涉及很多对人体有害的化学品,有很多还具有致癌、致畸和致突变危害。以生物实验过程中常用的丙烯酰胺、溴乙锭和三氯甲烷为例,说明毒害品的管理要求。

1)丙烯酰胺:是一种白色晶体化合物,可溶于水和乙醇,可与强碱和强氧化剂发生反应,燃烧时分解产生含氮氧化合物的有毒、有腐蚀性烟雾,且加热(> 85℃)或者在光和氧化剂作用下,会剧烈聚合。在生物实验室主要用于制备聚丙烯酰胺凝胶。因丙烯酰胺具有很强的神经毒性和致癌、致畸作用,可通过吸入或皮肤吸收等进入体内,因此在实验室使用过程中应佩戴防护口罩、护目镜和手套,并在通风柜中操作。丙烯酰胺应该经审批后按照规定的流程进行购买,购买后放置于专用试剂柜,专用试剂柜应放置在通风、干燥处,远离火源。实验人员使用时应做好个人防护,并做好记录。

2)溴乙锭:是一种高度灵敏的荧光染色剂,能够嵌入 DNA 或 RNA 链。在紫外透射仪的照射下,它能够显出橙红色信号,可观察琼脂糖凝胶中的 DNA 或 RNA 片段。因为溴乙锭可以嵌入碱基分子中,有可能会导致 DNA 复制过程的碱基错配,成为强诱变剂,具有高致癌性。加热的情况下,溴乙锭会挥发,因此应避免在过热的琼脂糖凝胶中加入溴乙锭,且使用过程中应戴好手套,穿好实验防护服。

溴乙锭储存和使用的区域应有明确标志,该区域的物品禁止在区域外使用。实验结束后,应对含溴乙锭的溶液进行净化处理后再行弃置,以避免污染环境和危害人体健康。目前已有较多溴乙锭替代品,因此,应尽量避免或减少溴乙锭的使用。

3)三氯甲烷:是一种无色透明液体,有特殊气味,不燃但是易挥发,对光敏感,遇到光照时会与空气中的氧气作用,逐渐分解成有剧毒的光气。三氯甲烷对皮肤、眼、黏膜和呼吸道有刺激作用,可通过呼吸道、消化道和皮肤进入人体,主要作用于中枢神经系统,具有麻醉作用,还会损伤心、肝、肾等脏器,会诱发肿瘤。三氯甲烷应分类存储在专用试剂柜中,保持容器密闭,避免与碱类和铝等化学品接触。实验人员须经过专门培训,佩戴合适手套和护目镜,在通风柜中进行操作。

(2)放射性物品:放射性物品因其特殊性,管理的要求更为严格。一般而言,符合国家相关规定和标准的防辐射实验室才能使用放射性物品开展相应的实验。放射性物品应该按照放射性同位素的放射性强度和化学性质分类存放,且需要有明确的标志和记录,避免交叉污染。相关存储场所应定期进行辐射等监测和检测,确保放射性物品的安全性和防护措施的有效性。实验人员必须经过专业的培训,具备相应的知识及技能才能使用相关放射性物品,且操作过程中需要穿戴好防辐射服和手套等。放射性物品使用后的残留物和废弃物应按照规定及时清理,避免对环境和人员造成污染和危害。总之,放射性物品的实验室管理应符合国家有关法律法规和标准,且操作人员应定期进行健康检查。

(3)腐蚀品:腐蚀品种类较多,以生物实验室常用的硫酸和盐酸举例说明其管理要求。

1)硫酸:是一种无色、无味的透明液体,具有强腐蚀性和强酸性,此外还具有很强的亲水性,能够吸收空气中的水分。因此应使用有盖瓷质或玻璃等耐酸容器进行储存,且应标明腐蚀品,放置在防腐蚀酸柜中,避免与还原剂、碱类和碱金属接触。酸柜应置于实验室的阴凉、干燥、通风良好处。硫酸使用和搬运过程中,应避免碰撞和摩擦,避免泄漏。在使用硫酸时,应戴好护目镜和耐酸碱手套等,避免接触皮肤和眼。因硫酸与水作用会产生大量的热,稀释硫酸时应将硫酸缓慢加入水中,以免产生剧烈反应,导致硫酸沸腾溅出。

2)盐酸:是一种无色或微黄色,但有强烈刺激性气味的液体,具有强腐蚀性和强亲水性。盐酸易挥发,应使用密封性好的玻璃等耐酸容器储存,并将容器放于酸柜中,避免与其他还原剂或碱性化学品接触。盐酸尽量在通风柜中使用,其他注意事项基本与硫酸相同。配制稀盐酸时,也须将盐酸缓慢倒入水中,严禁将水倒入盐酸中。

(二)易燃易爆化学品管理

1. **易燃易爆化学品一般管理要求** 易燃易爆化学品因其理化性质的特殊性,保存或使用不当容易产生火灾或爆炸等危险,具有较高的安全风险。实验室对易燃易爆化学品的管理非常严格,不仅要求规范存放,使用者使用前也要进行相关培训。

(1)实验室需要根据易燃易爆化学品的危险性等级进行分类,并粘贴醒目标志,便于进行储存和管理。

(2)搬运易燃易爆化学品时要轻拿轻放,禁止碰撞或摩擦。

(3)压缩气体应储存在气瓶中,气瓶应按照规定直立固定放置。

(4)除气体以外的其他易燃易爆化学品,应存放在防火柜中,且应按照类别进行分区储存,避免混放。防火柜所在房间应保持良好的通风,温度适宜,避免阳光直射。

(5)使用易燃易爆化学品时,须做好记录,穿戴符合要求的防护装备。同时,应严格遵守相关法规、实验室规定及操作指南,确保规范使用。使用区域还应注意通风,避免明火和室温过高。

（6）应定期对易燃易爆化学品进行安全监测，以免气瓶或管道密闭性问题和化学品泄漏等潜在风险，及时发现并处理问题，以降低安全风险。

（7）对于易燃易爆化学品的管理，还需要制定应急预案，配备相应的应急处理工具。

2. 常用易燃易爆化学品管理要求

（1）压缩气体和液化气体：因其理化性质，不仅可能会污染实验室环境、对人体健康造成危害，而且一旦泄漏，遭遇火源时极易引发燃烧甚至爆炸。特别是当容器内的压缩气体和液化气体遇高温或暴晒后，会急剧膨胀，可能导致容器的变形乃至爆炸。现以生物实验室常用的二氧化碳、干冰和液氮为例，说明压缩气体和液化气体的实验室管理。

1）二氧化碳：是一种无色、无味、无毒的气体，密度比空气稍高，化学性质稳定。在生物实验室中用于细胞培养的二氧化碳培养箱，需要持续 5% 的二氧化碳维持培养箱中细胞的酸碱平衡。由于二氧化碳属于不燃液化气体，需要高压后存放于钢瓶。存储温度过高会导致瓶内二氧化碳体积膨胀，易产生爆炸危险，因此二氧化碳钢瓶应存放在实验室内通风良好的区域（温度须低于 31℃），避免阳光直射和高温。

钢瓶必须垂直放置，不得倾斜或横放；应固定在墙上或地面上，避免倒塌或移动。若钢瓶倾斜或是横放，打开减压阀时，冲出的二氧化碳液体迅速液化，容易导致导气管爆裂和二氧化碳气体的泄漏。高浓度的二氧化碳，容易导致人窒息；液化的二氧化碳可引起皮肤或其他组织冻伤。搬运二氧化碳钢瓶时，应避免滚动和撞击，轻搬轻放，且须时刻检查容器阀门和仪表器。

此外，钢瓶上应该标明二氧化碳的压力和容量。二氧化碳不得超量填充，温带地区液化二氧化碳的填充量不超过 75%，热带地区不超过 66.7%。钢瓶应定期由保管人员检查，确保减压阀、接头和压力调节器连接正确，且阀门、管道和密封件均无气体泄漏。使用人员在钢瓶使用和更换前应该经过规范的培训，钢瓶旁也应该有详细的操作流程。

2）干冰：是二氧化碳的固态形式，最低可达 -78℃，温度达到 -58℃ 时即可升华为气体。生物实验室中干冰经常用于样品的低温运输，保证样品在运输过程中的稳定性。干冰温度比较低，在使用过程中应该做好防护措施，切勿用手直接接触，可使用特制手套或工具，避免皮肤或其他组织冻伤。干冰升华为气体时，体积膨胀 800 倍左右，因此不能储存在体积较小的密封性容器内，容易导致容器的变形和爆炸。干冰可以短暂存放于干冰专用保温箱或塑料泡沫箱，不能与液体混装。干冰应在通风的区域使用，防止升华的二氧化碳导致人员窒息。剩余不用的干冰在自然通风环境下挥发即可，但应明确标志，避免人员接触。

3）液氮：是一种极低温度的液态氮气，沸点为 -196℃，在生物实验室中常用于保存生物样品和细胞。液氮从液体升华为气体时会产生巨大能量，容易导致爆炸。因而液氮需要存放在专门的液氮罐中，保持罐内液体低于总体积的 80%，避免气体压力过高，且应在通风良好的地方使用，避免氮气的积聚，导致人员窒息。液氮罐应该由专人负责管理，定时检查和记录液氮罐内液氮量，保证样品的正常储存。

存放入液氮罐的细胞和样品都应该明确标志，包括样品名称、冻存时间、冻存人员等信息，并在相应的记录本上记录好存放物品的名称和位置，便于使用时的快速定位。放置细胞的冻存管或放置样品的存储管需要符合液氮使用的标准。取出液氮罐内细胞或样品时，一定要佩戴防护手套、护目镜等防护装备，以免液氮溅到皮肤和眼内，导致冻伤。从液氮罐取出细胞或样品也应该做好记录，严禁长时间将液氮罐的提篮放置在室温。液氮罐使用完毕后，须将提篮插销扣好，防止冻存盒掉入液氮罐内无法取出，最后需将液氮罐盖子盖严，防止液氮挥发。切勿在密闭容器中使用液氮，也不可将液氮倒入水槽中，剩余液氮处理可以放在通风处，待其慢慢挥发。

（2）易燃液体：由于易燃液体遇火容易燃烧，遇热容易爆炸，且其蒸气也易燃易爆。因此，一般易燃液体除应符合一般化学品的管理要求以外，还有其特殊要求。易燃液体一般储存在由金属制成并具有防火、防爆、防腐蚀等功能的防火柜中。防火柜应该放置在通风良好的地方，避免阳光直射和高温。防火柜内的化学品应该分类存放，避免混放。以生物实验室常用的乙醇和甲醇为例，说明易燃液体的实验室管理。

1）乙醇：在生物实验室应用广泛。无水乙醇可以用于 DNA/RNA 提取；75% 乙醇常用于消毒；95% 的工业乙醇可用于酒精灯。乙醇极易燃烧，其蒸气与空气可形成爆炸性混合物，遇明火或高热可导致燃烧爆炸。乙醇与氧化剂接触也会导致化学反应或引起燃烧。乙醇应放于防火柜中，并保持容器的密闭性，与氧化剂、酸类、碱金属和胺类等化学品分开存放。使用时也应远离火种或热源。

酒精灯应放在稳固的平面上，避免倾倒；酒精灯内的乙醇不能超过总体积的 2/3；酒精灯使用时应避免其火焰接触易燃物；使用完毕后，用灯帽盖灭，禁止吹灭。使用酒精灯加热器皿时，需明确该器皿能否被加热，以及加热时是否需要石棉网；且加热应均匀，器皿外壁要干燥，防止器皿受热不均而炸裂。禁止向燃烧的酒精灯内添加乙醇；禁止使用燃烧的酒精灯点燃另一只酒精灯。

2）甲醇：是一种无色透明、易挥发、有刺激性味道的液体，可溶于水，亦可溶于乙醇、乙醚、酮类、苯等有机溶剂。在生物实验室中，甲醇经常用于细胞固定等实验。与乙醇类似，甲醇高度易燃，其蒸气与空气能形成爆炸性混合物，遇明火或者高热容易燃烧爆炸。甲醇应存放在防火柜中，保持容器密闭，与氧化剂、酸类和碱金属等分开存放。使用过程中应远离明火和静电。

操作人员在使用甲醇前需经过培训，遵守操作规程，佩戴手套和护目镜，避免接触皮肤和眼，并且尽量在通风柜中完成实验操作。废弃的甲醇应按照相关法规进行处理，避免对环境造成污染和危害。

（3）氧化剂和有机过氧化物：不同的氧化剂理化特性不同，所造成的危害也不同，但都应该放置在防火柜中，分类存放，明确标志。防火柜应存储于阴凉、干燥和通风处，远离火源和可燃物。以过氧化氢和高锰酸钾为例说明氧化剂和有机过氧化物的实验室管理。

1）过氧化氢：是一种无色有刺激性气味的液体，易溶于水、乙醇和乙醚；是一种强氧化剂，能与金属、无机物和有机物发生反应。过氧化氢本身不属于可燃物，但与可燃物反应时会放出大量氧气，进而引起火灾和爆炸。过氧化氢在短波射线照射时易分解。生物实验室常用的 30% 过氧化氢应存储于防火柜中，与易燃或可燃物、还原剂和活性金属粉末等分开存放。操作人员须经培训并佩戴手套、护目镜和口罩等进行操作。使用过的过氧化氢应该在专门的废弃物容器中收集，避免与其他化学品混合。

2）高锰酸钾：是一种紫色晶体，易溶于水，具有强氧化性，能与许多有机物和无机物反应，引起燃烧或爆炸；遇到甘油、乙醇能引起自燃。高锰酸钾应分类存放在防火柜中。使用高锰酸钾时，应佩戴护目镜和手套，避免皮肤和眼的接触。

第三节　危险化学品事件应急措施

高等学校生物医学实验室使用的化学品种类多，其中包含一定数量的有毒有害、易燃易爆危险化学品，并且分散在各教学科研实验室和化学品仓库内，加之使用人员安全知识参差不齐，为保障师生安全和实验顺利开展，除对师生进行安全知识教育培训、加强实验室安全管理、规范化学品使用、加强安全防护以外，还要对有可能发生的安全事件制定应急措施，防患于未然，在事件发生时最大限度地控制、减轻和消除其对人员和环境的危害。

一、应急措施制定原则

1. 以人为本,安全第一　将保障师生人身安全和身体健康放在首位,切实加强安全防护,预防和减少突发危险化学品事件的发生,最大限度地降低损失。

2. 统一领导,分级负责　在学校统一领导下,实行分级负责制。各学院、系所、研究院、实验室等按照各自职责和权限,负责突发事件的应急处置工作;各部门结合自身实际情况,制定应急预案,切实做好相关应急处置工作。

3. 快速响应,果断处置　事发单位是事件应急救援的第一响应者,一旦发生危险化学品突发事件,应以最快速度、最大效能、有序地实施单位自救,快速且及时启动分级应急响应。在应急处置中,按照"统一指挥,先控制后消灭,救人第一,先重点后一般"的原则,在避免事件扩大的前提下,首要开展抢救人员的应急处置行动,同时关注救援人员的自身安全防护。当需要外部力量救援时,及时向政府相关部门请求支援。

4. 预防为主,防救结合　按照"安全第一,预防为主,综合治理"的方针,坚持事件应急与预防工作相结合。加强危险源管理,做好突发危险化学品事件的预防、预测、预警和预报;积极开展培训教育,组织应急演练,做到常备不懈;加大宣传力度,提高师生员工的安全意识;做好救援物资和技术力量储备工作,做到有备无患。

二、化学品事件类型和分级

高等学校生物医学实验室涉及的危险化学品主要包含剧毒化学品、易制毒化学品、易制爆化学品等,这些危险化学品在储存、运输、使用和废弃处置等多个环节均可能发生安全事件,主要包括火灾、爆炸、中毒、烧伤、窒息、泄漏、环境污染、失窃和丢失等,事件蔓延迅速且危害严重,影响广泛。

各院校应根据事件的性质、严重程度、可控性、对人员生命健康和社会环境可能造成影响等因素,对事件由重到轻进行分级(一般分为Ⅰ~Ⅳ四个等级,如某校危险化学品事件分级表5-1)。同时,建立与事件级别相对应的应急处置工作组,并制定相应级别的应急预案,以确保在突发事件时迅速开展相应的应急处置工作。此外,各院校还应成立应急处置专家组,成员主要由学校实验室技术安全工作委员会化学安全领域专家组成,也可召集校内外的相关专家,主要负责突发危险化学品事件应急预测、预警和处置中的咨询工作,向各级应急处置组提供应急处置决策依据和建议等。化学品安全事件应急处置工作应由学校党委办公室、校长办公室、党委宣传部、实验室与设备管理处、安全保卫处、后勤管理处、校医院和危险化学品涉及单位等多个部门联动,协调有序处理。

表 5-1　危险化学品事件分级

因素	Ⅰ级	Ⅱ级	Ⅲ级	Ⅳ级
事件的性质	剧毒化学品、易制毒化学品或易制爆化学品丢失或被盗	除剧毒化学品、易制毒化学品和易制爆化学品以外的其他危险化学品丢失或被盗	危险化学品泄漏	危险化学品泄漏
严重程度	引发的致5人以上受伤害或有人员死亡	致3~5人受伤害	致1~2人受伤害	引发其他各类事件,但未造成人员伤害
可控性	引发不可控的火灾事件	—	—	引发的初期的或小范围内可控的火灾事件

因素	Ⅰ级	Ⅱ级	Ⅲ级	Ⅳ级
影响范围	扩大到校外,对人员生命健康、社会环境可能造成影响	扩大到所在校区其他单位,对人员生命健康、社会环境可能造成影响	扩大到所在校区其他单位,不会对周边环境和人员健康造成影响	限于事发单位内、无扩大趋势,不会对周边环境和人员健康造成影响

三、应急响应办法与程序

(一)分级响应

一旦发生突发危险化学品事件,各级应急处置工作组应立即发布相应等级的应急响应,并启动相应级别的应急响应预案。各相关单位根据各自职责,迅速采取前期应急处置措施,封锁现场,疏散人员,积极救治受伤人员,控制事态发展。

(二)现场应急处置基本任务

1. 控制危险源　及时控制造成事件的危险源,防止事件继续扩展,确保及时、有效地进行救援。

2. 抢救受害人员　及时、有序、有效地实施现场急救与安全转送伤员,以降低伤亡率,减少事件危害。

3. 引导人员撤离　组织撤离时应指导人员采取各种措施进行自身防护,并向上风向迅速撤离出危险区或可能受到危害的区域。撤离过程中应积极组织人员开展自救和互救工作。

4. 做好现场洗消　针对现场残留的有毒有害物质和可能对人和环境继续造成危害的物质,应及时组织人员予以清除,减轻危害后果,有效防止这些物质对人的继续危害和对环境的污染。

四、应急人员和师生的安全防护

根据不同危险化学品事件特点及应急人员职责,采取不同的防护措施:应急救援指挥人员、医务人员和其他不进入污染区域的应急人员一般应配备过滤式防毒面罩、防护服、防毒手套、防毒靴等;工程抢险、消防和侦检等进入污染区域的应急人员应配备密闭型防毒面罩、防酸碱型防护服和空气呼吸器等;同时应做好现场毒物的洗消工作。

根据不同危险化学品事件特点,组织和指导师生就地取材,采用简易有效的防护措施自我保护。根据实际情况,制订切实可行的疏散程序。组织师生撤离危险区域时,应选择安全的撤离路线,避免横穿危险区域。进入安全区域后,应尽快去除受污染的衣物,防止继发性伤害。

五、常见化学品安全事件应急处置

(一)危险化学品丢失或被盗事件

一旦发现化学品丢失或被盗,工作人员应保护、封锁现场,立即报告本单位主管领导、实验室与设备管理处和安全保卫处。随后,由学校职能部门向相关校领导汇报,并在确定丢失原因和地点后积极查找。此外,还应明确丢失或被盗物质的类别、数量和特性,评估可能导致的后果及其危害性,并制定出主要的控制措施。此外,还应考虑是否需要报告政府有关部门,请求支援。

(二)危险化学品泄漏事件

在化学品的储存和使用过程中,一旦发生容器破裂、泄漏等事件,应尽快确定以下信息:泄漏源位置,泄漏的化学品种类,所需的泄漏应急处置专家类别,泄漏源周围环境,是否已有物质泄漏到大气、附近的水源、下水道等地方,周围区域重大危险源的明确分布,泄漏时间或预计持续时间及泄漏扩散趋势预测,实际或估算的泄漏量,气象信息,泄漏可能导致的后果及危及周围环境的可能性,泄漏可能导致后果的主要控制措施,以及需调动的应急救援力量。为尽快消除或减少泄漏危险,须紧急采取简单有效的处置措施,主要包括以下几点。

1. **疏散与隔离**　首先应疏散无关人员,并隔离泄漏污染区。若为易燃易爆化学品大量泄漏,应立即切断事件区电源、严禁烟火、设置警戒线,并及时拨打 119 火警电话,请求消防专业人员救援。

2. **对泄漏区域人员救援**　救援人员在配备必要的个人防护器具后进入泄漏污染区,避免直接接触泄漏物及其容器,在保证自身安全的情况下,对无法逃生的人员进行施救,转移至安全区域,对有中毒、受伤的人员进行医学急救。

3. **对泄漏源控制与处理**　救援人员须配备必要的个人防护器具进入泄漏现场进行处理。若泄漏物具有易燃易爆性,须注意切断火源、电源,其余情况尽可能通过关闭阀门、停止实验、堵漏、吸附等方法控制泄漏源,避免直接接触泄漏物。可视实际情况采取以下措施。

（1）围堤堵截:液体化学品泄漏到地面上时会四处蔓延扩散,难以收集处理,须筑堤堵截或者引流到安全地点,再进行进一步处理。

（2）稀释与覆盖:向有害物蒸气云喷射雾状水,加速气体向高空扩散。对于可燃物,可在现场释放大量水蒸气或氮气,破坏燃烧条件。对可蒸发液体,可用泡沫或其他物品覆盖外泄液体,在其表面形成覆盖层,抑制其蒸发且便于收集处理。对于气体泄漏,应立即开窗保持通风,稀释其浓度。

（3）收集:泄漏量小时,可用沙子、吸附材料、中和材料、吸收棉等吸收、中和后收集;泄漏量大时,可选择用隔膜泵将泄漏出的化学品抽入容器内或槽车内收集。

（4）废弃物处理:将收集的泄漏物运至化学废弃物处理场所处置,用消防水冲洗剩余少量化学品,彻底洗消泄漏场所。

(三)危险化学品中毒事件

危险化学品中毒事件发生后要尽快明确以下信息:引起中毒物质类别,所需的中毒应急处置专家类别,中毒地点的周围环境,是否已有有毒物质进入大气、附近的水源等地方,气象信息,中毒可能导致的后果及其主要控制措施,以及需要调动的应急救援力量。化学品急性中毒事件多因意外事件引起,其特点是病情发生急骤、症状严重、变化迅速,必须争分夺秒及时抢救。

1. 化学品中毒的一般应急处理方法

（1）做好救护者个人防护:救护者在进入毒区抢救之前,应佩戴好防毒面具、氧气呼吸器、防护服和可燃气体报警仪等防护用品和应急器具。

（2）尽快切断毒源:救护人员进入事件现场后,除对中毒者进行抢救以外,同时应采取措施切断毒源,防止毒物继续外溢。对已经扩散出来的有毒气体或有毒蒸气,应立即启动通风设施排毒或开启门、窗等,降低有毒物质在空气中的含量,为抢救工作创造有利条件。

（3）尽快转移中毒者：将中毒者转移到空气流通的安全地带，解开领口，使患者呼吸通畅；脱去被污染衣服，彻底清洗污染的眼、皮肤和毛发等；注意保暖，阻止毒物继续侵入人体，可以适当合理应用中和剂。

（4）现场施救：区别伤情的轻重缓急，针对不同的中毒事件，采取相应的措施进行现场应急救援。当呼吸、心搏骤停时，立即进行胸外按压和人工呼吸，并尽快就医；呼吸道吸入毒物者应迅速脱离现场至空气新鲜处，保持呼吸道畅通，如呼吸困难，应输氧，并尽快就医；一氧化碳中毒者应立即吸入氧气，以缓解机体缺氧；皮肤接触剧毒品者应立即脱去被污染衣物，用流动清水或特定的解毒（中和）溶液彻底冲洗至少 20 分钟后，尽快就医；眼部溅入毒物者应立即提起眼睑，用洗眼器、大量流动清水或生理盐水彻底冲洗至少 15 分钟；经口引起的急性中毒，若毒物无腐蚀性，应立即用催吐、洗胃、灌肠和导泻等方法清除毒物，若中毒者已无意识，切勿随意催吐，注意保留毒性化学试剂的包装，交给医生为后续治疗提供依据。

（5）送医院治疗：经过初步急救，速送医院继续治疗。

（6）保温：救治过程中对中毒者要注意保暖，进行保温。

2. 常见化学品急性中毒的应急处理方法

（1）强酸类中毒：若不慎吞服强酸类毒物，应立刻饮服 200mL 氧化镁悬浮液，或者氢氧化铝凝胶、牛奶等稀释毒物，并服用多个蛋液做缓和剂。禁止催吐和洗胃，切勿使用碳酸氢钠或碳酸钠，因为二者反应产生的二氧化碳气体会造成胃穿孔。

皮肤或衣物沾到强酸类之后要用水大量冲洗，之后用碳酸氢钠或肥皂液进行洗涤，也可用镁盐和钙盐中和。如果沾到草酸，不能用碳酸氢钠中和，因为会产生很强的刺激物。若强酸类不慎溅入眼内，须立刻用清水冲洗眼结膜，洗涤 10 ～ 15 分钟，再涂以抗菌眼膏。

（2）强碱类中毒：强碱类吞服时，应立刻饮服 500mL 稀释的食用醋（醋：水 =1 ： 4）或鲜橘子汁将其稀释（碳酸盐中毒时忌用）；然后服用生鸡蛋清、稀饭或牛奶等。急救时忌洗胃、催吐。

皮肤或衣物沾到强碱类时，立即用大量水冲洗 15 分钟。接着用经水稀释的醋酸或柠檬酸汁进行中和。如果沾到生石灰，则先用油类东西擦去生石灰，再用水冲洗。如果不慎溅入眼内，立刻用清水冲洗眼结膜，洗涤 15 分钟，再涂以抗菌眼膏。

（3）甲醇中毒：甲醇中毒需用 1% ～ 2% 的碳酸氢钠溶液充分洗胃。为了防止酸中毒每隔 2 ～ 3 小时，经口吞服 5 ～ 15g 碳酸氢钠。

（4）甲醛中毒：甲醛中毒时立刻饮用大量牛奶，接着洗胃或催吐。然后服下泻药，使吞服的甲醛快速排出体外。

3. 刺激性气体中毒 刺激性气体主要对呼吸道黏膜、眼、皮肤有直接刺激作用。呼吸道是有害气体侵入人体的主要途径。吸入后轻者表现为上呼吸道刺激或支气管炎症，重者产生中毒性肺炎或中毒性肺水肿，可发展为呼吸窘迫综合征。损害的严重程度取决于吸入气体的浓度及暴露时间的长短。

（1）常见的刺激性气体种类：酸类（如硫酸、硝酸、盐酸、氢氟酸等）、成酸氧化物（如二氧化硫、三氧化硫、二氧化氮等）、氨及胺类（如氨、甲胺、乙胺等）、卤代烃类（如八氟异丁烯、氟光气等）、酯类（如硫酸二甲酯）、醛类（如甲醛、乙醛）、醚类（如氯甲基甲醚）、金属与类金属化合物烟尘等。

（2）刺激性气体中毒的应急处理措施：立即脱离刺激性气体环境，彻底清洗眼、皮肤污染物，严密观察病情。对酸性气体可用 5% 碳酸氢钠溶液雾化吸入；对碱性气体用 3% 硼酸溶液雾化吸入，起到中和作用，减轻呼吸道刺激症状。如果出现咳嗽频繁，并有气急、胸闷等症状时，使用 0.5% 异丙基肾上腺素 1mL 和地塞米松 2mg，加水至 3mL 雾化吸入，必要时使用解痉、祛痰、抗感染药物。吸入水溶性小的刺激性气体后，即使当时临床表现轻微，也要卧床休息，保持安静，留院密切观察72小时。一旦出现气急、胸闷等症状，均应给予吸氧治疗。危重患者防止窒息发生，纠正酸碱失衡和水、电解质紊乱，并积极处理并发症。

（四）化学品烧伤事件

化学腐蚀品对人体有腐蚀作用，易造成化学烧伤。化学烧伤与一般火灾烧伤烫伤不同，刚开始时往往并不会出现明显的疼痛感，很难发觉，但当发觉时人体组织已受损严重。化学烧伤程度与化学品性质、浓度、接触时间、接触部位等有关，一般来说，浓度越高、时间越长，对机体损害越严重。因此，在第一时间对烧伤部位采取急救措施是治疗的关键。

1. 根据不同化学腐蚀物品的性质，采取相应的救治措施

（1）当硫酸、发烟硫酸、硝酸、发烟硝酸、氢氟酸、盐酸、磷酸、偏磷酸、焦磷酸、乙酸、乙酸酐、氨水、次磷酸、氟硅酸、亚磷酸、氢碘酸、氢溴酸、氯磺酸、氢氧化钠、氢氧化钾、氢氧化钙、氢氧化铵和煤焦酚触及皮肤时，应立即用清水冲洗，如皮肤已溃烂，应用水冲洗20分钟以上再护送至医院治疗。酸烧伤时切忌未经大量水冲洗就用碱直接中和，这样会加重损伤。

（2）当三氯化磷、三溴化磷、五氯化磷和五溴化磷触及皮肤时，应立即用清水冲洗15分钟以上再送往医院救治。磷烧伤可用湿毛巾包裹，禁用含油敷料，以防磷吸收引起中毒。

（3）当无水三氯化铝和无水三溴化铝触及皮肤时，可先干拭，然后用大量清水冲洗。

（4）当甲醛触及皮肤时，可先用水冲洗，再用乙醇擦洗，最后涂擦甘油。

（5）当碘触及皮肤时，可用淀粉物质涂擦，以减轻疼痛。

2. 皮肤化学烧伤的处理要点

（1）去除化学品污染：皮肤烧伤后应立刻离开现场，并迅速脱去被化学品污染的衣服，使用大量清水冲洗创面20～30分钟（强烈的化学品要更久）以稀释腐蚀品，防止机体继续受损以及腐蚀品通过伤口进入人体，且通过机械冲洗，可将化学品从创面和黏膜上冲洗干净。冲洗时可能产生一定热量，但由于持续冲洗，可使热量迅速消散。冲洗用水量应充足，时间足够长。

（2）尽早应用特效解毒药：对化学中毒和烧伤的关键性治疗为特效解毒药及抗休克药物的应用，原则是早期、足量、尽快达到治疗的有效量，注意预防不良反应。强酸烧伤用大量流动清水冲洗后，可以用2%～5%碳酸氢钠溶液、肥皂水等进行中和；强碱烧伤用大量流动清水冲洗至碱性物质基本消失，可用1%～2%醋酸或3%硼酸溶液进一步冲洗，烧伤严重的可以湿敷后再按一般烧伤进行创面处理和治疗。

（3）特殊烧伤部位的处理：注意对眼、鼻、耳、口腔的清洗要迅速、仔细，特别是眼，应首先冲洗（详见眼部化学烧伤的处理要点），动作要轻柔，如有条件可用生理盐水冲洗，若无条件则一般清水亦可。

（4）注意生命体征：在抢救化学烧伤的同时，尤其要注意检查有无直接威胁生命的复合伤或多发伤存在，如窒息、心脏停搏、脑外伤、骨折或气胸等。若有则应按外伤急救原则做相应的紧急处理，尽早对心搏和呼吸骤停者进行心肺复苏。

（5）保护创面：创面清洗结束后可使用洁净纱布覆盖创面，尽量不弄破水疱，保护表皮，并立即就医。切勿用不干净的布料包裹，不可随意涂抹任何药水或药膏，以免给入院后的诊治造成困难。

3. 眼部化学烧伤的处理要点　实验室化学品烧伤中眼部受伤的比例很高，而且伤害后果严重，特别要引起实验人员注意。化学品溅入眼内时，应立即用大量清水冲洗。冲洗时应拉开上下眼睑，用水

直接冲洗眼部,反复冲洗至少 15 分钟,以彻底去除进入眼内的物质。冲洗时头部应略偏于受伤的眼侧,使受伤的眼朝下,防止冲洗的水流进另一侧眼中,避免水直冲眼球,尽量不要正对着角膜方向,不可揉眼部,切忌惊慌或因疼痛而紧闭眼,冲洗后仔细检查眼睑内是否还残留化学物质。如果是固体颗粒如石灰渣,切勿直接用手去拿,而要用棉签或镊子取出后,再用清水冲洗。初步处理后,立即送医院眼科进行治疗。

（五）危险化学品火灾与爆炸事件

危险化学品和易燃易爆物质等一旦起火,很有可能引发爆炸,危险性、破坏性极大,因此,在保证扑救人员安全的前提下,要遵循"先控制后消灭,救人先于救火,先重点后一般"的原则。

事件发生后尽快明确以下信息:火灾与爆炸发生位置,引起火灾与爆炸的物质类别,所需的应急救援处置专家类别,火灾与爆炸发生区域的周边环境,周围区域的重大危险源分布,火灾扑救方法,火灾与爆炸可能导致的后果及对周围区域的影响,火灾与爆炸可能导致后果的主要控制措施,以及需要调动的应急救援力量。

不同种类危险化学品的灭火扑救方法不一样,根据危险化学品性质、火灾大小等现场实际情况,选用正确的灭火方法。针对不同种类危险化学品的具体灭火扑救方法如下。

1. **扑救易燃液体火灾的基本方法** 首先应切断火势蔓延的途径,控制燃烧范围。对小面积(一般 50m² 以内)液体火灾,一般可用雾状水、泡沫、干粉、二氧化碳等灭火剂灭火。大面积液体火灾则必须根据其相对密度(比重)、水溶性和燃烧面积大小,选择正确的灭火剂扑救。

2. **扑救毒害品和腐蚀品火灾的基本方法** 灭火人员必须穿防护服,佩戴防护面具。一般情况下采取全身防护即可,对有特殊要求的物品火灾,应穿专用防护服和防毒面罩,警惕爆炸燃烧产生的毒性或腐蚀性烟气。扑救时应尽量使用低压水流或雾状水,避免腐蚀品、毒害品溅出。遇酸类或碱类腐蚀品最好调制相应的中和剂稀释中和。浓硫酸遇水能放出大量的热,会导致沸腾飞溅,需特别注意防护。浓硫酸数量不多时,可用大量低压水快速扑救。如果浓硫酸量很大,应先用二氧化碳、干粉等灭火剂灭火,再将着火物品与浓硫酸分开。

3. **扑救易燃固体、易燃物品火灾的基本方法** 一般可用水或泡沫扑救,但少数易燃固体、自燃物品的扑救方法比较特殊,如 2,4- 二硝基苯甲醚、二硝基萘、萘、黄磷等。遇 2,4- 二硝基苯甲醚、二硝基萘、萘等可升华的易燃固体火灾时,受热散发出易燃蒸气,在扑救过程中应不时向燃烧区域上空及周围喷射雾状水,并用水浇灭燃烧区域及其周围的一切火源,以免易燃蒸气上升,与空气混合发生爆炸。遇黄磷火灾时,用低压水或雾状水扑救,用泥土、沙袋等筑堤拦截黄磷熔融液体并用雾状水冷却,对磷块和冷却后已固化的黄磷,应用钳子夹入贮水容器中。

4. **扑救易燃气体火灾的基本方法** 扑救过程中应向燃烧区域上空及周围喷射雾状水,用水浇灭燃烧区域及其周围一切火源;同时用水喷射盛装易燃气体的容器,降低容器温度。在确保安全的情况下,切断泄漏源,并开窗保持通风。

5. **扑救遇湿易燃物品火灾的基本方法** 遇湿易燃物品如金属钾、钠及三乙基铝(液态)等应远离水源、热源,并应存放于固定在墙体上的铁柜中。当实验场所内存在一定数量遇湿易燃物品时,禁止用水、泡沫、酸碱灭火器等湿性灭火剂,应用干粉、二氧化碳等灭火剂扑救。固体遇湿易燃物品应用水泥、干砂、干粉、硅藻土和蛭石等覆盖。

6. **扑救爆炸物品火灾的基本方法** 迅速判断和查明再次发生爆炸的可能性和危险性,抓住爆炸间隙采取一切可能的措施,全力阻止再次爆炸的发生。若发现有发生再次爆炸的风险,应迅速撤至安全地带,来不及撤退时就地卧倒。

一、不定项选择题

1. 下列属于普通化学品的有（　　　）

　　A. 氢氧化钠　　　B. 乙醇　　　　C. 氯化钠　　　　D. 碳酸氢钠　　　E. 高锰酸钾

2. 浓硫酸属于（　　　）

　　A. 爆炸品　　　　B. 压缩液体　　C. 易燃液体　　　D. 腐蚀品　　　　E. 毒害品

3. 有毒有害化学品对人体的损害包括（　　　）

　　A. 皮肤过敏　　　B. 致突变　　　C. 生殖毒性　　　D. 吸入危害　　　E. 特定靶器官毒性

4. 以下化学品需要放在酸柜中的是（　　　）

　　A. 高锰酸钾　　　B. 溴乙锭　　　C. 硫酸　　　　　D. 盐酸　　　　　E. 过氧化氢

5. 以下化学品的操作需要在通风柜中完成的是（　　　）

　　A. 三氯甲烷　　　B. 碳酸氢钠　　C. 丙烯酰胺　　　D. 甲醇　　　　　E. 氯化钠

6. 以下属于易燃液体的生物化学品是（　　　）

　　A. 乙醇　　　　　B. 过氧化氢　　C. 碳酸氢钠　　　D. 甲醇　　　　　E. 氯化钠

7. 化学品事故应急措施制定原则包括（　　　）

　　A. 以人为本，安全第一

　　B. 统一领导，分级负责

　　C. 快速响应，果断处置

　　D. 预防为主，防救结合

　　E. 救人优先，及早报告

8. 突发危险化学品事故发生后，现场应急处置基本任务包括（　　　）

　　A. 控制危险源

　　B. 抢救受害人员

　　C. 引导人员撤离

　　D. 做好现场洗消

　　E. 报告上级部门

9. 常见化学品安全事故有（　　　）

　　A. 危险化学品丢失或被盗事故

　　B. 危险化学品泄漏事故

　　C. 危险化学品中毒事故

　　D. 化学品烧伤事故

　　E. 危险化学品火灾与爆炸事故

二、判断题

1. 溶解性毒害品毒性与其在水中的溶解度呈正相关，溶解度越大则更易被人吸收而引起中毒。（　　　）

2. 由皮肤入侵是有毒有害化学品引起中毒最可能的途径。（　　　）

3. 二氧化碳钢瓶必须垂直放置，且应固定在地上或墙上。（　　　）

4. 生物实验室中经常用于长期保存细胞和样品的是液氮。（　　　）

5. 危险化学品突发事故应急处置工作中,须按照"统一指挥,先控制后消灭,救人第一,先重点后一般"的原则。(   )

6. 眼部化学烧伤后冲洗眼部时应使受伤的眼朝上。(   )

7. 在生物医学实验室中,可以在通风良好的条件下使用丙酮和乙醇进行清洗设备和表面。(   )

答案

一、不定项选择题

1. ACD   2. D   3. ABCDE   4. CD   5. ACD   6. AD   7. ABCD   8. ABCD   9. ABCDE

二、判断题

1. √   2. ×   3. √   4. √   5. √   6. ×   7. √

（章　先　杨　玲　危晓莉）

第二篇　生物医学专业实验安全知识

第六章　细胞分子相关实验安全知识

在生物医学实验室中,分子生物学实验平台和细胞培养室是最常见、使用最频繁的实验平台,实验过程中会接触各种压缩气瓶,高温、低温类仪器设备,高压、高速运转类仪器设备,玻璃仪器、危险化学品及有毒有害物品,同时会产生各种类别的实验废弃物,若实验过程中实验人员操作不当、防护不足或处置不规范,容易引发实验室安全事故。本章将重点阐述上述生物医学实验室细胞与分子生物学实验操作所涉及的安全知识、使用规范及防护管理措施,以提高生物医学实验室相关人员的安全意识,防止安全事件发生。

第一节　细胞分子实验专用设备及安全使用

细胞分子实验的专用设备有多种,根据其物理特性可分为压力类仪器、高速类仪器、高温类仪器和低温类仪器等。这些设备的用途和使用方法各异。为保障实验人员的安全,使用这些设备时,应按照相应的安全规定进行。实验人员应具备高度的安全意识,熟悉各种设备的性能、操作方法和安全注意事项,从而有效避免实验过程中可能发生的任何安全事故。

一、压力类仪器设备使用安全

压力容器是指盛装气体或者液体,能承载一定压力的密闭设备。我国《固定式压力容器安全技术监察规程》中,根据工作压力、介质危害性及其在生产中的作用将压力容器分为3类。根据承受压力的等级分为:低压容器(0.1～1.6MPa以下)、中压容器(1.6～10MPa)、高压容器(10～100MPa)和超高压容器(超过100MPa)。各类容器的代表产品包括常见的液化气罐、水箱、储罐等(低压);燃气储罐、热水锅炉、蒸汽锅炉等(中压);高压气体储罐、高压蒸汽锅炉、压缩空气储罐等(高压);高压气瓶、高压反应釜、超高压蒸汽锅炉等(超高压)。

生物医学实验室细胞分子实验常用的压力类设备包括高压灭菌器、高压气瓶、负压吸引机等。高压容器的潜在危险主要是容器爆炸,其爆炸的主要原因包括器皿内的压力和大气压力差逐渐加大、反应区内压力急剧升降等。

（一）气瓶

气瓶是一种可以反复使用的、用于充装各种气体的特殊压力容器。TSG 23-2021《气瓶安全技术规程》适用于正常环境温度（-40 ～ +60℃）下使用的、公称工作压力大于或等于 0.2MPa（表压）且压力与容积的乘积大于或等于 1.0MPa·L 的盛装气体、液化气体和标准沸点等于或低于 60℃的液体的气瓶。

1.气瓶的分类 根据结构可分为无缝气瓶（主要用于充装氧、氢、氮等永久气体和二氧化碳等高压液化气体）、焊接气瓶（主要用于充装液氮、液氯等低压液化气体）和特种气瓶（如用于灭火的二氧化碳气瓶、呼吸器和救护器用气瓶）；根据容积可分为小容积气瓶（0.4 ～ 12L）、中容积气瓶（12 ～ 100L）和大容积气瓶（100 ～ 3 000L）；根据工作压力可分为高压气瓶（工作压力大于 8MPa）和低压气瓶（工作压力小于 8MPa）。本部分主要介绍根据充装介质的性质分为永久气体气瓶和液化气体气瓶。

（1）永久气体气瓶：永久气体指临界温度小于 -10℃的气体，如氧气、氢气等在常温下永远呈气态的气体。该类气体通过压缩机压缩充装至钢制气瓶。永久气体气瓶的工作压力通常为 15MPa，部分可达 20 ～ 30MPa，属于高压气瓶。

（2）液化气体气瓶：液化气体指临界温度大于 -10℃的各类气体，是高压液化气体和低压液化气体的统称。该类气体在常温、常压条件下呈气态，经加压和降温后可液化，如液化石油气、液氯等。盛装该类气体的气瓶称为液化气体气瓶。根据其临界温度和液化压力的高低，又分为高压液化气瓶和低压液化气瓶（表 6-1）。

表 6-1 气瓶压力分类 单位：MPa

压力类别	低压液化气瓶	高压液化气瓶
公称工作压力	1、1.6、2、3、5	8、12.5、15、20、30
水压试验压力	1.5、2.4、3、4.5、7.5	12、18.8、22.5、30、45

1）高压液化气瓶：高压液化气体即临界温度为 -10 ～ +70℃的气体，如二氧化碳、乙烷、乙烯等。此类气体由于临界温度较低，需较高压力才能液化，一般充装压力在 12.5 ～ 15MPa。高压液化气瓶充装后，瓶内介质呈气液共存状态，并且可能受环境温度影响，特别是夏季炎热季节或在阳光下暴晒时，气瓶内介质的温度可能升高，超过临界温度，此时瓶内将为单一气态，瓶内压力也随之增大。

2）低压液化气瓶：低压液化气体即临界温度＞ 70℃的气体，如硫化氢、氨气、氯气、环氧乙烷、液化石油气等气体。该类气体由于临界温度较高，只需很小压力即可液化，通常压力不超过 10MPa，盛装此类气体的气瓶为低压液化气瓶。低压液化气瓶内介质的临界温度高于 70℃，一般情况下不会超过临界温度，只要瓶内压力保持在临界压力以上，将始终保持气液两相状态。

2.气瓶的标记 按照 TSG 23—2021《气瓶安全技术规程》的规定，各类气瓶均应有明确和规范的标志。

（1）气瓶的钢印标志：包括制造钢印标志和检验钢印标志。钢印标志的内容包括制造单位代号、气瓶编号、各种技术参数、监督检验标记、检验单位代号、检验日期和下次校验日期等信息。钢印标志必须准确、清晰，钢印的位置和内容应符合规定。

（2）气瓶的颜色标记：包括瓶体外表面颜色、字样、字色和色环。其目的主要是为了便于识别气瓶的充装介质种类和压力范围，避免在充装、运输和使用时混淆而导致事故；其次，表面涂漆也是为了防腐。常用介质的气瓶颜色标记见表 6-2。

表 6-2 常用介质的气瓶颜色标记

序号	介质名称	化学式	瓶色	字样	字色	色环
1	氢气	H_2	深绿色	氢	红色	P=14.7MPa，不加色环 P=19.6MPa，黄色环一道 P=29.4MPa，黄色环二道
2	氧气	O_2	天蓝色	氧	黑色	P=14.7MPa，不加色环 P=19.6MPa，白色环一道 P=29.4MPa，白色环二道
3	氨气	NH_3	黄色	液氨	黑色	
4	氯气	Cl_2	草绿色	液氯	白色	
5	空气		黑色	空气	白色	P=14.7MPa，不加色环 P=19.6MPa，白色环一道 P=29.4MPa，白色环二道
6	氮气	N_2	黑色	氮	黄色	
7	硫化氢	H_2S	白色	液化硫化氢	红色	
8	二氧化碳	CO_2	铝白色	液化二氧化碳	黑色	P=14.7MPa，不加色环 P=19.6MPa，黑色环一道
9	溶解乙炔	C_2H_2	白色	乙炔不可近火	红色	
10	甲烷	CH_4	棕色	甲烷	白色	P=14.7MPa，不加色环 P=19.6MPa，淡黄色环一道 P=29.4MPa，淡黄色环二道

注：P 为公称工作压力。公称工作压力定义：对于永久气体气瓶，系指在基准温度时（一般为 20℃）所盛装气体的限定充装压力；对于液化气体气瓶，系指温度为 60℃时瓶内气体压力的上限值。瓶色包括瓶帽和护罩颜色。

3. 气瓶的主要构造 气瓶一般由瓶体、瓶阀、瓶帽、底座、防震圈和超压泄放装置组成。瓶阀是控制气体进出气瓶的重要附件，主要由阀体、阀杆、阀瓣、密封件、压紧螺母、手轮，以及泄压装置如易熔合金塞、爆破膜（片）等组成。泄压装置可防止气瓶因超压而爆炸，然而，当气瓶内介质是易燃易爆或有毒气体时，一旦泄漏，有可能造成更大灾害。因此，根据《气瓶安全技术规程》规定，盛装剧毒介质的气瓶禁止安装泄压装置。瓶帽的主要作用为保护瓶阀免于在运输过程中遭受撞击。它一般采用螺纹和瓶颈相连。瓶帽上应开有对称的排气小孔。一旦瓶阀漏气，气体可从排气孔中溢出，以免压力积聚造成螺纹脱扣、瓶帽飞出伤人。防震圈是一种裹在瓶体表面的弹性物质，用于保护瓶体免于互相撞击或遭受其他硬物的撞击。

4. 气瓶的安全使用和管理 由于气瓶经常装载易燃、易爆、有毒性和腐蚀性的危险介质，且使用广泛、需要经常搬动，在移动、搬动过程易受震动、撞击、日晒等外因，从而增加瓶体爆炸的风险；此外，在气瓶使用过程中，一般与使用者之间无隔离，也无其他防护装置。因此，气瓶使用者应学习气瓶的基本知识及其介质气体的安全技术知识，使用时应严格执行安全技术操作规程，经安全技术培训合格后才能独立使用气瓶。

（1）用前检查：气瓶使用前应进行安全状况检查，对盛装气体和气瓶状况进行确认。一旦发现气瓶颜色和钢印标记模糊不清、检验超期、气瓶有变形、划伤或腐蚀等损伤、气体质量与标准规定不符等情况,应拒绝使用并报告安全监督人员。

(2)气体减压阀的安全使用:气瓶充气后,压力可达150kPa,使用时必须用气体减压阀(图6-1)。特别要注意的是,在打开钢瓶总阀门(①)之前,首先必须仔细检查调压阀门(④)是否已关好(手柄松开是关)。不可在调压阀门(④)处在开放状态(手柄顶紧是开)时,突然打开钢瓶总阀门(①),否则会出事故。只有当手柄松开(处于关闭状态)时,才能开启钢瓶总阀门(①),然后再慢慢打开调压阀门。停止使用时,应先关钢瓶总阀门(①),当压力表下降到零时,再关调压阀门(④)(即松开手柄)。

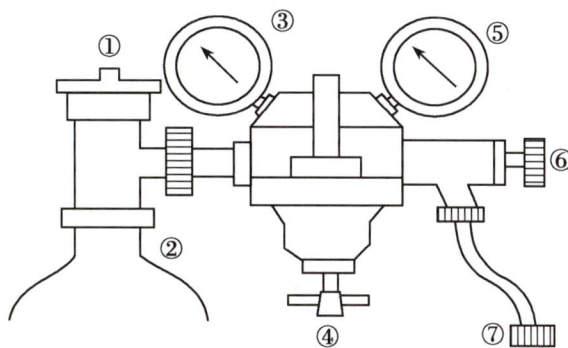

①钢瓶总阀门;②气表与钢瓶连接螺旋;③总压力表;④调压阀门;⑤分压力表;⑥供气阀门;⑦接进气口螺旋

图6-1 气体减压阀

气体减压阀的结构原理是,当顺时针方向旋转低压表压力调节螺杆(①)时,压缩主弹簧(②),作用力通过弹簧垫块(③)、传动装置(④)和顶杆(⑤)使活门(⑨)打开,这时进口的高压气体[其压力由高压表(⑦)指示]由高压室经活门调节减压后进入低压室[其压力由低压表(⑩)指示]。当达到所需压力时,停止转动压力调节螺杆,开启供气阀,将气体输到受气系统(图6-2)。停止用气时,逆时针旋松低压表压力调节螺杆(①),使主弹簧(②)恢复原状,活门(⑨)由压缩弹簧(⑧)的作用而密闭。当调节压力超过一定允许值或减压阀出故障时,安全阀(⑥)会自动开启排气。安装减压阀时,应确保尺寸规格与钢瓶和工作系统的接头相符,用手拧满螺纹后,再用扳手上紧防止漏气。若有漏气现象,应再旋紧螺纹或更换皮垫。

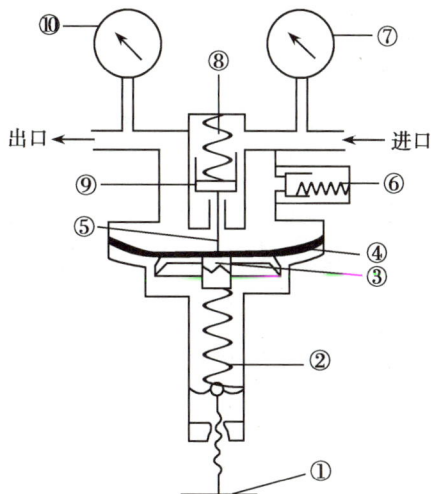

①低压表压力调节螺杆;②主弹簧;③弹簧垫块;④传动装置;⑤顶杆;⑥安全阀;⑦高压表;⑧压缩弹簧;⑨活门;⑩低压表

图6-2 气体减压的工作原理示意图

（3）气瓶的维护、保养、储存与运输

1）气瓶的维护与保养：气瓶外表面的漆色和标志应保持完好,漆色脱落应按规定重新上漆。瓶帽、防震圈、瓶阀等附件要注意妥善使用和维护。瓶体及其附件应经常保持清洁和干燥,禁止沾染油脂、腐蚀性物质和灰尘等。

2）气瓶的储存：①气瓶储存应设专用仓库,其建筑应符合《建筑设计防火规范》的有关规定,仓库内不得有地沟、暗道,并保持通风、干燥,避免阳光直射。严禁明火和其他热源,气瓶不得靠近热源放置,距明火、可燃与助燃气体气瓶之间的距离应超过 10m。盛装易起聚合反应或分解反应气体的气瓶,应远离射线、电磁波和震动源。气瓶在夏季使用时,应防止暴晒和雨淋,必要时应加遮盖物。②气瓶的储存应由经过安全技术培训的专人管理。③气瓶应按所装气体的不同分类、分室储存。④盛装易起聚合反应或分解反应气体的气瓶,必须规定储存期限,并应避开放射源。⑤空瓶与实瓶两者应分开放置,并有明显标志。⑥气瓶放置应整齐,戴好瓶帽。立放时,要妥善固定;横放时,头部朝同一方向,垛高不宜超过 5 层。

3）气瓶的运输：气瓶在运输和搬运过程中,易受到冲击和震动导致事故发生。近距离移动气瓶应以双手扶持瓶肩,转动瓶底进行;较远距离移动可用轻便小车运送。移动时必须戴好瓶帽（有防护罩的除外）,轻装轻卸,严禁抛、滑、滚、翻以及肩扛、脚蹬。气瓶运输必须遵守安全技术操作规程：①运输工具上应有明显的安全标志。②装在车上的气瓶应妥善固定,防止其跳动、倾倒或滚动;瓶帽、防震圈应配备齐全。③瓶内气体相互接触能引起燃烧、爆炸,产生毒物的气瓶,不得同车（厢）运输;易燃、易爆、腐蚀性物品或与瓶内气体起化学反应的物品也不得与气瓶一起运输。气瓶运输车内严禁烟火。运输可燃气体气瓶时,运输工具上应备有灭火器材。液化石油气瓶不应长途运输。④气瓶运输中应防止受热,夏季运输应有遮阳设施,避免暴晒。⑤运气瓶的车、船不得在繁华市区、重要机关附近停靠;应避免在城市繁华市区的白天运输气瓶。

（4）气瓶使用的安全管理：气瓶投入使用后,严禁对瓶体进行挖补、焊接修理,并严禁在气瓶上进行电焊。用于连接气瓶的减压阀、接头、导管和压力表都应涂以标记专用于一种气瓶,严禁混用。在可能造成回流的使用场合时,使用设备上必须配装防止倒灌的装置,如单向阀、止回阀、缓冲罐等。气瓶的产权单位应建立气瓶档案,内容包括：合格证、产品质量证明书、气瓶改装记录等。气瓶的档案应保存到气瓶报废为止。气瓶的产权单位应按规定向所在地、市劳动部门锅炉压力容器安全监察机构报告本单位拥有的气瓶种类和数量。根据《气瓶安全技术规程》的有关规定,制定本单位相应的安全管理制度、定期检验制度、安全技术操作规程和事故应急处理措施。定期对气瓶的运输（含装卸及驾驶）、储存和使用人员进行安全技术教育。

5. 气瓶的安全使用　由于气瓶的内压很大（有的高达 15MPa）,而且有些气体易燃或有毒,所以在使用钢瓶时要注意安全。

（1）气瓶使用的一般安全注意事项包括：①气瓶直立放稳,并应采取钢索固定措施防止倾倒。②清除瓶阀周围可能的油渍及危险品,缓慢开启瓶阀。开启时,操作者应站在阀门出口的侧后方,用手或专用扳手缓慢开启阀门,以避免出气速度过快产生摩擦热。③阀门关闭动作也应轻缓,确保关严但不可用力过大、关得太紧。④阀门关得过死或盛装易燃气体的气瓶在阀门开启时,严禁用锤子、管钳等铁器敲击瓶阀或瓶体,以防产生火花。⑤冬季如果瓶阀冻结,严禁火烤,可将气瓶移入室内或用浸有不超过 40℃温水的清洁布包裹瓶阀使其解冻。⑥瓶内气体不得用尽,必须留有剩余压力。永久气体气瓶的剩余压力应不低于 50kPa;液化气体气瓶应留有不少于 0.5% ～ 1.0% 规定充装量的剩余气体。

（2）常用气瓶的安全使用

1）氧气瓶的安全使用：氧气瓶应储存于阴凉、通风的库房,库温不宜超过 30℃。远离火种、热源。与易（可）燃物、活性金属粉末等分开存放，切忌混储。储区应备有泄漏应急处理设备。氧气瓶不得与可燃气体气瓶同室贮存。采用氧乙炔火焰进行作业时，氧气瓶、溶解乙炔气瓶及焊（割）炬必须相互错开，氧气瓶与焊（割）炬明火的距离应在10m以上。

开启瓶阀和减压阀时，动作应缓慢，以减轻气流的冲击和摩擦，防止管路过热着火。禁止用压缩纯氧进行通风换气或吹扫清理，禁止以压缩氧气代替压缩空气作为风动工具的动力源，以防引发燃爆事故。

氧气瓶的灭火方法：用水保持容器冷却，以防受热爆炸，急剧助长火势。迅速切断气源，用水喷淋保护切断气源的人员，然后根据着火原因选择适当灭火剂灭火。

氧气泄漏应急处理：应迅速撤离泄漏污染区人员至上风处，并进行隔离。严格限制出入，切断火源。建议应急处理人员佩戴自给正压式空气呼吸器，穿防静电工作服。避免与可燃物或易燃物接触。尽可能切断泄漏源，合理通风，加速扩散，漏气容器要妥善处理，修复、检验后再用。

2）氢气瓶的安全使用：氢气瓶应储存于通风良好，空气中氢气含量不超过1%（体积比）的室内。室内换气次数每小时不得少于3次，局部通风每小时换气次数不得少于7次。氢气瓶与盛有易燃、易爆物质及氧化性气体的容器和气瓶的间距不应小于8m。氢气瓶与明火或普通电气设备的间距不应小于10m。氢气瓶与空调装置、空气压缩机和通风设备等吸风口的间距不应小于10m。禁止敲击、碰撞，气瓶不得靠近热源；夏季应防止暴晒。

使用氢气瓶时，必须使用专门的氢气减压阀。开启气瓶时，操作者应站在阀口的侧后方，动作要轻缓。阀门或减压阀泄漏时，不得继续使用；阀门损坏时，严禁在瓶内有压力的情况下更换阀门。使用结束后，先顺时针关闭钢瓶总阀，再逆时针旋动减压阀。

3）氯气瓶的安全使用：氯气瓶应设有专用仓库储存，不应与氧气、氢气、液氨、乙炔、油料等化工原材料同仓存放。贮存氯气的仓库地面应干燥，防止潮湿，仓库要阴凉、通风良好，避免阳光暴晒和接近火源。应远离热源，严禁用热源烘烤和加热钢瓶。防止高温，当气温在30℃以上时，严禁钢瓶瓶体在太阳下暴晒，要将钢瓶放入库房，或者在钢瓶上加盖草包并用水喷洒冷却。运输氯气瓶时，不得与氧气、氢气、液氨、乙炔同车（船）运送，不得与易燃品、爆炸品、油脂及沾染油脂的物品同车（船）运送。

使用氯气瓶时，操作人员必须配备专用防毒面具，同时配备有预防氯气中毒的解毒药物。氯气瓶不能直接与反应器连接，中间必须有缓冲器。金属钛和聚乙烯等材料不得应用于液氯和干燥氯气系统。通氯气用的铜管拧紧之后要用手转动或摇动铜管，观察后拧紧。拧紧后打开铜管与气包一头阀门，用气包余压以及氨水测试钢瓶接头处是否泄漏，如果发现氨气与氯气产生白雾，则需要重新拧紧瓶阀至无泄漏为止。如果空气中有大量泄漏的氯气，则可以使用氯气捕消器，使用时应佩戴自给正压式空气呼吸器，以防止使用过程中缺氧而产生意外。

急性氯气中毒的抢救措施：①进入高浓度氯气区，必须佩戴完好的氧气呼吸器，否则不能进入此区域。②一旦出现氯气逸散现象时，在场人员应立即逆风向和向高处疏散，迅速离开现场。如污染区氯气浓度大，应忍着呼吸离开，避免接触吸入氯气造成中毒。③应立即把氯气中毒者抢救出毒区，急性中毒患者必须立即转移到阴凉、有新鲜空气处脱离污染区静卧，注意保暖并松解衣带。④当有液氯溅到人员身上时，应在脱离污染区后，除去被污染的衣服，然后用温热水冲洗受伤部位，用干净毛巾小心擦干水。

4）乙炔气瓶的安全使用：乙炔气瓶应装设专用的回火防止器、减压器，对于工作地点不固定、移动频繁的场合，应将其装在专用安全架上。严禁敲击、碰撞和施加强烈震动，以免瓶内多孔性填料下沉而形成空洞，影响乙炔的储存。乙炔瓶应直立放置使用，严禁卧放。因为卧放使用会使瓶内的丙酮随乙炔流出,甚至可能通过减压器而进入橡胶管,造成火灾爆炸。乙炔胶管应能承受 5kg 的气压,各项性能应符合 GB/T 2550—2016《气体焊接设备 焊接、切割和类似作业用橡胶软管》的规定,颜色为黑色。乙炔瓶体温度不应超过 40℃,夏天要防止暴晒,因瓶内温度过高会降低对乙炔的溶解度,导致瓶内乙炔的压力急剧增加。乙炔瓶不得靠近热源和电气设备,与明火的距离一般不应小于 10m。

乙炔气瓶使用注意事项:开启气阀应使用专用扳手,并且操作者应站在阀口的侧后方,动作要轻缓。若瓶阀因低温冻结,严禁用明火烤,必要时可用不含油性物质且 40℃ 以下的热水解冻。严禁放置在通风不良及有放射线的场所使用,且不得放在橡胶等绝缘物上。同时使用的乙炔瓶和氧气瓶应距离 10m 以上。使用乙炔瓶的现场、储存处与明火或散发火花地点的距离不得小于 15m,且不应设在隐藏部位或空气不流通处。乙炔气瓶内气体严禁用尽,冬天应留 0.1～0.2MPa,夏天应留有 0.1～3MPa 的余压。

5)氮气瓶的安全使用:氮气瓶应储存于阴凉、通风的库房;远离火种、热源;库温不宜超过 30℃,储区应备有泄漏应急处理设备。

氮气瓶安全使用注意事项:①进入坑、洞、容器内、室内或周边通风不良的情况下作业,必须检测氧含量,确保在 18%～22% 方可作业。②在氮气大量放散时应通知周边人员。③在使用氮气吹和引可燃气管道或容器时,必须检测氮气中的含氧量,小于 2% 时方可使用。④氮气设施、容器、管道等检修时必须确保切断气源,并插好盲板防止窒息事故发生。

氮气现场急救措施:若空气中氮气含量过高,会导致吸入氧分压下降,从而引起缺氧窒息。应迅速脱离现场至空气新鲜处,保持呼吸道通畅。如呼吸困难,应及时输氧;呼吸、心搏停止时,立即进行人工呼吸和胸外按压,并尽快就医。

氮气泄漏应急处理:应迅速撤离泄漏污染区人员至上风处,并进行隔离,严格限制出入。建议应急处理人员戴自给正压式空气呼吸器,穿一般作业工作服。尽可能切断泄漏源,合理通风,加速扩散。漏气容器要妥善处理,修复、检验后再用。

6)氩气瓶的安全使用:氩气瓶应储存于阴凉、通风的库房,远离火种、热源,库温不宜超过 30℃。同时,应与可燃物或易燃物分开存放,切忌混储。储区应备有泄漏应急处理设备。

氩气瓶安全使用注意事项:①氩气的比重大于空气,宜沉积管低洼处。因此在坑、洞、容器内、室内或周边通风不良的情况下,检修作业前必须检测氧含量,确保在 18%～22% 方可作业。②在氩气大量放散时应通知周边人员。③在使用氩气吹和引可燃气管道或容器时,必须检测氩气中含氧量,小于 2% 时方可使用。④氩气设施、容器、管道等检修时必须可靠切断气源,并插好盲板防止窒息事故发生。

氩气现场急救措施:在常压下,氩气无毒。但高浓度时,氩气会使氧分压降低而发生窒息。当氩浓度达 50% 以上时,会引起严重症状;当氩浓度达 75% 以上时,可在数分钟内死亡。当空气中氩浓度增加时,先出现呼吸加速,注意力不集中,共济失调。继之,疲倦乏力、烦躁不安、恶心、呕吐、昏迷、抽搐,以至死亡。遇此情况,应立即脱离污染环境至空气新鲜处,必要时输氧或人工呼吸,尽快就医。液态氩可致皮肤冻伤,眼部接触可引起炎症。

氩气泄漏应急处理:应迅速撤离泄漏污染区人员至上风处,并进行隔离,严格限制出入。建议应急处理人员佩戴自给正压式空气呼吸器,穿一般作业工作服,尽可能切断泄漏源。合理通风,加速扩散。漏气容器要妥善处理,修复、检验后再用。

7)二氧化碳钢瓶的安全使用:二氧化碳钢瓶应存放在阴凉、干燥、远离热源(如阳光、炉火等)处,不得超过 31℃,以免液体 CO_2 温度的升高,体积膨胀而形成高压气体,产生爆炸危险。钢瓶必须保持直立使用,严禁卧放。如果钢瓶卧放,打开减压阀时,冲出的 CO_2 液体迅速汽化,容易发生导气管

爆裂及大量 CO_2 泄漏的意外。CO_2 不得超量填充,如液化 CO_2 的填充量,温带气候不可超过钢瓶容积的 75%,热带气候不可超过 66.7%。

使用二氧化碳钢瓶时,应注意:①防止钢瓶的使用温度过高。②检查减压阀、接头及压力调节器装置是否正确连接且无泄漏,以保证无损坏、状态良好。③使用时先逆时针打开钢瓶总开关,观察高压表读数,并记录高压瓶内二氧化碳总压力,然后顺时针转动低压表压力调节螺杆,使其压缩主弹簧将活门打开。这样进口高压气体由高压室经节流减压后进入低压室,并经出口通往工作系统。④使用后,先顺时针关闭钢瓶总开关,再逆时针旋松减压阀。⑤旧瓶定期接受安全检验。超过钢瓶使用安全规定年限,接受压力测试合格后,才能继续使用。

(二)高压灭菌器

高压灭菌器通过密闭的蒸锅防止蒸汽外溢,随着压力不断上升,水的沸点也会不断提高,进而锅内温度也随之升高。在 0.1MPa 压力下,锅内温度可达 121℃。这种高温饱和水蒸气可使蛋白质变性,能在一定时间内有效灭菌耐湿耐热物品,如医疗器械、玻璃器皿、溶液培养基等,常用于医疗卫生和生命科学科研等实验。由于高压灭菌器在运行过程中内部会形成高温、高压的环境,因此其既属于高压类仪器,也属于高温类仪器。

在灭菌过程中,灭菌温度越低,灭菌时间越长;灭菌温度越高,灭菌时间越短。但是高压蒸汽灭菌的时间,应从锅内达到灭菌要求温度时算起,直至灭菌完成为止。高压灭菌器总时间包括:①热力穿透时间,即从消毒柜内达到灭菌温度至消毒物品中心部位亦达到灭菌温度所需时间。这一时间取决于消毒物品的性质、包装的大小,放置位置和灭菌器内空气排空程度及灭菌器的种类。②消毒的维持时间,即杀灭微生物所需的时间,一般用杀灭脂肪嗜热杆菌芽孢所需时间来表示:在 115℃时需 30 分钟,121℃时需 12 分钟,132℃时则只需 2 分钟。③安全时间,一般为维持时间的一半,其长短也要根据消毒物品而定。对易导热的金属器材的灭菌,则无须安全时间(图 6-3)。

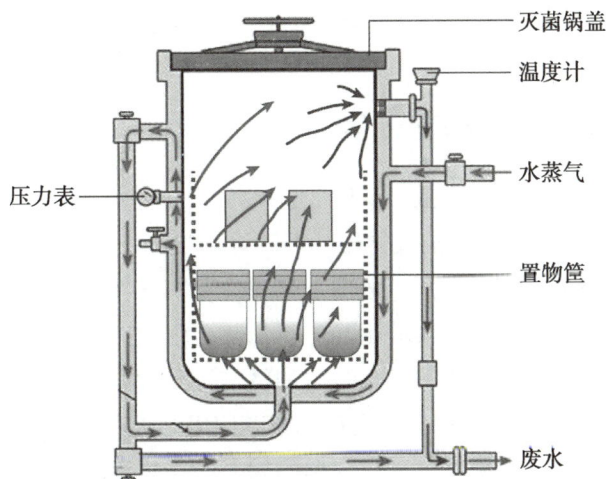

图 6-3　高压灭菌器的工作原理示意图

1. **高压灭菌器的分类**　根据样式和大小分为手提式高压灭菌器、立式高压灭菌器、卧式高压灭菌器等。根据排放冷空气的不同要求分为非自动控温型灭菌器(多为小型灭菌器)和自动控温型灭菌器。实验室常用的为自动控温型灭菌器,其饱和水蒸气的灭菌效果最好,在使用自动控温型灭菌器时,也应该排放冷空气,提高灭菌效果。

2. 高压灭菌器使用安全　在使用高压灭菌器时,确保安全至关重要。错误的安装位置和使用方法可能对操作者及周围人员造成安全隐患,甚至对机械设备造成重大损坏。以下是一些安全使用的建议和注意事项。

（1）严格遵循使用说明书中的操作规范,选择正确的运行模式,设置灭菌时间和温度。

（2）切勿在仪器顶部放置物品,以免导致仪器故障。

（3）打雷时,应立即断开电源,否则易因雷击造成火灾。

（4）打开盖子并将其推到上顶点位置,待确认盖子稳定后,方可进行放入或取出物品的操作,避免盖子落下对操作人员造成伤害。

（5）放入物品前,务必确认缸体水位、水壶水位、放置蒸汽接收杯。在放入物品前,根据设置水位注入去离子水或蒸馏水到缸内。若忘记加水或水量不足时,可能导致干烧。因此,应在每次使用前确认水位,确保在未达到最低水位前加水;应使用纯净水进行灭菌,禁止直接使用自来水或含有矿物质的水。放置样品前,应确认缸内水质,若出现变色、浑浊等情况,应清洁缸体,并更换新的纯净水进行灭菌。

（6）开关门时,脸、手等避免接近门体,因门体可能存在高温,引起烫伤。

（7）打开盖子前,确认压力计的读数为0MPa,然后缓慢打开盖子。如果在缸内压力还很高时切勿开盖,否则高温、高压的蒸汽喷出,造成事故。

（8）运转结束后,缸内水温较高,应待热水冷却后排水,以免发生烫伤事故。禁止在运转中排水,禁止在压力上升时打开排水阀。

（9）保持清洁,取放灭菌物时,应注意筐子不要碰到缸体等。

（10）密封条使用时间过长时,会产生老化现象,如有漏蒸汽情况时,请及时更换。

（11）根据使用情况,定期维护和检查仪器各项参数,定期清洁过滤网。

（12）设备灭菌结束,取出灭菌物品后,夜间或长时间不使用请切断电源。

（13）关闭电源时,若缸体内温度较高,请勿立即关闭盖子;若一定要关闭盖子,请务必把盖子用力压下,然后拉盖子锁柄至锁紧位置,再关闭电源,以防设备故障。

二、高温类仪器设备使用安全

高温类仪器是生物医学实验常用设备,涉及用电和高温,操作不当会危及实验人员,导致触电、烫伤,甚至危及周围环境安全。了解高温类仪器的基本知识,掌握其安全使用方法十分必要。

高温类仪器指具有加热装置的设备,一般由加热元件及其附件组成。加热设备是利用金属在交变磁场中产生涡流使本身发热,进而对实验物品进行加热。生物医学实验室高温类仪器常用的有烘箱、水浴锅、恒温金属浴等,易发生火灾、爆炸、触电和烫伤等事故。此类仪器安装和用电环境必须符合运行要求,周围无杂物和易燃、易爆物品。实验室严禁使用明火电炉,如有特殊需求,必须事先向单位申请。所有操作人员在使用前,都必须进行仪器的安全操作规程和注意事项的学习和培训。每种仪器均须制定操作规程,严格按照规程操作,建立使用档案,详细记录仪器使用情况。仪器运行时,操作人员不得离开,实时监控,发现异常,立即停止使用,并告知管理人员。

（一）电热恒温干燥箱

1. 电热恒温干燥箱的工作原理　简称烘箱或干燥箱,常用于对物品进行烘烤,利用热能降低物品水分,通过加热使物品中的湿分（生物医学实验室一般指水分,注意有机溶剂或易燃易爆成分禁用烘箱或干燥箱等高温仪器）汽化逸出，以获得规定湿含量的固体物品。烘烤的目的是物料使用或进一步加工的需要。烘箱或干燥箱的工作原理是通过消耗大量热能，完成热量和质量（水分）的传递，保证腔体内温度高于物品的温度，并通过自带的通风系统，保证物品表面水分蒸汽分压高于外部空间中的湿分蒸汽分压（图6-4）。热能从高温热源以各种热传递方式（辐射、传导、对流、蒸发）传给湿物品，使物品表面水分汽化，从而在物品表面和内部出现水含量的差别。内部水分向表面扩散并汽化，使物料水含量不断降低，逐步完成物料整体的烘烤。主要用于玻璃器皿的干燥、样本的热变性及热硬化实验、排除标本内的残留水分及微生物用玻璃器皿的干热杀菌等过程。

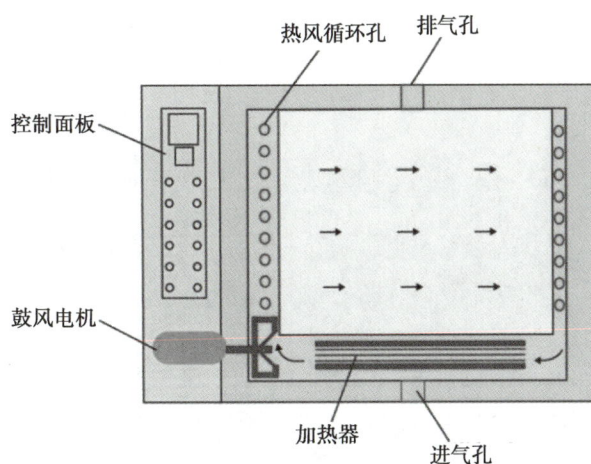

图6-4　烘箱或干燥箱的工作原理示意图

2. 烘箱或干燥箱的使用注意事项　　烘箱能够快速、准确地控制箱体内温度，确保了实验的可靠性和准确性。下面介绍烘箱的正确的使用方法和注意事项。

（1）烘箱等加热设备应放置在通风良好的环境中，周围不得堆放杂物，保持设备内及周围环境清洁。同时，烘箱周围不得存放易燃、易爆、易挥发性化学品和其他易燃物品，不得放置冰箱、高压气瓶等设备。此外，烘箱的进风口和出风口位置应保持通畅，热风出口及上方应避免任何形式的布线。泄压盖或散热板等附近不能放置任何物品，还应在仪器旁醒目位置张贴高温警示标志。

（2）仪器相连的电源电压须符合规范，电源采用三孔安全插座，必须安装地线。

（3）烘箱等设备须制定安全操作规程，张贴在设备旁醒目位置，配备必要的防护措施，并对操作人员进行安全操作培训，确保操作人员正确使用。

（4）使用烘干箱等加热设备时，须加强观察，一般至少每隔10～15分钟应观察1次，或有实时监控设施，严禁无人监管运行，做好使用记录的登记。

（5）严禁物品遮挡测温元件。严禁将易燃、易爆、易挥发性物品置于普通烘箱中加热，以免发生爆炸、火灾等事故。如特殊情况确需加热上述物品，建议使用特殊专门的加热仪器，并做好安全防范和应急处置措施。

（6）从加热设备内拿取物品时一定要切断电源，以防触电。

（7）取放物品时戴专用手套，以防烫伤。

（8）未经许可不得随便触摸开启的加热设备及周围的试样。

（9）使用完毕后应及时切断电源，并确认其冷却至安全温度方可离开。

（10）使用场所必须配备灭火器、沙桶等灭火设施。

（11）专业人员定期对仪器维修检查。

（二）水浴锅

1. **水浴锅的工作原理**　水浴锅是细胞分子实验常用的恒温设备,它由传感器将水槽内水的温度转换为电阻值,经过集成放大器的放大、比较后,输出控制信号,能有效地控制电加热管的平均加热功率,使水槽内的水保持恒温(图6-5)。水浴锅内水平放置不锈钢管状加热器,水槽的内部放有带孔的不锈钢搁板。上盖配有不同口径的组合套圈,可适应不同口径的容器。水浴锅用于试剂加热、底物融化或细胞培养孵育,以及促使某些化学反应等实验,在生物、遗传、医药、卫生等实验中均有广泛的使用。

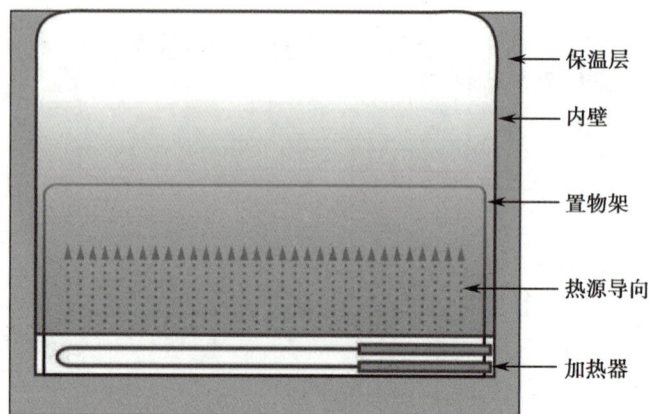

图示标注:保温层、内壁、置物架、热源导向、加热器

图6-5　水浴锅的基本结构图

2. **水浴锅的分类**　下面简要介绍4种主要类型的水浴锅。

（1）循环水浴锅:水在整个浴中有效循环,从而使温度更加均匀,适合温度均匀性加热的实验,如酶和血清学实验。

（2）非循环水浴锅:主要依靠对流加热,此类水浴锅附加组件可为非循环水浴提供搅拌,以实现更均匀地传热。

（3）摇晃水浴锅:具有额外的摇晃控制功能,可以摇动液体。在微生物实验中,不断摇动可使液体生长的细胞培养物不断与空气混合。

（4）磁力搅拌水浴锅:集恒温、搅拌、水浴等功能于一体,实现对温度的准确控制,通过磁力搅拌技术,能够实现搅拌均匀,确保实验过程中溶液的一致性。

3. **水浴锅的使用注意事项**　水浴锅通过加热水来提供均匀、稳定的温度环境。正确的使用方法和注意事项对于保证实验的准确性和安全性至关重要。

（1）水浴锅水平放置于实验台上。

（2）与仪器相连的电源电压须符合规范,电源采用三孔安全插座,必须安装地线,确保设备与人身安全。

（3）严格按照说明书要求添加水到指定水位,使用双蒸水或去离子水,避免缺水或空烧,以免引起火灾。注水或使用过程,避免液体进入电气箱,以防发生漏电、短路等事故。

（4）接通电源后,不得触摸加热管,以防烫伤。

（5）加热物品按规定操作放入试管架或其他固定架中。如加热温度过高,离心管等需用离心管防爆夹,防止液体喷溅。

（6）使用结束后,切断电源,拔下插头。

（7）使用结束后,清洁仪器,排空锅内水,用毛刷轻刷清理,用清洁布擦干。

（8）定期维护和检查仪器各项参数。

（三）恒温金属浴

1. **恒温金属浴的工作原理**　该设备利用热传递和热容的原理,控制加热和冷却系统,使得金属浴中的温度保持在设定值附近波动。设备通常配备电加热元件,将热量传递给金属浴中的液体,使其升温。配备温度传感器和反馈控制系统,实时监测金属浴中的温度,并通过控制加热元件的功率调节温度,以保持恒定(图6-6)。部分配置较高的金属浴恒温器可能还配备冷却系统,以防止过热,确保温度在设定范围内稳定。恒温金属浴采用微电脑控制,利用高纯度金属材料作为导热介质,以代替传统的水浴装置,其具有使用方便、控温范围大、精度高等特点。恒温金属浴广泛应用于各种生物样品的保存、各种酶的保存和反应、核酸和蛋白质的变性处理、PCR反应和血清凝固等。

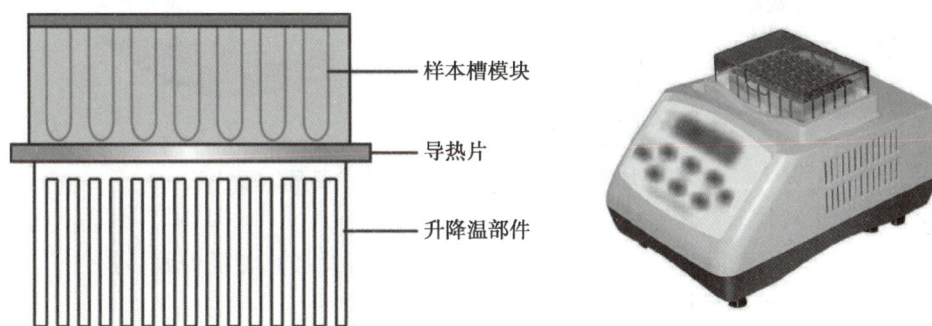

样本槽模块

导热片

升降温部件

图6-6　恒温金属浴的基本结构和某品牌仪器实物图

2. **恒温金属浴的分类**　根据模块种类、数量和控温范围的不同,可分为干式与振荡型。

（1）干式恒温金属浴:用于在恒定温度下孵育、加热或保温样品。与传统的水浴不同,干式恒温金属浴使用金属块干燥的材料来传递和维持所需的温度。

（2）振荡型恒温金属浴:将恒温和振荡两种功能结合在一起,拥有加热、制冷、振荡等多用途功能,满足不同实验的需求。

3. **恒温金属浴的使用注意事项**　在使用过程中,应严格遵守实验室安全操作规范,注意避免金属浴槽内的液体溅出,必要时佩戴个人防护装备,如防护手套和安全眼镜等,以免发生烫伤或污染实验环境的事故。

（1）金属浴锅水平放置于实验台上,与仪器相连的电源电压须匹配,安装地线,确保设备与人身安全。

（2）连通电源,打开开关,设置温度,待温度升至设置温度时,将样品放入金属槽中进行温浴。若加热温度过高,离心管等需用离心管防爆夹,防止液体喷溅。

（3）加热过程中不可用手触摸样品槽,防止烫伤。

（4）加热结束后,取出样品并关闭电源,拔下插头。

（5）仪器表面污渍用干净抹布清理,样品槽用干净抹布蘸无水乙醇清理,保证样品管和孔壁充分接触,导热良好。

（6）仪器周围通风良好,无易燃易爆物品。若多台仪器同时使用,须间隔1m以上。

（7）如有液体洒落仪器内部,或经水淋,有异常声音、振动和气味,立即停止使用,并切断电源。

（8）定期维护和检查仪器各项参数。

（四）加热磁力搅拌仪

1. **加热磁力搅拌仪的工作原理**　加热磁力搅拌仪是由电机带动耐高温强力磁铁旋转,产生旋转磁场来驱动容器内的搅拌子转动,从而对容器内液体进行搅拌、混合和辅助加热效果(图6-7),其广泛应用于生物、医药、化学等领域。

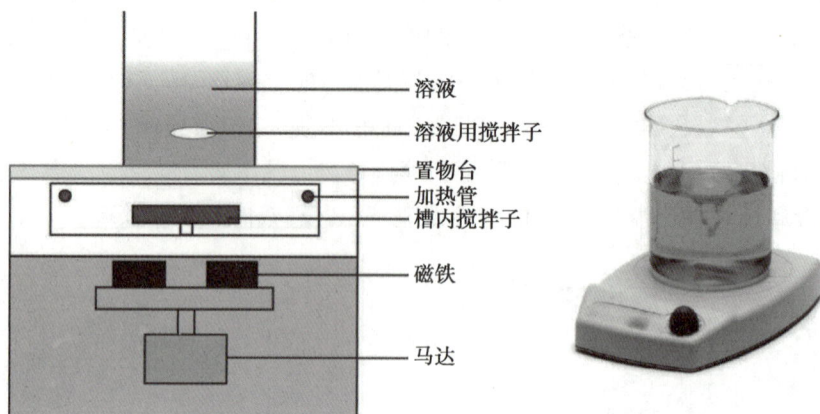

右侧标注（自上而下）：
溶液
溶液用搅拌子
置物台
加热管
槽内搅拌子
磁铁
马达

图6-7　加热磁力搅拌仪的基本结构和仪器实物图

2. **加热磁力搅拌仪的使用注意事项**　加热磁力搅拌仪涉及加热和机械旋转操作,了解其安全操作及注意事项,确保设备的正常使用和人员安全。

（1）加热磁力搅拌仪的电源电压须匹配,并正确安装地线,以确保设备与人身安全。

（2）将磁力搅拌棒放入盛有溶液的容器中,再将烧杯放在加热板上,打开电源。

（3）调节搅拌速度时,须缓慢调节调速钮,开启搅拌。若调节过快会使搅拌转子脱离磁钢磁力而不停跳动,应迅速将速度归零,待搅拌子静止后,再缓慢升速搅拌。黏度较大的液体,因热传导性能较差,不宜迅速升温,以免容器破裂。

（4）加热板表面需保持清洁,若洒落液体需立即关闭电源清理。

（5）定期维护和检查仪器各项参数。

（五）微波炉和电磁炉

微波炉和电磁炉属于家用小电器,但在细胞分子实验中(如DNA琼脂糖凝胶电泳、免疫组织化学抗原修复实验等),常被作为加热设备使用。

1. **微波炉的工作原理**　微波是一种频率为300MHz～300GHz的电磁波,其波长很短,沿直线传播。微波遇到金属材料时会发生反射,遇到玻璃、塑料、陶瓷等绝缘材料时可穿透,遇到含有水分的生物大分子(如蛋白质、脂肪等介质)时可被吸收,并转化为热能。由于微波的频率较高,它的传输需要用高导电率的波导管来传输。微波的频段虽然很宽,但是真正用于微波加热的频段却很窄,主要原因是避免对微波通信造成干扰。家用微波炉有915MHz和2 450MHz两个频率。微波炉的结构见图6-8。微波由包含谐振腔和加热阴极的真空管产生,称为磁控管。它通过结合强大的电场和磁场,能产生强大的电子束,为在腔体中振荡的电荷增加能量。电控系统将220V交流电压通过高压变压器和高压整流器,转换成4 000V左右的直流电压,送到微波发生器产生微波,微波再通过波导管传入炉腔里。由于炉热腔是金属制成的,微波无法穿过,因此只能在炉腔里反射,并反复穿透物品,从而完成加热任务。

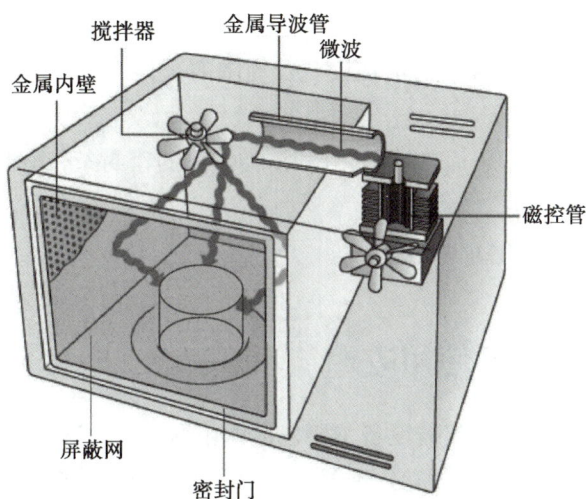

图 6-8　微波炉的结构示意图

2. 电磁炉的工作原理　电磁炉是应用电磁感应加热原理,利用电流通过线圈产生磁场,该磁场的磁力线通过铁质容器底部的磁条形成闭合回路时会产生无数小涡流,使铁质容器的铁分子高速运动产生热量,然后加热容器内的物品(图 6-9)。电磁炉接通电源后,市电经桥式整流电路变换为直流电,再经电压谐振变换器将直流电变换成频率为 20 000 ～ 40 000Hz 的高频交流电。高频交流电通过在圆形平面上绕制的加热线圈盘建立高频磁场。当线圈盘的加热线圈中流过交变的高频电流时,沿线圈盘半径方向会产生闭合的磁力线,磁力线经线圈与锅底构成的磁回路穿透灶面耦合作用于锅底(类似于空心变压器),在锅底形成涡流而发热。

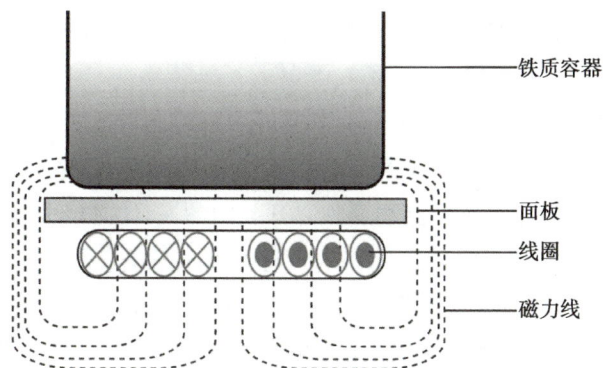

图 6-9　电磁炉的结构示意图

3. 微波炉和电磁炉的使用注意事项　使用前确保微波炉的内部干净,并确保没有残留物。使用适合微波炉的容器,如玻璃、陶瓷或特殊的微波炉专用容器。使用电磁炉时,保持炉面干燥,避免有水残留造成炉体损坏或触电风险。

(1)周围严禁堆放易燃易爆物品、高压气瓶和易燃杂物,确保使用安全。

(2)加热液体时,液体不可过满,避免液体沸腾外溢。

(3)禁止加热金属等不适用于微波加热的制品。

(4)禁止加热易燃、易爆、易挥发性化学品和纸板、泡沫、塑料等易燃物品。

(5)避免长时间连续加热物品,以免产生水蒸气,造成烫伤或爆炸。

(6)使用场所必须配备灭火器、沙桶等灭火设施。

（7）放取物品时要戴专用手套，以防烫伤。

（8）未经许可不得随便触摸开启的加热设备及周围的试样。使用完毕后应及时切断电源，拔下电源插头。

（9）定期清洁微波炉的外部表面，以及检查和清洁炉门的密封条，确保微波炉的使用安全和正常性能。

（10）定期维护和检查仪器各项参数。

三、低温类仪器设备使用安全

生物医学实验室常见的低温类仪器设备主要包括冰箱、冰柜、冷冻干燥机、低温液氮制冷系统等。需要使用低温类仪器设备的人员，必须充分了解所使用仪器设备的性能，操作过程中要戴好低温手套或者其他防护设施，以免冻伤。对所有实验室中的低温类仪器设备要定期维护，以防止散热功能不良而造成低温类仪器设备不能正常使用。

（一）超低温冰箱

生物医学实验室根据药品、试剂及多种生物制剂保存的需要，必须具备不同控温级别的低温设备，低温可以减缓有效成分的变性或降解，避免药物、生物制剂、酶、疫苗等受外界环境影响而变质失效。对于保存的细胞及胚胎等活体，低温可以减缓细胞的分裂和代谢活动，长期保持良好的原始状态，大大提高了存活率。最常使用的低温设备有 4℃、-20℃、-80℃的冰箱。4℃适合短期储存不易冻融的溶液、试剂和药品等；-20℃适用于某些需零度以下保存的试剂、药品、酶、血清、DNA、蛋白质样品等；-80℃适合某些长期低温保存的样品，如大肠埃希菌菌种、蛋白样品、RNA 样品等的保存。0～10℃的层析冷柜适合低温条件下的电泳、抗体孵育、层析、透析等实验。下面以超低温冰箱为例介绍低温类设备的安全使用注意事项。

1. 超低温冰箱的工作原理　超低温冰箱由于其可以制冷到 -80℃以下，特别适用于生物材料及样本的长期保存。超低温冰箱从外形上来看可以分为立体式和卧式，研究人员可根据实验室实际空间选择不同类型的冰箱。内箱体多采用储物层独立开关门的设计方式，外箱体由坚硬金属焊接而成。在内外层箱体间有隔热材料。超低温冰箱箱体内含有温度传感器，能够自动根据箱内实际温度和预设温度进行温度调节，温度传感器采用耐低温材料，实现对箱内温度的精准调控。传统的超低温冰箱制冷剂中含有氟利昂，现代超低温冰箱一般采用环保制冷剂，避免了对环境的污染。超低温冰箱安装有自动断电警报器和温度警报器，报警装置具有故障自我诊断、多种故障报警及多重保护功能，在超温、冷凝器脏、传感器故障、电压高低波动、环境超温、断电等问题出现时，将报警和出现错误代码。超低温冰箱一般配备有电压增压器，以确保压缩机在低电压情况下正常运行。

2. 超低温冰箱的使用注意事项　由于超低温冰箱用电负荷较大，向外部散热较多，放置环境需要通风良好。由于保存的样品温度 -80℃左右，使用过程中注意防冻伤保护，以下是关于超低温冰箱使用安全的一些建议和注意事项。

（1）严格按照使用说明书中的操作规范进行操作，以免人为故障发生。

（2）在取出和存放样品的过程中，必须戴上专业的防护手套防止手部冻伤。

（3）避免在超低温冰箱周围、箱体顶部放置大量物品，导致空气不流通，环境温度过高，冰箱高温报警，长期环境温度过高，将增加冰箱各部件的运行负担，降低使用寿命。

（4）避免长时间开冰箱门，迅速存取标本样本。关冰箱门时，应确保把手的门锁转动到指定位置。

（5）严禁放置腐蚀性的物品。

（6）严禁在实验室内用冰箱内存放与实验无关的物品,所有存放于冰箱的样品和试剂均应有规范的标签。

（7）使用设备附带的除霜铲对内门进行除霜,不能使用小刀或螺丝刀等尖锐的物品除霜等,容易导致箱体内部破裂。应取出箱内物品置于其他正常运转冰箱,随后关闭电源,打开内外门,使冰箱自然化霜,然后用干抹布把箱体底部积水擦干,清洁后重启电源,放回物品。

（8）环境温度过高会加重冰箱压缩机负担,湿度过大容易使内部电路板发生故障,空气中灰尘会导致冰箱不能有效散热,应避免这些可能造成低温冰箱故障的因素。

（9）若冰箱显示冷却不良,应检查环境温度是否过高、内外门是否关严、冷凝器过滤网是否清洁、温度设置是否合适、是否靠近热源、是否受阳光直射以及是否放入过多未冷冻物品。

（10）若冰箱噪声过大,应检查冰箱是否摆放稳固、冰箱外壳是否接触其他物体、是否用水平支脚调平、是否进入低温运行状态等,并检查声音的来源进行排查。

（11）定期维护和检查仪器各项参数。

（二）真空冷冻干燥机

1. **真空冷冻干燥机的工作原理**　冷冻干燥技术是将含水物品预先冻结,然后将其水分在真空状态下升华,从而获得干燥物品的一种方法。冷冻干燥得到的产物称作冻干物,该过程简称冻干。冷冻干燥处理的物品易于长期保存,加水后能恢复到冻干前的状态并保持原有的生化特性,在生物工程和医药工业领域有着广泛的应用。

真空冷冻干燥机通过液体制冷剂在蒸发器中吸收被冷却物质的热量后,汽化成低压低温的蒸汽,被压缩机吸入并压缩成高温高压的蒸汽,排入冷凝器。在冷凝器中,蒸汽向冷却介质(水或空气)放热,冷凝为高压液体,再经节流装置节流为低压低温的液体,再次进入蒸发器吸热汽化(图6-10)。因此冻干过程大致分为预冻、升华干燥、解析干燥3个阶段。预冻是为了固定产品,使物料温度迅速降低至其共晶点之下,为下阶段的升华做好准备。预冻与温度、时间、真空度都有密不可分的关系;升华干燥是冷冻干燥的主要过程,其目的是将物料中的冰通过升华而排出产品体外,整个过程中不允许冰出现融化现象;解析干燥也是二次干燥,物料置于负压或真空条件下,并适当通过加热达到负压状态下的沸点或者通过降温使得物料凝固后通过控制熔点来干燥物料,经此过程可使物料水分控制在0.5% ～ 4%。

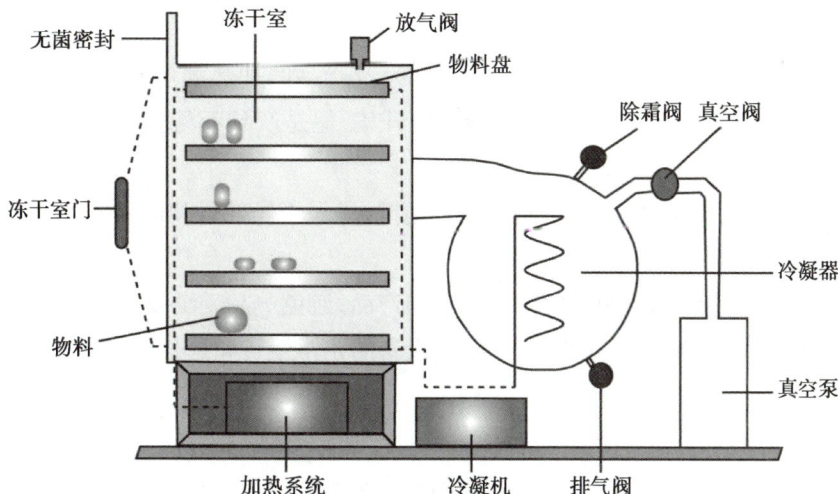

图 6-10　真空冷冻干燥机的工作原理示意图

2. 真空冷冻干燥机的分类 真空冷冻干燥机系由制冷系统、真空系统、加热系统、电器仪表控制系统所组成。实验人员可根据冻干面积、冷阱温度、降温速率、极限真空度、抽真空时间、板层温度均匀性及平整度和控制系统选择合适的机型。

（1）冻干面积：根据实验试剂的需要计算所需冻干面积，选择相应规格的设备。

（2）冷阱温度：冷阱是冷冻干燥过程捕获水分的装置。冷阱温度越低，冷阱的捕水能力越强，但冷阱温度低，对制冷能力要求高。实验中常用真空冷冻干燥机的冷阱温度主要有 -45℃、-60℃、-80℃等类型。-45℃冷阱温度适用于易冻干的产品，-60℃冷阱温度适用于大部分物料的冻干，-80℃冷阱温度适用于一些特殊物料冻干。在没有特殊需求的情况下，选用冷阱温度 -60℃左右是较理想的选择。

（3）降温速率：体现制冷系统的制冷能力，指仪器空载下，冷阱温度应在 1 小时内达到指标规定的最低温度。如冷阱温度 -60℃的真空冷冻干燥机，机器制冷开始计时，冷阱温度达到 -60℃的时间应小于 1 小时。

（4）极限真空度：体现真空冷冻干燥机的泄漏情况及真空泵的抽气效率，设备的空载极限真空度应达到 15Pa 以上。

（5）抽真空时间：设备空载时的抽空速度，应在半小时之内从大气压抽到 15Pa。

（6）板层温度均匀性及平整度：板层温度均匀性及平整度越好，则冻干产品质量的均一性也越好。

（7）控制系统：控制系统应可实时显示冻干过程参数并自动记录，便于数据采集和保存。

3. 真空冷冻干燥机的使用注意事项 由于真空冷冻干燥技术各领域得到广泛使用，操作过程中也要注意安全。

（1）避免接触设备的高温部件和冷冻表面，以免造成烫伤或冻伤。

（2）避免在操作过程中将有机溶剂或其他易燃易爆物品带入设备内部，以免发生危险事故。

（3）在使用真空冷冻干燥机时，需要注意安全操作，避免发生意外事故。操作人员需要穿戴好防护装备，避免直接接触高温表面和冷冻物料。

（4）禁止操作易燃、易爆、有毒、有害等物料成分，以免发生危险。

（5）在使用前，需要对设备进行清洁，确保设备内部无杂质和污垢，以免影响干燥效果和设备寿命。

（6）在冷冻过程中，需要控制冷却速度和温度，避免过快或过慢，以免影响干燥效果。为了能够最大程度地保持产品的结构不受到破坏，干燥后能够反映产品原来的结构组成。可采取快速冷冻，此过程产生的冰晶较小，而且对细胞的影响不大。

（7）升华阶段中，一定要注意控制设备中的压强及产品的加热温度，避免过快或过慢，以免影响干燥效果。设备中压强过低虽有利于产品内冰的升华，但是产品不易获得推动冰快速升华所需的热量。

（8）在干燥过程中，需要不断监控设备的运行情况，确保干燥效果和设备的安全性。如果发现设备异常，需要及时停机检查。

（9）当物料干燥完成后，需要及时收集干燥后的产品，避免产品受潮或受污染。

（10）在使用完毕后，需要清洗和维护，以保证设备的正常运转和延长使用寿命。

（三）液氮罐

液氮罐是基于 1898 年英国科学家杜瓦发明的真空夹套绝热原理而制造，又称为液氮容器。它可作为生物样本长时间储存的容器，科学地解决了液氮贮存时由于热对流、传导和辐射引起的液氮大量蒸发而损失的难题,被广泛运用在医疗及生命科研领域。液氮温度为 −196℃,以液氮作为制冷剂,可有效保存细胞、组织、动物精液、胚胎、器官及菌种等生物样本。

1. 液氮罐的工作原理　液氮罐设备的结构组成包括外壳、内槽、夹层、颈管、盖塞、提桶和外套(图6-11)。最外层为外壳,其上部为罐口。内层中的空间称为内槽,一般为耐腐蚀性的铝合金,可将液氮及样品储存于内槽中。罐内外两层间的空隙为夹层,呈真空状态,增强其绝热性能,同时在夹层中装有绝热材料和吸附剂。颈管通常是玻璃钢材料,将内外两层连接,并保持有一定的长度,在颈管的周围和底部夹层装有吸附剂。顶部的颈口设计特殊,既要满足排出液氮蒸发的氮气,以保证安全,又要有绝热性能,以尽量减少液氮的汽化损失。颈口处配有盖塞,盖塞由绝热性能良好的材料制成,用于防止液氮蒸发,且可固定提筒的手柄。提筒置于罐内槽中,规格大小不一,用于储存不同类型的生物样本。提筒的手柄挂于颈口上,用盖塞固定住。中、小型液氮罐为了携带方便,配有外套,用于防撞保护和方便搬运。

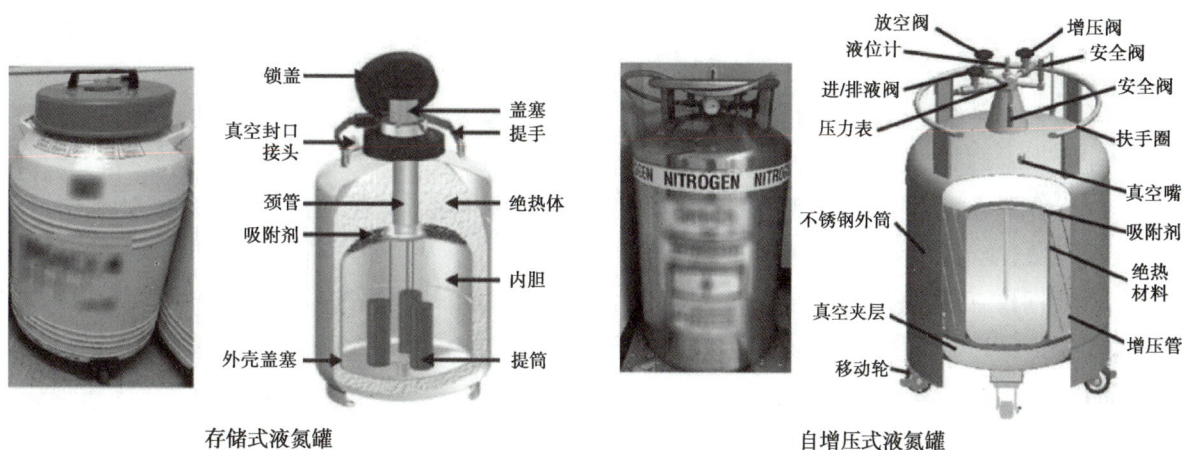

存储式液氮罐　　　　　　　　　　　　自增压式液氮罐

图6-11　液氮罐的结构示意图

2. 液氮罐的分类　根据定义标准不同可分为运输式液氮罐、贮存式液氮、自增压液氮罐、玻璃内胆液氮罐、加气输液型液氮罐及自排液液氮罐。可根据实际实验需求(如运输、储存)及样本体积大小和数量选择不同规格的液氮罐。

(1)运输式液氮罐:运输罐主要有专项防震设计,除了静置贮存,还可作运输液氮使用,应避免剧烈的碰撞和震动。

(2)贮存式液氮罐:贮存罐主要用于液氮的静置贮存,保存实验样本。

(3)自增压液氮罐:容器内部设有自增压装置,利用容器内少量液氮汽化产生压力,使容器能排放液氮,和其他需要降温的仪器连接使用。

(4)玻璃内胆液氮罐:玻璃内胆液氮罐是储藏液态气体,低温研究和晶体元件保护的一种较理想容器和工具。

(5)加气输液型液氮罐:与自增压液氮罐相似,加气输液型液氮罐是靠内部液氮产生汽化增大体积产生压力使液氮排出。

(6)自排液液氮罐:同样属于自增压液氮罐,其罐口配置了一个液氮泵,泵上装有手捏式橡皮球。通过捏压橡皮球,少许的液氮被吸入气化室,迅速汽化并膨胀,产生压力差,将液氮罐里的液氮排出。

3. 液氮罐的使用注意事项　由于液氮超低温性,不小心接触液氮或被液氮冷却的物体,可能导致严重的冻伤。液氮也具有膨胀性,在20℃的液气膨胀比为1:694,如果液氮在密闭空间蒸发,造成气体压力增加,可能会发生爆炸。同时,氮气无色无味具有隐蔽性,密闭空间内液氮挥发产生大量的氮气,会降低空气中的氧浓度,可能导致窒息。以下是关于液氮罐使用安全的注意事项。

（1）液氮汽化时吸收大量的热量,在使用过程中要防止冻伤。在开盖和关盖、取出和存放样品的过程中,必须戴上专业的防护手套和防护面罩,杜绝大面积皮肤裸露。在使用中发生皮肤接触液氮,应立即脱掉冻伤部位衣物,将受伤部位放在不超过40℃的温水中浸泡,并尽快就医。

（2）氮气是惰性气体,无可燃性但大量吸入会造成窒息。如果在液氮使用中,因大量泄漏而造成人员缺氧昏迷时,迅速把昏迷人员移到空气流通处,如果出现呼吸停止,要采取人工呼吸措施并寻求医治。

（3）应将液氮罐放置在通风良好的房间,避免强光照射,环境温度不能超过50℃。设置警示标志牌,非工作人员一律不得进入液氮区域。

（4）液氮罐的盖塞都留有一定的缝隙,在使用时千万不要人为将其堵塞,否则液氮汽化时气体无法及时排出,极易造成爆炸事故。工作结束后,把液氮罐用罐本身自带的罐塞盖好,无须额外的密封措施。

（5）在液氮操作及存取冷冻物品时,速度要快,注意轻拿轻放,以免液氮溅出和物品解冻,造成不必要的损失。

（6）液氮罐在运输和使用过程中要固定好,以防震动和倒翻。如果在使用过程中出现液氮泄漏或者溅出现象,应远离泄漏区,并等挥发完后再行处理。

（7）定期检查存放和使用液氮的地方,检查液氮罐固定措施是否完好,是否存在安全隐患,及时排除。检查液氮罐是否存在泄漏现象,严禁使用带有漏点的液氮罐。发生泄漏事故时,应立即停止工作,远离泄漏区,并报告相关人员。

（8）当液氮罐中液氮剩余20%或只够使用一周时,要对其进行填充,缩短容器打开时间和频率。填充液氮时,速度要缓慢,少量多次注入。首次注入液氮量,大约在液氮罐容积的1/3处,然后静置24小时,使液氮罐冷却后,再逐渐注入至规定的容量。

（9）液氮罐清洁时,首先把液氮罐内提筒取出,液氮移出,放置2～3天,待罐内温度上升到室温左右,再倒入30℃左右的温水,用布擦洗。若发现个别组织或其他物质粘在内胆上,细心轻柔洗刷干净。然后再用清水冲洗数次,之后倒置液氮罐,放在室内安全不易翻倒处,自然风干,或如前所述用鼓风机风干。注意在整个刷洗过程中,动作要轻慢,倒入水的温度不可超过40℃,总量不超过2L为宜。

四、高速运转类仪器设备使用安全

在生物医学实验室中,为实现对混合液进行分离、沉淀或溶液的混匀,需要高速运转类设备辅助完成。常用的高速运转类仪器有离心机、混悬仪、摇床等,此类仪器要求台面必须坚实平整,防止运行时产生振动或仪器移动。由于这类仪器在工作时处于高速旋转状态,具备很高的角动能（即旋转动能:转速越高,旋转动能越大,越危险）,如使用不规范或防护不足均可能引发安全事故。

（一）离心机

1. 离心机的工作原理　利用离心力对混合液（含固形物）进行分离和沉淀的一种专用仪器,其主要原理是利用物质的密度不同,在离心力作用下,混合物质由于密度差异而沉积分离（图6-12）。其主要是用于血液分离、病毒研究、DNA 研究、药品提纯等。离心时间由物质的密度和施加的离心力决定：密度越大，越快沉降到达管底（密度 = 质量 / 体积），离心力越大，离心分离时间越短，离心分离按照应用可分为离心沉降和离心过滤两种类型。

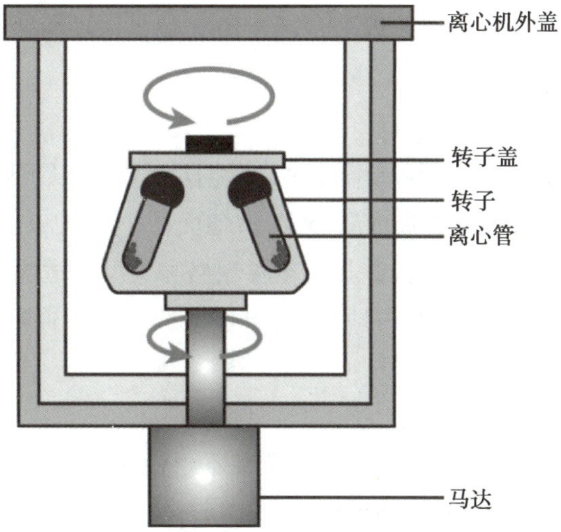

图 6-12　离心机的工作原理示意图

（1）离心沉降：利用悬浮液（或乳浊液）密度不同的各组分在离心力场中迅速沉降分层的原理，实现液 - 固或液 - 液（相）分离。日常实验应用有沉淀离心、密度梯度离心等。

1）沉淀离心：是离心机最常见的应用，即通过离心使固体集聚沉淀在离心管底部，与液体（上清液）分开。在相分离的过程中，溶质从分散状态或者溶液介质中转移到另外一种溶剂中，便于化学或分子生物学分析。

2）等密度梯度离心：在离心力场下，颗粒在密度梯度介质中移动到与其密度恰好相等的位置，形成一系列密度区，实现不同密度的物质得到分离。

（2）离心过滤：使悬浮液在离心力场下产生的离心压力，作用在过滤介质上，使液体通过过滤介质成为滤液，而固体颗粒被截留在过滤介质表面，从而实现液 - 固分离，如超滤膜离心分离纯化大分子物。

2. 离心机的类型

（1）根据进样方式分类

1）连续离心机：可连续进样。

2）非连续离心机（分批离心机）：每次装样后离心处理一次，是生物医学实验常用的离心机。

（2）根据制冷功能分类

1）常温离心机：占地面积小，离心期间样品温度会因摩擦生热而上升。

2）冷冻离心机：离心机装有压缩机以进行主动冷却，占地面积比非冷冻型大，在离心结束后不会自动打开离心机盖，根据不同的压缩机性能，可以在不同时间内将离心机冷却至所需温度，也可在长时间高速离心后仍保持设定温度。对于需要保持样品活性的实验，如蛋白和核酸的提取过程，需要冷冻型离心机（4℃）。

3）升温型离心机：部分特殊的离心机有加热功能，可以主动给样品加热，保证样品活性和质量。

（3）根据相对离心力分类

1）低速离心机：通常用于细胞或者血液离心，最高离心力在几百到几千不等。

2）高速离心机：离心力可达 10 000 ～ 30 000g。分子生物学实验最常用的离心力范围是 14 000 ～ 20 000g,病毒和细胞器的离心分离等应用需要 30 000g 的离心力。高速离心对离心管品质有较高要求,如蛋白、核糖体、细菌溶解产物、病毒等物质的离心分离及质谱用样品的制备,建议使用可耐受高离心力的离心。

3）超速离心机:离心力达到 30 000g 以上。通常需要配备特殊的转子或者离心管以实现高速和高离心力。

（4）根据离心机尺寸分类

1）台式离心机:台式离心机有多种规格尺寸。根据尺寸分为以下两类:多功能离心机,离心腔体大、转子种类多;小型离心机,适用于微量离心管,占地面积小,离心力为 14 000 ～ 30 000g,最多可以离心 48 个 1.5mL 或 2.0mL 微量离心管,并具有多种规格和类型的适配器可供选择。

2）落地式离心机:至少需要 1m^2 的占地面积,可以节约实验台面空间,主要用于高速或大容量离心。

3. 离心机的操作规程

（1）确保离心机处于稳定的工作台上,不得放置在不平稳或易摇晃的地方。

（2）确保离心机电源线完好无损,接地良好。

（3）检查离心机内部,确保无异物。

（4）根据具体实验需求,选择合适的离心管和转子。

（5）设定使用温度（4℃、25℃等）,先把转子放入离心舱中,注意转子要卡好轴心;关上舱门,离心舱的温度开始下降,预冷时间要充足。

（6）把样本装入适当的离心管,称量配平,盖上离心管盖子并旋紧。

（7）把平衡好的离心管对称地放入转子中,盖上转子的内盖,注意有无旋紧。

（8）关上离心机舱门,在仪表板上调好所要的转速与时间。

（9）确定所有步骤无误后,开始离心,离心机渐渐加速,此时要密切监控。

（10）等到离心达到所要的转速后,确定一切正常才可离去。

（11）完成离心时,要等转子完全静止后,才能打开舱门;应尽快取出离心管,先观察离心管是否完全。

（12）在两次离心之间,无需取出转子,但应盖上舱门,勿让热空气流入离心舱。

（13）全部使用完毕后,取出转子清理,可以用自来水冲洗后倒放晾干。离心舱门打开,将冷凝水擦拭清理。若离心过程中有液体漏出,应用清水清洗。同时做好清理工作。

4. 离心机安全使用事项　实验室常用的离心机转动速度快,应注意安全,特别要防止在离心机运转期间的移动,导致掉落实验台。若离心机盖子未盖,离心管因振动而破裂后,玻璃碎片旋转飞出造成事故。因此使用离心机时,还必须注意以下事项。

（1）机体应始终处于水平位置,外接电源系统的电压要匹配,并要求有良好的接地线。

（2）在预冷状态时,离心机盖必须关闭,离心结束后取出转头要倒置于实验台上,擦干腔内余水,离心机盖处于打开状态。

（3）开机前应检查转头安装是否牢固,机腔有无异物掉入。

（4）转头在预冷时转头盖可摆放在离心机的平台上,或摆放在实验台上,避免拧紧或浮放在转头上,一旦误启动,转头盖可能飞出造成事故。

（5）转头盖在拧紧后一定要用手指触摸转头与转盖之间有无缝隙,如有缝隙要拧开重新拧紧,直至确认无缝隙方可启动离心机。

（6）在离心过程中,操作人员不得离开离心机室,一旦发生异常情况操作人员不可直接关电源（"POWER"）,应按"STOP",并填写好离心机使用记录。

（7）不得使用劣质离心管,不得用老化、变形、有裂纹的离心管。挥发性或腐蚀性液体离心时,应使用带盖的离心管,确保液体不外漏,以免腐蚀机腔或造成事故。

（8）如有噪声或机身振动时,应立即停止离心,及时排除故障,报请专业技术人员检修。

（9）离心管必须对称放入套管中,防止机身振动,若只有一支样品管另外一支可用等质量的水代替。

（10）启动离心机时,应盖上离心机顶盖后,方可慢慢启动。

（11）离心结束后,在离心机停止转动后,方可打开离心机盖,取出样品,不可用外力强制其停止运动。

（12）离心管一定要平衡好,转子放入在位置平衡。设置速度不能超过离心机或转子的最高限转速。

（13）一定要在达到预设转速后,才能离开离心机;若有任何异状,要立刻停机。

（14）从离心时仪器发出的声音和震动状态可判断离心状况是否正常。

（15）离心硫酸铵等高盐溶液样本后,一定要把转子和离心机腔清理干净。

（16）擦拭离心机腔时动作要轻,以免损坏机腔内温度感应器。

（17）超高速离心机则因转速极高,也更加复杂,需要另外的专业训练才可使用。

（18）每次操作完毕应记录使用情况,并定期检测机器各项性能。

（二）旋涡振荡混合器

旋涡振荡混合器是利用电路元件的电磁场产生偏心旋转及振荡,或者是由马达带动偏心组件（偏心球轴承）产生偏心旋转。当设备带动试管或其他容器中的液体进行旋转时,这些液体便可能形成旋涡状振荡,从而达到溶液混合均匀的目的。通过调整偏心圆环的转速和位置,可以控制旋涡流动的速度和方向。旋涡振荡混合器广泛用于分子生物学、生化学、制药等多个领域。

1. **旋涡振荡混合器的类型**　根据启动方式的不同,可分为点动（点触）型、红外感应的类型和连续振荡型。

（1）点动（点触）的类型:通过按压振荡头或顶部适配器的方式触控设备,并且需要持续按压以便带动样品振荡混合,不再按压后设备自动停止。

（2）红外感应的类型:通过红外传感器自动检测到样品的接近并启动设备,样品接触振荡头或适配器后,即可振荡混合,取走样品后设备自动停止,全程无须施力按压。

（3）连续振荡模式:通过开关实现设备的连续工作,适用于特定适配器及需要长时间振荡混匀的样品,以及样品体积较大或多管样品。

2. **旋涡振荡混合器的使用注意事项**

（1）仪器应水平放置,保持环境干燥、通风、无腐蚀性气体。

（2）仪器使用前,先将调速旋钮置于最小位置,关闭电源保持关闭开关。

（3）如果开启电源后,若仪器不工作,应检查插头接触是否良好,保险丝是否烧断（应断电进行）。

（4）所有试剂管、试剂瓶应均匀分布,各瓶的溶液应大致相等,确保容器固定牢固。

（5）打开电源开关,缓慢调节速度,升至所需速度。

（6）溶剂混匀后,关闭开关,切断电源,清理表面。

（三）摇床

摇床在液体混合和微生物、细菌、细胞及器官组织培养等领域中发挥着重要作用。

1. 摇床的种类　生物医学实验所用的摇床种类繁多,根据作用分为常温摇床、恒温摇床、培养摇床、智能型摇床、万向摇床等;根据组件分为水浴、气浴和油浴,如气浴恒温摇床、水浴恒温摇床、油浴恒温摇床;根据层数分为单层、双层摇床;根据放置方法分为立式、台式、叠式、落地式等;根据振荡方式分为3D运动式、翘板运动式、轨道式运动式、往复运动式,以及模拟手摇烧瓶的腕式运动式等。

本部分根据振荡方式的不同,将摇床分为以下几种类型(图6-13)。

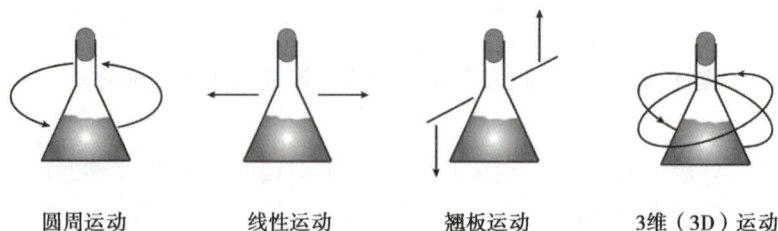

| 圆周运动 | 线性运动 | 翘板运动 | 3维(3D)运动 |

图6-13　摇床运动方式模式图

（1）圆周摇床:通过圆周运动提供高效的振荡混匀,适配各种培养皿,锥形瓶和培养瓶等。主要应用于细菌重悬、溶解性研究、细菌及酵母培养、提取洗脱过程、诊断检测、杂交、通用混匀、印迹和洗脱等应用。适合单次混匀较多的样品,样品上下对流效果比较好,浓度较为均匀。

（2）线性摇床:通过往复运动的方式,线性振动筛作用力更强,广泛应用于各种电泳凝胶的固定、考马斯亮蓝染色、脱色时的振荡晃动、硝酸银染色的固定、染色、显影等实验。适合单次混匀较少的样品,样品与空气接触面积大,非常适合萃取等应用。

（3）翘板摇床:可在样品中产生波浪运动,提供温和的混匀效果,广泛应用于电泳凝胶染色、脱色、样品洗涤、酶免疫分析、蛋白质合成、免疫沉淀、免疫印迹等,同时可用于细胞培养及细胞膜转移,且可放入低温及恒温箱中使用。

（4）3D运动式摇床:比较轻柔,适用于剪切力敏感、对氧气需求量较低的细胞培养,如哺乳动物细胞培养,精细的细胞培养、染色和脱色。

2. 摇床的使用注意事项

（1）仪器应水平放置,保持环境清洁,通风良好。

（2）取放物品时,确保电源关闭,机器停止运行,将培养瓶或试管等物品固定好,以防倾斜,液体外泄。

（3）接通电源后,设置合适速度,一定缓慢调节调速旋钮,确保容器内液体试剂不外泄。

（4）使用完毕后,关闭开关,切断电源,清理仪器。

第二节　细胞分子实验常用危险化学品、器具耗材及安全

在细胞分子实验的领域中,危险化学品、有毒有害物品及玻璃、塑料材质器具耗材扮演着至关重要的角色。然而,这些物品的使用也伴随着潜在的风险。特别是玻璃仪器,由于其脆弱性,在操作过程中容易碎裂甚至引发爆炸,对实验人员构成直接的安全威胁。同时,危险化学品和有毒有害物品,

更是对个人健康和环境安全构成了重大挑战。因此,实验室的工作人员必须深入学习并熟练掌握正确的操作规范,严格遵循安全操作规程,确保实验的顺利进行,同时保障自身和他人的安全。本节将介绍分子细胞实验中常用的危险化学品和器具耗材,以及相关的安全使用事项。

一、常用危险化学品与安全使用

（一）危险化学品的定义

危险化学品系指具有毒害、腐蚀、爆炸、燃烧、助燃等性质,对人体、设施、环境具有危害的剧毒化学品和其他化学品。

（二）危险化学品的分类

依据危险化学品的物理和化学性质,以及对人体、环境和设施的危害程度。根据《危险性化学品目录（2015版）》将其主要分为以下几类。

1. 物理危险　根据其性质和危险不同,可分为爆炸物、易燃气体、气溶胶、氧化性气体、易燃固体、易燃液体、自反应物质和混合物等多种可能引发物理性危害的化学品。

2. 健康危害　根据损伤程度和接触方式不同,可分为人体急性毒性,皮肤腐蚀、刺激,严重眼损伤、眼刺激,呼吸道或皮肤致敏,生殖细胞致突变性及致癌性和生殖毒性。

3. 环境危害　可主要分为急性、长期危害水生环境和危害臭氧层。

（三）危险化学品管理和使用规范

为了加强危险化学品的安全管理,预防和减少危险化学品事故,保障人民群众生命财产安全,保护环境,国务院制定《危险化学品安全管理条例》。所有从事危险化学品生产、经营、使用、存储、运输、处置、进出口等活动的单位和个人,均应学习和遵守相关条例,保障自身安全。在日常实验中,使用危险化学品应该注意以下事项。

1. 储存管理　危险化学品、有毒有害物品的储存应该由专人负责,并设有固定存放点。应定期检查存放、标志及使用状况,填写检查记录,确保与禁忌物分开存放。化学品安全标签示例可参见图6-14。如发现包装破损、标志不清等状况,应立即按照危险废弃物进行处理,禁止使用内容不明或标签不清的药品或试剂。

图6-14　化学品安全标签样例

2. 取用与报废 当实验中涉及危险化学品及有毒有害物品时,应提前计算好用量,使用完成后应立即放回存放处,并做好相应记录。危险化学品回收时,应按照 GB 18597—2023《危险废物贮存污染控制标准》、HJ 2025—2012《危险废物收集、贮存、运输技术规范》的要求进行收集、贮存和处置等。

3. 个人防护 实验室操作危险化学品及有毒有害物品时,应该穿着实验服,佩戴一次性手套,禁止穿凉鞋、拖鞋。根据实验需要可佩戴口罩、护目镜或面屏。

（四）危险化学品危害人体的途径

有毒化学品对人体的危害途径主要有以下 3 种。

1. 消化道 当误食或无意摄入有毒化学品时,这些物质会通过消化道被吸收进入体内,进而造成中毒或烧伤。此外,若接触有毒物质后未能彻底清洁双手,随后喝水或进食,也可能导致有毒物质通过消化道进入体内。

2. 呼吸道 呼吸道是化学药品进入体内的主要途径之一,实验室中的许多有毒有害物质具有挥发性,如气体、溶剂蒸气、烟雾和粉尘等,这些有毒物质可通过呼吸进入人体,对呼吸系统造成损伤。它们经呼吸道进入肺部后,会被肺泡吸收,进而随血液循环分布到全身,引发中毒。

3. 皮肤和黏膜 某些化学药品能溶于水或脂肪,当它们接触皮肤时,会被皮肤吸收,然后通过血液运输到身体各部位,导致中毒。这是高沸点化合物侵入人体的重要途径。因此,当皮肤黏膜有破损时,应特别注意避免接触剧毒药品。

（五）危险化学品的一般急救措施

在实验室工作中,一旦接触有毒有害的危险化学品物品,必须立即采取急救措施,以减轻伤害并防止事态进一步恶化。危险化学品事件应急措施见第五章"第三节 危险化学品事件应急措施"。

（六）常见有毒有害试剂的危害及使用注意事项

生物分子实验和细胞实验中,需要经常用到一些化学试剂。以下选取了在 DNA、RNA 样本提取、免疫荧光、免疫印迹和试剂配制等实验操作中常见的有毒有害化学试剂,将其危害性和使用注意事项列举如下。

1. 苯酚（C_6H_5OH） 是一种有机化合物,为高毒、易燃白色晶体。氧化后呈粉红色,遇水易分解并发生反应。其危害主要是可通过呼吸道、皮肤和消化道吸收,长期接触高浓度的苯酚可导致头痛、头晕、恶心等神经症状,以及皮肤烧伤、呼吸困难等刺激症状,甚至可能导致白血病、肝癌等疾病。

使用注意事项:实验使用苯酚时,应穿戴防护手套、护目镜和防护服等防护装置,重蒸苯酚等操作应在通风柜中进行。工作区域保持通风,减少苯酚蒸气的积聚。在使用苯酚时应避免与其他化学物质混合,特别是强氧化剂或酸性物质。苯酚应储存在干燥、通风良好的地方,远离火源和高温,苯酚溶液易分解,须在 −20℃ 下保存。当不小心皮肤和眼污染时,应立即用大量水冲洗,避免使用乙醇,如持续不适立即就医。

2. 甲醛（HCHO） 是一种无色、有强烈刺激性气味、易挥发的致癌物质,主要用于 RNA 电泳等分子生物学实验。其主要危害是对眼、皮肤和呼吸道有强烈刺激作用,长期接触可能导致各种健康问题,如哮喘、皮肤炎症和全身不适。

使用注意事项:使用甲醛时,应戴好口罩等防护装置。配制溶液时,应在通风柜内进行,甲醛试剂及溶液尽量加盖密封,减少挥发。甲醛能与氧化剂剧烈反应生成爆炸性产物,应避免与氧化剂等混合;甲醛还可和盐酸反应生成强致癌物二氯甲醚。中毒时,应立即采取急救措施,如口服中毒应洗胃并服用保护胃黏膜的药物;皮肤污染或吸入中毒也应立刻停止接触,并冲洗及呼吸新鲜空气,如持续不适,应立即就医。

3. 乙醚($C_4H_{10}O$) 是一种无色、透明、高度挥发的液体,化学性质不稳定,易燃易爆,有特殊气味,作为麻醉剂被广泛应用。其主要危害是对中枢神经系统产生毒性,引起全身麻醉。急性吸入后可引起兴奋、嗜睡、呕吐等症状,长期反复接触可能导致中枢抑制作用。

使用注意事项:应在通风良好的环境中使用,并注意防火和防爆。运输和储存时,应与强氧化剂分开,保持阴凉干燥。使用时,须佩戴化学护目镜和橡皮手套,并注意个人防护。如有神经系统疾病等,不得接触使用。

4. 丙烯酰胺和甲叉双丙烯酰胺 这两种物质常用于十二烷基硫酸钠聚丙烯酰胺凝胶电泳(sodium dodecyl sulfate polyacrylamide gel electrophoresis, SDS-PAGE)中凝胶的制备。丙烯酰胺为2A类致癌物,甲叉双丙烯酰胺可能具有致癌性。它们对眼和皮肤等有轻微刺激性,并具有一定神经毒性。

使用注意事项:操作时,应戴手套、口罩等防护装置,并保持环境通风。称取粉末时小心,勿吸入粉尘。避免与人体长期接触,不慎接触应立刻用大量清水冲洗。

5. 四甲基乙二胺($C_6H_{16}N_2$)(tetramethylethylenediamine, TEMED) 常用于 SDS-PAGE 中凝胶的制备。与过硫酸铵连用催化丙烯酰胺的聚合,作为促凝剂使用。TEMED 为无色透明的液体,有微腥臭味,吸入可导致呼吸系统损伤,不小心接触可导致皮肤损伤,具有强神经毒性,大量吸入可导致中枢神经系统症状。

使用注意事项:应在通风柜中使用,接触时须戴手套、口罩等防护装置。此外,使用时小心倾洒,保持环境通风。TEMED 易挥发,取用时操作迅速,用后确保密封得当,保存于危险试剂柜内。

6. 液氮 是低温制品(-196℃),取用不当会造成机体低温冻伤。液氮容器使用不当会造成容器压力过高而爆炸,同时密闭环境内挥发过多氮气也会造成身体不适。

使用注意事项:液氮罐必须保持直立,严禁倾斜、横放或倒置。在操作液氮时,应穿戴专用防低温手套、护目镜等防护装备,避免低温损伤。液氮放置的容器,应保持通气性,避免产生破裂。切勿将手直接放入液氮中。

如果液氮不小心泼洒在身体上,导致身体(如面部、鼻、耳、足面等)发生冻伤,应立即使受伤部位迅速复温。一般采取的措施有 3 种:①迅速脱离冷源,用衣物或温热的手覆盖在受冻部位使之保持适当温度,以维持足够的血供。②用水浴复温,水浴温度为 37 ～ 43℃,适于各种冻伤。当皮肤红润柔滑时,表面受伤组织完全解冻。禁止对受伤部位用冰块摩擦、烘烤或缓慢复温,这样会进一步损伤组织。③若冻伤处有破溃感染,局部应用 75% 乙醇消毒,吸出水疱内液体,外涂冻疮膏、樟脑软膏等,保暖包扎。必要时使用抗生素及破伤风抗毒素。

7. 溴化乙锭(ethidium bromide, EB) 是分子生物学常用的核酸染料,具有强诱变性和中度毒性,且易挥发,具有强致癌性。

使用注意事项:应在通风柜中配制,接触时须戴手套,避免洒落。污染有 EB 的器皿或物品须经专门处理后方可清洗或丢弃。同时,EB 须保存于棕色瓶中并标注清楚。对于 EB 溶液的净化处理,EB 含量大于 0.5mg/mL 的溶液,可用水将 EB 溶液稀释至 0.5mg/mL 以下,再加入等体积的 0.5mol/L 高锰酸钾溶液,混合均匀,再加入等体积的 25mol/L 氯化氢溶液,混合均匀,室温静置数小时,最后加入等体积的 2.5mol/L 氢氧化钠溶液,混合均匀,丢弃。EB 含量小于 0.5mg/mL 的溶液可直接加入浓度为 1mg/mL 的活性炭,轻轻间歇摇匀,室温静置 1 小时。用滤纸过滤,将活性炭与滤纸一起密封丢弃。

8. 三氯甲烷(CHCl₃) 在 RNA 和 DNA 提取中经常使用,为带有特殊气味的无色液体,易挥发。它具有致癌作用,对皮肤、眼、黏膜和呼吸道有刺激作用,长期接触可损害肝、肾及中枢神经系统。

使用注意事项:由于三氯甲烷易挥发,使用时必须确保工作环境通风良好,尽量在通风柜内操作,避免吸入挥发的气体。并且应佩戴合适的手套、口罩和安全眼镜,以防皮肤接触和吸入有害气体。储存时,应存放在阴凉、通风的地方,远离热源和火源。纯三氯甲烷对光敏感,因此最好在棕色瓶中保存。处理废弃的三氯甲烷时,应遵循相关的环保规定。特别要注意避免将三氯甲烷与强碱或其他氯代烷混合,以免引起爆炸。此外,加热三氯甲烷时可能形成光气,这种气体能侵蚀塑料和橡胶,因此加热操作应特别小心。

9. 十二烷基硫酸钠(C₁₂H₂₅NaO₄S, sodium dodecylsulfate, SDS) 是一种常用的阴离子表面活性剂,正常形状为白色或浅黄色结晶或粉末。它易溶于水,同时也溶于醇,这使得它在制备水溶液或与其他溶剂混合时具有便利性。SDS 与阴离子、非离子表面活性剂配伍性好,可作为表面活性剂使用。在分子生物实验主要用于免疫印迹实验中。接触后可引起对眼、黏膜、上呼吸道和皮肤刺激作用,吸入时可引起呼吸系统过敏性反应。

使用注意事项:SDS 微细结晶粒易于扩散,称量时须戴面罩,避免吸入粉尘。同时,佩戴化学安全防护眼镜、防毒物渗透工作服和橡胶手套以保护眼、皮肤和双手。

10. 二甲基亚砜(dimethyl sulfoxide, DMSO) 是一种无色无臭的吸湿性液体,既溶于水又溶于有机溶剂,是极为重要的非质子极性溶剂。由于其良好的溶解性和渗透性,DMSO 在实验中被广泛用于化学反应的溶剂、细胞冷冻保护剂及实验研究中的溶剂或试剂。DMSO 具有血管毒性和肝肾毒性,与蛋白质疏水基团发生作用可能导致蛋白质变性。DMSO 能够烧伤皮肤并使皮肤有刺痛感。长吸入高挥发浓度可能导致头痛、眩晕,产生镇静作用。长期或高浓度暴露可能对健康造成不良影响。

使用注意事项:使用时应远离火源,戴好口罩等呼吸道防护装置,避免吸入。DMSO 会渗入皮肤,必须戴手套接触,不小心皮肤接触后,应立即用大量水和稀氨水洗涤。

11. 叠氮化钠(N₃Na) 是实验室常见的剧毒化学试剂,为无色(或白色)无味结晶性固体,在分子实验中叠氮化钠可作为抗体防腐剂,抑制各种微生物的生长,延长抗体保存时间。但是它具有很强的毒性和爆炸性,受热和明火会发生剧烈爆炸。吸入或与眼和皮肤接触会导致刺激、恶心、呕吐、呼吸困难等症状,大剂量吸入可致人死亡。

使用注意事项:由于叠氮化钠具有极高的危险性,在取样、反应后处理、对反应产物和后处理液的处理操作过程中,一定要小心和做好防护,严格按照操作规范操作。避免实验事故的发生,同时应储存在阴凉干燥、气温不超过 30℃、相对湿度不超 80% 的位置,且应远离易燃易爆及其他化学危险品。尽量减少叠氮化物的使用,在满足实验需求的情况下使用其他安全性高的化学试剂。

12. 二甲苯(C₈H₁₀) 为无色透明的液体有机化合物,具有刺激性气味,易燃,有一定的挥发性。它常用于石蜡切片染色的处理。二甲苯对眼及呼吸道有刺激作用,急性高浓度的二甲苯对中枢神经有麻醉作用,可导致头晕、恶心、呕吐等神经系统症状。长期吸入或者接触二甲苯可能导致白血病等疾病。

使用注意事项:使用二甲苯时,应确保实验环境通风良好,有条件的应在通风柜内操作。穿戴防护服和呼吸防护装备。储存环境应在阴凉、通风、干燥处,远离火源和热源。废弃的二甲苯应按照危险废弃物相关规定进行处置,避免造成实验中毒和环境污染。

二、常用器具耗材与安全使用

（一）玻璃仪器

玻璃仪器在生物医学实验室中扮演着举足轻重的角色。与家庭日常使用的普通玻璃制品不同，实验室玻璃仪器是专为满足复杂多变的实验、测试和分析需求而精心设计的。实验室的玻璃仪器通常由特殊材料制成，如耐热玻璃或耐化学腐蚀的玻璃，以便能够经受住高温、强酸、强碱等极端实验条件的考验。

在细胞分子实验中，玻璃仪器的准确性和稳定性对于确保实验结果的可靠性至关重要。因此，正确使用和维护这些仪器显得尤为关键。任何操作不当都可能导致仪器损坏，进而影响实验数据的准确性，甚至可能危及实验人员的安全。

1. 细胞分子实验室常用玻璃仪器　目前，国内根据其用途和结构特征一般将化学分析实验室中常用的玻璃仪器分为以下 6 类。

（1）烧器类：是主要用于直接或间接加热的玻璃仪器。如烧杯和烧瓶通常用于在实验室中进行各种加热反应，试管则常用于小规模的加热或反应，碘量瓶用于碘量分析，而蒸发器则用于将液体浓缩或蒸发。

（2）量器类：是主要用于测量液体的体积的玻璃仪器。如量筒和量杯常用于粗略测量，而容量瓶和滴定管则用于更精确测量，移液管则用于精确地转移一定体积的液体。

（3）瓶类：是主要用于存放和保存固体、液体化学药品和试剂的玻璃仪器。如试剂瓶用于存放各种化学试剂，广口瓶和细口瓶根据其开口大小的不同，适用于存放不同种类的固体或液体试剂，滴瓶用于存放需要逐滴滴加的试剂。

（4）管、棒类：这类玻璃仪器因其特殊的形状和用途而种类繁多。冷凝管用于冷凝蒸汽，分馏管用于分馏液体，离心管则常用于离心操作，比色管用于比色分析，虹吸管用于液体的虹吸转移，搅拌棒则用于搅拌液体。

（5）加液器和过滤器类：是主要用于液体的添加和过滤操作的玻璃仪器。如漏斗用于将液体导入容器中，分液漏斗则用于分离不相溶的液体，布氏漏斗和砂芯漏斗常用于过滤操作，抽滤瓶则与抽气设备配合使用，进行抽滤操作。

（6）其他类：这类玻璃仪器涵盖了上述未提及的其他类型。如酒精灯用于加热，结晶皿用于晶体生长，玻璃皿常用于多种操作，研钵用于研磨固体物质。

2. 玻璃仪器安全操作规范　常见玻璃仪器在使用过程中的安全规范操作与注意事项如下。

（1）加热：玻璃有一定的热膨胀系数，当遇到骤冷骤热时，玻璃容易开裂。因此对于玻璃容器的加热一定需要均匀加热。加热玻璃烧瓶时，应使用含有陶瓷涂层的金属丝网放于明火与玻璃烧瓶之间，使烧瓶均匀受热。加热完成后，热烧瓶应正确夹在支架上，避免放在潮湿的工作台上或与任何液体接触。容量瓶、量筒、滴定管等具有精确测量用途的容器，不能加热、加压使用，也不能作为试剂的长期存放容器，易导致容器、容器表面的刻度发生形变，影响使用精度。

（2）搅拌：使用玻璃棒搅拌液体时，应注意动作轻柔，避免玻璃棒破碎。

（3）离心：离心机使用不当时，会导致玻璃材质的离心管或离心瓶破损。因此在使用离心机前，先确认离心管有无破损，以及离心管所能承受的最大转速。使用离心机时，应注意离心管的配平。

（4）组装：玻璃管、温度计等在与其他玻璃仪器组装时，应注意使用水或甘油润湿表面，防止安装过程中断裂导致受伤。

（5）洗涤：清洁玻璃仪器时，应使用柔和的洗涤剂进行洗涤。氢氟酸对玻璃具有腐蚀性，切勿使用氢氟酸清洁玻璃仪器。为了防止玻璃制品表面的划伤，应使用软刷对玻璃仪器进行清洁。如果使用后无法立即清洁，则至少在最终清洁之前将用过的玻璃仪器浸泡在水中一段时间。洗净的玻璃仪器倒置时，水流出后，器壁应不挂水珠，洁净透明。

（6）报废：玻璃仪器出现裂痕、破损等情况，应立即停止使用。破碎玻璃应放入专门的垃圾桶，统一报废处理。破碎玻璃在放入垃圾桶前，应用水冲洗干净。

（二）细胞培养瓶或培养皿

细胞培养瓶或培养皿是用于细胞贴壁培养的实验室器皿，其材质主要为玻璃或塑料，根据实验需求又分为不同规格。

1. **使用前准备**　使用前确保细胞培养瓶或培养皿为无菌状态，重复利用的应确保经过高压灭菌处理，一次性塑料的应确保使用日期，并严禁在生物安全柜外打开。将生物安全柜紫外照射 30 分钟以上再使用，以确保在无菌条件下进行操作。

2. **安全使用**

（1）无菌操作：所有操作均确保在无菌条件下进行，避免细菌、病毒和其他污染物的污染。

（2）轻拿轻放：使用过程中应平稳放置，避免碰撞和摔落，以免培养基溅出或细胞培养瓶或培养皿破裂。不要垒放过高，容易摔落。

（3）标记与记录：在细胞培养瓶或培养皿中应标明实验日期、细胞类型、干预措施等。同时应做好实验记录。

（4）定期检查：在培养过程中需要定期在显微镜下观察细胞培养瓶或培养皿内的生长情况，确保细胞培养状态及细胞密度。

（5）异常处理：如发现污染应及时处理同时排查污染原因，如多个培养皿细胞污染，应彻底清洁细胞培养箱等。

3. **使用后处理**

（1）废弃物处理：细胞培养基应收集至专用废液收集装置统一处理，细胞应灭活后按实验废弃物规范处理。

（2）清洗灭菌：重复使用的细胞培养瓶或培养皿需要按照浸泡、刷洗、浸酸、冲洗等清洗流程进行清洗，然后进行灭菌烘干处理后妥善保存。

（三）细胞冻存管

细胞冻存管主要用于保存生物样品，特别是细胞样本，包括细胞株、原代细胞、干细胞等，需要在低温下保存，以保持其生存及生化特性的稳定性。此外，冻存管还可以用于保存组织样本等。

1. **使用前准备**　确保细胞冻存管无菌状态、限期使用日期、室温存储环境干净通风，包装密闭。打开后，应标明使用日期，并在无菌条件下进行操作。

2. **安全使用**

（1）细胞冻存：确保细胞状态良好，包括细胞生长密度和形态、无污染等。将细胞消化后用含 DMSO 的细胞冻存液重悬，然后加入至合适规格的细胞冻存管，拧好管帽并标明细胞类型、日期等信息。然后放至梯度降温冻存盒，减少低温对细胞状态的影响，−80℃冰箱冻存后及时转移至液氮罐中。

（2）细胞保存：冻存好的细胞应放置于液氮中保存，并在记录本上注明。应定期检查并补充液氮至额定额度处,操作液氮罐内容器时要戴好厚手套,以免冻伤。

(3)细胞复苏:从液氮罐中拿出的细胞冻存管应尽快在37℃水浴锅轻微摇晃复温,快速恢复至室温,然后进行离心、接种等细胞培养操作。

3. 使用后处理

(1)做好登记:取用冻存细胞应做好登记工作,确保细胞株的数量,避免影响后续实验。

(2)废弃处理:使用过的细胞冻存管应灭活处理,然后按照实验废弃物统一处理。

(四)制胶模具

根据其用途不同,制胶模具分为蛋白电泳 SDS-PAGE 制胶模具、琼脂糖核酸电泳制胶模具等,不同的模具又具有不同的规格。制胶模具主要有玻璃板及塑料制品,使用时应小心。由于凝胶中含有多种有毒有害物质,因此在使用制胶模具时,应格外小心注意。

1. **使用前准备** 制胶模具应放置于指定位置使用,每次使用前应用洗洁精和清水彻底清洗模具,然后用蒸馏水冲洗并晾干。制胶模具使用前应检查其密封性,确保不漏液,并根据实验需求选择合适的制胶模具。

2. **安全使用**

(1)做好防护:凝胶制备试剂中含有多种毒性化学品,操作时应戴好口罩和穿戴防护服。琼脂糖凝胶如使用 EB 应在 EB 污染区操作,同时遵守 EB 污染区规范。

(2)制胶规范:按照所需凝胶加入指定的化学试剂,充分混合,确保凝胶均匀。制备时小心气泡,以免影响电泳及实验结果。待凝胶室温凝固后方可进行后续操作。不立刻使用的凝胶应使用保鲜膜包裹后于 4℃冰箱保存。

(3)轻拿轻放:制胶玻璃板易碎,应小心使用,避免破碎。插拔凝胶梳子不可用力过大,以免损坏梳子和影响凝胶效果。

3. **使用后处理**

(1)废弃处理:多余的未凝固的制胶液体不可倒入下水道,以免引起堵塞。使用过后的凝胶应按实验废弃物规范处理,如凝胶接触 EB 需按 EB 污染物处理。

(2)妥善保存:使用后的制胶模具应清洗后放置至指定位置,避免跌落造成模具损坏。

第三节　细胞分子实验相关生物安全及废弃物处置

本节将介绍如何管理和处置细胞分子实验过程中所产生的可能存在危害的实验废弃物。由于细胞与分子实验产生的废弃物具有潜在的致病性、毒害性,须妥善处理以防造成人身伤害、环境污染和社会危害。根据国家卫生健康委和生态环境部颁布的《国家危险废物名录(2025 年版)》《医疗废物管理条例》《医疗废物分类目录(2021 年版)》的有关规定,要求对实验废弃物进行分类管制、处理,并建立废弃物处理的标准操作程序,以最大程度保护实验室工作人员的健康,同时减轻对环境的污染。

一、细胞分子实验相关废弃物概述

实验废弃物种类繁多、成分复杂,且危害性大。若实验人员防护不周,长期接触这些废弃物可能会给身体造成不可恢复的伤害。如挥发性废弃物可通过呼吸道吸入,从而对身体造成伤害;含重金属离子(镉、汞、铅)的废液可引起人体神经系统和肝等脏器受损;生物医学实验的实验动物尸体、带病菌的样本等与人体接触有可能导致实验人员细菌或病毒感染,造成细菌或病毒的传播,甚至有可能导致重大疫情事件的发生。本部分内容对细胞分子实验的废弃物及其风险进行阐述。

1. **废弃物的定性和分类** 废弃物指在一定时间和空间范围内基本或者完全失去使用价值,无法回收和利用的排放物。废弃物必须按其特性、成分和危险性进行分类,以便安全地处置和管理。实验废弃物根据废弃物形态可分为废液、废气、固体废物 3 类。对细胞分子实验废弃物进行分类,主要包括感染性废弃物、损伤性废弃物、化学性废弃物等。

(1)感染性废弃物:实验中使用过后被丢弃的含有已知或未知病原微生物的材料,包括组织、血液、细胞、细菌、病毒及相关培养基等生物性污染物,以及沾染过感染性材料的废弃物品。

(2)损伤性废弃物:实验中产生的包括能够刺伤或者割伤人体的废弃锐器。

(3)化学性废弃物:具有毒性、腐蚀性、易燃性、反应性的废弃化学物品。

2. **细胞分子实验特殊有害废弃物风险**

(1)细胞株的风险:细胞培养在生物医学基础研究领域和生物医药研究中已得到了广泛的应用。实验室使用的细胞系可能携带病原体,包括病毒污染,对实验室工作人员构成潜在的健康危害。同时,细胞所使用的培养基、相关试剂和细胞产物或包含具有药理学、免疫调节或致敏性质的生物活性分子,同样会对工作人员的健康造成危害。另外,修饰细胞、转化细胞和含有重组 DNA 的细胞的制备和使用可带来额外不确定风险,如产生有致病性的病毒、致病性的重组蛋白、携带强致癌基因的细胞株。多数非改造的细胞系可在生物安全防护水平为二级的实验室(biosafety level 2,BSL-2)开展相关实验,特殊细胞系可在生物安全防护水平为三级的实验室(biosafety level 3,BSL-3)使用。基于细胞系是否可能对人类造成伤害,可对细胞系的风险进行分类,并严格根据风险等级进行安全操作和防护。具体可分为以下 3 类。

1)低风险:非人类/非灵长类动物连续细胞系和一些表征良好的人类连续细胞系。

2)中等风险:表征不良的哺乳动物细胞系。

3)高风险:源自人类或灵长类动物组织或血液的原代细胞;具有内源性病原体的细胞系。

(2)慢病毒和腺病毒的风险:因其可感染细胞并使携带的基因整合到基因组上长期稳定地表达成为实验室广泛使用的高效的感染途径。同时,慢病毒和腺病毒载体系统由于其具有宿主范围广、表达时间长及免疫原性小等特点成为基因治疗中的重要研究工具。在多数情况下,慢病毒和腺病毒在培养的正常细胞或动物组织中不发生产毒性感染,只有在辅助病毒共同感染时,才发生产毒性感染。但是,慢病毒和腺病毒插入宿主基因组的位点具有一定程度的不确定性,使得它们介导的基因整合可能引起原癌基因的激活、抑癌基因的失活、RNA 剪接、基因融合等,从而带来致癌风险,危害相关实验人员的健康。因此,涉及慢病毒和腺病毒的实验应在 BSL-2 级生物安全实验室开展。同时,实验相关废弃物应妥善处理,避免对环境造成污染。

(3)基因工程菌的风险:细胞与分子实验中经常使用细菌进行蛋白、抗体的制备。分子实验最实用的工程菌是大肠埃希菌。它是人和许多动物肠道中最主要且数量最多的一种细菌,主要寄生在大肠内。当它侵入人体时,可引起感染,如腹膜炎、胆囊炎、膀胱炎及肠炎等。人在感染大肠埃希菌后的症状为胃痛、呕吐、腹泻和发热。大肠埃希菌致病力较低,在适当保护和规范操作前提下可较为安全地在实验室使用。根据《微生物和生物医学实验室生物安全》(第六版),涉及大肠埃希菌的实验需在 BSL-2 级生物安全实验室开展。在实验室中,大肠埃希菌需要在生物安全柜中进行操作,以防止其在操作过程中产生的气溶胶和液滴对实验人员造成伤害。同时,实验室内需要配备相应的个人防护装备,如实验服、手套、口罩等,以保护实验人员的安全。实验相关废弃物应妥善处理,避免对环境造成污染。实验室内还需要定期进行消毒和清洁,以防止大肠埃希菌在实验室内滋生和传播。

3. 废弃物处置原则的制定和实验室人员的培训　管理实验废弃物的首要原则是制定完整的废弃物分类、处置、储存和转运细则。同时,实验室管理人员应对实验室人员进行培训,确保他们对实验中所使用的试剂和实验材料的化学和物理特性、危险性、危害性充分了解,能够准确判断废弃物类别,并按照规定做好实验废弃物的分类、收集、处置和暂存工作。

二、细胞分子实验废弃物的收集与暂存

(一)实验废弃物收集与暂存原则

(1)产生实验废弃物的实验室有责任妥善收集和临时储存这些实验废弃物。实验室管理人员应教育和督促本实验室人员对实验废弃物进行有效分类和收集,建立实验废弃物台账,记录标明实验废弃物的类别、数量、特性和包装容器的类别、校内转运日期及贮存站名称等,并及时申请校内转运。实验室管理人员还应对暂存区收集容器和防溢容器的密封、破损、泄漏情况,标签粘贴情况,以及贮存期限等进行定期检查。

(2)实验室内设立专用内部暂存区,暂存区内原则上存放本实验室产生的实验废弃物,暂存区要远离火源、热源和不相容物质,避免日晒、雨淋,存放两种及以上不相容的实验废弃物时,应分不同区域暂存。暂存区外边界地面应施划 3mm 宽的黄色实线或黄黑相间实线,并设置危险废物警示标志或者医疗废物警示标志。

(3)暂存区须建设防遗洒、防渗漏设施,或采取防溢容器作为防遗洒、防渗漏措施。防溢容器材质应与盛放物质相容,容积应当大于收集容器容积的 10%。防溢容器中放置多个收集容器时,其容积应不小于最大收集容器容积的 150% 或所有收集容器容积总和的 10%,取其最大值。防溢容器可采用托盘、整理箱、大号容器等形式,各实验室可根据自身特点选用。

(4)实验废弃物应按化学特性和危险特性,进行分类收集和暂存。原则上实验废弃物分为液态废弃物、固态废弃物两类。液态废弃物进一步分为有机废液、无机废液。有机废液又可以分为含卤素有机废液、其他有机废液;无机废液分为含氰废液、含汞废液、重金属废液、废酸、废碱、其他无机废液。固态废弃物则进一步分为废弃化学试剂、废弃包装物、废弃容器、其他固态废弃物。各实验室依据自身特点及物质的相容性,可进行更细致的分类。

(5)液体的实验废弃物应分类装入专用废液桶中,固体的实验废弃物应分类装入专用固废箱中。废液桶须满足耐腐蚀、抗溶剂、耐挤压、抗冲击的要求。收集容器应保持完好,破损后应及时更换。

(6)废液桶内须保留足够的空间,容器顶部与液体表面之间保留 10 厘米以上的空间,废液桶每次使用后须及时拧紧盖子。固体实验废弃物不得影响固废箱密封。

(7)所有实验废弃物收集容器上须粘贴专用标签,须注明废弃物类别、危险类别(如易燃、腐蚀、反应、有毒等)、主要成分、实验室、联系人、电话等。收集容器自投入使用时即须粘贴标签。未填写专用标签的实验废弃物不得转运。

(8)严禁将实验废弃物直接排入下水道,严禁将实验废弃物与生活垃圾、感染性废弃物或放射性废弃物等混装。

（二）实验废弃物相关收集装置

1. **包装袋** 用于盛装除损伤性废物以外的医疗废物初级包装,并符合一定防渗和撕裂强度性能要求的软质口袋。包装袋的要求如下。

（1）在正常使用情况下,包装袋不应出现渗漏、破裂和穿孔现象。

（2）采用高温热处置技术处置医疗废物时,包装袋不应使用聚氯乙烯材料。

（3）容积大小应适中,便于操作,并配合周转箱（桶）运输。

（4）医疗废物包装袋的颜色为淡黄,颜色应符合 GB/T 3181—2008《漆膜颜色标准》中 Y06 的要求,包装袋的明显处应印有警示标志。

2. **利器盒** 用于盛装损伤性医疗废物的一次性专用硬质容器。利器盒的要求如下。

（1）利器盒整体为硬质材料制成,封闭且防刺穿,以保证在正常情况下,利器盒内盛装物不洒漏,且一旦封口后,在不破坏的情况下无法再次打开。

（2）采用高温热处置技术处置损伤性废物时,利器盒不应使用聚氯乙烯材料。

（3）利器盒整体颜色为淡黄,颜色应符合 GB/T 3181—2008《漆膜颜色标准》中 Y06 的要求。

（4）利器盒侧面明显处应印制警示标志。

（5）满盛装量的利器盒从 1.2m 高处自由跌落至水泥地面,连续 3 次不应出现破裂、被刺穿等情况。

3. **周转箱（桶）** 在医疗废物运送过程中,用于盛装经初级包装的医疗废物的专用硬质容器。周转箱（桶）的要求如下。

（1）周转箱（桶）整体应防液体渗漏,应便于清洗和消毒。

（2）周转箱（桶）整体为淡黄,颜色应符合 GB/T 3181—2008《漆膜颜色标准》中 Y06 的要求。箱体侧面或桶身明显处应印（喷）制警示标志。

（3）周转箱整体装配密闭,箱体与箱盖能牢固扣紧,扣紧后不分离。

（4）周转箱的箱底和顶部有配合牙槽,具有防滑功能。

4. **废液桶** 废液桶的要求如下。

（1）应具备耐腐蚀、抗溶剂、耐挤压和抗冲击的要求,并且密封良好,以防止泄漏和挥发,如不锈钢桶、塑料桶和玻璃瓶。

（2）塑料容器材质可选择聚乙烯（polyethylene,PE）、聚丙烯（polypropylene,PP）、聚氯乙烯（polyvinyl chloride,PVC）、高密度聚乙烯（high density polyethylene,HDPE）或其他近似的材质。

5. **实验室细胞培养液废液抽吸仪器** 是一种在生物安全柜或超净工作台进行细胞培养实验用的废液抽吸设备,其主要功能是抽吸细胞培养实验过程中产生的废液。

6. **垃圾桶** 实验废弃物常用的垃圾桶类别有很多种,不同的废弃物应该分类投放。

三、细胞分子实验废弃物的处置

实验室应根据相关要求和实验室具体情况,对所有受到污染的材料、样本和培养物等分类处理,以便在丢弃前针对不同废弃物采用不同技术方法清除污染,减少对环境的危害。

（一）实验废弃物被丢弃前注意事项

1. 实验废弃物丢弃前应有效清除污染或消毒。

2. 如果实验废弃物无法有效清除污染或消毒,应以规定的方式包裹,以便就地焚烧或运送到其他有焚烧设施的地方进行处理。

3. 丢弃已清除污染的物品时,应确保该废弃物不会对直接参与丢弃的人员,或在设施外可能接触丢弃物的人员造成任何潜在的生物学或其他危害。

（二）实验废弃物的处理及流程

1. 实验废弃物的产生数量、去向必须有严格的台账记录。

2. 人事行政部门根据废弃物产生量、流向、贮存、处置等情况,严格按照国家规定的内容和程序,如实向环保部门申报登记废弃物信息,制定管理方案和应急预案并备案制度。每年将废弃物转移计划报送环保部门审批,经批准后,转移时认真执行废弃物转移申请及转移联单制度,做好废弃物转移管理工作。

3. 人事行政部门对处置单位、运输单位的资质审核并签订处置及运输合同,明确双方职责和在运输、利用及处置过程中的要求和注意事项。转移联单等存档五年备查。

4. 人事行政部门应与被委托单位签订委托处理废弃物协议。

5. 废弃物暂存点的日常管理由人事行政部门负责。

6. 危险废弃物处置流程为危险废弃物产生—危险废弃物分类、收集—运送至贮存区—危险废弃物接收—选定有资质的处置商—选定有资质的运输商—网上申报转移—环保局审批—称重装车—运输至处置单位—处置单位接收—存档备查。

7. 一般废弃物处置流程为一般废弃物产生——一般废弃物分类、收集—运送至临时暂放区（可回收与不可回收分类放置）—可回收废弃物再利用—不可回收废弃物委托地方环卫部门处置。

（三）实验废弃物处理方法

1. **感染性废弃物的处理方法** 感染性废弃物处理的首要原则是所有感染性材料必须在实验室内进行清除污染、高压灭菌或焚烧处理。细胞与分子实验室最常见的感染性废弃物包括废弃动物尸体、感染性培养物、菌株、转基因废弃物等。

对于被感染性废弃物所污染的固体废弃物,应集中放置在具有特殊标记的密封式垃圾桶内的可进行高温灭菌的垃圾袋中,并定期由专人回收,进行高压灭菌后依照一般废弃物进行处理。需要反复利用的材料如三角瓶、平皿、玻璃移液管、剪子、镊子及工作服等,应先浸泡消毒再高压灭菌或直接高压灭菌后洗涤。

液体感染性废弃物最常见的是细胞和细菌的培养基,以及用于灌注实验动物或冲洗细胞、组织的盐缓冲液等。对于这一类废弃物,应当收集在可用于高压蒸汽灭菌的容器中,并在存储容器中预先加入约占总体积 1/10 的漂白剂。污染性废液的收集总量不得超过废液容积的 2/3,在高压蒸汽灭菌后可直接在生活下水道进行排放。具体的处理方法如下。

（1）废弃动物组织:实验用完的动物组织不能随便遗弃在垃圾桶,应妥善包裹好后送回相关动物房集中焚烧处理。接触血液的所有物品需要 84 消毒液浸泡处理后才能丢弃。

（2）感染性菌株:以大肠埃希菌为例,该菌对热的抵抗力较其他肠道杆菌强,55℃加热 60 分钟或 60℃加热 15 分钟仍有部分细菌存活。大肠埃希菌废弃物应分类收集进行消毒、烧毁处理,对大肠埃希菌废弃物处理有如下方法。

1）固体废弃物:固体含菌培养基及一次性使用废弃物如枪头、塑料管、手套、帽子、口罩等,使用后放入专用垃圾袋内集中烧毁。可重复利用的玻璃器材如试管、玻璃瓶等或塑料制品,可以先用朗索消毒片处理（3 片 /1 000mL 水，浸泡 3 小时以上）后清洗，再进行高压蒸汽灭菌后使用。

2）液体废弃物：液体含菌培养物加朗索消毒片处理（5 片 /1 000mL 水，浸泡 3 小时以上，根据菌液浓度可酌情增加消毒片剂量或延长浸泡时间）或者直接将菌液煮沸 30 分钟后方可倒入下水道。实验室大肠埃希菌多为带抗性菌体，为防止实验室大肠埃希菌实验废弃物随意排放对环境造成污染，以及确保实验室工作人员安全，切勿直接将未处理含菌废液排入下水道。

（3）转基因废弃物：常见的转基因废弃物有 PCR 产物与质粒。含有 PCR 产物或质粒的所有液体及废弃物应放入含有 1mol/L 氯化氢的容器中浸泡，浸泡时间不宜少于 6 小时；采用 PCR-ELISA 方法检测时洗板机洗板所产生的废液应收集至 1mol/L 氯化氢溶液中。

（4）细胞及其培养物：鉴于有些细胞系可能有未知的生物危险性，细胞培养废液不能直接倾倒进入下水道。应直接将适量的有效浓度为 10% 的 84 消毒液倒入培养瓶或培养皿，盖紧瓶盖后，将 84 消毒液与培养物充分混匀，和瓶内壁充分接触。或将细胞组织培养废弃物在次氯酸盐溶液（10 000mg/L）中灭活至少 2 小时，然后用大量的水冲洗。

2. 化学废弃物的处理方法　化学废弃物主要有有机试剂类、无机试剂类和其他危险性化学废弃物。

（1）有机试剂类废弃物的处理方法：在细胞分子实验操作中，常会使用到的易挥发且具危险性的化学试剂有 TEMED、二硫苏糖醇（dithiothreitol，DTT）、$CHCl_3$。操作时应戴手套并在通风柜里进行，废液收集后应转交给统一处理部门进行处理。对于实验室所产生的其他化学废弃物处理可参照生态环境部所发布的《新化学物质环境管理登记办法》的规定执行。

（2）无机试剂类废弃物的处理方法：无机试剂如碱、金属及酸类等具有较强的刺激性和腐蚀性。同时也会给环境带来很大危害，甚至还会引发中毒事件。对于具备回收条件的废液可以进行回收操作；不具备回收条件的废液应根据类型和性质分开收集，并密封存放以防止泄漏和挥发。然后转交给统一处理部门进行分类处理。

（3）细胞分子实验特殊危险性化学废弃物的处理方法：分子生物学实验常使用如溴化乙锭等（具有强致畸及致癌作用）作为 DNA 的染料，其废弃物应严格按下列方法处置。

1）溴化乙锭稀溶液的处理方法：一种处理方法，将 9g 非离子型大孔树脂加入 100mL 溴化乙锭稀溶液中，室温静置 12 小时，用 1 号滤纸过滤，滤液直接可排放，此时滤度降低至 0.5mg/mL。随后加入 0.2 倍被处理溶液体积的 5% 次磷酸（临用新配）和 0.12 倍被处理溶液体积的 0.5mol/L 亚硝酸钠，小心混匀，室温放置 24 小时，再加入过量 1mol/L 碳酸钠溶液；另一种处理方法，先加入足量的水使其浓度降低至 0.5mg/mL，加入与处理溶液等体积的 0.5mol/L 高锰酸钾，小心混合后加入与处理溶液等体积 2.5mol/L 氯化氢，小心混匀，室温放置数小时，再加入与处理溶液等体积的 2.5mol/L 氢氧化钠，小心混合后排放。

2）被溴化乙锭污染物体表面的处理方法：物体表面被溴化乙锭污染时，可用非离子型大孔树脂和活性炭覆盖被污染的表面，作用一定时间后，小心收集后装入有色（建议红色）塑料袋里，作为溴化乙锭污染物处理。

3）固体溴化乙锭污染物的处理方法：如凝胶废弃物、手套、抹布、枪头等，应放在较厚的有色（建议红色）塑料袋里，并在袋上标签填写废弃物类别和实验室名称，贮存在指定地点，并定期进行焚烧或交由环保部门或有相关资质的部门处理。

3. 损伤性废弃物的处理方法　尖锐废弃物（如针头、刀片等）应存放于有色（建议红色或黄色）的耐扎容器中，容器表面应有"生物安全""利器盒""该容器仅用于存放利器"等标志。

（1）玻璃碎片、破裂或废弃的玻璃器皿应存放于有色（建议红色或黄色）的耐扎容器中，容器内应有黄色或红色的塑料袋,容器表面应有"生物安全""损伤性废弃物""该容器仅用于存放玻璃"等标志。在碎片、破裂或废弃的玻璃器皿、锐器装满3/4时将容器封口,高压灭菌后丢弃或直接焚烧。

（2）注射器经高压灭菌或使用适当的化学消毒剂处理后焚烧。

（3）废弃的紫外线灯管应放在指定地点,并注明"已用过的紫外线灯管"。

（4）打碎的水银温度计,应取适量的锌粉或硫磺（可用生鸡蛋代替）将全部散落的汞滴覆盖,一段时间后收集到可密封的塑料袋中,送指定部门销毁。房间开窗通风,污染的物品应放在远离人群、通风良好的地方,长时间晾晒后才能重新使用。

四、危险废弃物意外事故处理措施

危险废弃物收集、贮存、运输过程中一旦发生意外事故,收集、贮存、运输单位及相关部门应根据风险程度采取如下措施。

（1）设立事故警戒线,启动应急预案,并按《突发环境事件信息报告办法》要求进行报告。

（2）若造成事故的危险废弃物具有剧毒性、易燃性、爆炸性或高传染性,应立即疏散人群,并请求环境保护、消防、医疗、公安等相关部门支援。

（3）对事故现场受到污染的土壤、水体等环境介质应进行清理和修复。

（4）清理过程中产生的所有废弃物均应按危险废弃物进行管理和处置。

（5）进入现场清理和包装危险废物的人员应受过专业培训,穿着防护服,并佩戴相应的防护装备。

习 题

一、不定项选择题

1. 我国目前使用的钢制气瓶的组成包括（　　）

　A. 瓶体　　　　B. 底座　　　　C. 瓶阀瓶帽　　　　D. 防震圈　　　E. 超压泄放装置

2. 有关气瓶的储存,下列说法错误的是（　　）

　A. 气瓶储存应设专用仓库

　B. 气瓶的储存应由经过安全技术培训的专人管理

　C. 气瓶应按所装气体的不同分类、分室储存

　D. 有明显标志的空瓶与实瓶可混合放置

　E. 气瓶放置应整齐,戴好瓶帽

3. 有关气瓶使用的安全管理,下列说法正确的有（　　）

　A. 气瓶的产权单位应建立气瓶档案

　B. 气瓶的产权单位应按规定向安全监察机构报告气瓶种类和数量

　C. 制定本单位相应的安全管理制度、定期检查制度

　D. 制定本单位安全技术操作规程和事故应急处理措施

　E. 定期对气瓶的运输、储存和使用人员进行安全技术教育

4. 烘箱仪器周围不可放置的物品有（　　）

　A. 高压氧气瓶　　B. 纸箱　　　　C. 无水乙醇　　　D. 液氮罐　　　E. 低温冰箱

5. 在实验室使用微波炉时,应注意的事项有(　　　)

　　A. 严禁加热易燃易爆物品

　　B. 严禁加热金属制品

　　C. 严禁用实验微波炉加热食物

　　D. 周围不得存放易燃杂物

　　E. 取出加热物品须戴防护手套

6. 使用液氮罐时,应注意的事项有(　　)

　　A. 存取样品的过程中,必须戴专业防护手套和面罩

　　B. 液氮罐放置在通风良好的房间,避免强光照射

　　C. 液氮罐用罐本身自带的罐塞盖好,必须加额外的密封措施

　　D. 液氮罐的盖塞都留有一定的缝隙,不能人为将其堵塞

　　E. 液氮罐在运输和使用过程中要固定好,以防震动和倒翻

7. 在实验室使用离心机时,应注意的事项有(　　)

　　A. 放入转子内对应的离心管,必须平衡

　　B. 设置速度不能超过离心机或转子的最高限转速

　　C. 转头盖不可不拧紧或浮放在转头上

　　D. 样品需低温离心时,无须提前预冷

　　E. 低温离心结束后,取出样品,立即关闭外盖,切断电源

8. 使用高压灭菌器时,应注意的事项有(　　)

　　A. 取出样品时,确保锅内压力数值应为 0MPa

　　B. 仪器运行过程中,不要直接触摸缸体或外盖

　　C. 关闭电源时,若缸体内温度较高,立即关闭盖子

　　D. 密封条可长期使用,无须更换

　　E. 长期不使用,高压灭菌器盖子可一直处于打开状态

9. 使用摇床时,应注意的事项包括(　　)

　　A. 仪器应水平放置,保持环境清洁,通风良好

　　B. 取放物品时确保电源关闭,机器停止运行

　　C. 将培养瓶或试管等物品固定好,以防倾斜,液体外泄

　　D. 缓慢调节调速旋钮,确保容器内液体试剂不外泄

　　E. 使用完毕后,关闭开关,切断电源,清理仪器表面

10. 实验室危险化学品可通过皮肤、消化道和呼吸道吸收,从而对人体健康产生危害。下列预防措施错误的是(　　)

　　A. 使用三氯甲烷时戴防尘口罩

　　B. 移取强酸、强碱溶液应戴防酸碱手套

　　C. 实验场所严禁携带食物,禁止用饮料瓶装化学药品

　　D. 称取粉末状的有毒药品时需佩戴口罩以防止吸入

　　E. 使用丙烯酰胺时应戴手套、口罩等防护装置

11. 实验中如有有毒有害气体产生,应采取的措施是(　　)

　　A. 停止工作,实验人员离开实验室

　　B. 在通风柜内工作

C. 移到走廊等外部环境继续工作

D. 戴上口罩继续工作

E. 打开实验室通风系统后继续工作

12. 下列实验操作中,正确的是(　　)

A. 加热容量瓶、量筒等容器

B. 将头伸入通风柜内观察样品情况

C. 使用一次性手套须从后向前翻出来脱下后再丢弃

D. 抓住塑料或玻璃瓶的瓶盖搬运瓶子

E. 接触过病毒的塑料器具直接丢弃

13. 如在实验过程中误吸入氯气或氯化氢气体时,正确的处理方法是(　　)

A. 人工呼吸

B. 立即到室外呼吸新鲜空气

C. 吸入少量乙醇和乙醚的混合蒸气使之解毒

D. 不用管,过一会就好了

E. 用水冲洗眼和鼻腔

14. 实验解剖的无污染动物尸体,正确的处置方法是(　　)

A. 随意丢弃

B. 放入塑料袋中,直接作为生活垃圾处理

C. 放入塑料袋中,交由学校动物中心统一处理

D. 户外掩埋

E. 消毒处理后进行掩埋

15. 对于废弃的有害固体药品,正确的处置方法是(　　)

A. 直接丢弃在生活垃圾处

B. 经处理解毒后,丢弃在生活垃圾处

C. 收集于指定容器后送交专业公司处理

D. 丢弃在生物污染垃圾处

E. 经处理解毒后,丢弃在生物污染垃圾处

二、判断题

1. 气瓶充气后,压力可达 150kPa,使用时必须用气体减压阀。(　　)

2. 气瓶使用前应进行安全状况检查,对盛装气体和气瓶状况进行确认。(　　)

3. 二氧化碳钢瓶使用温度可超过 40℃。(　　)

4. 气瓶的压力表,可在不同气瓶上使用。(　　)

5. 使用液氮罐冻存细胞时,足部无须防护。(　　)

6. 使用金属浴锅加热离心管样品至 95℃,可不用防爆夹。(　　)

7. 长时间使用水浴锅时,应注意加水,避免干烧危险。(　　)

8. 使用水浴锅过程中,突然停电,立即触摸加热管检查温度。(　　)

9. 使用高压灭菌器时,务必确认缸体水位在合适位置。(　　)

10. 使用高压灭菌器时,可注入自来水到缸内。(　　)

11. 甲醛为无色、有强烈刺激性气味、易挥发、是一种致癌剂。对眼和皮肤具有强烈的刺激作用,对呼吸道有刺激作用。(　　)

12. 有毒有害实验区应与无毒无害区明确分开,实验工作区内不得有食物,饮料;食物可以储藏在实验室的冰箱或储藏柜内。( )

13. 化学实验废弃物和生活垃圾可以混放,但禁止向下水道倾倒废旧化学试剂。( )

14. 注射器及针头等一次性用品用过后经消毒可以重复使用。( )

15. 生物废物中病原体的培养基、标本和菌种、毒种保存液等高危险废物,先以高压蒸汽灭菌法处理,分类并注明单位及姓名后,采用一次性塑料袋或纸箱(用于干性废物)密封收集保存。( )

答案

一、不定项选择题

1. ABCDE　2. D　3. ABCDE　4. ABCDE　5. ABCDE　6. ABDE　7. ABC　8. AB　9. ABCDE
10. A　11. B　12. C　13. B　14. C　15. C

二、判断题

1. √　2. √　3. ×　4. ×　5. ×　6. ×　7. √　8. ×　9. √　10. ×　11. √　12. ×　13. ×　14. ×
15. √

(魏钦俊　焦　倩　黄　宁　杨　睿)

第七章　病原微生物实验安全知识

高等院校生物医学实验室由于其学科特点,需要进行病原微生物的相关科学研究,然而,这些病原微生物在运输、保藏、使用等过程中若处理不当,很可能造成人员感染和疾病传播,安全潜在风险高。自 20 世纪起,全球各国就已开始关注实验室病原微生物安全问题,随着生物安全技术的进步和相关法律法规的日益完善,实验室感染和环境污染的风险已逐步降低。但是近年来,各国高风险生物实验室数量激增,产生危险病原体或造成病原微生物逃逸的可能性也随之增加,偶发性的感染事件和病原微生物泄漏事件时有发生。据《今日美国》报道,2006—2013 年,全美各实验室共向美国联邦监管机构通报了 1 500 多起病原微生物相关的安全事故。这些事故的严重性无法低估,不仅可造成直接接触者感染,甚至有可能形成公共卫生事件。我国的实验室生物安全工作起步较晚。近年来,我国高等院校涉及病原微生物的实验室数量也在逐步增加,管理水平参差不齐,许多生物安全问题亟待解决。因此,对涉及病原微生物实验的所有环节,应当引起高度重视。这包括菌种、毒种的风险评估、引进、保管、使用、建档等,需要实施规范化管理,并提升相关工作人员应对病原微生物泄漏等突发事件的处置能力。这样可以有效避免病原微生物对相关工作人员造成危害及对环境的污染。

第一节　病原微生物分类概述

病原微生物种类繁多,涉及病毒、细菌、真菌、支原体、衣原体、立克次体、螺旋体及朊毒体,具有分布范围广、繁殖迅速等特点。由于病原微生物传播存在地域限制,各国、各区域的病原微生物流行情况不同。因此,各国根据本地病原微生物的致病性、感染后的危害程度、传播方式和宿主范围、当地所具备的相关防御及治疗措施等情况,制定了符合本国情况的病原微生物分类标准。

一、我国病原微生物的分类标准

《病原微生物实验室生物安全管理条例》根据病原微生物的传染性、感染后对个体或者群体的危害程度,将病原微生物分为四类。

1. **第一类病原微生物**　是指能够引起人类或者动物非常严重疾病的微生物,以及我国尚未发现或者已经宣布消灭的微生物。目前,我国规定的一类病原微生物共计有 29 种,均为病毒,如天花病毒、埃博拉病毒、猴痘病毒等。

2. **第二类病原微生物**　是指能够引起人类或者动物严重疾病,比较容易直接或者间接在人与人、动物与人、动物与动物间传播的微生物,如狂犬病毒、SARS 冠状病毒、高致病性禽流感病毒、炭疽芽胞杆菌等。

3. **第三类病原微生物**　是指能够引起人类或者动物疾病,但一般情况下对人、动物或者环境不构成严重危害,传播风险有限,实验室感染后很少引起严重疾病,并且具备有效治疗和预防措施的微生物,如腺病毒、各型肝炎病毒、疱疹病毒、轮状病毒等。

4. 第四类病原微生物　是指在通常情况下不会引起人类或者动物疾病的微生物,如豚鼠疱疹病毒、小鼠白血病毒、小鼠乳腺病毒等。

通常将第一类与第二类病原微生物统称为高致病性病原微生物。

二、世界卫生组织对病原微生物的分类标准

世界卫生组织(World Health Organization, WHO)根据病原微生物的相对危害程度制定的《实验室生物安全手册》(第四版),将病原微生物的危险度等级划分为 4 级。其中各级的评价标准与我国基本一致,但危险程度由低到高。

1. 危险度 1 级,无或极低的个体和群体危险。这类微生物不太可能引起人或动物致病。

2. 危险度 2 级,个体危险中等,群体危险低。这类病原体能够对人或动物致病,但对实验室工作人员、社区、牲畜或环境不易导致严重危害。实验室暴露也许会引起严重感染,但对感染有有效的预防和治疗措施,并且疾病传播的危险有限。

3. 危险度 3 级,个体危险高,群体危险低。这类病原体通常能引起人或动物的严重疾病,但一般不会发生感染个体向其他个体的传播,并且对感染有有效预防和治疗措施。

4. 危险度 4 级,个体和群体的危险均高。这类病原体通常能引起人或动物的严重疾病,并且很容易发生个体之间的直接或间接传播,对感染一般无有效的预防和治疗措施。

三、美国对病原微生物的分类标准

美国国立卫生研究院(National Institutes of Health, NIH)和美国疾病预防控制中心(Centers for Disease Control and Prevention, CDC)2020 年 11 月联合编写出版的《微生物和生物医学实验室生物安全》(第六版)被世界范围内的相关专业人员广泛使用,也是相关机构单位制定实验室生物安全规范的重要指导文件。该文件将病原微生物分为 4 级。

1 级病原微生物,指不会引发健康成年疾病的微生物。

2 级病原微生物,指可因皮肤伤口、吸入、黏膜暴露而发生危险的人类病原体。

3 级病原微生物,指可通过气溶胶传播并能导致严重后果或生命危险的内源性和外源性病原体。

4 级病原微生物,指对生命有高度危险的危险性病原体或外源性病原体;致命、通过气溶胶而导致实验室感染;或未知传播危险的有关病原体。

对应等级的病原微生物应在同等级的生物安全实验室进行操作和研究。

第二节　病原微生物实验室生物安全

病原微生物实验室生物安全是指在从事病原微生物实验活动的实验室中,采取一系列措施来避免病原微生物对工作人员、来访人员、社区及环境造成不可接受的损害。其范围包括实验室设计、建设、管理、应急等各个方面。

一、病原微生物实验室生物安全分级

生物安全防护水平（又称生物安全等级）（biosafety level, BSL）是为规范生物实验室封闭环境中病原微生物实验活动,而制定的一套生物安全防护措施的分级标准。根据 GB 19489—2008《实验室生物安全通用要求》及《病原微生物实验室生物安全管理条例》和国际标准均将 BSL 分为 4 个等级。不同机构的称呼略有不同,分别为 CDC 的 BSL-1 ~ 4、NIH 的 P1 ~ P4（P 为 protection level 简称）,以及国家卫生健康委的一级至四级生物安全防护水平。实验室等级越高,意味着防护级别越高,其研究的病原微生物危害程度也是逐级递增。不同安全等级实验室的要求见表 7-1。

表 7-1　不同生物安全实验室的要求

生物安全等级	建筑要求	特殊设备	可消毒清洗	压力通风	生物安全柜	个人防护	操作
BSL-1/P1	普通建筑	防鼠类、昆虫	墙、地面	不需要	不需要	一般	GMT
BSL-2/P2	普通建筑	防鼠类、昆虫喷淋、高压灭菌	墙、地面	不需要	必备	专用服手套	GMT
BSL-3/P3	自动开关门	布局分区、喷淋、双电路	墙、地面、操作台表面消杀	负压保护通风	必备	特殊服	GMT
BSL-4/P4	独立封闭隔离安全带	布局分区、喷淋、双电路、定向双过滤排气	墙、地面、操作台表面消杀、更衣淋浴	负压保护通风,气锁入口	必备	特殊服	GMT

注：GMT 指优良微生物操作技术（Good Microbiological Techniques）。

值得注意的是,通常以 BSL-1 ~ 4 表示体外操作微生物的实验室生物安全防护水平（细胞实验）,以 ABSL-1 ~ 4 表示从事动物活体操作的实验室生物安全防护水平（动物实验）。

二、BSL-1/P1 级生物安全实验室

（一）BSL-1 级生物安全实验室的目标微生物

BSL-1 级生物安全实验室（一级生物安全防护水平）适用于操作已熟悉其特征,且在通常情况下不会引起人或动物疾病的生物因子。这类实验室可以处理较多种类普通病原体。用于防范生物危害的措施较少,只需要手套和一些面部防护。实验废弃物（包括细胞和 / 或细菌材料）必须经高压蒸汽灭菌处理。实验室操作人员必须经由微生物学或相关学科人员监督、培训。参考 WHO《实验室生物安全手册》（第四版）,虽然 BSL-1 级生物安全实验室所处理的病原体危害等级低,但仍然推荐使用GMT。

（二）BSL-1 级生物安全实验室的一般要求

BSL-1 级生物安全实验室一般要求包括：①能为安全运行、清洁和维护提供充足的空间;实验室的墙壁、天花板和地板应光滑、易清洁、不渗水,并能够耐受化学品和消毒剂的腐蚀;②地板应防滑,并避免管线暴露在外;③实验台应密封于墙上,不渗水,可耐受消毒剂、酸、碱和有机溶剂的腐蚀,并能适度耐热;可使用开放实验台;④实验室内进行操作时均应保证照明,避免不必要的反光和闪光;

⑤设备应摆放稳定,且为安全地操作及储存溶剂、放射性物质、压缩气体和液化气提供足够的空间和相应设备;⑥每个实验室都应有洗手池供应自来水,洗手池最好安装在出口处;⑦实验室窗子和门入口处应安装防媒介昆虫和啮齿动物的纱窗和挡板;⑧实验室的工作区域外应当有存放外衣和私人物品的设备。

BSL-1 级生物安全实验室模式图见图 7-1。

图 7-1　BSL-1 级生物安全实验室模式图

(三)BSL-1 级生物安全实验室的特殊性

BSL-1 级生物安全实验室主要用于通常不会引起人类或动物致病的微生物的操作。虽然生物风险有限,但对一些特殊人群,如孕妇、婴幼儿、过敏体质或有特定疾病的人员,仍可能存在较大的风险。此外,还应从环境安全、实验结果的质量等角度考虑对微生物污染进行控制。

三、BSL-2/P2 级生物安全实验室

(一)BSL-2 级生物安全实验室的目标微生物

BSL-2 级生物安全实验室(二级生物安全防护水平)操作的是一些已知的、中等程度危险性的、对人类或动物致病的微生物,或对环境具有潜在威胁。这些病原体与人类某些常见疾病相关,具有一定的生物风险,包括各类型肝炎病毒、腮腺炎病毒等病毒类病原体。此外,BSL-2 级生物安全实验室能够处理多种病菌,且该病菌仅能对人类造成轻微的疾病,或者难以在实验室环境中形成具有感染性的气溶胶,包括伤寒沙门菌、志贺菌、链球菌、耶尔森菌等。

(二)BSL-2 级生物安全实验室的一般要求

在满足 BSL-1 级生物安全实验室设施要求基础上,增加以下内容:①出入口设缓冲间;②实验室的门应能自动关闭,有可视窗;③有适当的火灾报警器;④实验室应当考虑要设置通风系统,使空气向内流动而不发生循环;⑤应有可靠的动力保证和应急照明设施;⑥必须考虑物理和防火安全措施,且必须使用坚固的门、纱窗以及门禁系统等措施,进一步加强安全保障。

BSL-2 级生物安全实验室模式图见图 7-2。

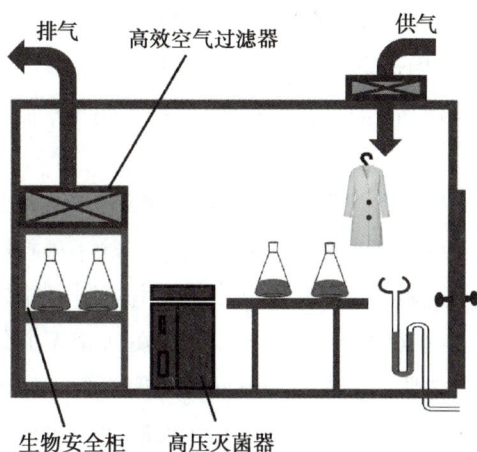

图 7-2　BSL-2 级生物安全实验室模式图

（三）BSL-2 级生物安全实验室的特殊性

BSL-2 级生物安全实验室操作的微生物多是与人类某些常见疾病相关的 2 级病原而存在生物风险，可对人体产生不同形式和不同程度的损害，甚至导致死亡。并且这类实验室数目众多、工作量大、工作种类多、样本复杂、从业人员多、未知因素多，是生物安全事故发生概率最高的一类实验室。《病原微生物实验室生物安全管理条例》中明确规定 BSL-1 ～ 2 级生物安全实验室不得从事高致病性病原微生物的研究、教学实验活动。

（四）BSL-2 级生物安全实验室的运行规范（也适用于 BSL-1 级生物安全实验室）

BSL-2 级运行规范包括：实验室进入规范、实验室防护规范、操作的指导原则、生物安全管理的指导原则，具体内容如下。

1. **实验室的进入规范**　①未经批准，任何人不得进入实验室工作区域。特别是儿童等可能增加获得性感染的危险性或感染后可能引起严重后果的人员，不允许进入实验室或动物房。② BSL-2 级生物安全实验室门上应标有国际通用的生物危害警告标志（图 7-3），标明生物因子、实验室负责人姓名、电话及进入实验室的特殊要求。③实验室的门应保持关闭。

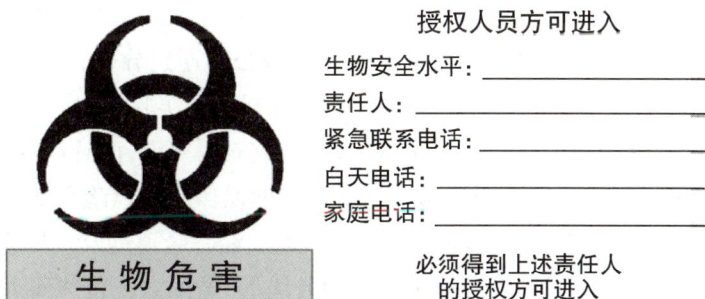

授权人员方可进入

生物安全水平：＿＿＿＿＿＿＿＿＿＿＿＿＿＿＿＿

责任人：＿＿＿＿＿＿＿＿＿＿＿＿＿＿＿＿

紧急联系电话：＿＿＿＿＿＿＿＿＿＿＿＿＿

白天电话：＿＿＿＿＿＿＿＿＿＿＿＿＿＿＿

家庭电话：＿＿＿＿＿＿＿＿＿＿＿＿＿＿＿

生　物　危　害

必须得到上述责任人的授权方可进入

图 7-3　生物安全警示标志及相关信息

2. **实验室的防护规范**　①在实验室工作时，必须穿着合适的工作服或防护服；②在进行可能接触血液、体液及其他具有潜在感染性的材料或感染性动物操作时，应佩戴合适手套，使用完后应先消毒再摘除，随后必须洗手消毒处理；③为预防眼部或面部受到污染物的喷溅、碰撞或人工紫外线辐射的伤害,必须佩戴合适的安全眼镜、面罩、面具或其他防护设备;④严禁穿着实验室防护服离开实验室工作区域;⑤禁止在实验室工作区域内进食、饮水、吸烟、化妆和处理角膜接触镜等;⑥禁止在实验室工作区域内储存食品和饮料等个人物品;⑦在实验室中使用过的防护服不得和日常服装放在同一柜子内或混合储藏。

3. 操作的指导原则　①严禁将实验材料置于口内,严禁舔标签。②实验操作过程中,尽量减少气溶胶和微小液滴的形成。③应限制使用注射针头和注射器。除了进行肠道外注射或抽取实验动物体液,注射针头和注射器不能用于移液或其他用途。④实验室应制定并执行处理溢出物的标准操作程序。出现溢出事故时,必须向实验室负责人报告,如实记录处理情况并保存相关记录。⑤污染液体在排放前必须清除污染(用化学或物理学方法),并根据所处理的微生物因子的危险度评估结果准备专门的污水处理系统。⑥只有保证在实验室内没有受到污染的文件、纸张材料才能带出实验室。

4. 生物安全管理的指导原则　①实验室负责人(或生物安全负责人)负责制订生物安全管理计划及实验室安全和/或操作手册,提供常规的实验室安全培训;②实验室负责人(或生物安全负责人)须将生物安全实验室特殊危害和操作规范告知全体实验室人员(包括但不限于实验人员、安保人员、清洁人员或外来参观人员等);③所有实验室人员必须经过培训,通过考核后方可从事相关实验室工作;④应当制定节肢动物和啮齿动物的管控方案,避免带毒动物泄漏到外界(特别注意应避免蚊、蜱虫等小型动物沾染实验室人员衣物,应通过点验数目、设置气流墙、设置水屏障等方式防止其逃逸至外界);⑤实验室人员定期提供适当的医学评估、监测和治疗(特别注意疫苗的接种),并建立健康档案。

四、BSL–3/P3 级生物安全实验室

(一)BSL–3 级生物安全实验室的目标微生物

BSL-3 级生物安全实验室(三级生物安全防护水平)所操作的病原微生物主要是目前已经有治疗方法,但可能引起致命性疾病的各种细菌或病毒,如炭疽芽胞杆菌、结核分枝杆菌等。

(二)BSL–3 级生物安全实验室的一般要求

在满足 BSL-2 级生物安全实验室设施要求基础上,BSL-3 级生物安全实验室需增加以下内容:①实验室设置清洁区、半污染区和污染区(动物饲养间)等分区,污染区和半污染区之间应设缓冲间;必要时,半污染区和清洁区之间也应设缓冲间。生物安全柜的安装位置应远离人员活动区,避开门和通风系统的交叉区,并设置非手控的水槽。②实验室与公共通道分开并通过缓冲间(双门入口或 BSL-2 级生物安全实验室)或气锁室进入。③处理废弃物前,在实验室内先进行高压灭菌以清除污染。④保持定向气流,并保持各区之间的气压差均匀,形成向内气流,而且涉及感染性材料的全部工作应在生物安全柜中进行。⑤ BSL-3 级生物安全实验室的操作对象风险级别高,样品来源和目标微生物的致病性及传播途径通常比较清楚,多数是通过气溶胶经呼吸道造成人员感染,防护难度相对较大,因此对应的设施设备、个体防护、管理体系等全面升级,人员须穿戴特殊隔离服,采用避免产生气溶胶的操作措施,并定期进行培训和考核。⑥必须有负压保护,根据 GB 19489—2008《实验室　生物安全通用要求》,相对室外大气压,污染区的气压为 -60Pa,并与室外安全柜等装置内的气压保持合理压差。⑦室内应配备人工或自动消毒器具(如消毒喷雾器和臭氧灭菌器等),并备有足量、高效的消毒剂。⑧当房间内有带毒动物时,实验人员应佩戴防护面具和穿着防护服。所有系统、操作和程序每年都需要重新检查及验证。⑨在构建通风系统时,应保证从 BSL-3 级生物安全实验室内所排出的空

气不会逆流至该建筑物内的其他区域。空气经高效空气过滤器过滤、更新后,可在实验室内再循环使用。⑩ BSL-3 级生物安全实验室的设施设计和操作规范应予存档。

BSL-3 级生物安全实验室模式图见图 7-4。

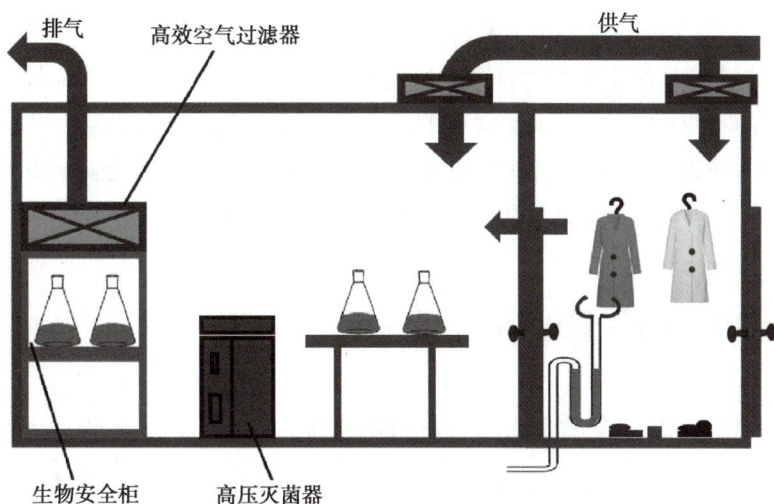

图 7-4　BSL-3 级生物安全实验室模式图

（三）BSL-3 级生物安全实验室的特殊性

BSL-3 级生物安全实验室专门处理本地或外来的病原微生物,且其可通过气溶胶、经破损皮肤黏膜等方式感染人体。一旦发生感染事件,可能严重危害人员健康甚至生命,引起社会恐慌并造成巨大损失,因此 BSL-3 级生物安全实验室应在国家或其他有关的卫生主管部门中登记,并在其监管下运行。

（四）BSL-3 级生物安全实验室的运行规范

BSL-3 级生物安全实验室是为处理高致病性微生物(危险度 3 级或 4 级病原微生物)或者大量、高浓度的且具有极高气溶胶扩散危险的危险度 2 级病原微生物而设计的。因此其具有比 BSL-1 级和 BSL-2 级生物安全实验室更严格的操作和安全程序。

1. **标本容器**　①用于装盛感染性标本的容器可以是玻璃制品,但为了保证安全,最好采用塑料制品(根据实际需要而定);②标本的容器应当坚固,不易破碎,盖子或塞子盖好后不应有液体渗漏;③容器应正确地贴上标签以利于识别,标签上应有样品名称、采集日期、编号等信息;④样品的有关表格和／或说明书不能绑在容器外,而应单独放在防水袋中。

2. **标本的实验室内运输**　①实验室内运输标本时,应使用金属或塑料材质的双层容器(如盒子),在第二层容器中应该有标本支架(将标本固定于支架使其保持直立);②第二层容器应耐高压或者能抵抗化学消毒剂的腐蚀,以便定期高压或利用化学制品消毒。封口处最好有一个衬圈,以防止发生渗漏。

3. **标本的接收**　①大规模接收标本的实验室应在一个专用的房间或区域进行;②接收并打开标本包装的人员应受过防护培训(尤其是处理破裂或渗漏容器),并应了解所操作标本潜在的危害;操作人员应穿防水的防护服,佩戴生物安全专用口罩、眼罩和手套;③打开包装前,应先仔细检查每个容器的外观、标签是否完整,标签、送检报告与内容物是否相符,是否有污染及容器是否有破损等,详细登记报告单并记录处置方法;④按国家规定需要在 BSL-3 级或以上生物安全实验室操作的病原微生物或标本,应按国家规定的防护等级,在相应级别的实验室的安全柜内;⑤接收标本应由 2 人进行签收、记录和打开。

4.注射器的使用规范　①禁止用注射器代替移液管。②使用针头锁定型注射器,以防针头和注射器分离,或者使用一体的一次性注射器。③熟练、正确、高效地进行实验操作,如吸液尽量避免产生气泡,避免使用注射器混匀感染性液体。从胶塞瓶拔针管前,用脱脂棉(已被抗感染材料浸湿)包裹针头和塞子;严禁向空气中直接排放注射器中的气泡(多余的液体或气泡可推入抗感染材料浸湿的脱脂棉或有脱脂棉的小瓶中)。④感染性材料的所有操作都要在生物安全柜中进行。⑤对动物进行接种时,要固定动物;滴鼻或者口腔接种时,使用钝的针头或套管,并在生物安全柜中操作。⑥所有接触感染性材料的专用容器均要经高压消毒,并妥善处理。

五、BSL-4/P4 级生物安全实验室

(一)BSL-4 级生物安全实验室的目标微生物

BSL-4 级生物安全实验室(四级生物安全防护水平)通常处理:①危险且未知病原体;②有高度风险或可能造成经气溶胶传播的病原体;③怀疑或可能有抗药性病原体;④至今仍无任何已知疫苗或治疗方式的病原体,如天花病毒、埃博拉病毒等。

(二)BSL-4 级生物安全实验室的一般要求

在满足 BSL-3 级生物安全实验室设施要求基础上,BSL-4 级生物安全实验室增加以下内容:①独立的建筑物,如与其他级别生物实验室共用建筑物,也需要在建筑物中占据独立的隔离区域,并与附近的其他建筑物完全隔离;②在常见的四层结构中,一层为污水处理与保障设备,二层为核心实验区,三层为排风管道过滤层,四层为空调设备与送排风管道;③实验室出入口电脑控制上锁,且必须为气密式、配置淋浴设备;④配备真空室与紫外线光室;⑤所有废气及废水排放均进行消毒;⑥需要使用负加压设备。

BSL-4 级生物安全实验室模式图见图 7-5。

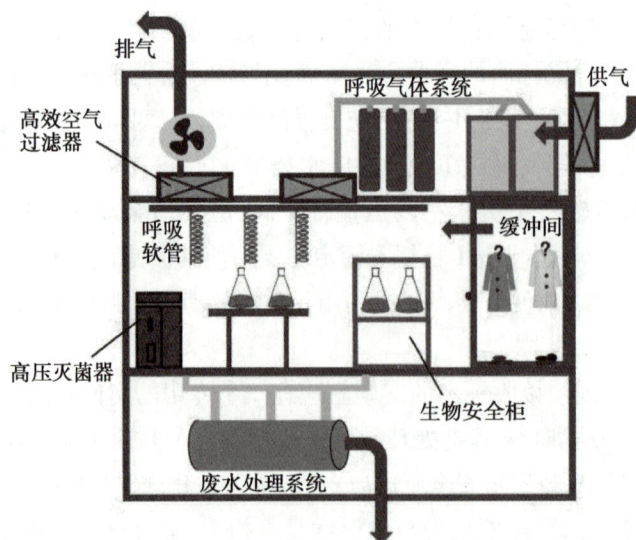

图 7-5　BSL-4 级生物安全实验室模式图

（三）BSL-4 级生物安全实验室的特殊性

BSL-4 级生物安全实验室是最高防护实验室,其造价、运营和维护成本非常昂贵。它是为研究危险度 4 级微生物而设计的,这些微生物包括人类已认识或尚未认识的最危险的病原微生物。由于生物风险极高,因而要求必须保证人员与操作对象在完全隔离的状态下从事相关工作。BSL-4 级生物安全实验室在建设和投入使用前,应充分咨询有运作类似设施经验的机构。BSL-4 级生物安全实验室的运作应在国家或相关卫生主管机构的管理下进行。

（四）BSL-4 级生物安全实验室的防护要求

1. **基本防护** 实验室必须配备高效的基本防护系统,可单独或组合使用以下方式。①Ⅲ级生物安全柜型实验室:在进入前,要先通过至少有两道门的通道。实验室必须配备带有内外更衣间的个人淋浴室。对于无法从更衣室携带进出安全柜型实验室的材料、物品,应通过双门结构的高压灭菌器或熏蒸室送入。②防护服型实验室:自带呼吸设备的防护服型实验室,在设计和设施上与配备Ⅲ级生物安全柜的四级生物安全防护水平实验室有明显不同。防护服型实验室的房间布局设计成人员可以由更衣室和清洁区直接进入操作感染性物质的区域。必须配备清除防护服污染的淋浴室,以供人员离开实验室时使用。还需另外配备有内外更衣的独立的个人淋浴室。进入实验室的人员需穿着一套正压的且供气经高效空气过滤器(high efficiency particulate air filter, HEPA filter)过滤的连身防护服。防护服的空气必须由双倍用气量的独立气源系统供给,以备紧急情况下使用。人员通过装有密封门的气锁室进入防护服型实验室。必须为在防护服型实验室内工作的人员安装适当的报警系统,以备发生机械系统或空气供给故障时使用。

2. **进入控制** BSL-4 级生物安全实验室必须位于独立的建筑物内,或是在一个安全可靠的建筑物中明确划分出的区域内。人员或物品的进出必须经过气锁室或通过系统。人员进出时需更换全部衣物,并在离开前淋浴。

3. **通风系统控制** 设施内应保持负压。供风和排风均须经高效空气过滤器过滤。Ⅲ级安全柜型实验室和防护服型实验室的通风系统有以下显著差异。①Ⅲ级安全柜型实验室:通入Ⅲ级生物安全柜的气体可以来自室内,并经过安装在生物安全柜上的高效空气过滤器,或者由供风系统直接提供。从Ⅲ级生物安全柜内排出的气体在排到室外前需经两个高效空气过滤器过滤。工作中,安全柜内相对于周围环境应始终保持负压,并且应为安全柜型实验室安装专用的直排式通风系统。②防护服型实验室:需要配备专用的房间供风和排风系统。通风系统中的供风和排风部分相互平衡,以在实验室内产生由最小危险区流向最大潜在危险区的定向气流,并且应配备更强的排风扇,以确保设施内始终处于负压。必须监测防护服型实验室内部不同区域之间及实验室与毗连区域间的压力差。必须监测通风系统中供风和排风部分的气流,同时安装适宜的控制系统,以防止防护服型实验室压力上升。供风经高效空气过滤器过滤后输送至防护服型实验室、用于清除污染的浴室及用于清除污染的气锁室或传递室内。防护服型实验室的排风必须通过两个串联的高效空气过滤器过滤后释放至室外,或者在经过两个高效空气过滤器过滤后循环使用,但仅限于防护服型实验室内。在任何情况下,BSL-4 级生物安全实验室所排出的气体均不能循环至其他区域。所有的高效空气过滤器必须每年进行检查、认证。高效空气过滤器支架的设计使得过滤器在拆除前可以原地清除污染。也可以将过滤器装入密封的、气密的原装容器中以备随后进行灭菌和 / 或焚烧处理。

4. **污水的净化消毒** 所有源自防护服型实验室污水,在最终排往下水道之前,必须经过净化消毒处理，首选加热消毒法。污水在排出前，应将 pH 调至中性。

5. **废弃物和用过物品的灭菌** 实验室内必须配备双门、传递型高压灭菌器。对于不能进行高压蒸汽灭菌的仪器、物品，应提供其他清除污染的方法。

（五）BSL-4 级生物安全实验室的运行规范

除遵循 BSL-3 级生物安全实验室的运行规范以外，还应注意：①实行双人工作制，任何情况下严禁任何人单独在实验室内工作；②在进入或离开实验室时，要求更换全部衣服和鞋子；③工作人员要进行人员受伤或疾病状态下紧急撤离程序的培训；④在 BSL-4 级生物安全实验室中的工作人员与实验室外面的支持人员之间，必须建立常规情况和紧急情况下的联系方法。

六、生物安全实验室的人员健康监测

主管机构有责任通过实验室主任来确保实验室全体工作人员接受适当的健康监测，预防职业获得性疾病。应进行如下工作：根据需要提供主动或被动免疫，促进实验室感染的早期检测；为工作人员提供有效的个体防护装备和操作方法培训；应禁止高度易感人群（如孕妇或免疫损伤人员）在高危险实验室工作。

在 BSL-1 级生物安全实验室操作的微生物通常不会引起人类疾病或兽医学意义的动物疾病。但理想的情况是，所有实验室工作人员应进行上岗前的体检，并记录其病史。发生疾病和实验室意外事故应迅速报告，所有工作人员都应意识到应用规范的实验室操作技术的重要性。

BSL-1 级生物安全实验室人员的健康监测：①必须有录用前或上岗前的体检，记录个人病史，并进行一次有目的的职业健康评估。②实验室管理人员要保存工作人员的疾病和缺勤记录。③育龄期妇女应知道某些微生物（如风疹病毒）的职业暴露对未出生孩子的危害。

BSL-1 级及 BSL-2 级生物安全实验室人员的健康监测方式，也适用于 BSL-3 级生物安全实验室，但应修改：①所有人员要强制进行医学检查。内容包括一份详细的病史记录和针对具体职业的体检报告。②临床检查合格后，给受检者配发一张医疗健康资料卡（图 7-6）。所填写的联系人姓名需经所在机构同意，应包括实验室主任、医学顾问和 / 或生物安全员。

BSL-4 级生物安全实验室人员的健康监测参考 BSL-3 级生物安全实验室进行。

疾病监测卡

姓名________________ 持卡者照片

致工作人员

由本人持有此卡片，当出现不能解释的发热病症时，将该卡片交给医生，并按所列出的顺序通知下列人员中的某一位。

医师 单位电话：

家庭电话：

医师 单位电话：

家庭电话：

A

致医生：

持该卡者在________________工作，工作环境中存在病毒、立克次体、细菌、原生动物或寄生虫。当出现不能解释的发热病症时，请与雇主单位联系，以了解该工作人员可能接触的致病因子的相关信息。

实验室名称：

地址：

电话：

B

图 7-6 医疗健康资料卡样表

A. 正面；B 反面

第三节 病原微生物样本的引进、保管、使用及档案管理

病原微生物是实验室生物安全管理的重要组成部分,事关从业人员的健康和公众卫生安全。近年来,我国相关部门已出台各项法律法规,对病原微生物样本的引进、保藏、使用以及档案管理等各项流程进行全面规范,使病原微生物实验室得到了有效监管。然而,由于各地经济发展水平存在差异,相应的管理水平也参差不齐,因此,相关从业人员仍须强化安全意识,落实管理责任,使病原微生物在安全的前提下更好地服务于科研工作。

一、病原微生物样本的引进

(一)病原微生物样本引进的申请与审批

各高等院校实验室、科研院所等机构,因科研、教学、检测检验、诊断等需求需引进病原微生物菌(毒)种的,应按照国家有关规定办理相关审批手续,并对其进行严格的生物安全管理,防止病原微生物的泄漏和实验室感染。实验室的生物安全防护等级应与所引进的病原微生物等级相适应,且相关的实验室人员须取得生物安全岗位培训证书。

引进高致病性病原微生物菌(毒)种(第一类、第二类病原微生物),须向省级以上卫生行政部门提出申请,其中引进第一类病原微生物菌(毒)种,须经国家卫生健康委员会批准备案。菌(毒)种保藏管理机构依照申请单位获得的从事相关病原微生物实验活动的批准文件,向其供应病原微生物样本。引进第三类、第四类菌(毒)种,除设有专业实验室负责供应所管理的菌种以外,未设专业实验室负责管理的其他菌种均由各有关保藏管理中心供应。如需从国外的菌种保藏中心购买病原微生物菌(毒)种,根据《出入境特殊物品卫生检疫管理规定》和《进出口环保用微生物菌剂环境安全管理办法》,申请单位除向卫生行政部门申请以外,还需向环境保护行政主管部门提交相关材料,办理卫生检疫审批及跨境物流通关手续,不得采取非法邮寄、携带的方式引进菌(毒)种。

(二)病原微生物样本的包装、运输

各高校实验室、科研院所引进相关病原微生物的申请获主管部门批准后,应按照《病原微生物实验室生物安全管理条例》《可感染人类的高致病性病原微生物菌(毒)种或样本运输管理规定》中的要求,对引进的病原微生物样本进行分类、包装与运输。

根据国际民航组织发布的《危险物品航空安全运输技术细则》,感染性物质分为 A、B 两类。A 类感染性物质是指在运输过程中与之接触可能对健康人或动物造成永久性残疾或致命疾病的感染性物质,其中可危害人的 A 类感染性物质,联合国编号为 UN2814,仅危害动物的 A 类感染性物质,联合国编号为 UN2900;B 类感染性物质是指 A 类感染性物质以外的感染性物质,联合国编号为 UN3373。我国的《人间传染的病原微生物目录》依据该细则,明确列出了各种病原微生物的运输包装类别。

A 类和 B 类感染性物质的包装,均要求采用三层包装系统,运输过程中使用的容器,均要求密封无菌,并达到三防(防水、防破损、防泄漏)两耐(必须能承受在 -40 ～ +55℃温度范围内 95kPa 的内

部压力而无渗漏）具体要求见表7-2、表7-3。完整的包装必须能够通过《危险物品航空安全运输技术细则》规定的跌落试验（跌落高度不低于1.2m）。

表7-2　A类和B类感染性物质三层包装系统具体要求

结构	材料	作用	材质要求
第一层（主容器）	玻璃、金属或塑料	盛放原始样本	密封、无菌；防水、防破损、防泄漏；耐高温、耐低温、耐高压；包装要求使用保存标本的原始容器（外螺旋管）
第二层（辅助容器）	塑料	缓冲作用，保护主容器	专用二级包装桶或耐高压塑料袋
第三层（外包装）	泡沫箱、纸箱	保护内层容器及样本	具有足够强度，要求有保持冷藏低温功能

表7-3　A类和B类感染性物质包装的区别

项目	A类包装	B类包装
UN编号	UN2814（感染人）UN2900（感染动物）	UN3373
UN专用标记	需要	不需要
危险申报单	需要	不需要

在省、市行政区域内申请运输高致病性病原微生物菌（毒）种，应当经省、市卫生主管部门批准。若申请跨省、市运输，应由运输出发地所在地省级卫生主管部门初审，再上报国家卫生健康委员会审批。若涉及出入境运输，须按照国家质检总局发布的《出入境特殊物品卫生检疫管理规定》办理相关准出入境证明。运输方式应尽量选择陆路运输，若必须经水路运输的，可通过水路运输。禁止使用公共交通工具运输病原微生物菌（毒）种。高致病性病原微生物菌（毒）种应由不少于2人同时护送，且护送人员需经专业的生物安全培训。

高致病性病原微生物菌（毒）种在运输中若出现被盗、被抢、丢失、泄漏等意外情况，根据《病原微生物实验室生物安全管理条例》的规定，承运单位、护送人、保藏机构应当采取必要的控制措施，并在2小时内分别向承运单位的主管部门、护送人所在单位和保藏机构的主管部门报告，同时向所在地的县级人民政府卫生主管部门以及公安机关报告；接到报告的卫生主管部门应当在2小时内向本级人民政府、上级人民政府卫生主管部门、国务院卫生主管部门报告。任何单位和个人发现高致病性病原微生物菌（毒）种或者样本的容器或者包装材料，应当及时向附近的卫生主管部门报告；接到报告的卫生主管部门应当及时组织调查核实，并依法采取必要的控制措施。

二、病原微生物样本的保藏管理

病原微生物是国家重要的战略性资源，不仅是相关学科进行科研、教学和临床诊治的支撑材料，也是国家进行传染病防治的基础科技条件，与国民健康和生物安全密切相关，因此做好病原微生物样本的保藏管理工作尤为重要。"十三五"期间，在国家卫生健康委部署规划下，我国已基本完成国家级、省级各类菌（毒）种保藏中心的建设，病原微生物保藏网络已基本形成，为诊断试剂和疫苗的研发、调整疫情防控策略提供了有力支撑。

（一）我国病原微生物菌（毒）种保藏机构

我国《传染病防治法实施办法》规定，一、二类病原微生物菌（毒）种的供应由国务院卫生行政部门指定的保藏管理单位供应。保藏机构依据国家卫生行政部门的规定，接收、检定、集中储存管理病原微生物菌（毒）种，并向合法从事病原微生物实验活动的单位提供相关样本。我国主要微生物菌（毒）种保藏机构见表7-4。

表7-4　我国主要微生物菌（毒）种保藏机构

保藏机构名称	隶属	服务项目
中国典型培养物保藏中心	武汉大学	保藏大量微生物（模式微生物和专利微生物）
中国普通微生物保藏管理中心	中国科学院微生物研究所	广泛分离、收集、保藏、交换和供应各类微生物菌种；保存用于专利程序的各种可培养生物材料；微生物菌种保藏技术研究；微生物分离、培养技术研究；微生物鉴定和复核技术研究；保藏菌种的资料情报收集和提供及编辑微生物菌种目录
中国农业微生物菌种保藏管理中心	中国农业科学院农业资源与农业区划研究所	农业微生物资源的收集、鉴定、评价、保藏、供应及国际交流任务等
中国工业微生物菌种保藏管理中心	保利中轻集团中国食品发酵工业研究院有限公司	微生物菌种精准鉴定与溯源分析、新种鉴定、菌种安全性评价、菌种功能性评价和微生物方法验证技术服务平台
中国药学微生物菌种保藏管理中心	中国医学科学院医药生物技术研究所	药学微生物菌种的收集、鉴定、评价、保藏、供应与国际交流等任务
中国医学科学院病原微生物菌（毒）种保藏中心	中国医学科学院	微生物培养与保藏
中国疾病预防控制中心病原微生物菌（毒）种保藏中心	中国疾病预防控制中心	菌种保藏及培养

（二）病原微生物样本的保藏

在确保生物安全的前提下，保藏机构应对病原微生物样本采用适宜的方法保藏，避免其死亡、污染，并保持其原有性状基本稳定。《人间传染的病原微生物菌（毒）种保藏机构管理办法》明确规定了保藏病原微生物菌（毒）种的各项要求。

1. **设施要求**　保藏机构进行保藏实验活动所需的生物安全实验室级别应和所保藏的菌（毒）种类别相适应。保藏机构应根据所保藏病原微生物的特点和危害程度分类，并进行相应功能分区，包括菌（毒）种或样本接收区、实验工作区、菌（毒）种保藏区、菌（毒）种发放区和办公区。保藏设施需配有备用电源，保藏柜需双人双锁管理、防火防爆，并配备监控及报警系统。保藏设备的材质须耐高温、耐低温、抗压，并且不易破碎或爆裂。

2. **保藏方法**　病原微生物菌（毒）种的保藏方法多样，依其种类而定。同一样本尽量选择两种及以上的保藏方法同时保存，如只能用一种方法保存，须保存两份作为备用，并分别存放于两个独立的保藏区内，一份样本用于长期保存，另一份用于经常传代。一般采用以下几种较为常见的保藏方法。

（1）传代培养法：保藏的菌种通过斜面培养基或穿刺培养后，置于4℃保存，定期传代，传代时间根据菌种类别而定，一般1～3个月传代一次。此方法操作简单，使用方便，且对保藏设备要求低，但保藏时间短，菌种易发生变异，且频繁传代容易污染。

（2）液体石蜡保藏法：菌种在试管斜面培养基上培养完成后，将灭菌过的液体石蜡注入斜面，将试管直立，使菌种与空气隔绝。液体石蜡不仅可防止因培养基水分蒸发导致的菌种死亡，还可以隔绝氧气，减弱菌种的代谢作用。此方法的保藏期一般可达 1～2 年。但操作时要注意，从液体石蜡下面取菌种后，接种环必须在火焰上灼烧，灼烧时应小心液体石蜡与残留的培养物飞溅。

（3）甘油冻存保藏法：在平皿上挑取菌种的单菌落，置于液体培养基中振荡培养（建议培养至 OD_{600} 为 1.0～1.5）。按照菌液∶甘油为 1∶1 的体积比例混合，将菌液和无菌甘油加入菌种保存管中（每管 1～2mL），使用旋涡振荡混合器振荡混匀后，置于 –70℃或液氮保存。该方法适用范围广，操作简便，占地面积小，菌种不易变异且保藏时间久，一般菌种可保存 2 年以上，部分菌种甚至可保存 10 年以上。使用该方法保藏菌种应注意避免反复冻融，以免影响菌种活性降低甚至导致菌种死亡。

（4）载体保藏法：将菌种吸附在无菌沙土、滤纸、硅胶等载体上，利用五氧化二磷作为吸水剂进行干燥，再置于低温保存。此方法无需特殊设备，但操作较繁琐。

（5）真空冷冻干燥法：将无菌脱脂牛奶加入菌液或试管斜面中制成菌悬液，用真空冻干机进行脱水冻干处理，制成冻干粉。此方法相比于其他保藏方法，更容易保存菌种活力，一般菌种可以保存几年至十年以上，一些不易保存的致病菌均可以采用此方法保存。

（6）液氮冻存法：在菌种中加入保护剂（如二甲亚砜），置于低温冻存管中，先梯度冻结至 –70℃，最后置于 –196℃的液氮中保存。液氮冻存法适用于一些真空冷冻干燥法都难以保存的病原微生物，如支原体、衣原体、动物细胞等。此法保存时间久，但成本较高，需要特殊设备。此法在操作时要注意，液氮冻存管须采用内旋式管盖，且管口必须密封好，防止炸裂。复苏样本时，样本取出后需立即放入 37～40℃的水浴锅中快速解冻，直至全部融化后，再移入培养基中培养。

三、病原微生物样本的使用

对各类病原微生物的操作，须全程在与该病原微生物等级相匹配的生物安全实验室中进行。操作人员须经专业训练、技术成熟。操作前须仔细检查隔离区是否存在安全隐患，相关防护设备是否运行良好。相关人员应在整个操作过程中采取保护措施。若执行操作的病原微生物具有相关疫苗，操作人员应提前完成疫苗接种。

对一些国家规定必须销毁的、丧失生物活性的或已无保藏价值的菌（毒）种，可以采用高压蒸汽灭菌法销毁样本，操作时应放置灭菌指示卡，确认灭菌效果。对于一些环境抵抗力极强的菌（毒）种，尤其是能形成芽孢的细菌，必须用专用设备和间歇性灭菌法进行销毁，并进行灭菌效果验证。操作结束后还需对相关设备进行彻底灭菌消毒。

四、病原微生物的档案管理

为确保病原微生物管理的规范化、制度化，应在国家相关法律法规的基础上，制定符合本单位实际情况的管理制度，做好各类活动记录，并按要求归档、保存。所有资料保存不得少于 20 年。

（一）生物安全管理制度

该制度包含实验室硬件条件和基本建设等文件、生物安全实验室相关批准文件、从事病原微生物实验活动相关批准文件、生物危害评估记录、感染性材料管理制度、生物安全手册、各类实验操作规程、实验废弃物处理流程、人员培训考核记录、实验室准入制度、生物安全检查记录、仪器设备定期维护检测记录、感染检测方案、工作人员健康监测档案、突发事件应急预案等。

（二）病原微生物菌（毒）种管理档案

该档案包括菌（毒）种引进与运输审批文件、样品来源记录、供应单位提供的菌（毒）种相关原始背景资料（如样品名称、鉴定报告、分类编号、病原微生物分级、生物学特性、生化特性、传播途径、感染的控制和治疗等）、传代培养保藏方式的相关资料及菌（毒）种入库登记记录、保藏信息、定期活性检测记录等。所有样本的信息都必须严格保密，任何人不得以任何形式泄露。每次使用菌（毒）种或分发给申请单位时，都要求有 2 人以上记录使用该菌（毒）种的具体用途、操作时间和涉及的操作人员、申请单位，并及时记录好菌（毒）种的出入库情况。菌（毒）种销毁时，也应做好相关原始记录，包括销毁记录、灭活验证实验记录等。若出现菌（毒）种丢失、泄漏、人员感染等意外情况，应记录相关事故报告，以及所采取的应急措施。

第四节　病原微生物危害评估

病原微生物危害评估是在了解病原微生物的生物学特性、宿主范围及致病性的基础上，评估操作程序或实验活动的潜在风险。通过识别暴露因素、评估安全风险并提出防护措施，此过程对于保障监测人员安全、规范管理、预防危害至关重要。它为生物安全防护等级和实验规程提供了依据，指导个人防护装备选择，防止感染和环境污染，避免公共生物安全事故及经济损失。因此，病原微生物危害评估是生物安全的核心和基础，具有重大意义。

一、病原微生物危害评估总述

（一）病原微生物危害评估主要理论依据

《病原微生物实验室生物安全管理条例》（2018 修订版）、《实验室　生物安全通用要求》（GB 19489—2008）、《病原微生物实验室生物安全通用准则》（WS 233—2017）、《人间传染的病原微生物目录》、WHO 的《实验室生物安全手册》（第四版）、《生物安全实验室建筑技术规范》（GB 50346—2011）、《微生物危险性评估的原理和指南》（GB/Z 21235—2007）、《微生物和生物医学实验室生物安全手册》（第六版）及病原微生物相关专业文献和书籍。

（二）病原微生物危害评估的基本内容

评估内容涵盖生物因子致病性、生物稳定性、病原微生物传播途径、传染性、地方流行性、实验室的性质和职能、涉及的操作步骤和方法。生物因子是指动物、植物、微生物、生物毒素及其他生物活性物质。病原微生物是指可以侵犯人或动物，引起感染甚至传染病的微生物，包括病毒、细菌、真菌、立克次体、寄生虫等，是影响生物安全的生物因子之一。

（三）病原微生物危害评估的基本用途

1. 确定生物安全防护水平。根据评估的结果，确保实验室的空间、设施与设备能满足所从事工作的需要。

2. 依据病原微生物危害评估结果，建立微生物操作规范、仪器设备使用的操作程序与管理规程；微生物保藏、运输、灭活、销毁程序；潜在危害分析与意外事故处理程序；人员培训、个人防护及健康保障与监测程序。

3. 病原微生物危害评估中包含大量相关微生物及引起相关疾病的背景信息，是所有工作人员学习的参考资料。

4. 病原微生物危害评估是评价病原微生物实验室生物安全状况的依据。

（四）病原微生物危害评估的原则

坚持"结合实际、科学评估""简明扼要，科学可行""专业人员协作完成"的原则。

1. **危险因子的鉴定**　根据收集到的相关信息，找出一种疾病和某种或者某些病原体的联系。这些信息包括病原微生物存活、生长、传染及灭活条件。还可以从流行病学监测数据、初步的病原学研究资料和患者的临床资料中获得信息。在危害认定过程中，所收集到的数据可以用于以后的暴露评估，并与多种因素整合在一起进行进一步考虑。

2. **暴露因素评估**　暴露评估描述了病原体的数量、分布和评价测试。根据危害评估的范围，暴露因素评估可以从调查病原体的流行开始，或者也可以从在随后过程中对病原体增殖的描述开始。危害评估的意图都是跟踪病原体感染宿主的可能性。

3. **剂量反应评估**　剂量反应评估的目的是找出病原体暴露数量与人群健康状况反应的关系，能为不同控制措施的功效比较提供有效信息。

4. **危害程度鉴定结论**　通过整合上述步骤中获得的信息，得出未知病原微生物对群体的危害性，以及为相关未知病原微生物的实验室操作和研究提供指南。

（五）病原微生物危害评估的依据

病原微生物危害程度主要通过以下 6 个方面进行评估：①病原微生物的致病性；②病原微生物的传播方式（传播途径）；③病原微生物的宿主范围；④是否有有效的预防和治疗措施；⑤是否为已知的病原微生物；⑥人群的免疫屏障。

（六）病原微生物危害评估的要素

1. **危害程度分类**　危害程度分类是病原微生物危害评估的主要依据之一。根据病原微生物对个体和群体的感染后可能产生的相对危害程度和相对危害程度或等级划分危害类别的高低。不同国家病原微生物流行的状况不同，因此分类时应考虑当地的实际情况。具体来说，危险程度分类主要基于以下几个方面。

（1）微生物的致病性：致病性越强，导致的疾病越严重，其危害等级越高。

（2）微生物的传播方式和宿主范围：受到当地人群已有的免疫水平、宿主群体的密度和流动、适宜媒介的存在及环境卫生水平等因素的影响。

（3）当地所具备的有效预防措施：通过接种疫苗或给予抗血清的防御（被动免疫）卫生措施，如食品和饮水的卫生、动物宿主或节肢动物媒介的控制。

（4）当地所具备的有效治疗措施：被动免疫、暴露后接种疫苗及使用抗生素、抗病毒药物和化学治疗药物，还应考虑出现耐药菌株的可能性。

2. 病原微生物的相关背景资料

（1）病原微生物的致病性和感染数量：①不同病原微生物的致病力强弱不同，即使同类病原微生物不同菌（毒）种也有不同强度的致病力；②高致病性病原微生物低感染剂量即可导致发病，同一微生物感染数量越大，其暴露的潜在后果也越严重；③微生物对感染个体的致病性与被感染者的体质、免疫状态及对该病原微生物的易感性有关。

（2）暴露的潜在后果：当病原微生物感染人体时，一般潜伏期较短的，病情较为严重。反之，潜伏期较长的，病情则较轻，或不发病。对暴露的潜在后果评估，应参考权威资料并收集相关资料，突出个体传染过程与结局。①隐性感染、非显性感染或亚临床感染；②显性感染或临床传染病；③是否出现个体最严重的结局，发生严重型临床传染病而死亡；④是否出现个体间的传播。

（3）自然传播途径：①病原微生物可通过空气、水、食物、接触、血液、虫媒、土壤等途径传播；②每种传染病的传播途径不尽相同，同一种传染病在各个具体病例中的传播途径也可能不同，同种病原微生物也可以有多种传播途径；③通过呼吸道传播的病原微生物容易引起不同的感染性疾病，因此气溶胶是引起实验室感染的最重要因素。

（4）病原微生物在环境中的稳定性：①病原微生物的稳定性是指其抵抗外界环境的存活能力，即为了维持其种系的生存，可凭借其自身的结构特点以应对外界不利的环境；②不同的微生物的稳定性不同；③对病原微生物的稳定性评估，除考虑其在自然界中的稳定性以外，还应考虑其对物理因素、化学消毒剂的敏感性。

（5）病原微生物的宿主：应确定拟操作病原微生物的宿主，同时应注意收集该病原微生物对实验室常用的实验动物易感性的相关资料。

（6）从动物研究和实验室感染报告或临床报告中得到的信息：在某些病原微生物或待检样品危害程度相关背景信息量不足时，应尽可能从患者医学资料、流行病学资料及样品来源地收集有用的信息，同时可以利用动物致病性、传染性和传播途径的研究数据获取对危害评估有用的信息。

（7）当地是否能进行有效的预防或治疗：应收集拟操作的病原微生物的治疗与预防措施的相关资料，包括：①是否存在有效的抗生素、抗病毒药物、化学药物和抗血清等治疗药物和其他与该疾病有效的治疗措施；②是否有针对该传染病的疫苗；③该疾病是否有典型的体征和可靠的诊断试剂，以用于疾病监测，在查出可能感染时能及时进行有效的隔离与预防；④"当地"是否有条件进行上述有效的预防或治疗。

3. 拟从事实验活动的危险分析

（1）操作所致的非自然途径感染：①对感染性材料的清除和处理不当，可能导致手污染。在微生物操作中释放的较人粒子和液滴（直径大于 5μm）会迅速沉降到工作台面和操作者的手部，进而可能导致感染性物质被食人或皮肤和眼部受到污染。②破损玻璃器皿的刺伤或使用注射器操作不当导致扎伤，进而引起经血液感染。③血清样本采集时可能喷溅，产生的气溶胶会引发呼吸道感染或误入眼内而发生黏膜感染。④进行动物实验时被实验动物咬伤、抓伤而导致感染。

（2）病原微生物的种类：不同属、种、亚种、型的病原微生物，其致病性各异，因此进行危害评估时应考虑相关因素。另外，还要考虑是否为强毒株。

（3）操作病原微生物的滴度：①所操作病原微生物的滴度和其可能产生的危害程度密切相关。病原微生物操作的危险性通常涉及操作的病原微生物的生长状况及病原微生物的数量和滴度，样本的类型（如纯培养物、固体组织标本、血标本、痰标本等）及实验操作等因素；②必须对要进行的实验操作进行评估，选择危险性适合的操作技术、防扩散设备和设施。

（4）实验操作：①拟进行病原微生物实验的具体实验项目；②该项目哪些实验步骤可能导致气

溶胶产生或对操作者造成危害；③采用何种预防措施可规避危险。同时应该将该项评估的内容作为制订实验活动标准操作规程（standard operation procedure，SOP）的重要依据，并尽可能设计与之对应的表格化操作原始记录，以保证防范措施能正确实施。

（5）涉及动物的病原微生物实验：①动物实验室涉及病原微生物，需要考虑的因素包括传播途径、使用体积和剂量、接种途径、排出途径；②关于动物实验室中使用的动物，需要考虑的因素包括动物的自然特性，即动物的攻击性和抓咬倾向，自然存在的体内外寄生虫，易感的动物疾病，播散过敏原的可能性等；③如果用野外捕捉的野生动物应考虑潜伏感染的可能性。

（6）工作人员的素质：①对所有涉及病原微生物操作的工作人员进行评估，内容包括知识背景、工作经验、工作能力、个人心理素质及健康状态；②实验室管理者还应进行管理能力与应急处理能力的测评。

4. 评估结论应考虑的要点　各种实验活动的危害程度及其防护措施、感染控制与医疗监测方案以及应采取的消毒灭菌方案。

5. 得出评估结论的主要步骤

（1）根据实验的内容与对各实验环节的分析，明确危害来源和危害因素。

（2）进行固有风险评估，即在未采取任何控制措施之前，如果事故发生可能带来的风险。应确定危害产生的后果和产生后果的可能性。在评估过程中，后果的严重程度是重要指标。对可能产生灾难性后果的危害，无论发生频率高低，均视为高度风险；危害发生可能性的高低，也应予以重视；一些可能产生后果不严重，但发生概率大的危害也属于高度风险。对于高度风险，需要立即采取行动；对中度风险，必须明确后续处理时个人的职责；对低度风险的采用常规程序处理。

（3）进行残余风险评估，即在采用旨在降低风险的控制措施后仍然存在的风险因素，列出表格并登记，针对每项危险因素的现有控制措施进行评估和监督检查，以确定现有控制措施的可靠性。

（4）确定残余风险，即在采取有效风险控制措施后，可使固有高风险降低为中等风险；如果固有风险控制措施不足，则固有低风险潜在危险将增大。对于高度残余风险应立即给予关注并解决；中度残余风险应制定改进措施，短期内给予解决；轻度残余风险要长期给予关注。

二、针对不同类型实验活动危害评估的原则

对于同一病原微生物，从事不同的实验活动，操作者接触微生物的数量、剂量及可能的感染途径是不同的，一旦暴露，其后果也是不同的。所以对于不同的实验活动均应进行危害评估，以指导操作者采取合适的生物安全防护。

1. 含已知病原微生物的样本　对于已分离并鉴定或来源清晰的购买或赠送的病原微生物，可根据对该病原微生物实验室研究、疾病监测和流行病学研究及相关教材或其他资料进行危害评价。

2. 含未知病原微生物的样本　当待检样品信息不足时，可以利用患者的一般资料、流行病学资料（发病率和死亡率资料、可疑的传播途径及其他有关疾病暴发的调查资料）以及有关标本来源地的信息，帮助确定处理这些样本的危害程度。同时，应当谨慎采取一些较为保守的标本处理方法。对于取自患者的标本，均应当遵循标准防护方法，并采用隔离防护措施，如手套防护服，眼部保护等。处理此类标本时，最低需要二级生物安全防护水平。标本的运送应当遵循国家和／或国际的规章和规定。在暴发病因不明的疾病时，应根据国家主管部门《可感染人类的高致病性病原微生物菌（毒）种或样本运输管理规定》和／或WHO制定的《实验室生物安全手册》（第四版）指南进行标本的运输，并按规定的生物安全等级进行相关操作。

3. 可能含有未知的病原微生物的样本 在临床检验或疾病监测实验室的日常工作中,无法辨明可能分离何种病原微生物时,应根据回顾性资料、既往已分离的病原微生物资料及当地流行病学资料进行分析,推测可能分离的病原微生物,并进行危害评估。在没有病原微生物存在与否的确切信息时,需要采用常规的预防措施。

三、病原微生物实验活动危害的再评估

1. 在生物安全实验室建造之前的危害评估,主要用于帮助生物安全实验室设计者与使用者确定实验室的规模、设施与合理布局。然而,由于其评估结果可能不够详细,并与实际使用有差距,因此,在生物安全实验室正式启用前,应根据实际工作进行再评估。

2. 当收集的资料表明病原微生物的毒力或传染方式发生变化时,应对其背景资料及时变更,并对其实验操作的安全性进行重新评估。

3. 如增加新的研究项目,应对该项目的实验活动进行再评估。

4. 实验中,若分离到原评价报告中未涉及的高致病性病原微生物时,应进行危害评估。

5. 生物安全实验室操作人员在进行实验活动中发现原评估报告中未发现的隐患,或者在检查与督查过程中发现存在生物安全问题,应进行再评估。

6. 在实验活动中发生微生物逃逸、泄漏或人员感染等意外情况时,应立即进行再评估。

四、生物风险评估实施

1. 病原微生物特征的评估 一般生物学特性(病原微生物的来源、基因组及编码产物、形态特征、培养特性、细菌或病毒属别和型别等)、致病性(涉及临床症状、潜伏期、病程、感染剂量、入侵部位、宿主类型、是否产生毒素等)、传播与感染途径、环境中的稳定性、致病性和感染剂量、实验动物研究和实验室感染(动物的自然特性、潜伏感染等)、有效的预防和治疗措施(药物、疫苗、疾病监测手段及预防控制措施手段)。

2. 病原微生物实验活动的评估

(1)实验活动:指实验室从事与病原微生物的菌(毒)种、样本有关的研究、教学培训、检测等活动。

(2)实验活动的类型:包括标本或样品处理流程、离心操作、匀浆制备、超声波处理、移液技术操作、锐器工具的使用、生物安全柜的使用,以及医疗废物的消毒处理或高压灭菌等。

(3)实验活动风险影响因素:包括气溶胶生成风险,如离心、旋转、匀浆、接种环操作等;潜在伤害风险,如使用注射器等锐器、酒精灯、玻璃仪器等;标本浓缩风险,如来自临床样本、现场采集、培养过程及浓缩处理等阶段的样本;毒株和细胞风险,如野毒毒株、减毒株、疫苗株、毒素产生等。

第五节 病原微生物相关废弃物处理

随着生物医学科学研究的迅速发展,生物安全实验室产生的废弃物在各类废弃物中所占的比重越来越大。1983年,WHO出版了《实验室生物安全手册》,首次介绍了生物安全实验室内废弃物处理处置的程序和设施,是生物安全领域开创性的指导性文件。另外,在该领域受到广泛认可并应用的法

规还包括美国 CDC 和 NIH 出版的《微生物和生物医学实验室生物安全手册》（第六版）。为了加强对实验废弃物的管理与监督，我国政府也陆续颁布了一系列废弃物处理的法律法规与标准，逐步将废弃物的管理纳入法治化轨道，同时也在一定程度上规范了生物危险废弃物处置的管理和操作流程。

一、病原微生物实验室废物的分类

实验室工作人员除严格按照生物安全规程操作以外，必须合理、有效地处置微生物污染物及可能接触病原微生物的一次性消耗品。在处理具有感染性或任何有潜在危害的废物时，必须戴手套、口罩和穿防护服。实验人员不得将检验过程中产生的废弃物带出实验区。接触的微生物废弃物可分为：①一般废弃物；②带菌、带毒废弃物；③营养丰富的微生物。病原微生物废物处理的是否合理、彻底和合乎法规，直接影响到实验室的生物安全、工作人员的健康安全、环境和社会的安全。

二、病原微生物实验室废物的流转

实验室固体废物的流转及液体废物的流转，见图 7-7。

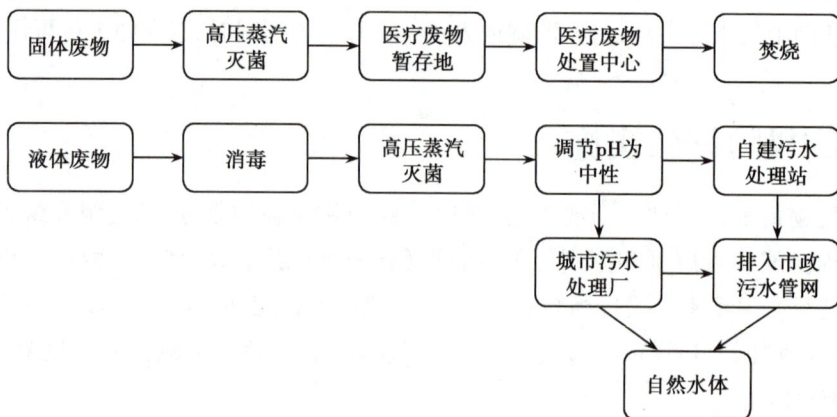

图 7-7　固体废物的流转及液体废物的流转示意图

三、病原微生物实验室废物的处理

实行废弃物转移联单管理制度，对废弃物的来源、种类、重量或者数量、交接时间、处置方法、最终去向及经办人签名等项目予以登记。登记资料至少保存 5 年或 10 年。对于废弃的病料和实验动物，应根据其危害性不同而采取销毁、高压消毒、添加消毒剂等措施进行无害化处理。

（一）一般废弃物（无生物危害/非感染性）

（1）一般固体废弃物如无回收利用价值可直接丢弃在垃圾桶内；对于一般液体废弃物如无可燃性挥发物时可直接通过下水道排放，有可燃性挥发物的应在室外洒泼在指定位置（空旷处）。

（2）使用过的一次性消耗品：①一次性吸头及一次性塑料离心管，在实验结束后，首先投入装有 1 000mg/L 消毒溶液的桶中浸泡 1 小时，再放入垃圾袋中由污物处理中心统一收集处理；②一次性手套可直接放入垃圾袋中，由污物处理中心统一收集处理。

（3）对含有溴化乙锭（EB）或经 EB 浸泡过的琼脂糖凝胶、电泳缓冲液的处理：严禁随便丢弃。

（二）带菌带毒废弃物品

1. **样本处理**　①液体废弃样本：如尿液、胸腔积液、脑脊液、涎液、胃液、肠液、关节腔液等每 100mL 加漂白粉 5g，搅拌后作用 2～4 小时消毒处理或 121℃、30 分钟高压蒸汽灭菌处理；②痰、脓、血、粪（包括动物粪便）及其他液体标本，高压灭菌后焚烧或加 50g/L 有效氯的漂白粉，拌匀后作用 2～4 小时，若标本来源为肝炎或结核病患者则作用时间应延长为 6 小时后；③保存期过后的废血清连同其容器一起交由污物处理中心统一收集处理；④固体废弃物样本，放在适当的防漏容器内 121℃、30 分钟高压蒸汽灭菌处理；⑤采集的阳性病料样品如需保存，必须用塑料袋包装，放置专门标记的冰柜。

2. **感染性废液和不能重复利用的带菌物体处理**　如含菌培养基、菌种稀释液及其他实验废液等，放入装有含 2 000mg/L 有效氯消毒溶液的桶中浸泡 1 小时后，由污物处理中心统一收集处理。污染性试剂、用完及过剩的试剂和试剂盒直接放入垃圾袋中，由污物处理中心统一收集处理。

3. **实验污水无害化处理**　实验过程中采集的病料、载玻片染色等相关程序所产生的污水，应该经消毒后再排入专用容器或专门排污道内进行无害化处理。

4. **能重复利用的带菌物品处理**　如培养皿、锥形瓶等，应按回收使用污染物处理程序操作。①夹取病料及样本的工具，如钳、镊子、接种环等，使用后均应消毒清洁。进行微生物检验时，应重新灭菌，金属工具可烧灼灭菌或消毒液浸泡；玻璃制品干热或高压蒸汽灭菌。②收集病料及样本的容器，特别容易造成实验室污染或样本交叉污染，应戴一次性手套；可反复使用的容器，用后集中消毒。③一般应经 121℃ 高压灭菌 30 分钟后，由实验室清洁人员进行统一清洗，清洗完毕后，还需在 170℃ 下干热灭菌 2 小时冷却备用。

5. **病原体培养基、样本和菌株、毒种保存液处理**　使用后的一次性医疗器具和容易致人损伤的医疗废物，应消毒并作损毁处理；能烧的及时烧，不能的需消毒后集中填埋。

（三）营养丰富的废弃物

此类废弃物可不经灭菌，直接装入专用塑料袋，并参照带菌废物同样处理。

（四）病原微生物实验室污染物排放与处理

1. **适用范围与内容**　从事病原微生物菌（毒）种及样本相关研究、教学活动，以及开展检测、诊断等工作的实验室（包括生物安全实验室和动物安全实验室）。为预防和控制传染病的发生和流行，保障人体健康和动物安全，维护良好的生态环境，必须加强对其排放的控制和管理。这包括病原微生物实验室污水、废气、固体废物以及污泥的处置和排放控制，同时也包括病原微生物实验室建设项目的环境影响评价、环境保护设施设计、竣工环境保护验收及验收后的污染防治与管理工作。

2. **污染物的排放与处理必须与对应的生物安全制度相符合**

（1）污水排放控制要求：①三级、四级病原微生物实验室的污染区和半污染区污水，以及二级病原微生物主实验室污水，必须按要求设置专用灭菌设备进行消毒灭菌。含有害污染物的污水应在实验室就地收集处理，并设置专门采样监测点。直接或间接排入地表水体和海域的污水其排放标准不得检出实验用等级的病原体。②灭菌装置应设置两套以供备用。③含有特定感染因子（如朊病毒）的污水应使用化学和物理消毒灭活方式联用处理。④实验室产生的低放射性污水应采用衰变池处理，其他含有毒重金属和化学品的污水，可分别采用有效的物理和化学处理方法后，再与其他污水混合进一步处理。⑤混合后综合污水,宜采用二级处理+消毒工艺或深度处理+消毒工艺。消毒剂可采用二氧化氯、次氯酸钠、臭氧,物理消毒可采用高温热消毒和紫外线消毒,其投加量或工艺应根据水质情况和处理要求及相关规范资料确定或通过试验确定。高温消毒后排放时应将水温降至室温。

（2）废气排放控制要求:①三级、四级病原微生物实验室、直排式生物安全柜、动物负压隔离设备的废气,必须通过高效过滤器过滤除菌,排出口生物学指标应达到不得检出目标和指示微生物。②病原微生物实验室气体排放系统的设计和建造应符合规定要求。三级病原微生物实验室排风应设置一道或两道B类以上高效过滤器;四级病原微生物实验室在排风口处应设置两道B类以上高效过滤器。③三级、四级病原微生物实验室排风系统应设置过滤器检漏口,定期由具备检测资质机构对高效过滤器和活性炭吸附装置进行现场检测。④三级、四级病原微生物实验室污染区和半污染区排水管上的放气口应安装高效过滤器。⑤动物负压隔离设备排风管道应在高效过滤器的外侧安装有效的活性炭吸附装置。

（3）固体废物和污泥控制要求:三级、四级病原微生物实验室污染区和半污染区产生的固体废物,以及二级病原微生物实验室产生的含病原微生物的固体废物均应在实验室内进行消毒灭菌处理。处理后的固体废物经检测达到不得检出目标和指示微生物后,方可移出实验室进行焚烧处理,或根据就近集中处理的原则交由具备医疗废物集中处置资质的单位处置。若本单位对灭菌后固体废物进行焚烧处理时,应达到规定标准。

第六节　病原微生物污染的防范与应急措施

病原微生物污染是指由致病性细菌与细菌毒素、真菌与真菌毒素、病毒等造成的生物性污染。常见的病原微生物污染是空气或水的污染。每一个从事感染性微生物工作的实验室都应当制定针对所操作微生物和动物危害的安全防护措施。在BLS-3级与BLS-4级生物安全实验室,都必须有一份关于处理实验室和动物设施意外事故的书面方案。此外,国家和/或当地的卫生部门要参与制定应急预案。

一、病原微生物污染的分类

1. 人与动物相关的病原微生物及病原体

（1）细菌:病原细菌数量最大,引起的疾病最多,是人与动物传染性疾病的元凶之一。病原细菌包括革兰氏阴性和阳性菌、支原体、衣原体、立克次氏体、螺旋体等,至少有110个属的细菌会引发人和动物的疾病。

（2）病毒:是一类只有核酸和蛋白质组成的非细胞生命体,无独立生存能力,专性胞内寄生,抗生素治疗无效。病毒的繁殖能力极强,在很短时间内便可能在一个宿主细胞内产生高达10万个之多的病毒,造成宿主细胞崩解和组织系统损伤。

（3）真菌:一般认为,人与动物的病原真菌并不多,大约只有400多种。病原真菌对动物的毒性作用不大,但却是最顽固的病原微生物,感染后很难治愈与根除。真菌病根据发病部位分为浅部和深部真菌病。真菌除了直接引起细胞性感染,更常分泌真菌毒素,导致人与动物生病。

（4）其他病原体:主要指寄生虫。迄今为止,世界上仍有数以亿计的人患有疟疾病、血吸虫病、淋巴丝虫病,受这些寄生虫威胁的人群更是高达患病人数的10倍以上。

2. 植物病原微生物　植物病原微生物包括真菌、细菌、放线菌、螺原体、类立克次氏体、类菌原体、

病毒、类病毒等,其中真菌病原菌种类最多,对植物毒性作用最大。其次是病毒,已知的植物病毒有1 000种。而细菌主要侵染高等被子植物,每种粮食、蔬菜、果树等作物上几乎都会有一种或几种细菌感染。

3. 微生物的病原体　微生物自身也会被病原体感染而患病,甚至死亡,这些病原体主要为病毒。细菌、真菌、藻类、原生动物等具有细胞形态的微生物,都有相应的病毒,其中感染细菌和放线菌的病毒被称为噬菌体。

二、病原微生物污染和事故的常态防范

（一）病原微生物实验室采取的措施

1. 加强病原微生物实验室（以下称实验室）生物安全管理,学习、掌握、落实国家《病原微生物实验室生物安全管理条例》详细规定,专人负责实验室及其实验活动的生物安全管理工作,保护实验室工作人员和公众的健康。

2. 按照规定细则对病原微生物实行分类管理,对实验室实行分级管理。

3. 落实国家制定的统一实验室生物安全标准和要求。实验室的设立单位及其主管部门负责实验室日常活动的管理,承担建立健全安全管理制度,检查、维护实验设施、设备,控制实验室感染的职责。

4. 落实实验室对病原微生物采集、保存、运输、销毁应当符合防水、防破损、防外泄、耐高（低）温、耐高压的要求;严防发生被盗、被抢、丢失、泄漏等事件。

5. 定期检查病原微生物样本保存与使用、安全操作、实验室排放的废水和废气以及其他废弃物处置等规章制度的实施情况。

6. 制定生物安全事件应急预案,定期组织开展培训和应急演练。

（二）个人生物安全防护

1. 个人生物安全防护要点　一级屏障保障了实验人员与潜在毒菌的隔离。在进入高等级实验室前,人员需要经过多道程序,包括外更衣间、淋浴间、内更衣间、缓冲间等,从外面进到实验室内部可能需要20～30分钟。因此,实验室工作人员在上岗前都需要接受严格的培训,上岗后必须确保遵守使用流程。实验人员进入实验室需要穿着独立供氧的正压防护服。对于BSL-2级及以上的实验室,按照规定须配备有生物安全柜,操作有危险的病原体都需要在生物安全柜内完成。离开实验室时,要进行化学淋浴消毒,消除可能沾染到的病毒,最后才能层层脱掉防护装置。

2. 生物安全实验室个人防护要求　①保持高度生物安全意识,不断更新、提高、完善生物安全理论知识和工作技能;②遵守生物安全法律和相关规定,明确自己工作的生物安全实验室的危害分级标准和实验条件;③遵守微生物安全实验室的管理、操作细则,严格按操作指南进行实验操作;④严格按规定准备、检查和穿戴好实验室防护服、眼部防护镜、面部防护罩、手套等。使用生物安全柜时如有气溶胶污染,应佩戴N95口罩、个体独立呼吸器,按照需要穿戴正压防护服;⑤具有潜在危险的未知标本,一律按最高等级对待。

三、病原微生物污染事故紧急应对措施

病原微生物性污染事故紧急应对措施的目的在于加强病原微生物实验室生物安全管理工作,确

保各项试验活动的顺利进行,同时积极预防和有效应对病原微生物实验室生物安全事件。早在2003年,国务院第7次常务会议通过了《突发公共卫生事件应急条例》,明确了发生生物安全突发事件时的应对措施,为有效预防、及时控制和消除突发公共卫生事件的危害,保障公众身体健康与生命安全,维护正常的社会秩序提供坚强保障和依据。

(一)病原微生物性污染事故内容

1. **病原微生物实验室意外感染**　当病原微生物实验室工作人员确诊感染了所从事的第三类病原微生物,或出现有关症状、体征、临床诊断为疑似感染所从事的第三类病原微生物,并造成传播,有可能进一步扩散。

2. **病原微生物的意外丢失、失窃或有可能导致感染扩散**　病原微生物的意外外泄、排放造成环境污染案。

3. **病原微生物恐怖事件是严重的生物安全事故**　①病原微生物实验室设施或菌(毒)种库(或保藏设施)被蓄意破坏;②高致病性菌(毒)种或样本及其他感染性材料被盗、被抢;③在病原微生物实验室内故意播撒高致病性病原微生物菌(毒)种或样本;④病原微生物实验室出现不明原因或人为造成火灾、断电、爆炸事故;⑤在敏感时间、敏感地点和敏感人群中发生的蓄意投放病原微生物事件及其他可能涉及生物恐怖的事件。

(二)病原微生物性污染事故应急处理

1. **立即启动信息报告和请示**　发生病原微生物实验室生物安全事件后,作为病原微生物实验室工作人员应立即报告责任人,按规定报告时限和程序立即报告科室负责人,科室负责人应立即报告病原微生物实验室生物安全管理负责人,后者立即报告生物安全委员会主任委员,生物安全委员会在2小时内报告所在省市卫生行政部门,对于重大病原微生物实验室生物安全事件或生物恐怖事件可同时上报省卫生厅,必要时还需同时上报市公安局和国家安全部门。

2. **报告内容**　①初次报告内容:病原微生物实验室单位名称、实验室名称、事件发生地点、时间、涉及病原体名称、涉及地域范围、感染或暴露人数、发病人数、死亡人数、密切接触者人数、发病者主要症状与体征、可能原因、已采取的措施、初步判定的事件级别、事件的发展趋势、下一步应对措施、报告单位、报告人员及通信方式等;②进程报告内容:事件发展与变化、处置进程、事态评估、控制措施等,同时对初次报告内容进行补充和修正。重大病原微生物实验室生物安全事件或生物恐怖事件至少按日进行进程报告;③结案报告事件处置结束后,应进行结案报告。在上级部门确认事件终止后2周内,对事件发生和处理情况进行总结,分析其原因和影响因素,提出今后对类似事件的防范和处置建议。

3. **应急处置**

(1)生物安全委员会宣布启动预案:组织实验室生物安全负责人和生物安全应急小分队采取以下措施:①关闭事件发生的病原微生物实验室;②对周围已经污染或可能污染的环境进行封闭、隔离,组织专业消毒人员现场消毒;③核实在相应潜伏期时间段内进出实验室人员及密切接触感染者人员的名单;④配合有关部门做好感染者救治及现场调查和处置工作;⑤提供病原微生物实验室布局、设施、设备、实验人员等情况。

(2)关键事件结束必须达标:①受污染区域得到有效消毒;②病原微生物实验室生物安全事件造成的感染者已妥善治疗、安置;③在最长的潜伏期内未出现新的患者;④明确丢失病原微生物菌(毒)种或样本得到控制;⑤经专家组评估确认后应急处置工作结束。

（三）病原微生物实验室应急程序

1. **刺伤、切割伤或擦伤**　受伤人员应当脱下防护服,清洗双手和受伤部位,使用适当的皮肤消毒剂,必要时进行医学处理。要记录受伤原因和相关的微生物,并应保留完整适当的医疗记录。

2. **潜在感染性物质的食入**　应脱下受害人的防护服并进行医学处理。要报告食入材料的鉴定和事故发生的细节,并保留完整适当的医疗记录。

3. **潜在危害性气溶胶的释放(在生物安全柜以外)**　所有人员必须立即撤离相关区域,任何暴露人员都应接受医学咨询。应当立即通知实验室负责人和生物安全官员并张贴"禁止进入"的标志。为了使气溶胶排出和使较大的粒子沉降,在一定时间内(如1小时内)严禁人员入内。如果实验室没有中央通风系统,则应推迟进入实验室的时间(如24小时)。

4. **容器破碎及感染性物质的溢出**　应当立即用布或纸巾覆盖受感染性物质污染或受感染性物质溢洒的破碎物品,然后在上面倒上消毒剂,并使其作用适当时间;用于清理的布、纸巾和抹布等应当放在盛放污染性废弃物的容器内。在所有这些操作过程中都应戴手套。如果实验表格或其他打印或手写材料被污染,应将这些信息复制,并将原件置于盛放污染性废弃物的容器内。

5. **离心机内盛有潜在感染性物质的离心管发生破裂**　如果离心机内的离心桶是未封闭的,其在运行时发生离心管破裂或怀疑发生破裂,应立即关闭机器电源,但不要打开盖子,让机器密闭(如30分钟),这样可使发生破裂的离心管中的物质产生的气溶胶沉积。发生这种情况时,应通知实验室负责人和生物安全官员。随后的所有操作都应戴结实的手套(如厚橡胶手套),必要时可在外面再戴一次性手套以加保护。清理玻璃碎片时,应当使用镊子,或用镊子夹着的棉花来进行。所有破碎的离心管、玻璃碎片、离心桶、十字轴和转子都应放在无腐蚀性的、已知对相关微生物具有杀灭活性的消毒剂内。未破损的带盖离心管应放在另一个有消毒剂的容器中,然后回收。离心机内腔应用适当浓度的同种消毒剂擦拭,擦拭2～3次,然后用水冲洗并干燥。清理时所使用的全部材料都应按感染性废弃物处理。

如果在可封闭的离心桶(安全杯)内离心时离心管发生破裂,所有密封离心桶都应在生物安全柜内装卸。如果怀疑在安全杯内发生破损,应该松开安全杯盖子并将离心桶高压灭菌。另一种方法是,安全杯可以采用化学消毒。

（四）火灾等自然灾害预案

1. **事先准备与告知**　提前告知消防人员和其他服务人员明确哪些房间有潜在的感染性物质;安排相关人员参观并熟悉实验室的布局和设备;在发生自然灾害时,立即向当地或国家紧急救助人员报告实验室及附近建筑物的潜在危险。

2. **张贴紧急联系方式**　①研究所和实验室本身的电话及地址(打电话者或呼叫的服务人员可能不知道详细地址或位置);②研究所所长或实验室主任;③实验室主管;④生物安全官员;⑤消防队;⑥医院/急救机构/医务人员(如果可能,提供各个诊所、科室和/或医务人员的名称);⑦警察;⑧医学官员;⑨负责的技术员;⑩水、气和电的维修部门。

3. **紧急装备与物资准备**

(1)紧急装备:①急救箱,包括常用和特殊解毒剂;②合适的灭火器和灭火毯。

(2)物资准备:①全套防护服;②带有能有效防护化学物质和颗粒的滤毒罐的全面罩式防毒面具;③房间消毒设备,如喷雾器和甲醛熏蒸器;④担架;⑤工具,如锤子、斧子、扳手、螺丝刀、梯子和绳子;⑥划分危险区域界限的器材和警告标志。

4.感染性物质处理　在灾害发生时,迅速将感染性物质收集到防漏的盒子或结实的一次性袋子中。由生物安全人员依据当地的规定决定继续利用或是最终丢弃这些物质。

习　题

一、不定项选择题

1.根据我国病原微生物的分类标准,属于第二类病原微生物的是（　　）

A.天花病毒

B.猴痘病毒

C.艾滋病毒

D.乙型肝炎病毒

E.单纯疱疹病毒

2.我国通常将（　　）统称为高致病性病原微生物

A.第一类病原微生物

B.第二类病原微生物

C.第四类病原微生物

D.第一类和第二类病原微生物

E.第三类和第四类病原微生物

3.麻疹病毒属于我国（　　）病原微生物

A.第一类

B.第二类

C.第三类

D.第四类

E.第一类和第二类

4.根据生物因子对个体和群体的危害程度,我国《病原微生物实验室生物安全管理条例》将病原微生物分为四类,危害程度最低的是（　　）

A.第一类

B.第二类

C.第三类

D.第四类

E.每一类危害程度相同

5.我国 GB 19489—2008《实验室　生物安全通用要求》也对生物安全进行了分级,其中危害程度最高的是（　　）

A.BSL-1　　　　B.BSL-2　　　　C.BSL-3　　　　D.BSL-4　　　　E.每一级危害程度相同

6.《实验室　生物安全通用要求》规定实验室工作人员的免疫状态（　　）

A.所有实验室工作人员应接受免疫以预防其可能被所接触的生物因子的感染,并应按规定保存免疫记录

B.实验室工作人员应每年进行健康检查,可以不保存记录

C.健康记录可以公开

D. 工作人员健康查体的血清不必保存

E. 实验室工作人员不必每年接受健康检查

7. 感染性物质在运输时应采用（　　　）层包装

　　A. 一　　　　　B. 二　　　　　C. 三　　　　　D. 四　　　　　E. 五

8. 病原微生物菌（毒）种的供应由国务院卫生行政部门指定的保藏管理单位供应（　　　）

　　A. 一类　　　B. 二类　　　C. 三类　　　D. 一类、二类　　　E. 三类、四类

9. 有关病原微生物菌（毒）种，以下说法错误的是（　　　）

　　A. 运输高致病性病原微生物菌（毒）种时，应由不少于2人同时护送

　　B. 使用第一类菌（毒）种，须经省、自治区、直辖市卫生行政部门批准

　　C. 采用液氮冻存法保藏的菌（毒）种，复苏时应在37～40℃的水浴中快速解冻

　　D. 一般采用高压蒸汽灭菌法销毁病原微生物样本，对某些环境抵抗力极强的菌（毒）种，必须用专用设备和间歇性灭菌法进行销毁

　　E. 每次使用菌（毒）种或分发给申请单位时，都要求有2人以上记录使用该菌（毒）种的具体用途、操作时间和涉及的操作人员、申请单位，并及时记录菌（毒）种的出库情况

10. 对病原微生物的危害评估，描述不正确的是（　　　）

　　A. 危害评估工作应在开展实验工作之前

　　B. 应由有工作经验的人编写危害评估

　　C. 要充分考虑到工作人员在实验活动中的风险

　　D. 应不定期进行阶段性再评估

　　E. 应制定相应的防护措施

11. 病原微生物风险评估的概念，下列正确的是（　　　）

　　A. 是指实验微生物及其产物可能给人带来的危害进行评估

　　B. 是指实验微生物及其产物可能给环境带来的危害进行评估

　　C. 是指实验动物及其寄生物可能给环境带来的危害进行评估

　　D. 是指实验动物及其寄生物可能给人带来的危害进行评估

　　E. A+B

12. 病原微生物暴露后的潜在后果的轻重取决于（　　　）

　　A. 病原微生物的致病力

　　B. 机体的抵抗力

　　C. 细菌的数量和入侵途径

　　D. 以上都是

　　E. 以上都不是

13. 生物性废弃物的处理方法不包括（　　　）

　　A. 高压灭菌

　　B. 化学消毒

　　C. 紫外线照射

　　D. 焚烧处理

　　E. 专业公司无害化处理

14. 下列实验物品不适用于灼烧灭菌的是（　　　）

　　A. 金属接种环　　　B. 镊子　　　C. 玻璃涂布器　　　D. 止血钳　　　E. 剪刀

15. 废弃物是指要丢弃的所有物品包括（　　　）

    A. 生物性废弃物

    B. 化学性废弃物

    C. 放射性废弃物

    D. 处死的正常实验动物

    E. 以上都是

16. 人与动物相关的病原微生物及病原体不包括（　　　）

    A. 细菌　　　　　　B. 真菌　　　　　　C. 病毒　　　　　　D. 噬菌体　　　E. 寄生虫

17. 病原微生物恐怖事件是（　　　）

    A. 病原微生物实验室设施或菌（毒）种库（或保藏设施）被蓄意破坏

    B. 高致病性菌（毒）种或样本及其他感染性材料被盗、被抢

    C. 在病原微生物实验室内故意播撒高致病性病原微生物菌（毒）种或样本

    D. 病原微生物实验室出现不明原因或人为造成火灾、断电、爆炸事故

    E. 以上都是

18. 不会合成微生物毒素的微生物是（　　　）

    A. 细菌　　　　　　B. 病毒　　　　　　C. 真菌　　　　　　D. 藻类　　　　E. 酿酒酵母

二、判断题

1. BSL-4 级病原微生物，指不会引发健康成年人疾病的微生物。（　　　）

2. WHO 将病原微生物的危险度等级划分为四级，危险程度由低到高。（　　　）

3. 在 BSL-2 级生物安全实验室进行可能接触血液、体液及其他具有潜在感染性的材料或感染性动物操作时，应佩戴合适手套，使用完后应先消毒再摘除，随后必须洗手消毒处理。（　　　）

4. 在 BSL-3 级生物安全实验室用于装盛感染性标本的容器可以是玻璃，但为了保证安全，最好采用塑料制品。（　　　）

5. 如需从国外的菌种保藏中心引进病原微生物菌（毒）种，可采用自行携带的方式运输。（　　　）

6. 销毁病原微生物菌（毒）种时，一般采用高压蒸汽灭菌法，对于一些环境抵抗力极强的菌（毒）种，可用间歇灭菌法进行销毁。（　　　）

7. 一级生物安全实验室能够安全操作高致病性病原微生物。（　　　）

8. 我国将每类生物安全防护实验室根据所处理的微生物及其毒素的危害程度各分为四级。各级实验室的生物安全防护要求依次为：一级最高，四级最低。（　　　）

9. 营养丰富的废弃物，可不经灭菌，直接装入专用塑料袋后与带菌废物同样处理。（　　　）

10. 依照实验室生物安全国家标准的规定，将实验室分为一级、二级、三级，各级实验室实验对象（病原微生物）的危害程度等级分别为Ⅰ、Ⅱ、Ⅲ，不同级别实验室废物的排放与处理必须与对应的生物安全制度相符合。（　　　）

11. 内毒素是细胞壁的组成成分，只有当细胞破裂或溶解时才可释放出来。外毒素则是在细胞生长期间从完整细胞中释放出来的代谢产物。一般来说，内毒素有着比外毒素更强的毒性。（　　　）

12. 细菌、真菌和病毒中，病原细菌数量最大，引起的疾病最多，是人与动物传染性疾病的元凶之一。（　　　）

答案

一、不定项选择题

1. C　2. D　3. C　4. D　5. D　6. A　7. C　8. D　9. B　10. A　11. E　12. D　13. C　14. C
15. E　16. D　17. E　18. E

二、判断题

1. ×　2. √　3. √　4. √　5. ×　6. √　7. ×　8. ×　9. √　10. ×　11. ×　12. √

（陈婉南　张　璐　张芳琳　马宏炜　王亚云　叶　伟　马天有）

第八章　组织器官相关实验的安全知识

高等学校组织器官相关实验主要包括人体解剖学、组织学和病理学实验,既有实验课上开展的教学实验和为保障实验顺利开展的教学准备实验,还有学科相关的医学科学研究实验。组织器官相关实验参与学生人数多、层次多、学科多、专业广,因此组织开展实验安全知识的学习尤为重要。本章主要介绍组织器官相关实验的安全常识、环境管理、化学试剂和解剖器械的安全管理、实验材料处理及废弃物处置等内容,以帮助师生学习组织器官相关实验的安全知识,为顺利开展实验、营造安全的学习工作环境和培养师生的安全素养奠定基础。

第一节　组织器官相关实验的安全常识

高等学校组织器官相关实验过程中,实验人员秉持高度的安全责任心,并时刻保持足够的安全意识,具备必要的安全知识和技能及安全事故防范能力,可有效避免安全事故的发生,保障实验操作和实验课程的顺利开展。因此,学习组织器官实验安全知识,建立、完善实验室安全准入制度,对于确保实验安全非常重要。

组织器官相关实验安全不仅包括实验人员的人身安全、用水用电安全、防火防爆等常规方面,也包括组织器官实验有学科特色的标本制作与使用、仪器设备、化学品、废弃物等安全,以及实验室空气环境安全、网络安全等。安全知识宣传学习的形式方法可多种多样,包括发放书面资料(宣传手册)、线上学习、线上测试、线下讲座、实训演练、安全宣传教育片、签署安全承诺书及将安全知识整合进实验教学中等,实际应用中可以进行多种形式的融合综合应用。本节就组织器官相关实验有学科特色的安全知识内容进行介绍。

一、组织器官相关仪器设备使用注意事项

组织器官相关仪器设备在安装前,应充分了解仪器设备所需的工作环境条件、运行参数和配套设施要求,预留足够空间并合理摆放。同时,实验室电路容量、插座等应满足仪器设备的功率需求。下面列举组织器官实验常用的一般仪器设备和专用仪器设备,并介绍其使用注意事项。

(一)常用一般仪器设备

1. 冰箱　应放置在通风良好处,周围不得有热源、易燃易爆品、气瓶等,且保证一定的散热空间。冰箱一般有3种温度($4℃$、$-20℃$、$-80℃$),根据物品性质、存储条件和使用要求进行选择。所有存放物品须分类整齐摆放,标签清晰完整,注明名称、日期等必要信息,并定期清理;储存易燃易爆试剂的冰箱需具有防爆性能,应粘贴警示标志;存放易挥发有机试剂的容器必须加盖密封,避免试剂挥发至箱体内积聚;存放重心较高的试剂瓶、烧瓶等容器应加以固定,防止因开关冰箱门时造成倒伏或破裂。

食品、饮料严禁存放在实验室冰箱内。冰箱不能超年限使用，应及时做好报废处理。

2. 隔水式恒温培养箱、电热恒温干燥箱　应放置在通风干燥处，且须放置在阻燃的、稳固的试验台上或地面上，周围不能存放易燃易爆化学品、气瓶和纸板、泡沫、塑料等易燃杂物。隔水式恒温培养箱内不能断水，定期检查水是否充足，否则将损坏仪器。电热恒温干燥箱大部分为非防爆型，切勿将带有易燃、挥发性的物品放入箱内干燥处理，以免加热时产生有毒有害气体，甚至引起失火导致爆炸。电热恒温干燥箱功率大、温度高，使用时须有专人负责看管、加强观察，一般需 10 ～ 15 分钟观察 1次。并且它不能在无人看管的情况下使用，使用完毕后，应立即切断电源，拔出电源插头，并确认其冷却至安全温度才能离开。隔水式恒温培养箱、电热恒温干燥箱属于加热设备，使用年限一般为 12 年，应及时做好报废处理。

3. 显微镜　应放置在防震、防潮、防尘、通风的环境中。持镜时，应右手握臂、左手托座，不可用单手提取，避免零件脱落或碰撞。同时，显微镜应轻拿轻放，并放置在实验台中央，距离边缘至少 10cm，以防碰翻落地。放置载玻片标本时样品要对准通光孔中央，且不能反放载玻片，防止压坏载玻片或碰坏物镜。观察切片时先从低倍镜再到高倍镜观察。使用低倍镜观察时双眼在显微镜侧方看好，用粗调节器调节物镜接近载玻片约 3mm 止，注意勿使镜头与载玻片直接接触，以免损坏物镜和载玻片。然后双眼注视目镜，调节粗调节器直至见到物像为止，再进一步通过转动细调节器调节至图像最清晰。在使用高倍物镜时，勿用粗调节器调节焦距，以免移动距离过大，损伤物镜和载玻片。在转换物镜镜头时，不要搬动物镜镜头，只能转动物镜转换器。显微镜的光学部分只能用专用擦镜纸或与擦镜溶液一同擦拭，不能用其他物擦拭，切忌用口吹、手抹或用布擦透镜，以免唾液、汗液、油脂等玷污透镜。非专业人员不得随意调整照明系统等光学部件，以免影响成像质量或损坏设备。显微镜使用完毕后将光源亮度调至最小后关闭电源开关，转动粗调降低载物台，将物镜转离聚光镜，移去载玻片，盖上显微镜防尘罩。

4. 教学多媒体设备　人体解剖、组胚和病理教学实验室现多配有多媒体互动教学系统、虚拟人体解剖标本、虚拟切片系统、网络化教学平台、智慧教室等。这些系统主要组成设备有计算机、服务器、投影仪、数码显微镜、高清摄像头等。多媒体教学设备应注意防尘、防潮、防静电、防磁、防火和防盗，确保设备的存放环境干燥、清洁、安全，使用中需重点关注用电和网络安全。设备使用完毕后应按正常步骤退出系统，关闭计算机及电源，避免设备长时间处于工作状态，最后切断实验室总电源，投影仪关机后应等风扇停止转动散热后再切断电源。计算机使用时主要做好防病毒攻击，为此，可在学生机上安装还原系统，每次计算机重启均恢复初始状态，可有效避免计算机病毒的攻击。同时，在教师机和服务器上安装杀毒软件，定期更新病毒库和杀毒。网络教学平台设置好师生上网权限后，可由学校专业的网络安全员协助，定期排查网络安全漏洞，做好网络安全维护。

（二）专用仪器设备

1. 遗体冷冻柜　存放尸体的冷冻柜应符合《遗体冷冻柜通用技术条件》（MZ/T 137—2019）要求。医学院校使用遗体冷冻柜时，一般宜选择每 3 ～ 9 柜为一组，尸体冷冻时应结合其他防腐措施，以达到防腐、防霉、防变色和防变形等效果。柜体外壳应采用耐腐蚀的不锈钢材料，柜体应有良好的绝热性能，且绝热材料随温度变化不应有明显收缩变形。在正常工作时，冷冻柜外表面不应出现珠状或流水级凝露。冷冻室应有柜内温度显示和超限报警功能，须定期对制冷设备的工作状况进行检查，定期进行卫生消毒清洁工作，保持室内的清洁卫生，按规定对遗体进行消毒处理，确保不会传播病菌和臭味。

2. 解剖台　一般采用不锈钢材质，具备耐腐、耐磨、耐火、耐高温、防水及易清洗等性能，且具有低温和下抽风功能，可让尸体标本持续保存在 4℃ 以下冷藏状态，可明显减少解剖操作时甲醛的挥发，降低室内甲醛浓度。解剖台还配备了升降功能,支持手动或电动模式,注意配好漏电保护装置。每次使用后应将台面上物品清理干净,然后对解剖台表面进行喷洒消毒。带有排污管道的应先用水把排污管道冲洗干净后,再用消毒剂冲洗。负压解剖台的终末消毒可与实验室终末消毒一起或单独进行。

3. **手术无影灯** 现在一般采用 LED 灯泡,节能省电且使用寿命长。使用手术无影灯时应避免过度照射,单个灯头达到手术照明亮度时,尽量避免两个灯头重叠照明;切勿长时间观察无影灯光源,以免对视力造成损伤;应定期对手术无影灯进行维护检查,如检查灯的亮度、颜色、稳定性等,检查各个部件是否有松动,以确保其正常、安全地运行;应经常定期清理灯体和灯罩上的灰尘,以防止热量积累,导致灯温过高,甚至引发火灾;定期用乙醇消毒聚光手柄外套;严禁在无影灯灯体上悬挂设备以外的其他物品;禁止非专业人员拆卸或更换零部件。

4. **取材台** 在取材台进行取材的标本必须是充分固定后的标本,如果是新鲜标本,则应视为有潜在传染源的标本,不适合在取材台中操作,而应在生物安全通风柜中进行。操作人员在进行标本取材工作时,务必佩戴适当的个人防护装备,如手套、口罩、护目镜等,以降低感染风险。取材台应在使用前半小时打开消毒开关进行消毒,使用时关闭消毒开关,打开照明和风机后进行取材,切勿将垃圾冲入下水管道,以免发生堵塞。使用完毕后关闭照明和风机,对台面进行清洁和消毒,并打开紫外线灯开关消毒半小时。

5. **脱水机** 目前,普遍使用全密闭式程序控制自动组织脱水机进行组织的固定、脱水、透明以浸蜡。为保证组织标本的处理质量,要按照操作规程进行操作和维护保养。根据标本量及时更换固定液、脱水剂、透明剂和石蜡,及时清理试剂储存槽内的沉渣和油脂,更换完试剂后检查试剂缸是否放置好,以免触发报警影响组织处理进程。处理槽底部中央过滤网要定期取出清洗,保持网孔通畅。浸蜡时石蜡温度相对高,浸蜡程序尽量设置在白天有人时完成。

6. **石蜡包埋机** 在使用时,操作人员在操作过程中,必须穿戴实验室专用防护服和手套,以防止可能的热伤害或化学物质的直接接触;根据包埋时间提前开机熔蜡、打开冷台电源,根据石蜡的性质选择合适的熔蜡温度和时间;在将熔化的石蜡注入包埋托内时,由于石蜡温度较高,使用者必须特别小心,避免烫伤;及时清理废蜡槽,保证熔蜡槽内卫生;不得随意搬动仪器上部熔蜡槽和出蜡管路臂;在未确定石蜡槽中的石蜡熔化前,不得旋转石蜡流量的旋钮和流蜡开关;包埋结束后,应清洁工作台面,并用随机配的塑料刮片清理仪器表面石蜡。

7. **石蜡切片机** 在装组织蜡块或更换组织蜡块之前和不操作切片间隙,必须牢记锁定手轮并盖上手指保护装置;安装刀片用镊子夹取插入刀片架,并用旋钮螺丝夹紧;每次更换蜡块时,应检查一下组织块是否夹紧,切片刀是否稳固;在开始切割动作前,确保手部远离刀片和石蜡块,使用镊子、毛笔或刷子等辅助工具操作,避免直接接触;切片结束后将样品头锁定最高点,将刀片取出放置安全位置;卸下刀架,将锁杆取出,清洁刀架表面和内部的石蜡屑及死角,清洁完毕后将刀架各部件还原,清空废物盘;仪器使用完毕关闭主开关。

8. **摊片机和烤片机** 制作切片用的摊片机和烤片机既有分体式的设计,也有摊片烤片一体的设计(可参见第四章"第一节 常用仪器设备介绍"),均为加热设备。在摊片机使用时,最好不要使用自来水而是优先使用纯净水,以防机器上产生水垢;机器使用时使用人员不得离开,应持续监控设备的运行状态,以免温度升降影响使用效果或发生事故;由于烤片机在运行时会产生高温,操作时应避免直接触碰热表面,以防烫伤;摊片机严禁在没有加水时加热干烧。

9. **染色机** 全自动组织切片染色机采纳了手工操作的染色步骤来完成整个染色全过程,不仅可避免手工操作的繁杂环节,且染色效果好、节省染液,减少污染,保护实验室环境。因有切片烘烤加热过程,染色时尽量安排有人值守;根据染片数量及时更换染液、二甲苯和乙醇;定期检查冲水槽进水效果,防止异物阻塞;定期清理烘干炉内滴蜡盘石蜡;禁止用湿布擦洗仪器有电子元件的敏感部位;机械臂工作时不能用手直接滑动;染色结束后倒出盐酸乙醇,以防长时间在机内腐蚀电子元件;定期更换活性炭过滤器。

10. 封片机　全自动组织切片封片机相比人工,封片效率高、质量好,并且减少了二甲苯对操作人员身体的伤害。使用时须注意:添加盖玻片时一定要在机器静止状态下进行;添加或更换中性树胶时一定要关闭电源;通电开机后不要用手搬动抽吸臂、抓钳和传送链;定期检查二甲苯液面量并及时补充;封片结束,清理破碎的盖玻片时注意防止割伤;清洁仪器前关掉电源,不要让任何液体进入仪器内部;定期更换活性炭或滤器。

二、化学品安全

组织器官相关实验涉及的化学品种类较多,有一些属于危险化学品,常用并且用量较多的有:甲醛、乙醇、二甲苯,用量相对少的有:甲醇、盐酸、二氨基联苯胺、三氯甲烷、丙酮等,还有各种配制的固定液、染液等。这些化学品中,有的易燃易爆,有的为易制毒化学品,其采购、存放、领用和废弃物处理均须进行规范管理,详见第五章"第二节　生物医学实验室化学品安全管理"、第六章"第二节　细胞分子实验常用危险化学品、器具耗材及安全"和本章"第四节　实验材料处理及废弃物处置"。

三、生物安全

组织器官相关实验的生物安全风险来源主要为新鲜标本所带的病原微生物对实验人员的危害和对环境的污染。实验室接触的每一个新鲜标本都应被视为潜在的传染源,主要包括新鲜尸体、组织标本、各种体液标本、细胞学穿刺标本、组织细胞培养标本等。因此,对新鲜标本进行严格消毒处理才能保证师生使用安全,详见本章"第四节　实验材料处理及废弃物处置"。

四、废弃物处理

组织器官相关实验中产生的废弃物主要有:人体和实验动物的残体、组织蜡块,甲醛、二甲苯、乙醇等液体废弃物,刀片、针头、玻片等损伤性废弃物,被新鲜组织标本污染的感染性废弃物等,均需按照学校各类废弃物处理流程进行规范处理,详见本章"第四节　实验材料处理及废弃物处置"。

五、安全防护

实验室安全的最佳状态是防患于未然,将危险因素进行逐一排除。从安全角度考虑,将实验室危险物进行物理清除或进行替换是理想的防护措施,如将甲醛溶液替换为环保固定液,不仅低毒环保,还具有广谱杀菌、抑制酶、调节渗透压和酸碱度等多种功效,能很好保持标本原有的形态,并且还具有弹性、韧性,更接近于新鲜标本的质感和颜色。这样可以避免传统的甲醛对呼吸道、眼和皮肤强烈的刺激作用,以及其他的毒害作用。然而,在实际选用何种固定液时,还需将固定效果、保存时间、经济成本等进行综合考虑。因此,避免使用危险物、有害物只是理想状态。在现实中,我们还需结合各种防护工作措施,才能尽可能将各种危险因素降至最低。组织器官相关实验的安全防护主要包括以下几点。

1. **实验室合理规划设计**　人体解剖实验室一般位于地面一层,设置工作人员进出解剖室的专用大门和通道,使人与尸体不共道。另有专供尸体运输进出的道路、门厅和电梯。消毒灌注间、解剖间、更衣间、洗浴间、接待室等房间根据功能进行设计。实验室必须严格进行污染区、半污染区、清洁区三级区域划分。已建成的实验室,其格局如已无法进行较大变动,但至少也应将实验区与办公区严格分开。污染区包括尸体标本接收室、灌注室、取材室、标本储藏室、冰冻切片室等,必须设置独立的排风和排污系统,防止实验过程中产生的生物气溶胶和有害气体、液体对实验人员和实验室内环境造成潜在危害。同时,安装紫外线灯进行定时或即时消毒。半污染区包括大体标本制作室、组织包埋室、切片制片室、染色封片室、免疫组化室、分子病理室、蜡块储藏实验室,应安装通风设备以利于有害气体的排放。清洁区包括办公室、会议室、休息室等,严禁存放各种生物性或化学性的污染物。

2. **做好个人防护**　对于所有的尸体解剖,都应做好个人防护,包括口罩、面罩或护目镜、帽子、防护衣、防水袖套、一次性围裙、鞋套或防护靴、手套等。操作时注意规范操作,规范洗手,防止污染仪器设备。使用锋利的器械和针头时应特别小心以防受伤,最好戴防切割和防刺穿手套,如有意外损伤应立即处理。标本取材时尽量在生物安全柜中操作。冰冻切片时机器箱盖不应打开过大,进行切片时应动作轻柔以避免碎屑、气雾飞溅,操作结束时用机器本身自带的消毒功能即时消毒。此外,实验室应安装足够数量的消防器材和设施、紧急喷淋、洗眼器、急救药箱等设备,以备出现意外事故时进行应急处理。

3. **及时和定期消毒**　实验完成后,应及时进行实验仪器、器械、台面、地面和空气消毒工作。可以用 0.1% 过氧乙酸拖地和擦拭台面,金属器械用 2% 碱性或中性戊二醛溶液浸泡 2 小时,冲洗后再进行高压蒸汽灭菌。实验中接触的贵重仪器也需用 2% 碱性或中性戊二醛溶液擦拭,实验室用紫外线进行空气消毒,照射时间不少于 30 分钟,也可以用空气熏蒸消毒,尽可能降低实验人员职业暴露的可能性,最大程度降低实验室生物危害。

六、常见事故处理

实验操作过程中,如出现意外事故应立即进行处理,然后再根据具体情况采取对应的专业处理措施。组织器官相关实验中比较常见的事故有以下两种。

1. **体表接触污染物质**　当液体溅入眼、口、鼻黏膜时应立即冲洗,有条件的可以使用洗眼器清除被污染物,脱去防护衣、手套、口罩等避免二次污染。如有手部损伤应先脱出手套,撤离到半污染区,由另一名实验人员对创面进行紧急清创、消毒。创面如果较小可以用创可贴,如果严重立即去医院处理伤口。

2. **刺伤后处理**　在尸检过程中若不慎被刺伤,应立即采取措施,如清创、创面严格消毒。可在伤口边轻轻挤压,尽可能挤出损伤处的血液,然后用聚维酮碘消毒伤口。如果被乙肝阳性患者的体液、血液污染的锐器刺伤,最好在 24 小时内注射乙肝免疫球蛋白,同时进行乙肝标志物检测。

第二节　组织器官相关实验的环境管理

组织器官相关的实验课程主要有人体解剖学、组织学和病理学,为医学形态学基础实验课内容,授课对象范围广,几乎覆盖医学类多数专业,参与的师生众多,因此,构建一个安全舒适的教学、研究环境非常重要。本节主要阐述实验室空气环境、安全文化环境的管理。

一、空气环境

组织器官相关实验中会用到大量的甲醛、二甲苯、乙醇等易挥发且具有毒性的试剂。因此应综合应用各种防范措施,尽可能地降低空气环境中这些易挥发试剂的浓度,从而减少这些化学试剂对人体的潜在危害。除了对实验室进行合理布局,明确区分污染区、半污染区与清洁区,并将有毒有害的实验区与学习区明确分开,还可以配合以下几点措施,更有效地最大限度地减少有毒气体对师生的伤害。

1. 组织器官相关实验过程中使用的甲醛、二甲苯等单纯利用自然通风不能达到环境安全要求,因此实验室最好设置在一幢大楼内,整个大楼安装通风排风系统,以增加室内新鲜空气的流动。气流方向由清洁区流向污染区,由低污染区流向高污染区,并确保高污染区的空气通过高效过滤后经专用排风管道排出。此外,安装甲醛浓度监测仪,实时监测实验室内、走廊的甲醛浓度,由专业人员调整通风排风系统通气量、风速等指标,以达到室内空气质量指标。不仅如此,现在可以利用先进的物联网技术,可将温度、湿度、洁净度等各种环境参数监控数据实时发送到后台控制系统,根据环境参数设置阈值自动调控空调、加湿器、风速、气压等,以保证实验室环境安全舒适。

2. 人体解剖实验室采用上送下排通风模式,以减少空气形成涡流。结合低温解剖实验台,可以减少甲醛的挥发,最大限度降低空气中甲醛的浓度。有条件的学校最好安装离子净化系统,采用活性氧非电离技术,在短时间内与空气中的有害气体发生反应生成水、二氧化碳等对人体无害的化合物,以降低有害气体浓度,去除各种气体异味,有效改善空气品质。

3. 定期维护瓶装标本,防止甲醛等固定液的泄漏挥发。此外,有些标本可以制作成经久耐用的塑化标本,同时提倡使用环保试剂,从根本上减少甲醛来源。局解尸体标本先用水冲洗,减少标本表面甲醛含量。对于暂时不操作的部位,用防雨绸布、密封袋包裹,也可以尽量减少甲醛的挥发。

4. 病理标本取材应尽量在生物安全柜中操作;配制有挥发性有毒性的试剂时最好在通风柜中操作。使用全封闭脱水机、全自动染色封片机能减少制片过程中有害气体的挥发。

5. 实验室化学废弃物分类收集和存放,用完盖子及时盖好。避免在实验室存放大量化学废弃物,及时进行处置,也可以减少实验室化学试剂的挥发。注意将实验废弃物与生活垃圾分开,严禁向下水道倾倒化学废液,具体参见本章"第四节 实验材料处理及废弃物处置"。

二、安全文化环境

良好的实验室安全文化环境是实验室安全的重要组成部分。它有助于师生牢固树立"安全第一""预防为主""以人为本"的安全意识和理念,增强他们的安全责任感和使命感,丰富他们的安全知识,提高他们的安全素质和技能。

1. 实验室安全工作负责人参加学校定期开展的实验室安全工作会议,学习学校安全工作理念和制度,了解学校安全工作计划安排,积极参加学校的各项安全工作活动,并传达到实验室每一位师生。此外,实验室安全工作负责人定期部署本单位安全工作,定期进行实验室安全检查,及时发现安全隐患,并督促进行及时整改。

2. 实验室安全培训工作包括岗前安全培训和专业技能培训,如危险化学品使用培训、生物安全培训、压力容器使用培训等。为了营造持续的安全文化氛围还应定期开展安全文化月、安全活动月、实验室安全评估、安全专项整治、安全知识竞赛、安全事故应急演练等活动,促进安全工作常抓不懈。

3. 利用多种媒体形式开展安全宣传教育活动，包括安全宣传网站、微信公众号、微信小程序、手机APP、邮件、校园广播、安全手册、墙报及横幅等多种形式，对师生进行安全知识宣传、安全提醒等，遍及学校每一个角落；学校主管部门网站应有实验室安全管理、安全宣传教育专栏，包含学校实验室安全管理手册、安全教育宣讲视频、危险化学品应急演练视频、生物安全演练视频、常见安全事故处理流程、急救视频、安全标志等内容；院系的网站上公开院系实验室安全领导小组、安全责任人等信息，并有实验室安全工作的通知和实验室安全活动的报道等相关内容。

4. 学校编印适合本校实际的《实验室安全手册》，并发给每一位师生；每一个实验室制定并完善本实验室安全制度和实施细则，并将相应实验室的规章制度、学生实验室守则、仪器操作规程等粘贴在墙面上；实验室门上粘贴安全信息牌，包括安全责任人、联系方式、实验室安全等级、危险源、消防提示等信息；实验操作台边粘贴醒目的安全标志。

三、环境标志管理

1. **文件档案存放区域**　可设置以下标志：严禁烟火、禁止吸烟等禁止标志；灭火装置标志；注意通风、注意防潮、防止啮齿动物入侵等标志。

2. **化学试剂存放区域**　组织器官实验室化学试剂存放区分为有毒有害化学试剂存放区、易燃易爆化学试剂存放区和普通试剂存放区。实验室化学试剂存放区可设置以下标志：指令标志，明确存放区域及防护装置；警告标志，如当心腐蚀、当心中毒、注意通风和小心物品滑落等；禁止标志，如禁止烟火、禁止攀爬、禁止用水灭火等；灭火装置标志。

3. **气瓶存放区域**　可设置以下标志：易燃易爆气体提示标志、灭火装置和消防标志，以及禁止用水灭火等禁止标志。同时，还应设置固定气瓶、小心气瓶泄漏的提示标志。

4. **标本管理及标本存放区域**　组织器官实验室标本较多，在标本管理和标本存放区域可设置以下标志：未经许可不得入内、禁止烟火、禁止吸烟等禁止标志；禁止倚靠、禁止攀爬等禁止标志；灭火装置标志；必要时设置戴口罩、戴手套等指令标志及注意通风警告标志；冷冻保存标本存放区域应设置当心低温警告标志。

5. **消防设施安放区域及消防通道标志**　应设置以下标志：火灾报警及手动控制装置标志；疏散途径标志，必要时还应设置夜间发光指示疏散标志；灭火设备标志；方向辅助标志、文字辅助标志；实验区域入口处的禁止标志。

6. **实验室其他功能指示标志**

（1）不属于安全标志但与安全相关的标志：主要包括门牌等功能划分指示标志、工作区域划分指示标志、工作类型指示标志等。

（2）废物收集及处理相应指示标志：如废酸、废碱、盐类，有机溶剂，损坏玻璃器皿，废弃培养物，以及待处置和已处置等指示标志。

（3）安全用电标志：分为颜色标志和图形标志。颜色标志多用于区分不同性质和用途的导线，或标志某处安全程度；图形标志常用于告诫人员莫接近危险场所。这两种标志均须严格按照有关标准使用。

（4）生物安全标志：涉及病原微生物操作的实验室，应在明显位置标志国务院卫生主管部门和兽医主管部门规定的生物危险标志和生物安全实验室级别标志。

（5）环境污染区标志：用于提醒注意废物贮存和处置过程中，可能造成伤害的一般固体废物和危险废物贮存、处置场所的环境保护标志，分图形符号和警告标志两种。

（6）涉及安全的工作区域的警示线及警示语句。

7. **安全标志的维护和管理**　对已设置的安全标志应定期检查,若发现变形、破损和老化现象应及时更换。新贴或变更已有安全标志位置时应提前通知相关人员,并解释原因,真正让安全标志发挥其作用。

第三节　组织器官相关实验试剂和解剖器械的安全管理

作为高等学校生物医学实验室的重要组成部分,人体和病理解剖学实验室是医学类专业学生学习解剖学实践知识的重要场所。实验室除负责对遗体、病理大体标本和组织切片进行处理、制作和保存外,还需承担学生对正常人体和病变器官或组织进行解剖的实验教学任务,其职能较多且繁杂。由于遗体处理时消毒剂的喷洒和防腐剂的灌注,以及标本制作过程中漂白、透明化、染色和封缸等工作,均涉及不同种类化学试剂的使用。其中部分试剂具有腐蚀性、易制毒性、剧毒、易燃易爆等特性,因此,必须严格遵守相关法律法规,确保安全使用与规范管理,以排除安全隐患。此外,学生在解剖学实验教学过程中需接触解剖器械时,同样应做好安全管理工作。

在人体和病理解剖学实验室中,化学试剂和解剖器械的安全和规范管理对于推动实验教学工作的进展、提升实验室安全管理水平、增强师生安全意识和事故防范能力、降低实验室安全隐患的发生频率,以及促进和谐平安校园的建设和学校教学事业的蓬勃有序发展,均发挥着重要作用,应给予重点关注。

一、化学试剂的安全管理

在人体和病理解剖学实验室的日常工作中,需要使用或者储备一定量的化学试剂。这些试剂品种繁多,若使用和管理混乱,易引起严重后果。随着公众安全意识的提升,化学试剂安全使用和管理的关注度逐渐提升。化学试剂在使用前应查询其危险等级、危险性质表,应熟悉所用药品性质,熟练掌握相应药品操作方法。特别是易燃易爆、剧毒、致病性及有压力反应等危险化学试剂,严禁盲目操作,须遵循规范的操作规程,并严格执行相应规定。

使用化学试剂所产生的废弃物不得随意丢弃,随意排入地面、地下管道及任何水源,以防污染环境。应采取适当措施进行"无害化"处理;对于无法处理的各实验室不得私自排放、处理,实验室应采用专用容器分类盛装、存放,防止渗漏和丢失造成二次污染,统一运送至指定废物回收库,交由具有处理资质的部门统一处置。

1. **配制溶液的安全管理**

（1）配制溶液的保存:配制溶液包括常规标准溶液,如 pH 计校准所用的标准液或其他用于滴定分析的标准溶液。常规标准溶液在常温下保存时间通常为两个月,且保存期间须定期检查,其中有些标准溶液如硫酸亚铁溶液、氯水、氢硫酸、银氨溶液等,因化学性质不够稳定,应随用随配。此外,在人体和病理解剖学实验室中,标本保存液和防腐液较为多见。保存液通常采用 4% 甲醛溶液、新型无甲醛环保保存液,或 4% 甲醛溶液与新型灌注固定液的混合液;防腐剂以甲醛、苯酚和乙醇为主要成分,再选择性配伍抗霉剂、渗透剂、保湿剂等以满足特定需求。上述溶液需放置于凉爽通风区域,用后及时清除溅、洒液体,若出现浑浊、沉淀或颜色有变化时,应重新配制,以免影响效果。

（2）配制溶液的标定:对于配制溶液中标准溶液的标定,须严格遵守"双人、八次"原则,即标定标准溶液至少要两个人完成,且每个人必须在标定、配制或核验时,至少进行四次的平行标定和平行实验,具体内容应符合 GB/T 601—2016《化学试剂 标准滴定溶液的制备》的规定。

（3）配制溶液的信息：必须包含已配制溶液名称、浓度、配制时间及有效时间和配制人。

2. 标准物质的安全管理 国家级标准溶液和基准物质及用于直接配制和定量的试剂,应按其级别给予建立档案、溯源、编号和专柜管理。

3. 普通试剂的安全管理 普通试剂应由实验室统一采购,使用人员验收后交试剂管理员管理。实验室内应只存放少量在用试剂,其余试剂应分类分柜隔离存放于试剂室中,做好入库登记及领用登记,做到账物相符,定期清理。所有试剂存放应通风干燥,避免阳光照射和温度过高,严禁明火。

4. 危险试剂的安全管理 危险试剂要分类存放,且相互作用的药品不能混放,必须隔离存放。所有试剂都必须有明确的标签,存放橱或柜,需要保持整齐清洁。有特殊性质的药品必须按其特性要求存放,无名物、变质过期的药品要及时清理销毁。实验室内不得存放剧毒类药品。危险化学药品容器应有清晰标志或标签,存放区域应设置醒目的安全标志。常见不同类型危险化学品的存放要求如下。

（1）易燃类化学试剂：如丙酮、甲醇和乙醇等因极易挥发成气体,遇到明火即可燃烧,应远离火源,单独存放于阴凉通风处。理想存放温度为 -4 ～ +4℃,闪点在 25℃以下的,不得超过 30℃。

（2）剧毒类化学试剂：如氰化钾、氰化钠等其他剧毒氰化物要置于阴凉干燥处,且需要与酸类试剂隔离。剧毒化学试剂必须存放在学校专门的剧毒品库内,库房必须符合相关安全要求。领用剧毒物品必须经学校保卫处批准,应根据使用情况领取最少数量,同时做好使用登记和消耗记录。不得将剧毒化学品私自带出实验室,或转借给他人。

（3）强腐蚀类：如硫酸、硝酸和盐酸等应单独存放于阴凉通风处。

（4）燃爆类试剂：遇水反应猛烈且易发生燃烧爆炸的金属,应保存在煤油中;本身极易爆炸的物质应轻拿轻放,或与空气接触能发生强烈的氧化作用而引起燃烧的物质,应保存在水中。

（5）强氧化剂类：应存放阴凉通风处,室温不超过 30℃,并与酸类、碳粉、硫化物、糖类等易燃物、可燃物或被氧化物等隔离。其中易燃型氧化剂因在特定条件下会发生爆炸,并可与易燃固体形成爆炸混合物,须单独隔离存放。

（6）见光或受热易分解的试剂：如氨水、碘化钾、苯酚、苯胺等,应盛放于棕色玻璃瓶或在瓶外套上黑纸套,保存于冷暗处。

（7）易挥发或升华的试剂：如浓氨水、液溴和碘等,都应置于冷暗通风处密封保存,取用后要立即盖紧瓶盖。

5. 压缩气体的管理 实验室所用气体通常储存于气瓶内。若属于可燃气体、助燃气体或有毒气体则存在大量不安全因素。因此需分别在相关气瓶的运输、使用和储存等环节加强管理,并建立健全各项制度,确保压缩气体安全。具体管理详见第六章"第一节 细胞分子实验专用设备及安全使用"。

二、解剖器械的安全管理

解剖器械作为人体和病理解剖学实验教学环节中的重要工具,是学生将所学的理论知识上升到实践的关键媒介。加强解剖器械的安全管理,不仅能帮助学生更好地完成学习任务,提升实验教学效果,还可提高器械的使用效率。解剖器械的安全管理是人体和病理解剖学实验的重要工作。

1. 解剖器械的分类

（1）解剖刀：是解剖操作中使用最多的器械。刀刃用于切开皮肤和切断肌;刀尖用于修洁血管、神经和肌;刀柄用于进行钝性分离或探查。

（2）解剖镊:可分无齿解剖镊、有齿解剖镊。无齿解剖镊主要用于夹持和分离血管、神经和肌肉等;有齿解剖镊仅用于夹持皮肤或非常坚韧的结构,不可用于夹持血管、神经和肌肉等容易损坏的结构。

（3）解剖剪:根据长短、弯直及尖部形状（尖头和圆头或一尖一圆）的不同,适用于不同的解剖操作。圆头解剖剪常用于剪开组织或剪断神经、血管,也可以用于撑开或分离组织。一尖一圆或尖头的直剪,则多用于剪线或拆线。

（4）拉钩:有宽窄不同、深浅不同和弯曲度不同的多种类型。一般用于牵拉、暴露和固定结构,以利于解剖操作的进行。

（5）其他解剖器械:如常用于剪短肋骨的肋骨剪、用于打开椎管的管双刃锯、用于锯开颅骨的弓形锯,以及用于咬断骨并修整骨断端的咬骨钳等。

2. 解剖器械的管理　实验教学中相关解剖器械的管理和发放由专人负责。应建立解剖器械的管理账册,详细登记器械的入库和取用情况,任何人不得擅自使用解剖器械。学生以班级为单位在管理解剖器械的教师处登记领取,每次使用完后应及时归还,严禁将任何器械带出解剖实验室。解剖器械原则上不外借,如需外借应履行借出手续并备案,并按时收回。

3. 解剖器械的使用　在使用前,应检查外观是否完整、功能是否正常,核对器械数量并记录。在使用时,应轻拿轻放,不可进行投掷或相互碰撞,注意保护器械的尖锐和利刃,不能用精锐器械夹持粗厚物品。严禁暴力使用器械,器械使用后应及时擦拭污渍和血迹。

4. 解剖器械的维护　解剖器械使用完后,应彻底清洗消毒,清水冲洗干净后可选择浸泡在1∶1 000苯扎溴铵内含0.5%亚硝酸钠溶液中4～6小时或浸泡在10%的甲醛溶液中消毒2～4小时,浸泡结束后擦拭干净并存放于干燥通风处以防锈蚀。此外需定期对解剖器械进行保养,保证性能良好。精细器械应专门保养,一旦发现机械损坏,应及时汇报并申请补充,以免影响实验教学计划。

5. 解剖器械的报废　损坏、无法满足使用功能或废弃的解剖器械不得随意扔进垃圾桶内,应独立回收,统一处理。

第四节　实验材料处理及废弃物处置

人体解剖学、组织学和病理学的教学与科学研究中,尸体、组织器官标本和组织切片等均是最直接的教学与科研材料。医学生通过对正常人体标本或模型的观摩和对尸体的解剖,理解和掌握人体各系统器官的正常形态结构、相互毗邻关系、生长发育过程及其功能意义;通过观察人体正常器官的组织切片,理解和掌握人体各器官组织的微细结构及其功能意义;通过大体观察或肉眼观察人体病变器官的改变、组织结构和细胞病变特征及病理剖检（如尸检）等,理解和掌握疾病的病因学、发病学及病理变化与临床表现的关系,为其他医学课程的学习打下坚实的基础。

因此,医学院校、医疗科研单位在医学教学与科学研究中需要提供一定数量的尸体,供医学生进行实地尸体解剖,学习人体解剖学知识;需要提供一系列正常人体器官的组织切片,供医学生学习组织学知识;需要提供较多的具有典型病理变化的大体标本和组织病理切片,供医学生学习疾病的病理特征。所提供的尸体、组织器官标本和组织切片等教学和科研材料,均须经过严格的处理,才能用于教学和科研。执行标准可参考 SN/T 1334—2003《入出境尸体和骸骨卫生处理规程》。

在处理尸体、制作组织器官标本、制作组织切片和解剖尸体等实验过程中,会产生各类废弃物,如果不经处理或处理不当,将对相关人员的生命健康和环境安全造成严重危害。因此,必须严格按照《中华人民共和国环境保护法》《中华人民共和国固体废物污染环境防治法》《危险化学品安全管理条例》《危险废物贮存污染控制标准》《医疗废物管理条例》《医疗卫生机构医疗废物管理办法》《教育部国家环境保护总局关于加强高等学校实验室排污管理的通知》等一系列法律法规要求并结合学校的实际情况进行妥善处置。

一、尸体及组织器官标本处理

(一)尸体处理

医学院校的尸体来源,一般应采用接受市民遗体捐献的形式开展工作。在接受工作之前,必须了解该遗体生前是否有甲类传染病或艾滋病、梅毒等烈性传染病,如有则应按照《殡葬管理条例》有关规定处置,不得接受遗体捐献。为预防尸体所带病菌对环境的污染和引起疾病的传播,任何来源的尸体必须进行消毒和防腐等处理后,才能用于教学和科学研究。

1. **尸体标本的卫生要求** 尸体防腐处理后,防腐液应流遍全身,尸体表面皮肤处理干净,皮肤表面切口缝合整齐,表面管孔用浸过消毒剂的棉花球堵塞,确保尸体无臭味,形态完整,表皮无脱落,裸露皮肤干燥,胸腹部体表尸斑消失,无腹腔积液。经密闭包装的尸体,应确保无腐败液体渗出,无臭味散出。

2. **尸体标本的处理程序** 实验室工作人员应遵守社会主义职业道德,本着尊重捐献者和对生命充满敬畏的精神,按照有关规定,认真负责地做好以下工作。

(1)尸体登记:尸体处理前必须按政府相关规定进行登记,收集死亡证明书、身份证明和家属意见情况等,并形成电子版和纸质文本登记。尸体登记的主要内容包括编号、姓名、身份证号码、户籍所在地或常住地、性别、年龄、家属联系方式、死因、特殊的体表特征、防腐灌注时间和存放位置等。登记后应在每具尸体的踝部或腕部系绑标识牌。标识牌可选用耐甲醛、不易腐蚀的带数字塑料、不锈钢标牌,也可选购木质标牌。在尸体处置前要注意拍照存档,以便日后查验。

(2)尸体的清洗和消毒:处理尸体前,工作人员应穿戴隔离衣、帽、口罩、橡皮手套和长筒胶鞋等,并扎紧袖口和裤口,做好个人防护,注意避免病原微生物感染。用消毒剂对尸体及衣物进行表面喷洒消毒后,脱去尸体衣物并归置到一次性医疗废物收集袋中,等待焚毁,再用消毒剂喷洒和擦洗体表消毒。彻底清洗尸体表面的孔道,然后用浸泡过消毒剂的棉花球堵塞尸体表面的管孔,以阻止尸体内的液体等流出。常选用 0.4% 过氧乙酸或 1.5% 碱性戊二醛或 0.5% 苯扎溴铵等杀菌谱广的消毒剂进行喷洒或擦拭,消毒剂停留在尸体体表至少 35 分钟,在施行尸体防腐前,不必清洗除去消毒剂。尸体的清洗、消毒和灌注应在尸库附近的处理室或实验室的尸体解剖室进行,禁忌在其他场所处理。尸体处理完毕后,对工作场地和使用过的衣物及用具均需清洗消毒。

(3)尸体的防腐固定:尸体若未经防腐固定处理,很快会发生组织自溶、腐败和逐渐解体,产生多种胺、吲哚、甲基吲哚和硫化氢等有强烈臭味的毒性产物。防腐固定主要是使蛋白质变性凝固。组织腐败和自溶要有酶参加,而酶的本质是蛋白质,细菌也是由蛋白质构成的。因此,凡能使蛋白质变性或凝固的物理、化学因素,均能使酶失去催化活性。因此应抑制或杀灭细菌,以防止组织腐败、自溶,达到尸体防腐固定的目的。常用的防腐剂仍是以甲醛、苯酚和乙醇为主要成分,再配伍抗霉剂、渗透剂、保湿剂等以满足需要。防腐固定尸体标本多数仍采用甲醛溶液作为单一的防腐固定剂。甲醛化学结构式为HCHO,固定尸体的常用浓度为4%。近年来,市场上也出现了多种低毒环保的新型灌注固定液,并逐渐被应用于临床医生培训和人体解剖学教学中。

（4）尸体的防腐固定处理方法:尸体防腐一般采用以全身灌注防腐为主,局部注射防腐为辅的策略。全身灌注防腐是借助尸体体内的心血管循环系统,用静脉输液管和输液针头灌注防腐液,使防腐液流至全身各部位。局部防腐是用长注射针头注射器穿刺,向腹腔、胸腔、口腔或颅腔注射适量的防腐液。常采用4%甲醛溶液配以适量甘油进行防腐固定。防腐剂使用剂量一般为尸体体重的20%左右,即成人尸体为10～15L,儿童尸体为4～10L。婴儿尸体、离体脏器和肢体用量则是以每个注射部位难以再注入防腐液为准。整个过程一般需要24小时左右。防腐液灌注是否达到要求,可按以下方法来断定:成人尸体灌注6～12小时表现为掌心饱满、腹部膨隆、口鼻涌出泡沫性药液。如果灌注后认为某些局部还达不到灌注要求,可用灌注吊桶的针头直接插入所需部位作局部补灌注,也可用注射器对局部直接补充注射。通常采用颈总动脉或股动脉切开后加压注射防腐,前法操作简单但易破坏颈部重要结构如颈袢和颈部层次,后法需要双头插管且切口相对较大。防腐设备可采购防腐机或自制加压灌注系统。自制加压灌注系统多采用吊桶灌注法。制备一个能容纳10～20L液量的吊桶。桶的下部装有出水管,桶的侧面设置有能指示液量的标尺。使用时,将桶悬吊于约2m处(利用不同的高度,可以调节压力大小)。再用橡皮胶管与"Y"形管和灌注导管相连。这种装置设备和操作都较简便,压力均匀,容易控制。灌注时,可根据动脉的体表位置,划定纵向切口,切口长约4cm,切透皮肤后,用钝剥离法找出动脉,纵行切开动脉。灌注胶管的远端用"Y"形管连接两个注射导管(金属、玻璃或塑料的均可),导管的末端最好制成壶腹形,便于结扎,不易滑脱(也可连接两个注射器头)。两个导管或针头分别向远侧和近侧插入动脉切口,以便同时向远、近两个方向灌注。尸体灌注完毕,应搁置1～2天,让动脉内的防腐液渗入组织间隙后,再移入尸池浸泡。尸体灌注后,形态位置便基本定型,特别是两手握拳状收缩后,很难矫正,不便解剖操作,故灌注时就应注意按解剖学位置将尸体摆好,即尸体仰卧,头放正,上肢伸直,手掌朝上,手指伸直,两下肢伸直并分开约30°,特别要注意使手指伸直,避免蜷缩。为了防止手指弯缩,可在手掌和手指部搁物加压。防腐过程中产生的污血及渗漏的防腐液必须有专用设备收集,统一消毒处置。

（5）尸体保存:尸体经防腐处理后,还需妥善的保存措施,以避免水分蒸发、尸体干枯僵硬以及表面霉烂等。尸体保存方法很多,现介绍以下两种常用的保存方法。①浸泡法保存:将防腐处理后的尸体浸泡在盛有保存液的尸槽、尸池中,一般采用立式保存为宜。此法设施简单、常温保存、容易维护和选用,能持续固定尸体,存放时间可达8～10年。浸泡保存常用的保存液是4%甲醛溶液或新型无甲醛环保保存液,或4%甲醛溶液与新型灌注固定液的混合液。尸池液面要高出尸体5cm左右,并保持厂池的密封性和安全性。一般标本的最佳使用效果为浸泡一年以上。尸体入池后,实验室人员要定期检查尸体库,至少每3个月一次,检查时应注意尸体外露部分是否有腐烂,液面是否有霉块。若发现尸体有腐烂或液面有霉块,要及时采取措施,更换或调整保存液的浓度。②冷冻法保存:将防腐固定处理后的尸体放在尸体袋中,置于−10～−4℃的环境下冷冻保存。此法能有效保持胸腹腔脏器的位置,以利于制作断面标本、铸型标本和透明标本。但冷冻设备造价高、能耗大,维护成本较高。此外,也有学校将未经防腐固定处理的新鲜尸体直接进行冷冻保存。此法未使用任何化学试剂,经自然解冻后的尸体最接近新鲜标本,可直接用于实验教学和模拟手术培训。但缺点是保存时间短,标本腐败较快,还存在生物安全风险,使用过程中应注意防护。

（二）组织器官标本处理

1. 病理大体标本的处理 大体标本的来源途径主要为临床病理活检(手术切除)和尸体解

剖。在标本收集过程中,要按照病理学教学大纲的要求,选取病变典型、结构完整,符合教学要求的器官标本,同时也要注意收集特殊疾病的标本。选取及制作大体标本时,应尽量保留标本病变形态的完整性及充分暴露病变部位。收集后及时将标本固定,待标本固定彻底后,立即进行标本的制作。将组织尽快地浸入固定液内,迅速凝固或沉淀细胞和组织中的物质成分、终止细胞的一切代谢过程、防止细胞自溶或组织变化,尽可能保持其活体时的结构。固定液的量要充足,一般应大于标本体积的 10 倍。固定液通常分为不保持标本原有色泽与保持标本原有色泽两种。不保持标本原有色泽的固定液通常用 4% 甲醛溶液,此液会使组织内的血红蛋白转变为酸性血红蛋白,致使标本失去原有的色泽。保持标本原有色泽的方法通常用凯氏(Kaiserling)法,步骤如下:第一液(固定液):醋酸钾 30g、硝酸钾 30g、40% 甲醛溶液 100mL,加蒸馏水至 1 000mL。标本固定时间视标本大小、厚薄而定。心、肝、脾、肾等固定 4 ~ 5 天,肠固定 1 ~ 2 天。标本固定后用流水冲洗 24 小时,以除去甲醛溶液,转入第二液(回色液):95% 乙醇。乙醇能使标本在甲醛溶液中形成的酸性血红蛋白变为碱性血红蛋白,呈现出红色。标本放入第二液中数小时,以标本颜色恢复原有颜色为度。然后用蒸馏水洗去乙醇,置入第三液(保存液):醋酸钾 100g、甘油 200mL、麝香草酚 2.5g,加蒸馏水至 1 000mL。大体标本装缸,用甲醛溶液固定的标本,可直接装缸。用凯氏法固定的标本,从第二液取出,洗去乙醇,置入盛有第三液的标本缸,液面至少超过大体标本上缘 5cm,液面高度应低于缸口 1cm 左右为宜。将标本缸封缸,贴上标签。处理后的大体标本可长久保存,用于病理学的实验教学。

2. 石蜡切片标本的处理 凡是进行石蜡切片的组织器官标本均须进行固定。常用的固定液有 4% 甲醛、Bouin 氏液、Carnoy 改良液等。固定液的用量一般应为组织块体积的 5 ~ 20 倍,可使组织块悬浮于固定液之中。固定时间则根据组织块的大小及松密程度及固定液的穿透速度而定,通常为 4 ~ 24 小时。内镜活检、穿刺及手术切除等组织器官标本,应尽快置于密封容器内并进行充分固定,该容器内的 4% 甲醛溶液体积应为标本的 10 倍。除了朊病毒和分枝杆菌,所有重要的传染性病原体均可被杀死或灭活,故能预防组织器官标本所带病菌引起的传播。固定后的组织器官标本,可长久保存。若需进一步制作石蜡包埋切片,可将固定的组织块经逐级乙醇脱水(从低浓度到高浓度)、二甲苯透明、浸蜡与包埋等步骤制成石蜡块,可长久保存。石蜡块还可再经切片、苏木精 - 伊红染色或镀银染色或组织化学染色或免疫组化染色等,供在显微镜下检查,以观察组织的微细结构,制成的组织切片也可长期保存,用于组织学、病理学的实验教学。

3. 冰冻切片标本的处理 冰冻切片是一种借助低温恒冷条件,使新鲜组织迅速冷却到一定硬度,然后进行切片的方法。术中的新鲜组织标本,在离体后无须固定直接迅速放入标本袋内并密封转运。新鲜组织取材不能遇水,若组织自身带水,可用滤纸吸干,目的是防止冰晶空洞等现象在切片过程中产生。通常选取具有代表性病变组织 1 ~ 2 块,如有需要可适量增加取材块数。组织的大小应适宜,一般在 1.5cm × 1.5cm × 0.3cm,如有黏液、钙化及骨组织应先行去除。将取材组织放置在滴有包埋剂的冰托上使组织快速冷冻,组织要尽量放平整,常见冷冻标本类型一般置于 -20℃。待组织完全冷冻后即可放入冷冻切片机内进行连续切片,切片厚度控制在 5μm。切片后将载玻片及时放入固定液中,以避免产生细胞核退变、着色力下降、结构模糊不清等现象。固定液的选择要根据冷冻切片的特点,首先要保持组织细胞原有结构不被破坏,染色鲜艳,结构清晰;其次是渗透力要强而迅速。固定液种类繁多,如甲醇液、95% 乙醇液、4℃丙酮、甲醇乙酸液、乙醇乙酸液等,性能各异,应重视固定液的选择和固定速度。再经苏木精 - 伊红染色,在显微镜下观察组织的病变特征。如果完全冷冻后的组织不能立即进行切片,应使用冷冻管盛放标本,放入液氮罐内进行速冻,然后将冷冻管拿出放入 -86℃ 的低温冰箱中保存即可。已知具有传染性的标本(如结核病、病毒性肝炎、艾滋病等)不宜进行术中快速活体病理学检查。

对高危传染病患者的标本[如人类免疫缺陷病毒（human immunodeficiency virus，HIV）感染者的标本、开放性结核的痰标本]应标记为高危标本；对于法定传染病阳性患者的标本还应加贴相应的感染标志，对所有容器及指定存放地点都应有生物危害标志，同时应避免其与他人接触。在新鲜组织取材时，必须做好个人防护工作人员应穿戴隔离衣、帽、口罩和橡胶手套等防护装备，最好在生物安全柜中进行取材。

二、废弃物处置

根据国家卫生健康委和生态环境部共同制定的《医疗废物分类目录（2021年版）》，医疗废物分为感染性废物、损伤性废物、病理性废物、药物性废物和化学性废物5类。组织器官相关实验所涉及的实验材料品种多，用量大，实验过程中产生的危险废弃物主要包括病理性废物、化学性废物、损伤性废物和感染性废物。而较少涉及药物性废物（指过期、淘汰、变质或被污染的废弃药品，包括废弃的一般性药品，废弃的细胞毒性药物和遗传毒性药物等）。各类废弃物的分类收集应当根据其特性和处置方式进行，并与当地医疗废物处置的方式相衔接，为将操作、运输、处置废物的危险降至最低，对环境有害作用减至最小。进行分类收集时，须在医疗废物专用包装袋、利器盒和周转箱（桶）外粘贴各类别医疗废物标志贴，医疗废物标志常用黄色菱形标志，为直角菱形，警告语与警示标志组合使用。

（一）病理性废物的处置

病理性废物是指诊疗过程中产生的人体废弃物和医学实验动物尸体等，主要包括手术及其他医学服务过程中产生的废弃的人体组织、器官；病理切片后废弃的人体组织、病理蜡块；废弃的医学实验动物的组织和尸体；16周胎龄以下或重量不足500g的胚胎组织；确诊、疑似传染病或携带传染病病原体产妇的胎盘。以上物质应收集于符合HJ 421—2008《医疗废物专用包装袋、容器和警示标志标准》的医疗废物包装袋中，医疗废物包装袋的颜色为黄色，上面标有医疗垃圾类型的说明。暂时性贮存时，也应使用专用袋收集，置于低温或防腐条件下贮存。相关实验室必须由经过培训的人员负责，用一次性锁扎带扎紧袋口，贴上相应的医疗废物标志贴，集中送往焚烧站或医疗垃圾存放点称重，按国家规定集中焚烧，并注意运送过程中严防泄漏。

经局部解剖、病理解剖教学使用后的尸体、引产的死亡胎儿等，已纳入殡葬管理；从医学伦理学和人文关怀考虑，建议断肢和断指等肉眼可辨识的完整脏器也应纳入殡葬管理。相关实验室必须由经过培训的人员负责，将尸体、断肢等生物残体置于一次性防漏塑料尸体袋中，贴上标签，按照《殡葬管理条例》，统一送至殡仪馆办理相关火化手续，进行火化处理。

（二）化学性废物的处置

化学性废物是指具有毒性、腐蚀性、易燃性、反应性的废弃化学物品。主要包括列入《国家危险废物名录（2025年版）》中的废弃危险化学品，如甲醛、二甲苯等；应按照化学品的特性分类收集于专用的密闭无渗漏的容器中，粘贴相应的医疗废物标志并注明主要成分，并按照本单位规定进行暂时存放。如以某大学为例，将化学实验废弃物分为：有机废液、无机废液和其他，各类废弃物均有详细的送储要求（表8-1）。分类收集后，由实验室管理人员统一定期交由所在单位统一委托的有危险废弃物处理资质的单位进行处理。

表 8-1　某大学化学实验废弃物分类及送储要求

分类		常见废弃物种类	送储要求
有机废液	甲类	二氯乙烷、丙酮、乙醇、甲醇、苯、甲苯、乙苯、乙酸乙酯、乙腈、二甲胺、甲酸乙酯、乙醚、乙醛、石油醚、正己烷、正庚烷、异丙醇、叔丁醇、二乙胺、三乙胺、吡啶、乙酸甲酯、乙酸丁酯、丙腈、正丁胺、卡尔费休试剂、丙醛、四氢呋喃、环己烷、异辛烷、二硫化碳等	1. 用 50L 塑料桶,有内盖,不能装太满 2. 张贴分类标签、废弃物标签 3. 废液中不能含有剧毒物质 [参照"危险化学品目录(2022 调整版)"] 4. 废液中不能含有铜、锌、镍、铬、砷、铅、锡等重金属元素 5. 废液中不能含有手套、抹布、试管、玻璃针头等杂物 6. 如出现分层,水层不得超过 50% 7. 废液 pH 应在 5 ～ 8
	非甲类	氯苯、氯甲苯、二氯甲烷、三氯甲烷、四氯化碳、三氯乙烷、碘甲烷、三氯甲烯、二氯苯、二甲基甲酰胺、二甲苯、正丁醇、丙三醇、环己酮、甲基吡啶、松香水、丙二腈、苯胺、喹啉、苯甲醚、二甲基乙酰胺、甲酰胺、甲基吡咯烷酮、二甲亚砜、三甘醇等	
	重油	废机油、硅油、真空泵油、食用油等	1. 用 10L 或 25L 塑料桶 2. 张贴分类标签、废弃物标签
	含重金属	铜、锌、镍、铬、砷、铅、锡	
无机废液	含汞、含砷		1. 用 10L 小口塑料桶 2. 张贴分类标签、废弃物标签
	含一般重金属	铜、锌、镍、铬、铅、锡、镉、锰	
	酸性		1. 建议实验室尽量中和处理 2. 用 10L 或 25L 塑料桶 3. 张贴分类标签、废弃物标签
	碱性		
其他	无机废试剂	年代久远、不再使用的	1. 原试剂瓶装,标签明确 2. 塑料周转箱带活动格
	有机废试剂		
	高危废试剂	钠、钾、镁粉、铝粉、白磷、黄磷、碳化钙、氢化钠、磷化铝、无水氯化铝、连二亚硫酸钠、氯化亚砜、四氯化硅、五氯化磷、四氯化钛、过氧化苯甲酰、过氧化物、高氯酸盐、重铬酸盐、高锰酸盐、有机酰氯、有机锂试剂、有机铝试剂、液溴、碘等	1. 建议实验室尽量预处理,降低危险系数 2. 原试剂瓶装,标签明确 3. 塑料周转箱带活动格 4. 根据试剂特性,与其他废物分隔开,避免发生反应
	有机实验固废		1. 用 25L 大口高密度聚乙烯桶 2. 妥善包装,标签明确
	无机实验固废		
	汞		单独收集、参照剧毒品处理
	剧毒品	《危险化学品目录(2022 调整版)》	按学校剧毒品处置程序处置
	不明废弃物	无标签或标签不清的化学品	参照剧毒品处置

注:送储的废试剂或废液不得含有放射性、爆炸性、传染性、多氯联苯、二噁英类物质及气体类废物。

（三）损伤性废物的处置

损伤性废物是指能够刺伤或者割伤人体的废弃的医用锐器。组织器官相关实验所涉及的损伤性废物,主要包括废弃的金属类锐器,如针头、缝合针、解剖刀、手术刀、手术锯、备皮刀等;废弃的玻璃类锐器,如盖玻片、载玻片、玻璃安瓿等;废弃的其他材质类锐器。以上物质均应收集于符合 HJ 421—2008《医疗废物专用包装袋、容器和警示标志标准》的利器盒中,利器盒达到 3/4 满时,应当封闭严密,粘贴标签并注明废弃物名称、危险提示等信息,交由所在单位主管部门集中处置。

（四）感染性废物的处置

感染性废物是指具有引发感染性疾病传播危险的医疗废物。组织器官相关实验所涉及的感染性废物，主要包括被患者血液、体液、排泄物等污染的除锐器以外的废物；使用后废弃的一次性使用医疗器械，如注射器、输液器、透析器等。以上物质应收集于符合 HJ 421—2008《医疗废物专用包装袋、容器和警示标志标准》的医疗废物包装袋中，首先在产生地点进行消毒灭菌处理。感染性实验废弃物、设备和耗材均可通过高压蒸汽灭菌去除污染，处理物体表面和液体废弃物、对表面无孔和无吸附作用的感染性废弃物可采用化学消毒法，然后再按感染性废物收集，并由实验室管理人员统一定期交由所在单位主管部门集中处置。

习 题

一、不定项选择题

1. 组织器官相关实验安全教育培训可以采用的形式有（   ）

    A. 发放书面资料（宣传手册）

    B. 线上学习、线上测试

    C. 线下讲座、实训演习

    D. 安全宣传教育片

    E. 签署安全承诺书

2. 显微镜的使用时，操作错误的是（   ）

    A. 观察切片时先从低倍镜再到高倍镜观察

    B. 使用高倍物镜时，可以用粗调节器调节焦距

    C. 搬动物镜镜头以进行镜头转换

    D. 只能用擦镜纸或与擦镜溶液一同擦拭显微镜的光学部分

    E. 显微镜使用完毕后直接关闭电源开关

3. 组织器官相关实验的潜在传染源有（   ）

    A. 新鲜尸体、组织标本

    B. 血液、尿液、痰液、胸腔积液

    C. 细胞学穿刺标本

    D. 组织细胞培养标本

    E. 标本缸中固定的标本

4. 能有效降低人体解剖实验室空气中甲醛的浓度，减少对师生的伤害的措施是（   ）

    A. 教学大楼安装通风排风系统

    B. 实验室采用上送下排通风模式

    C. 实验室安装离子净化系统

    D. 定期维护瓶装标本防止甲醛泄漏挥发

    E. 及时处置甲醛废液和甲醛污染物

5. 安全宣传教育活动的媒体形式有（   ）

    A. 安全宣传网站

B. 微信公众号、小程序

C. 手机 APP

D. 校园广播

E. 安全手册、墙报、横幅

6. 实验室安全信息牌应包括的基本信息是（　　　）

A. 安全责任人

B. 安全责任人联系方式

C. 实验室安全等级

D. 实验室危险源

E. 消防提示信息

7. 可用于浸泡金属器械的消毒剂是（　　　）

A. 0.2% 过氧乙酸

B. 3% 漂白粉溶液

C. 5% 碘伏

D. 1∶1 000 苯扎溴铵

E. 70% 乙醇

8. 人体和病理解剖学实验室中防腐液的主要成分可包括（　　　）

A. 甲醛　　　　　B. 苯酚　　　　　C. 乙醇　　　　　D. 戊二醛　　　　　E. 三氧化二砷

9. 关于防腐剂防腐效果的判断因素，包括（　　　）

A. 肌肉有弹性

B. 肢体柔韧性

C. 面部色泽自然

D. 防腐剂的价格

E. 防腐剂的类型

10. 人体和病理解剖学实验中，常用甲醛固定标本的浓度为（　　　）

A. 0.5%　　　　　B. 1%　　　　　C. 4%　　　　　D. 10%　　　　　E. 40%

11. 对术中快速冰冻切片的标本，处理不正确的是（　　　）

A. 保持标本新鲜

B. 不得使用血管钳直接夹标本

C. 标本切除后即刻固定液固定立即送检

D. 即使送检

E. 术前预计送冰冻标本时，提前填好病历单

二、判断题

1. 病理解剖的新鲜组织标本应通过 10 倍于组织体积的 4% 甲醛溶液进行充分固定。（　　　）

2. 如果被乙肝阳性患者的体液、血液污染的锐器刺伤，最好在 24 小时内注射乙肝免疫球蛋白，同时进行乙肝标志物检测。（　　　）

3. 实验大楼安装的通风排风系统气流方向由污染区流向清洁区，由高污染区流向低污染区。（　　　）

4. 实验过程中产生的少量化学废液可以向下水道倾倒。（　　　）

5. 安全标志通常设在可移动物体上，以便于及时调整位置。（　　　）

6. 国家规定的安全标志颜色为红、黄、蓝、绿。（　　　）

7. 化学喷洒消毒法是指使用特定工具将消毒溶液分段地喷洒到需要消毒遗体的表面。（　　　）

8. 病理性废物是指诊疗过程中产生的人体废弃物和医学实验动物尸体等。（　　　）

9. 配制溶液中标准溶液的标定,须严格遵守"双人、八次"原则。（　　　）

10. 解剖器械使用完毕彻底清洗消毒后,可浸泡保存在10%甲醛溶液中。（　　　）

答案

一、不定项选择题

1. ABCDE　2. BCE　3. ABCD　4. ABCDE　5. ABCDE　6. ABCDE　7. D　8. ABCDE　9. ABCE
10. C　11.C

二、判断题

1. √　2. √　3. ×　4. ×　5. ×　6. √　7. √　8. √　9. √　10. ×

（危晓莉　章　先　彭慧琴）

第九章　基因工程实验的安全知识

随着现代生物技术的快速发展,具有改变遗传性状的生物不断涌现,这些新型生物无疑是对实验室的安全管理构成了重大挑战,同时也威胁着自然环境和人类健康。本章从基因工程实验概念的内涵出发,重点介绍了不同转基因生物的风险等级、防护原则和防护方法,并对国内外与基因工程实验管理相关的法律法规进行了梳理。

第一节　基因工程实验概述

基因工程起源于微生物遗传学的研究,从其字面上理解,即是对生物的基因进行操作,进而达到改变生物性状的目的。最初该术语既包括人工选择,也包括生物医学技术的所有干预措施,其中包含人工授精、体外受精(如试管婴儿)、克隆和基因操作等。然而,在20世纪下半叶,基因工程具体指重组 DNA 技术,即一个或多个来源的 DNA 分子在细胞内或体外结合,然后导入宿主生物体中,使之复制、表达,从而使宿主生物体获得新的遗传特征技术。基因操作包括基因增减、序列改变、调控其表达等。随着分子生物学、遗传学的发展,基因工程实验的内容也在不断丰富。

一、基因工程实验的诞生

(一)基因工程实验的诞生背景

基因工程实验是在对遗传现象思考、遗传物质探索、生物技术进步上逐渐发展起来的。具体而言,在基因工程实验的诞生和发展过程中,遗传学和分子生物学研究领域理论上的三大发现("孟德尔定律"是基因控制性状的最初发现,也是基因工程的理论基础;DNA 双螺旋结构的发现和 DNA 半保留复制机制的阐述提示了基因工程实验的可能性;遗传密码破译工作的成功更是基因序列决定生物学功能的分子水平理论依据)和技术方法上的四大创新,逆转录聚合酶链反应问世和应用使目的基因的体外扩增成为可能;其他工具酶(如 DNA 链接酶、限制性内切酶等)和载体的发现和应用,则便捷了目的基因的操作流程,对基因工程实验的诞生及其发展起着至关重要的作用。

(二)基因工程实验的诞生过程

1973 年,斯坦福大学的 Cohen 研究小组将大肠埃希菌的抗卡那霉素质粒 R6-5 DNA 和抗四环素质粒 pSC101 DNA 混合后,加入限制性核酸内切酶 *Eco* RI 对 DNA 进行切割,再用 T4 DNA 连接酶将其连接成为重组 DNA 分子,最后转化到大肠埃希菌中,结果在含卡那霉素和四环素的平板上,选出了既抗卡那霉素又抗四环素的双抗重组菌落。这是第一次重组 DNA 分子转化成功的基因克隆实验,这标志着基因工程实验的诞生。

二、经典基因工程实验

（一）经典基因工程实验的范畴

经典的基因工程实验是指将供体生物的目的基因和适宜的载体在体外连接,然后导入另一种受体生物体内,进而使其按照操作者的意愿稳定遗传并表达出新的基因产物或产生的新的遗传性状的实验。基因工程实验打破了常规育种难以突破的物种之间的界限,克服了固有的生物种间限制,可以使原核生物与真核生物之间、动物与植物之间,甚至人与其他生物之间的遗传信息进行重组和转移,进一步扩大了定向改造生物的可能性,这是基因工程实验最突出的特点。

（二）经典基因工程实验的基本操作流程

经典基因工程实验的基本操作流程可分为以下 4 个步骤（以基因工程菌或细胞的构建为例）。

1. 目的基因的获取　这是基因工程实验操作中关键的步骤之一,亦是基因工程实验的首要环节。获取目的基因的方法通常有鸟枪法、化学合成法、从基因组或 cDNA 文库筛选法、PCR 直接扩增法等。

2. 目的基因与载体结合连接构建成重组载体分子　外源目的基因的 DNA 片段通常不含有完整的复制子,因此几乎不可能直接有效地进入受体细胞中进行扩增和表达。基于此,目的基因进入受体细胞需要借助基因工程载体的转运和 / 或扩增。基因工程载体分为克隆载体和表达载体,一般情况下,需要根据基因工程实验的目的和受体细胞的性质选择合适的载体,将目的基因与载体在体外成功连接成重组 DNA 分子后,再将目的基因导入至受体细胞中进行扩增和 / 或表达。

3. 重组 DNA 分子导入至受体细胞　这取决于基因工程载体及受体细胞的种类。每种方法都有其独特的特点,因此,需要根据具体情况确定导入方法的使用。此外,还可以利用病毒载体将目的 DNA 导入到相应细胞中。

4. 目的基因阳性克隆的鉴定和表达　目的基因通过重组载体导入受体细胞后,重组载体是否构建成功、构建是否正确,以及是否可以稳定维持和表达其遗传特性,只有通过检测与鉴定才能确定。含有外源目的基因的受体细胞称为阳性克隆,阳性克隆的鉴定可以依据载体上的遗传筛选标记基因或目的基因本身的表达性状进行检测。

三、基因工程实验的应用领域

基因工程实验已在多领域广泛应用。在农业领域,基因工程实验主要应用于转基因植物的培育:通过基因工程技术培育了大量性状改良的转基因植物（包括抗除草剂、抗病毒、抗害虫、抗倒伏等各种性质农作物等）,提高了农作物的产量和 / 或品质;抗病育种、改良动物性状促进了现代畜牧业的发展;在医药领域中,以基因工程药物（包括细胞因子、抗体、疫苗、激素等）为主导的基因工程应用产业,已成为全球发展最快的产业之一;在化学工业中,基因工程相关产物已被应用于提高丙酮、醋酸等有机物的合成效率。此外,基因工程实验技术构建表达相关代谢或降解酶的微生物,为特殊污染化合物的生物处理提供了新思路。

四、基因工程实验的新课题

1. **基于 CRISPR/Cas 技术的基因工程**　在 CRISPR/Cas 基因编辑技术问世之前,转基因生物的制备主要通过将外源基因导入受体宿主或细胞融合方式让宿主(包括植物、动物、细菌和病毒等)获得外源基因组,从而改变该宿主的性状。CRISPR/Cas 技术使不依赖于外来基因的宿主基因编辑成为可能(如将 Cas 蛋白与 gRNA 共同导入细胞,对其基因组进行编辑)。对于这部分基因编辑后生物,尽管不在《生物多样性公约卡塔赫纳生物安全议定书》所定义的改性生物体的概念之内,但也应包括在广义的改性生物体概念之中(即自然界本来不存在,通过现代生物学技术改变了其遗传性状的生物)。这部分相关的基因工程实验也包括在本章节讨论的范围。

2. **基于表观遗传的基因工程**　宿主表观遗传修饰的可遗传性已逐步被认识。未来可能出现更多相关研究和相关生物,其安全防护同样应成为基因工程实验安全考量的重要方面。

第二节　基因工程实验的安全等级评定

相比其他生物学实验,基因工程实验过程中产生的生物体在自然界不存在,其病原性、传染性,以及如果扩散到野外对自然界生物的影响(特别是对于自然界生物多样性的影响)需要特别考虑。随着现代生物学技术快速发展,核酸和基因操作手段不断更迭出新,新型转基因生物不断大量涌现,这无疑给基因工程实验的管理带来了新的挑战。各实验室或研究所在开展基因工程实验之前,必须进行相关调研与实验风险研判;各国也需要因时、适时调整健全其管理体系;同时,在国际层面也需不断优化基因工程实验相关合作管理体系。这些举措已成为全球安全、高效转基因生物相关产学研合作发展的必然需求。

一、基因工程实验安全与全球监管

伴随着现代生物技术的快速发展,基因工程实验相关生物的大量产生,这些生物对自然中原有生物产生了巨大潜在影响并对人类健康也构成了威胁。为保护自然生物的多样性,维护人类健康福祉,同时谋求基因工程实验相关生物的合理研发和可持续性利用,相关国家于 2000 年缔结了《生物多样性公约卡塔赫纳生物安全议定书》。这是一部全球公约,着力确保在凭借现代生物技术获得的、可能对生物多样性保护和可持续使用产生不利影响的转基因生物的安全转移(尤其是越境转移方面)、处理和使用采取充分的保护措施,并充分考虑到其对人类健康所构成的威胁。截至 2024 年 12 月,该议定书已有 173 个缔约国。该国际公约中所监管的改性生物体(living modified organisms,LMOs)在基因工程实验安全中(包括实验过程、相关材料的储存、转运和转让等)是重点考虑安全因素,也是本章节讨论的重点。

《生物多样性公约卡塔赫纳生物安全议定书》中定义的 LMOs,是指任何凭借现代生物技术获得的遗传材料新型组合的活生物体。广义的 LMOs,可以理解为自然界本来不存在,通过现代生物学技术改变了遗传性状的生物,包括可遗传的表观遗传改变了的生物。狭义的 LMOs 仅指核酸改变了的生物。为了便于描述,下文中我们将 LMOs 统称为转基因生物。对于 LMOs 的生物安全评定,既涉及该生物体接受遗传改造前的生物安全(即核酸受体的安全,称为受体宿主),也涉及导入核酸的生物安全（供体核酸的安全主要从核酸的来源和功能考虑；核酸来源的宿主即核酸的供体，简称供体宿主）。

二、基因工程实验的分类

根据受体宿主的不同，可将基因工程实验分为 3 大类。

1. **微生物实验**　该微生物（细菌、真菌、病毒等）包括了通过基因工程技术将外源核酸导入了的微生物和自身基因组被改变的微生物。本节的微生物实验包括除动植物实验以外的其他生物相关实验。

2. **动物实验**　根据实验内容，可再分为制作动物实验和感染动物实验，前者是指供体核酸直接导入动物体内，构建转基因动物，后者是指用转基因微生物感染动物（被感染动物可以是野生动物或转基因动物）（图 9-1）。

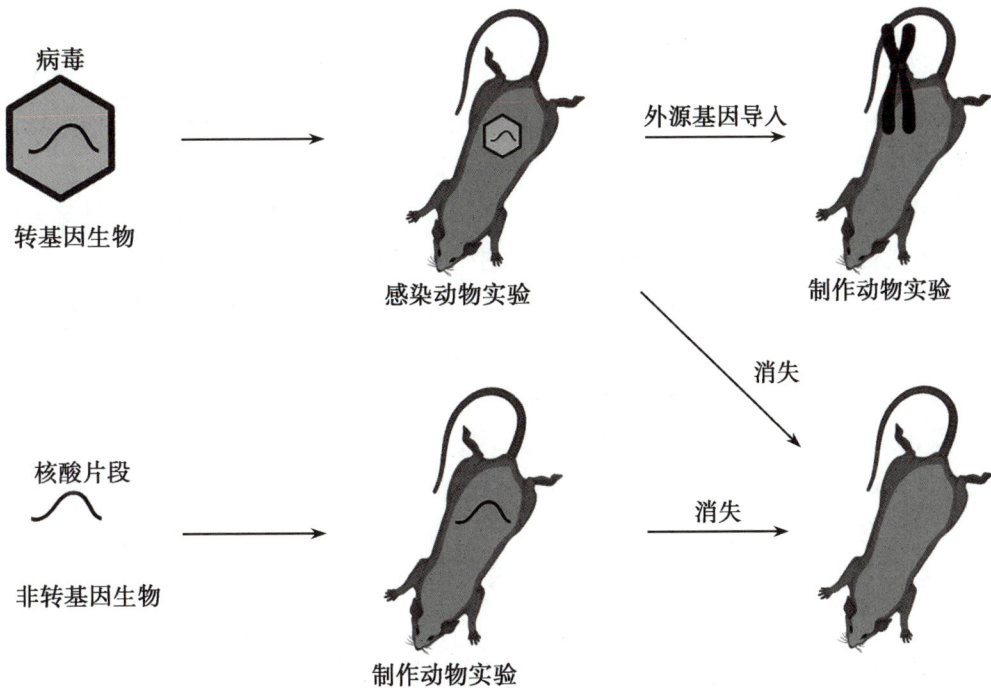

图 9-1　制作动物实验和感染动物实验示意图

细胞融合，特别是不同种属来源细胞的融合也属于基因工程实验。无微生物感染细胞的融合实验一般按 P1 防护，本节不再另列讨论；对于感染了微生物的细胞融合实验，可按感染微生物的生物安全等级进行相应防护。

3. **植物实验**　根据实验内容，可再分为制作植物实验和感染植物实验。前者是指供体核酸直接导入植物的细胞中，构建转基因植物，后者是指用转基因微生物感染植物（被感染植物可以是野生植物或转基因植物）（图 9-2）。

三、基因工程实验的危险因素

基因工程实验的危险既存在于实验室的转基因生物构建、使用过程之中，也存在于实验产物保

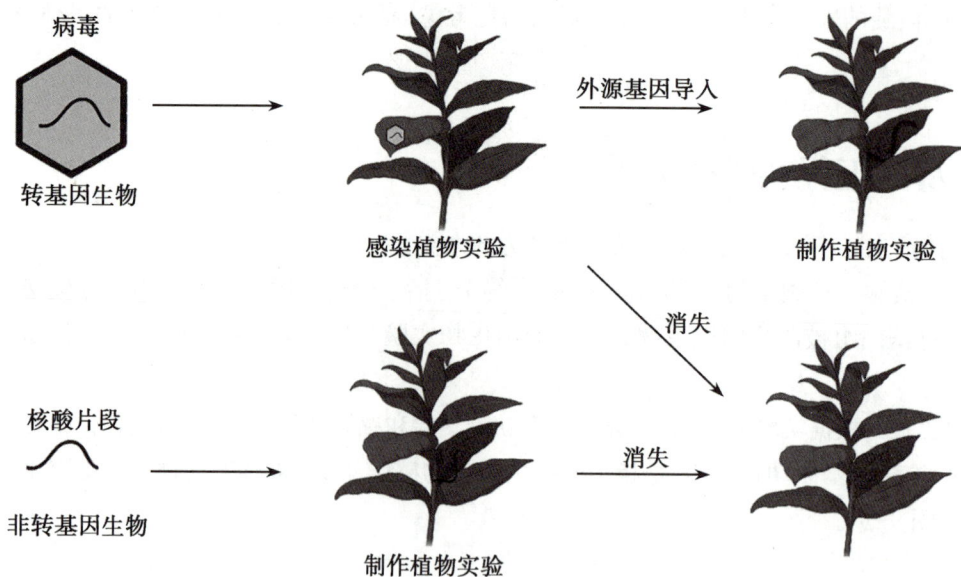

图 9-2　制作植物实验和感染植物实验示意图

存、转运等步骤之中。本节将重点探讨实验过程中产生的转基因生物的危险性及其应采取的防护原则。对于转基因生物的危险因素,可以从以下 3 个方面进行考虑。

1. 供体核酸的生物风险　供体核酸的危险因素可以从其功能是否已被解析、与被导入宿主的亲缘性、在自然界是否有相同或相似事件发生及最终对受体宿主的影响等方面考虑。

（1）核酸功能或者核酸表达产物的功能如果已经被解析,或者可以通过其他相关研究推测,称为已知核酸,否则称为未知核酸。如导入的核酸为已知核酸,其进入受体宿主后带来的受体宿主病原学和致病性变化,以及对自然环境生物多样性影响的可预测性增加,并可据此结合受体宿主生物安全等级对最终转基因生物安全等级进行初步判断;反之,则应提高相关生物安全等级。

（2）供体核酸进入受体宿主的事件在自然界中是否存在相同或相似事件发生。如细菌间存在耐药基因的传递,对相同种属细菌导入同样的耐药基因,则可认为危险性相对较低。对于病毒,只有进行自然界发生的基因转入或交换,其终产物的致病性、传染性才可被认为可以预测（危险性相对较低）。

2. 供体核酸导入时使用载体的安全性　一般而言,实验室常用质粒,除其固有种属以外,不能在其他物种间传播。以下受体宿主和质粒（尚未插入供体核酸的载体）的组合使用常被认为相对安全（以下简称安全宿主质粒组合）。

（1）*Escherichia coli* K12 株、B 株、C 株和 W 株和这些菌的诱导体作为宿主,以上述菌为宿主的非结合型质粒（包括噬菌体质粒）。*Escherichia coli* K12 株或其变异体中,存在有遗传突变使其仅在特殊培养条件下才能存活,使用质粒对这些菌依存性高,不能通过结合传播。

（2）*Saccharomyces cerevisiae* 或同一种属酵母为宿主,以这些酵母为宿主的质粒或微小染色体;*Saccharomyces cerevisiae* 中 ste-VC9 突变株、SHY1、SHY2、SHY3 或 SHY4 作为宿主,YIp1、YEp2、YEp4、YIp5、YEp6、YRp7、YEp20、YEp21、YEp24、YIp25、YIp26、YIp27、YIp28、YIp29、YIp30、YIp31、YIp32 或 YIp33 为载体。*Bacillus subtilis* 的 ASB298 菌株作为宿主,pUB110、pC194、pS194、pSA2100、pE194、pT127、pUB112、pC221 或 pAB124 作为载体。

（3）*Bacillus subtilis Marburg* 168 株和非孢子形成 *B. Licheniformis* 株为宿主,非结合型质粒（包括噬菌体质粒）为载体。

（4）*Thermus* 菌属（仅限于 *T. thermophilus*、*T. aquaticus*、*T. flavus*、*T.caldophilus* 和 *T. ruber*）为宿主和以这些宿主菌为宿主的质粒。

Rhizobium 菌属［限于 *R. radiobacter*（别名 *Agrobacteriumtumefaciens*）和 *R. rhizogenes*（别名 *Agrobacteriumrhizogenes*）］为宿主和以这些宿主菌为宿主的质粒。

（5）*Pseudomonas putida* KT2440 株或其变异体为宿主,对这些菌依存性高且不向其他细胞传播的质粒。

（6）*Streptomyces* 属细菌［仅限于 *S. avermitilis*、*S. coelicolo*（包括作为 *Sviolaceoruber* 分类的 *S. coelicolor A3* 菌株）、*S.lividans*、*S. parvulus*、*S. griseus* 和 *S.kasugaensis*］作为宿主和以这些菌为宿主的质粒。

（7）对肌醇需求 *Neurospora crassa* 菌株,以这些菌为宿主的质粒。

（8）*Pichia pastoris* 为宿主,以该菌为宿主的质粒。

（9）*Schizosaccharomyces pombe* 为宿主,以及以该菌为宿主的质粒。

3. **受体宿主本身的安全性**　接受外来核酸导入前动植物的生物等级安全一般比较容易判断。不同微生物的安全等级,参考第七章"第四节　病原微生物危害评估"。

4. **供体核酸导入是否会造成生物体致病、传播性的改变**　对于动植物宿主基因的导入,需重点关注其对自然界生物多样性的影响,特别是植物的基因导入,需判断其是否可以执行非防护性培育。动物基因导入实验则须确保有防逃脱措施。对于转基因微生物,其致病性和传染性的判断是重点也是难点。

四、基因工程实验的防护等级判断

基因工程实验计划及其防护措施最终须由本单位和 / 或政府相关监管部门相关管理委员会批准方能开展。部分植物实验因其对自然环境多样性影响甚微,可以在专家充分论证后采用非防护培育（如转基因大豆、水稻等）,其他植物实验则需要有效的安全防护。植物以外的实验（动物以及微生物和细胞融合实验）都需要在相关安全等级实验室中进行。

基因工程实验的安全防护,主要依据实验中产生的基因工程产物的性状进行安全等级判定。可参照如下判定标准。

（一）转基因微生物实验

1. 如使用上述质粒和微生物组合实验,可以根据导入供体核酸宿主的防护等级,进行降一级防护。如导入基因来源于 P2,最终改性生物可以按 P1 防护,如果导入基因是 P3 可以按 P2 防护（表 9-1）。

表 9-1　降级防护

受体宿主（防护等级）			供体核酸（防护等级）			防护等级
1	2	3	1	2	3	
○				○		P1
○					○	P2

2. 对于导入核酸是功能已知核酸，并可以从已知的科学见解推测其与哺乳类动物的病原学和传染性不相关，则可以按受体宿主实验等级进行相关等级的实验防护。如将 HIV 的 gag 蛋白基因（HIV 为 P3）导入大肠菌（P1），由于 gag 基因功能已解析且与哺乳类动物的病原学和传染性不相关，故可采取 P1 防护。

3. 如果导入核酸非上述宿主微生物质粒组合，或者导入核酸与哺乳类动物的病原学、传染性相关，又或者导入该核酸后的微生物对于哺乳类动物的病原性和传染性显著升高（可以从已有的科学见解推测），实验分类应该按该导入核酸来源宿主的防护水平和受体宿主防护水平中较高一方，并加升一级进行防护（如供体核酸宿主为 P2，受体宿主为 P1，则应该采取 P3 防护等级）（表 9-2）。

表 9-2　升级防护

受体宿主（防护等级）			供体核酸（防护等级）			防护等级
1	2	3	1	2	3	
○			○			P2
○				○		P3
	○		○			P3
	○			○		P3

4. 对于上述以外的其他实验的防护原则，采用供体核酸宿主和受体宿主中防护水平高的一方（如供体核酸宿主为 P2，受体宿主为 P1，则应该采取 P2 防护等级）（表 9-3）。

表 9-3　防护水平高的级别防护

受体宿主（防护等级）			供体核酸（防护等级）			防护等级
1	2	3	1	2	3	
○			○			P1
	○		○			P2
	○			○		P2
○					○	P3

（二）转基因动物实验

1. 如果满足下述所有条件可以在动物饲养区划定一定区域，专门饲养转基因动物。

（1）供体核酸是功能已知核酸，并且可以从现有的研究中推测其与动物病原性和传染性无关。

（2）供体核酸进入动物染色体中，并且不含有转座因子。

（3）可以推测，与野生型宿主相比，转基因动物的逃跑相关运动能力并没有提高。

（4）动物体内不含有（包括携带与感染）转基因的微生物。

2. 其他转基因相关的动物实验（包括动物构建和动物感染实验）的防护可参照以下措施。

（1）用于核酸导入的载体是上述安全组合中的质粒，如供体核酸宿主是 P2，防护水平可以采用 P1A；如供体核酸宿主防护水平是 P3，则可采取 P2A 的防护。

（2）对于导入核酸是功能已知核酸，并可以从已知的科学见解推测其与哺乳类动物的病原学和传染性不相关，可按供体核酸宿主实验等级进行相关等级的实验防护（如供体核酸宿主为 P2，则防护水平为 P2A；如供体核酸宿主为 P1，则防护水平为 P1A）。

（三）转基因植物实验

1. 如果转基因植物满足以下所有条件，可以在特定的网室中培养。

（1）供体核酸是功能已知核酸，并且其功能与哺乳动物的病原性和传染性无关。

（2）供体核酸已经进入植物基因组，并且不含有转座子相关基因。

（3）花粉、孢子及种子的飞散能力和杂交能力与野生型相比没有明显的提高。

（4）植物体内不含有（包括携带与感染）转基因的微生物。

2. 对于其他转基因植物的防护（包括制作转基因植物和植物的感染实验），可参考以下防护方式。

（1）如使用上述质粒和微生物组合的实验，可以根据导入供体核酸宿主的防护等级，进行降一级防护。如导入基因来源于 P2，最终转基因生物可以按 P1P 防护，如果导入基因是 P3 可以按 P2P 防护。

（2）对于导入核酸是功能已知核酸，并可以从已知的科学见解推测其与哺乳类动物的病原学和传染性不相关，可以按受体宿主实验等级进行相关等级的实验防护。

五、转基因生物的保存与转移

1. **实验过程中的暂时保存**　实验中产生的转基因生物的中间产物和终产物的危险等级评定应按各自的供体核酸、导入用载体和受体宿主进行评定。各产物暂时的保存也应遵循其各自的生物安全等级，保存于相应等级实验室中，实验操作人员需在实验记录中详细记录各产物的信息（包括制作过程、数量及暂存场所和最终去向等）。

2. **转基因生物的最终保存**　对于动植物的转基因生物个体，应在实验结束后通过处死或其他方式进行处理，废物应高压灭菌后丢弃（或焚烧）。转基因动物生殖细胞或者转基因植物的种子等的保存可参考下述转基因微生物的保存方法。转基因微生物的保存场所须有明确标记，保存记录信息应详尽（包括制作过程，数量和变动情况等详细信息）。转基因生物的存放场所须为可上锁的安全空间，并建议配备监控系统。

3. **转基因生物的转移**

（1）国内转基因生物的转移：国内转移转基因生物前须提前以书面形式告知接收单位转基因生物的详细信息（包括转基因生物制作过程、安全防护等级等），并确认接收单位是否具备操作相关转基因生物条件。转基因生物搬运时，需双层保护，并在各层上明确标记其生物安全等级等相关信息。

（2）国际转基因生物的转移：国家之间转基因生物的转移（主要指我国和其他国家间），须提前获得相关部门的同意，并按《生物多样性公约卡塔赫纳生物安全议定》书规定进行相关转基因生物信息的传递和物品的运输。

第三节 基因工程实验安全控制措施

基因工程实验的安全防护需在普通实验室安全防护基础上,进一步考虑如何防止由转基因生物的逃脱引起的对自然环境及实验操作人员的影响。针对上节中各基因工程实验的防护等级标准,现将安全防护的具体措施进行分类。微生物实验遵循 P1、P2、P3 防护,动物实验遵循特定饲养区、P1A、P2A、P3A 防护,植物实验遵循特定网室、P1P、P2P、P3P 防护(P4 相关实验不在本节讨论范围)。

一、转基因微生物实验的防护

1. P1 条件下的微生物实验应遵守以下事项

(1)含有转基因生物等的废弃物,应在废弃前采取措施使转基因生物等灭活。

(2)附着基因重组生物等的设备、机器及器具,废弃或再使用前,应采取措施使转基因生物等灭活。

(3)对于实验台,在进行实验结束后,以及基因重组生物等附着时,应立即采取措施使基因重组生物等失活。

(4)除了实验室人员出入的时间,其他时间实验室的门应关闭。

(5)为了防止昆虫等侵入,实验室的窗户等应采取关闭等必要措施。

(6)在所有操作中,将气溶胶的产生限制在最低限度。

(7)转基因生物等的灭活应在实验室以外的场所进行,或将转基因生物等带出实验室时,应将转基因生物等放入不扩散结构的容器中进行转运。

(8)为防止转基因生物等附着或感染实验人员,实验后应采取洗手等必要措施。

(9)禁止实验无关人员擅自进入实验室。

(10)转基因生物的灭活方法包括高压、灭活剂处理等。

2. P2 条件下的微生物实验应遵守以下事项

(1)实验室的构造等首先需达到上述 P1 条件的微生物实验。

(2)必须为转基因生物等灭活设置高压灭菌器。

(3)实验室需设置生物安全柜,转基因生物相关实验应在生物安全柜中进行。

(4)如开展容易产生气溶胶实验,实验室应设置通风柜,相关实验在通风柜中进行,实验结束后,有基因重组生物等附着时,应立即采取措施使基因重组生物等灭活。

(5)实验室入口及转基因生物等在实验过程中存放的设备上应标注"P2 水平实验中"。

3. P3 条件下的微生物实验应遵守以下事项

(1)设施应满足以下条件

1)实验室出入口前设置缓冲室(自动关闭结构门,并且仅限于可以更衣的大小)。

2)实验室地板、墙壁和天花板的表面应设计成易于水洗和熏蒸的结构。

3)实验室保持密闭状态,以防止昆虫等生物的侵入,并便于熏蒸。

4)在实验室或前室的主要出口处应设有自动操作的洗手设备。

5）设置供排气设备,空气从实验室出入口流向实验室内侧。

6）实验室的排气不能再循环到实验室内或实验室所在建筑物内的其他房间(来自安全柜等已经过空气过滤器的排气除外)。

7）关于排水设备,转基因生物等灭活后实验室的废水方可排出。

8）生物安全柜的设置需符合在不移动该设备的情况下可以检查、清洗过滤器及熏蒸生物安全柜。

9）使用真空抽吸泵时,应为该实验室专用并且配有消毒液体等灭活防止扩散措施。

（2）进行转基因相关实验条件

1）满足上述 P2 条件的微生物实验的注意事项。

2）在实验室内,应穿长袖且前襟不开的工作服、保护鞋,戴保护帽、保护眼镜及保护手套。

3）工作服等在废弃等之前,应采取使基因重组生物等失活的措施。

4）设置在缓冲室前后的门不能同时打开。

5）实验室入口及存放设备应标注"P3 水平实验中"。

二、转基因动物实验的防护

1. 特定饲养区应遵守以下事项

（1）设施应满足以下条件:应根据转基因动物等的习性设置双重防止逃跑的设备。

（2）实施基因重组实验条件:满足上述 P1 条件的微生物实验的注意事项。实验室入口等醒目位置放置"特定转基因动物饲养区"等内容明确标志。

2. P1A 条件下的实验应遵守以下事项

（1）设施等应满足以下条件

1）实验室应具有作为普通动物饲养室的结构及设备。

2）饲养转基因动物时,在实验室的出入口、窗口应放置防止逃生的设备、机器或器具。

3）在转基因动物等的粪尿等中含有基因重组生物等的情况下,放置回收该粪尿等所需的设备、机器或器具。

（2）实施基因重组实验条件

1）满足上述 P1 条件的微生物实验的注意事项。

2）在实验室以外的场所应设置基因重组生物等灭活措施。当需要将重组动物等从实验室带出时,应将其放入防止转基因生物等逃逸或扩散结构的容器中。

3）转基因生物须有明确标志,须标明转入的重组核酸种类(供体核酸信息)、受体生物等关键信息。

4）实验室入口处应标注"重组动物饲养中"。

3. P2A 条件下的实验应遵守以下事项

（1）满足上述 P1A 及 P2 条件的设施要求及注意事项。

（2）实验室入口处应标注"重组动物饲养中(P2A)"。

4. P3A 条件下的实验应遵守以下事项

（1）满足上述 P1A 及 P3 条件的设施要求及注意事项。

（2）实验室入口处应标注"重组动物饲养中(P3A)"。

三、转基因植物实验的防护

1.特定网室应遵守以下事项

（1）设施等应满足以下条件：为了将来自外部昆虫的侵入控制在最低限度，对于栽培转基因植物等的设施（以下简称网室）须在对外开放的部分设置网及其他相关设备。如从室外可直接进出网室时，应在该出入口设置缓冲室。若来自网室的排水中含有转基因生物等时，必须设置回收该排水所需的设备、机器或器具，或者网室的地板或地面是能够回收该排水的结构。

（2）在实施基因重组实验时应遵守以下事项：满足上述 P1 条件的微生物实验的注意事项。"实验室"替换为"网室"；对携带重组植物等花粉等的昆虫进行防治。

（3）在重组植物花粉等飞散时期关闭窗户，防止飞散到网室外部（如重组植物花粉等飞散到网室外部时，该花粉为不育或不发芽的除外）。

（4）网室入口处应标注"转基因植物栽培中"。

2.P1P 条件下的实验应遵守以下事项

（1）设施等应满足以下条件：实验室应具有作为普通植物种植室的结构和设备；在进行重组植物的花粉容易飞散等的操作时，排气设备须将排出气体中含有的花粉等限制在最低限度。

（2）实施基因重组实验应遵守以下事项：满足上述 P1 条件的微生物实验的注意事项；实验室入口处应标注"转基因植物栽培中"。

3.P2P 条件下的实验应遵守以下事项

（1）满足上述 P1P 及 P2 条件的设施要求及注意事项。

（2）实验室入口处应标注"转基因植物饲养中（P2P）"。

4.P3P 条件下的实验应遵守以下事项

（1）满足上述 P1P 及 P3 条件的设施要求及注意事项。

（2）实验室入口处应标注"转基因植物饲养中（P3P）"。

注意事项：在同一实验室中若同时进行应采取的防扩散措施为 P1、P1A 或 P1P 的实验时，应明确设定这些实验的区域。对于 P2、P2A、P2P 及 P3、P3A、P3P 的实验，同样设置明确的区域分隔。

第四节　基因工程实验相关法律责任

自 20 世纪末以来，基因工程技术的日益发展给生物医学领域开启了全新的篇章，但同时基因工程实验潜藏的风险也逐渐凸显，这引起了国际社会的广泛关注。为了避免引起严重的生物安全问题，人们逐渐意识到必须使用法律的手段加以约束和规范。以下是一系列法律文献，记录着人类的一步步尝试与进步。

一、基因工程相关的全球立法

第一个是《世界自然宪章》。该宪章规定，地球上的遗传活力不得加以损害，无论野生或是家养，各种生命形式均需至少维持其足以生存繁衍的数量，为此目的应该保障其必要的生存环境。该宪章还规定，在进行可能对大自然构成重大危险活动之前，应先彻底了解这种活动，必须证明其预期的益处超过大自然可能受到的损害,如果不能完全了解可能造成了不利影响,活动即不得进行。

第二个是《生物多样性公约》。该公约第 8 条款规定,缔约方应制定或采取办法,以酌情管制、管理、控制因使用和释放改性活生物体对生物多样性的保护和可持续利用可能产生有害的环境影响。第 19 条规定,缔约方应该考虑是否需要一项议定书,规定适当程序,特别包括提前知情协议,适用于可能对生物多样性保护和持续利用产生不利影响的生物技术改变的任何活生物体的安全转移、处理与使用,并考虑该议定书的形式。这条规定为后来《生物多样性公约卡塔赫纳生物安全议定书》的制定奠定了坚实基础。

第三个是《国际生物技术安全技术准则》。1995 年 12 月,联合国环境规划署发布该准则,影响深远、意义重大,是后来《生物多样性公约卡塔赫纳生物安全议定书》的辅助文件,还成为各国制定生物安全技术准则主要参考范本。

第四个是《世界贸易组织条约》。与生物安全相关的主要有:《关税与贸易总协定》《技术性贸易壁垒协议》《实施卫生与植物卫生协议》《与贸易有关的知识产权协议》。

第五个是《生物多样性公约卡塔赫纳生物安全议定书》。该议定书于 2000 年 1 月缔结,由序言、40 条正文和 3 个技术附件构成。正文的主要内容包括议定书的目标、适用范围、风险评估、风险管理、标识、国家主管部门、国家联络点生物安全信息交换所、能力建设、赔偿责任和补救以及财务机制等。该议定书的基础是预防原则,目标是保证转基因生物及其产品的安全性,尽量减少其潜在的可能对生物多样性和人体健康造成的损害,在缺乏足够科学依据的情况下,可对转基因生物采取严格的管理措施。

二、国外基因工程实验相关法律规定

各国的生物技术安全法规、条例、准则通常包括生物安全等级、控制措施和管理体系三个主要部分。对生物安全的管理也主要分为两大类:一类是针对产品管理为基本原则的管理模式,以美国、加拿大等国为代表;另一类是欧盟等以技术为基础的管理模式。

（一）美国生物安全法

在当今生物技术大国中,美国因未批准《生物多样性公约》,亦无法成为《生物多样性公约卡塔赫纳生物安全议定书》的缔约方。(注:《生物多样性公约卡塔赫纳生物安全议定书》是依据《生物多样性公约》的相关条款而制定的,《生物多样性公约卡塔赫纳生物安全议定书》是隶属于《生物多样性公约》的一项法律文件。)

1974 年,美国国立卫生研究院(NIH)成立了生物安全委员会,接着在 1975 年,于美国加利福尼亚召开的重组 DNA 分子国际会议就讨论了重组 DNA 的安全问题。1976 年 7 月 7 日,NIH 首先公布了实验室重组 DNA 安全操作规则——《重组 DNA 分子研究准则》。该准则通过规定一系列的细致的条款,建立了重组 DNA 技术研究实验的组织管理体制和生物物理保护体系,对这类研究实验加以严格的控制与管理,预防其对人类与环境造成的不可逆转的消极后果。1986 年 6 月 26 日,美国政府颁布了《生物技术管理协调大纲》,规定了美国在生物安全管理方面的部门协调机制和基本框架,即由美国农业部、环境保护局、食品药品监督管理局、职业安全与卫生管理局及国立卫生研究院协调管理负责生物实验技术的安全。

1986 年的《生物技术管理协调大纲》和 1991 年 2 月美国生物工程政策报告阐明了美国生物安全管理的基本政策,强调基于风险和产品的管理宗旨,基本原则为:①对生物技术的管理应着重于生物技术产品本身的特性和危害性,而不是生产过程;②对于必须审查的生物技术产品,在保护公共卫生与福利事业的同时,应最大限度地减少政府所承受的审批负担;③实际制定的规则必须有利于生物技术的迅速发展;④为给新生物技术产品创造应用机会,特别是有关环保及卫生领域的规则,应作为产品独特性和风险性的评价标准,而不应视为特定的控制标准。

为有效地管理转基因农产品,美国还发布了一系列的补充文件与指南,如 2001 年美国食品药品监督管理局颁布的《关于食品是否使用生物工程生产加工的自愿标识的行业指导草案》等。

(二)欧盟生物安全法

欧盟生物安全的立法起步于 20 世纪 90 年代。欧盟有关生物安全的法规分为水平系列法规和产品相关法规两大类。欧盟负责生物安全水平系列管理的机构是第十一总司(环境、核安全与公民保护),产品相关的法规和管理机构为农业和农村发展总司和管理转基因作物(genetically modified organisms,GMOs)的运输由交通运输总司等。

随着欧盟一体化的进程,欧盟理事会同欧洲自由贸易协会,制定了数十个与生物技术有关的标准。欧盟的生物技术管理政策以技术为基础,其水平系列的法规,包括关于遗传修饰或病原生物体隔离使用的指令、遗传生物体的目的释放的指令,以及从事遗传工程工作人员的劳动保护;其产品相关的法规,包括关于含有 GMOs 及其产品的进入市场的决定,GMOs 或病原生物体的运输、饲料添加剂、医药用品及新食品方面的法规。

2002 年,欧盟议会推出了新的法令,要求转基因作物在进入审批程序前,应对其可能带来的危险进行检测,在 2004 年前将含有抗生素基因的转基因作物逐步逐出市场,并于 2008 年前停止该类转基因作物的种植试验等。同年,还制定了主要涉及转基因生物技术的食品上市实行许可标签制度的新的转基因食品法规。

2010 年,欧盟联合研究中心开展了一项关于“基因组编辑技术:最新技术和商业发展前景”的研究,介绍了这些基因编辑技术的潜力及其检测和监测。报告涉及转基因生物法规下的技术分类和风险评估,评估表明通过基因组编辑技术获得的作物,除了基因组的预期变化,也需考虑基因组非预期的变化等。

(三)日本生物安全法

日本作为亚洲较早对生物技术立法的国家之一,其管理体系具有一定的代表性。1979 年,日本制定了《重组 DNA 实验管理条例》;1986 年颁布了《重组 DNA 工作准则》,针对转基因产品的安全性进行了初步规范;1987 年颁布了《重组 DNA 实验准则》,针对转基因产品的研发进行了初步规制。

在相关规定的落实方面,主要由文部科学省、通产省(后更名为经产省)、农林水产省等部门负责转基因食品安全的管理。各部门管理的范围包括但不限于:转基因食品安全性审查、批准和许可公布;转基因食品的分类管理、流通制度规范与审查;转基因产品使用、种植与上市审批制度;转基因食品标识制度等。根据生物技术工作的不同,日本制定了如下的管理模式:依据法律法规不同的分工,由科学技术厅负责审批生物技术实验室阶段的工作,由通产省负责推动生物技术在化学药品、化学产品和化肥生产方面的应用,由农林水产省负责审批重组生物向生物环境中的释放,由厚生省负责药品和食品审批。此后又逐渐颁布一系列法规,完善生物安全领域立法。

1999 年,日本科学技术厅、文部科学省、厚生劳动省、农林水产省、通商产业省 5 个部门提出了“开创生物技术产业的基本方针”。于 2002 年发布《生物技术战略大纲》,提出生物技术产业立国的战略部署;在 2003 年国际《生物多样性公约卡塔赫纳生物议定书》生效之际,日本通过了《管制转基因生物使用、保护和持续利用生物多样性法》,并将其作为日本生物安全领域的核心专项法律。2008 年推出《促进生物技术创新根本性强化措施》,不断强化政府预算,联合产业振兴中心、基金会、协会、联盟等团体,振兴生物技术研发和产业化活动。

2016 年 4 月,日本政府的生物伦理机构批准了利用受精后的人类卵细胞进行基因修饰的基础研究。2018 年 9 月,日本卫生和科学部门领导的专家小组公布了允许在人类胚胎中使用基因编辑工具的指导方针草案,最终于 2019 年 4 月 1 日正式发布实施。2019 年 6 月,日本发布《生物战略 2019》,展望"到 2030 年建成世界最先进的生物经济社会",提出加强国际战略,并重视相关的伦理、法律和社会问题。为了保障生物技术安全,日本颁布了《重组 DNA 实验指南》《转基因生物工业化指南》。为提高国民对新技术的理解和对新产品市场的接受度,日本政府颁布了《农林渔业及食品工业应用重组 DNA 指南》《转基因食品管理指南》,在科学技术会议上通过了"关于人类基因组研究的基本原则"等。

三、我国基因工程实验相关法律条文

中国对转基因的管理,最早的文件是 1993 年 12 月 24 日,由国家科委发布的《基因工程安全管理办法》,其规定从事基因工程实验研究的同时,还应当进行安全性评价。

（一）农业农产品部分

1996 年 7 月,农业部颁布《农业生物基因工程安全管理实施办法》(后废止),对农业生物基因工程项目的审批程序、安全评价系统及法律责任等作出原则性规定,明确了归口管理的原则。1997 年 3 月,农业部正式开始受理农业生物遗传工程及其产品安全性评价申报书。2001 年 5 月 23 日,国务院公布了《农业转基因生物安全管理条例》,明确规定农业转基因生物实行安全评价制度、标识管理制度、生产许可制度、经营许可制度和进口安全审批制度,其目的是加强农业转基因生物安全管理,保障人体健康和动植物、微生物安全,保护生态环境,促进农业转基因生物技术研究。

在《农业转基因生物安全管理条例》发布后,农业部和国家质检总局制定了 5 个配套规章,即《农业转基因生物安全评价管理办法》《农业转基因生物进口安全管理办法》《农业转基因生物标识管理办法》《农业转基因生物加工审批办法》和《进出境转基因产品检验检疫管理办法》。2016 年农业部修订了《农业转基因生物安全评价管理办法》。

《中华人民共和国种子法》《中华人民共和国农产品质量安全法》《中华人民共和国食品安全法》等法律对农业转基因生物管理均作出了相应规定。《中华人民共和国种子法》对转基因植物品种选育、试验、审定、推广和标识等作出了相应规定。《中华人民共和国农产品质量安全法》规定,属于农业转基因生物的农产品,应当按照农业转基因生物安全管理的有关规定进行标识。《中华人民共和国食品安全法》规定,生产经营转基因食品应当按照规定进行标识。

（二）生物医学与传染病管理部分

2002 年,卫生部颁发了《微生物和生物医学实验室生物安全通用准则》,开启了我国系统全面开展病原微生物实验室管理的序幕。

2003 年,科学技术部、卫生部、国家食品药品监督管理局和国家环境保护总局联合发布了《传染性非典型肺炎病毒研究实验室暂行管理办法》和《传染性非典型肺炎的毒种保存、使用和感染动物模型的暂行管理办法》。

2004年，我国相继颁布了一系列实验室管理条例，为病原微生物实验室的管理打下了坚实的基础。同年5月，国家质检总局和国家标准委正式颁布了《实验室 生物安全通用要求》。同年9月，建设部与国家质检总局又联合发布了《生物安全实验室建设技术规范》。同年11月施行《病原微生物实验室生物安全管理条例》，规定了在病原微生物实验活动中保护实验人员和公众健康的宗旨，从而使我国病原微生物实验室的管理工作步入法治化管理轨道。

为贯彻落实国务院《病原微生物实验室生物安全管理条例》，原卫生部制定了一系列配套文件：《人间传染的病原微生物名录》《高致病性病原微生物菌毒种运输管理规定》《人间传染的病原微生物菌（毒）种保藏机构管理办法》《高致病性病原微生物实验活动生物安全审批管理办法》等。

习 题

一、不定项选择题

1. 基因工程实验中目的基因的来源不包括（　　　）

　　A. 动物　　　　B. 植物　　　　C. 细菌　　　　　　D. 寄生虫　　　　　　E. 朊病毒

2. 经典基因工程实验的基本操作流程不包括（　　　）

　　A. 目的基因的获取

　　B. 目的基因与载体结合连接构建成重组载体分子

　　C. 重组DNA分子导入至受体细胞

　　D. 目的基因阳性克隆的鉴定和表达

　　E. CRISPR-Cas基因编辑

3. 我国对转基因的管理，最早的文件是（　　　）

　　A.《微生物和生物医学实验室生物安全通用准则》

　　B.《传染性非典型肺炎病毒研究实验室暂行管理办法》

　　C.《基因工程安全管理办法》

　　D.《病原微生物实验室生物安全管理条例》

　　E.《高致病性病原微生物菌毒种运输管理规定》

4. 自20世纪中叶以来，生物安全国际保护领域最重要的国际法是（　　　）

　　A.《世界自然宪章》

　　B.《生物多样性公约》

　　C.《国际生物技术安全技术准则》

　　D.《世界贸易组织条约》

　　E.《生物多样性公约卡塔赫纳生物安全议定书》

二、判断题

1. 基因工程实验最突出的特点是可以定向改造生物。（　　　）

2. 基因工程实验只是在科学研究中涉及。（　　　）

3. 将质粒转入大肠菌不是基因工程实验。（　　　）

4. 转基因生物的安全主要需考虑受体宿主的安全性。（　　　）

5. 转基因生物的安全性也需要考虑万一扩散到环境中对环境生物多样性的影响。（　　　）

6. 生物安全国际保护领域最重要的国际法是《生物多样性公约卡塔赫纳生物安全议定书》。
（　　　）

7. 我国最早的关于基因工程方面的法律是 1996 年农业农村部颁布的《农业生物基因工程安全管理实施办法》。（　　　）

8. 转基因生物的安全性主要需考虑导入基因的安全性。（　　　）

9. 美国是《生物多样性公约卡塔赫纳生物安全议定书》的缔约国。（　　　）

10. 中国是《生物多样性公约卡塔赫纳生物安全议定书》的缔约国。（　　　）

答案

一、不定项选择题

1. E　2. E　3. C　4. E

二、判断题

1. √　2. ×　3. ×　4. ×　5. √　6. √　7. ×　8. ×　9. ×　10. √

（汤华民）

第十章　实验动物与动物实验安全知识

实验动物作为"人类生命科学创新的替难者"，在基础研究、新药、医疗技术创新中发挥着极其重要的作用。百余年来，实验动物为生理学、病理学和生物学等众多学科作出了巨大的贡献。历届诺贝尔生理学或医学奖中，使用实验动物的研究成果高达 70% 以上。实验动物不仅是医学、药学及生命科学等学科研究的基础和重要支撑条件，更是被誉为"活的精密仪器"或"活的试剂"。然而，在使用实验动物开展实验的过程中，不当的实验操作有可能造成意外伤害或者病原体感染等严重危害，从而带来一定的生物安全问题。

动物实验安全的危害源主要包括实验动物本身、病原微生物、克隆及转基因动物的潜在生物危害、动物实验操作过程及动物和样本的运输等。因此，认真执行实验动物的采购和检疫流程、严格遵守动物实验操作规程、加强实验动物从业人员的培训、制定动物实验生物安全规范、妥善处理科研过程中产生的动物尸体及废弃物。这些措施不仅有助于保护环境、保障实验人员安全，同时也能维护实验动物福利，有效防止人畜共患病的发生和疫情流行。

本章主要围绕实验动物与动物实验，介绍实验动物引种与繁育、遗传修饰及动物实验相关的一些安全知识。

第一节　实验动物的引种、繁育及使用管理

实验动物是经人工饲养和繁育，对其携带的微生物及寄生虫实行控制，遗传背景明确或来源清楚，被应用于科学研究、教学、生产及其他科学试验的动物。广义的实验动物又称为实验用动物，泛指用于科学实验的各种动物，除了标准化的实验动物，还包括家养动物、经济动物、野生动物、宠物、观赏动物及无脊椎动物。

一、实验动物简述

1. **实验动物的使用情况**　科学研究中，人们通常使用的实验动物种类主要有小鼠、大鼠、仓鼠、豚鼠、兔、犬、小型猪和非人灵长类实验动物等。实验动物是从事教学和科研的主要实验对象，被广泛应用于教学实验、生物医学研究、医药研发、鉴定、诊断和生物制品制造等方面。但实验动物在生产和使用过程中，存在感染、携带病原体的可能以及向环境扩散病原微生物的危险。

2. **实验动物的生物安全**　即对实验动物可能产生的潜在风险或现实危害的防范和控制。由实验动物造成的各种风险和危害，存在于生产和使用实验动物的各个环节，如实验动物的引种、保种、繁育、运输和进出口等。

二、实验动物的引种安全

1. 引种要求 实验动物种子来源于国家实验动物种子中心,要求遗传背景清楚,质量符合国家标准。1998 年,我国建立了国家啮齿类实验动物种子中心,并发布了《国家实验动物种子中心管理办法》《国家啮齿类实验动物种子中心引种、供种实施细则》。因此,有实验动物生产与使用许可证的企事业单位、高校及科研院所,实验动物引种应依据上述文件规定办法,向国家实验动物种子中心申请办理引种。从国外引进或国内自行培育的品种、品系,须经省(区、市)科委报国家啮齿类实验动物种子中心审批备案。

对于作为繁殖用原种的近交系和封闭群小鼠,要求遗传背景明确、来源清楚、具备较完整的资料,如品系名称、近交代数、基因特点及主要生物学特征等。近交系引种动物必须来自近交系的基础群,一般引种不少于 3 对。封闭群动物的引种数目一般不能少于 25 对。

2. 运输及接收要求 以无特定病原体级别的实验动物为例,在运输过程中,须保证实验动物使用无菌包装盒运输,运输过程中不得私自拆包,并确保运输盒无破损同时提交相应备案材料。从国外进口实验动物,必须按照《进境动植物检疫审批管理办法》的相关规定执行,不得从疫区引进动物。同时,需要提交英文版的《动物健康报告》《动物品系性别数量证明》和国内《海关报关单》复印件等材料。从国内其他单位引进实验动物,必须附有饲养单位签发的质量合格证书和实验动物生产许可证复印件、动物质量合格证书原件及动物检疫合格证明原件。引进野生动物应遵守《中华人民共和国野生动物保护法》,由引进单位在原地检疫,确认无人畜共患病并取得当地卫生防疫部门的证明后方可实施。引进的实验动物验收合格后进行消毒传递,全部种源动物必须在屏障环境区隔离检疫室进行饲养管理。

3. 隔离检疫 为确保新引进的种用动物不带病原体,必须经过隔离检疫。检疫的步骤与时间,视各个设施的需求而有所不同,一般包括如下步骤。

(1)动物引进屏障设施前,一般应在检疫室观察 10 ~ 14 天,观察时间长短,视动物情况与动物来源而定。对于从国外进口的小鼠,需要在隔离设施隔离检疫 30 天。

(2)动物引进第一天应由动物房兽医师进行检查,肉眼检查体表被毛和皮肤,可用显微镜检查有无皮炎、外寄生虫或真菌感染。采取新鲜粪便进行细菌培养及寄生虫检查。

(3)从同一批引进的动物群中随机挑选 3 ~ 5 只动物,按照相应微生物控制级别进行病理解剖及微生物检测,确保符合微生物等级之后再入群饲养。

(4)新引进的实验动物,若发生死亡或呈濒死状态,应进行病理解剖,初步判定动物死亡原因。必要时进行病毒抗体测定及细菌分离等病原体检测工作。解剖实验动物时,必须做好个人安全防护,须穿戴好个人防护用品,如防护服、手套、鞋、口罩和防护眼镜等。解剖过程中须谨慎操作,防止锐器划伤。如发现新引进的实验动物由于患病死亡,应当及时查明原因,妥善处理,并记录在案。

三、实验动物的繁育及使用安全

1. 实验动物许可管理 实验动物的饲养繁育场所应有资质证书。我国实行实验动物许可制度,包括实验动物生产许可证和实验动物使用许可证。实验动物使用许可证适用于实验动物及相关产品进行科学研究的组织和个人。使用的实验动物须来自有实验动物许可证的单位,且所采购的实验动物具有合格证明,品系应清楚。实验动物生产和使用许可证有效期为五年,期满须重新审核办理。实验动物生产和使用许可证不得转借、转让、出租给外单位使用或者超许可证范围使用。如果出现上述情况,科技厅主管部门将暂扣许可证,责令限期整改;情节严重或逾期不改,吊销实验动物生产、使用许可证。未取得实验动物使用许可证的单位,利用实验动物进行动物实验研究、生产药品和生物制品等,一律视为不合格。同时,实验动物的饲养环境和设施、饲料等需要符合国家标准。

2. 实验动物的饲育管理　实验动物饲育室应有科学的管理制度和严格的操作规程。实验动物必须按照不同的来源,不同的品种、品系和不同的实验目的,分开饲养。饲养过程所使用的饲料、垫料、笼器具、饮水等应符合国家标准和相关要求。基因修饰动物饲育、研究和应用等工作,必须严格遵照国家科学技术委员会颁布的《基因工程安全管理办法》等有关规定。凡用于病原体、化学有毒物质或放射性实验的实验动物,必须按照生物安全登记和国家相关规定进行饲养和管理。

3. 实验动物的使用要求　动物实验必须在具有实验动物使用许可证的场所进行。实验动物必须有动物供应部门提供的《实验动物质量合格证明》。严禁从无《实验动物质量合格证明》的单位或从农贸市场购买动物作为实验动物。不同品种、不同等级和互有干扰的实验动物,不得在同一实验间进行饲养。不得将普通级动物带进屏障环境进行实验,如将实验动物带离屏障环境进行实验后,不得再带回屏障环境中饲养和进行实验。

4. 动物实验的安全防护　动物实验操作过程中,实验人员应树立安全意识和自我保护意识,做好个人防护。穿戴好工作衣、帽、口罩、手套等防护装备,减少与动物直接接触的机会。严格按标准操作规程进行操作,勤洗手。离开工作区前务必彻底清洗手、脸和颈部。操作时尽量避免接触裸露皮肤,如擦脸、挠发等,保持动物笼舍及工作区的清洁卫生。动物实验结束后,实验动物的尸体、组织及感染性排泄物(包括垫料),必须放置在指定存放室,交由有资质的公司回收进行无害化处理。严禁将这些废弃物混入生活垃圾处理。

四、实验动物的抓取与安全防护

实验动物的抓取是动物实验操作的基本技术,是保证动物实验顺利进行和获得真实可信的实验数据的重要保证。实验动物的抓取原则是保证实验人员的安全,防止实验动物意外性损伤。在进行动物实验时,为了保证动物的正常状态,正确观察和记录动物的行为,防止实验人员被动物咬伤,实验人员必须根据实验类型穿戴相应的个人防护用品,采用正确的抓取方法。此外,实验人员应关爱动物,严禁对动物采取突然、粗暴的动作,抓取部位应最大限度地减轻动物痛苦,尤其不能抓取耳、胡须等敏感部位。抓取动作力求准确、迅速、熟练,在实验动物感到不安前完成抓取。

1. 蛙类的抓取　蛙类皮肤比较湿滑,抓取时可先在其体部包一层湿布,用左手将其背部紧贴手掌固定。右手将其后肢拉直,并用左手无名指、小指和手掌夹住后肢,同时左手拇指将蛙类的脊柱压住,示指压其上颌,中指与无名指夹住蛙类前肢,完成抓取与固定。

2. 小鼠的抓取　小鼠性情比较温和,一般不会主动攻击或咬人,但抓取不当也易被其咬伤。抓取时佩戴手套,操作力度适中,避免用力过度造成小鼠窒息或用力过小使小鼠头部翻转咬伤操作者。可采用双手法或单手法进行抓取。

（1）双手法:用右手的拇指和示指提起小鼠尾部后 1/3,放在粗糙面或者笼盖上。在小鼠试图向前爬行时,用左手的拇指与示指捏住双耳及中间头颈背部的皮肤,而后将小鼠翻转置于左手掌心,再用右手拉住小鼠尾部,用左手无名指和小指夹住小鼠背部和尾部,使小鼠头部不能自由转动,背部呈一条直线。

（2）单手法：只用左手，先用拇指和示指捏住小鼠尾巴中部，用另外三个手指夹住小鼠的尾巴根部握入手掌，同时用示指和拇指捏住小鼠双耳及中间头颈背部的皮肤，完成抓取。

3. **大鼠的抓取** 大鼠牙齿锋利、咬合力强且激惹易怒，捉拿时要特别提防被其咬伤。因此在捉拿时，应佩戴帆布或硬皮质手套，不可抓取大鼠尾尖，也不能让大鼠长时间悬在空中，否则易激怒大鼠，且造成大鼠尾部皮肤脱落。正确的抓取方法是先用右手抓住鼠尾中部并提起，迅速放在粗糙面上。用左手虎口打开将大鼠压住，左手示指置于大鼠左前肢，中指置于左前肢后，拇指置于右前肢后，将头部和上肢固定在手中，再用手掌和其余手指将大鼠上半身背腹部握住。用力不宜过大，切勿紧捏大鼠颈部以免造成大鼠窒息死亡。

4. **豚鼠的抓取** 豚鼠性情温顺，胆小易惊，捉拿时要快、准、稳。用手掌轻轻扣住豚鼠背部，抓住其肩胛上方，以拇指和示指形成开环状自腋下固定豚鼠头部，使其两前肢夹在头与实验人员拇指和示指之间，其余三指握住整个胸腹部，另一只手托住其臀部。不可用力过大，否则易造成豚鼠窒息、肝脏破裂、脾脏淤血等，引起豚鼠死亡。

5. **家兔的抓取** 家兔性情较为温顺，一般不会咬人，但其脚爪尖锐，要特别注意避免家兔在挣扎时被其抓伤。捉拿时，轻轻打开兔笼门，不要使其受到惊吓。手伸入兔笼，从头前阻拦其跑动，然后一只手抓住家兔颈背部皮肤，将家兔提起。另一只手托住其臀部使家兔坐卧在另一只手臂上，注意用工作服和手套将该手臂全部遮住，以避免被家兔抓伤。注意切勿通过抓兔子双耳将其提起，以免家兔过度挣扎损伤耳根部的毛细血管或耳软骨。也不可强拉家兔的某一肢体，否则易被家兔抓伤的同时还容易造成家兔颈椎和肾的损伤。

6. **犬的抓取** 犬是较高等的动物，熟则驯服合作，生则凶悍咬人。捉拿时用特制的钳式长柄夹夹住犬颈部，套上脖套和铁链。用绷带或者布条将犬嘴捆住，先在犬的上颌处打一个结，再绕回到下颌处打第二个结，最后将布带引至犬的后颈部打第三个结，也可使用网口将口套住。

五、实验动物的伦理与福利问题

1. **实验动物伦理与福利概况** 实验动物伦理是人类对待实验动物和开展动物实验应遵守的社会道德标准和原则理念，总原则是尊重生命、合理利用、仁慈对待。实验动物福利包括生理福利、环境福利、卫生福利、行为福利和心理福利。当实验动物的这些福利遭受侵害时，动物便可能表现出不同程度的应激反应，严重者会表现出躯体的不适与疼痛，以及精神上的痛苦。迄今，全世界已经有100多个国家或地区制定了禁止虐待动物法或动物福利法，部分国际组织也通过立法来规范其成员国。

目前，美国和许多国家依据《实验动物管理及使用指南》（ *Guide for the care and use of laboratory animals* ）来管理实验动物和动物实验。我国科技部发布的《关于善待实验动物的指导性意见》对实验动物在饲养过程、运输过程及应用过程中的各项福利作出了详细规定，是目前我国监管实验动物福利的行政依据。2018年，全国实验动物标准化技术委员会组织起草并经国家标准委发布了国家标准《实验动物 福利伦理审查指南》。根据该标准，2021年中国实验动物学会发布了团体标准《实验动物 福利伦理工作委员会工作指南》为实验动物福利伦理管理工作制定了详细的指南和操作规程。

2. **实验动物伦理与福利的要求** 在进行动物实验设计时应严格遵循"5F"（5 freedom）理论和"3R"原则。"5F"理论是动物福利的核心理论，主要包括享受不受饥渴的自由，享受生活舒适的自由，享受不受痛苦伤害和疾病威胁的自由，享受生活无恐惧和悲伤感的自由，享受表达天性的自由。"3R"原则，即替代（replacement）、减少（reduction）和优化（refinement）。使用实验动物进行动物实验时，应善待动物,避免对实验动物造成不必要的伤害,严禁虐待实验动物。手术时进行必要的无痛麻醉,术后精心看护,实验结束后或达到仁慈终点时,应对动物实行安乐死。

3. 实验动物伦理与福利的审查

(1)审查依据:生物医学研究中有70%以上的科研项目涉及动物实验,对涉及的动物实验部分进行伦理学审查已经成为一种制度。未经伦理审查的科研项目不准立项,学术论文不能发表;未经伦理审查的新技术不能使用和交易;未经伦理审查的人体实验不能开展;未经伦理审查的新药不能进入临床试验。国内外众多生物医学期刊对含有动物实验的论文发表都要求伦理审查。我国颁布的《关于善待实验动物的指导性意见》和《实验动物 福利伦理审查指南》中明确规定了实验动物的福利要求和伦理审查内容。

(2)审查机构:依据国内外相关实验动物福利的法律法规、规章和制度,实验动物生产单位、使用单位应成立实验动物管理和使用委员会(Institutional Animal Care and Use Committee, IACUC)或实验动物福利伦理委员会,负责本单位有关实验动物福利伦理审查和监督管理工作。IACUC 由实验动物专家、医师、实验动物管理人员、使用动物的科研人员、公众代表等不同方面的人员组成。每半年对实验动物从业单位的管理规范和执行情况进行检查,包括对项目的事前审查、实施过程中监督检查和项目结束时的终结审查;对违法违规现象进行调查,以保证本单位的实验动物设施符合要求;从业人员得到必要的专业培训;动物实验方案的设计遵循"3R"原则。任何涉及实验动物的科研项目必须通过 IACUC 或实验动物福利伦理委员会的审批才能进行动物实验(图10-1),且在实验过程中不得私自改变动物实验方案。

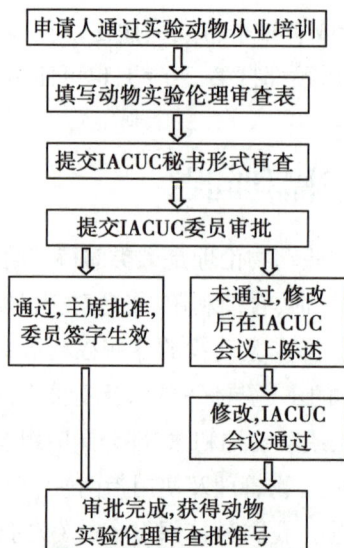

图 10-1　IACUC 审批流程图

(3)审查内容:IACUC 或实验动物福利伦理委员会受理申请之后,将对实验动物饲养和使用有关的项目建议书、实施方案、动物实验新技术、项目实施情况和项目验收等涉及福利伦理内容进行严格审查。主要包括以下几点内容。

1)审查研究者课题的设计内容应符合本单位动物设施环境条件的安全要求。涉及生物安全性的动物实验,如高危化学类实验、放射性同位素类实验、感染类病原微生物实验等必须在得到管理部门的认可后在一级动物生物安全实验室(animal biosafety level-1, ABSL-1)以上的生物安全实验室内进行。

2）审查研究者在实验设计中研究是否必须使用实验动物、是否体现了动物保护原则（包括实验的必要性、是否具备替代性等）、福利原则（包括按照标准程序运输、建立生活环境、进行实验等）和伦理原则（包括减少应激、痛苦和伤害，以及采用伤害最小的方法等）。

3）审查研究者进行动物实验研究所取得的资格。要求主持及参与动物实验的人员接受动物实验专业培训，并达到相应的专业等级。

4）审查动物实验目的、方法和条件。具体审查实验动物的来源、品种品系、等级、规格、性别、数量等是否为该科学研究的最佳选择，动物的分组、日常饲养管理、动物实验处理、观察指标的选择、观察终点的确定等是否合理。

5）审查实验方案能否进一步优化、各项保障实验动物福利的措施能否落实到位，如动物镇静、镇痛和麻醉措施，术后护理和观察，仁慈终点选择及安乐死操作等。

（4）监督检查：IACUC 或实验动物福利伦理委员会对已经批准、正在执行的动物实验方案具有跟踪监督管理的责任和权利。跟踪审查的内容包括：现场检查是否遵循实验方案和相关规范；动物实验过程中可能出现偏差或不良事件；听取研究进展报告；接到举报之后的现场取证；项目结束时的终结审查等。

第二节 遗传修饰小鼠的安全知识

遗传修饰小鼠是以分子生物学、胚胎学及实验动物学等多学科为基础，通过基因工程技术和胚胎工程技术改造过基因的小鼠，也被称为"遗传工程小鼠"。从基因表达结果来看，可分为"功能获得"的转基因或基因敲入小鼠及"功能丧失"的基因敲除或敲低小鼠。

一、遗传修饰小鼠概述

遗传修饰小鼠在医药研究领域有着广泛的应用。首先，遗传修饰小鼠是研究基因功能的主要动物模型，小鼠的基因组计划已经完成测序，发现人类 99% 的基因存在于小鼠，而且同源性高达 78.5%，基因组 93% 的区域基因排列顺序与人类相同。其次，由于小鼠的组织器官结构、细胞功能和人类相似，基因修饰小鼠不仅成为研究人类疾病机制的常用工具，也是药物筛选和疗效评估的一个有效的工具。近年来，随着药物临床前动物实验需求的不断多样化，基于遗传改变的人源化小鼠应运而生；而导入人抗体基因簇的人源化抗体基因小鼠，更是在筛选治疗性人源化抗体药物中发挥着巨大作用。常见基因工程小鼠如表 10-1 所示。

表 10-1 常见基因工程小鼠一览表

目的	具体分类	特征	技术选择
全身性基因敲除	knockout（KO）	全身性的目的基因片段直接敲除	ESC 打靶，CRISPR/Cas9
条件性基因敲除	conditional knockout（CKO）	与 Cre 工具小鼠交配后，能实现组织特异性敲除	ESC 打靶，CRISPR/Cas9
多用途条件基因敲除	KO-first	与 Cre 工具小鼠交配可获得表达报告基因及基因敲除小鼠；与 Flp 小鼠交配可得到常规的 Flox 小鼠	ESC 打靶，CRISPR/Cas9

目的	具体分类	特征	技术选择
基因敲入	constitutive mutation	点突变	全身性的基因突变
条件性点突变	conditional mutation	与 Cre 小鼠交配后，能实现特异组织的基因突变	ESC 打靶，CRISPR/Cas9
敲入同时敲除	Knock in	敲入基因表达，内源性基因不表达	ESC 打靶，CRISPR/Cas9
共表达	co-expression	敲入基因和内源性基因同时表达	ESC 打靶，CRISPR/Cas9
人源化	humanization	将动物基因部分或全部换成人源基因	ESC 打靶，CRISPR/Cas9
基因过表达	Gene overexpression	随机插入转基因	外源基因随机整合到动物基因组
转座子介导转基因	Piggy BAC transgenesis	外源基因整合到动物基因组的转座酶识别位点	Piggybac 转基因技术
定点过表达	site-specific knockin	外源基因精确整合到 Rosa26/H11 基因内	ESC 打靶，CRISPR/Cas9

注：ESC 指胚胎干细胞（embryonic stem cell, ESC）。

二、遗传修饰小鼠制备的常用技术

基因敲除小鼠技术是指通过基因工程的方法使小鼠体内某种基因功能缺失的生物技术。制作基因敲除小鼠主要有两种方法：基因打靶和基因捕获。基因打靶技术基于胚胎干细胞（ESC）的成功培养和体外同源重组，在研究基因敲除引起小鼠基因组中功能丧失及突变方面较为常用。作为基因靶向技术的替代方法，基因捕获技术是一种高通量随机突变的技术，通过诱捕可以在短时间内制作大量基因敲除小鼠。

条件基因敲除技术是指在小鼠发育的特定阶段或特定细胞组织类型中将目的基因进行敲除的技术。最常用的为基于 Cre/loxP 系统的条件性敲除小鼠，通过重组酶 Cre 对靶位点进行特异性重组，可以对小鼠的基因组修饰进行时间和空间特异性的调控。Cre/loxP 系统已成为生物遗传操作的有力工具，几乎所有感兴趣的 DNA 序列都可以使用两端插入 loxP 位点的方式来删除。对于条件位点特异性的基因组修饰通常需要两种小鼠：第一种是在目的 DNA 序列的侧翼分别插入 loxP 位点的小鼠即 Flox 小鼠。第二种是 Cre 重组酶转基因小鼠，Cre 重组酶在启动子的控制下瞬时表达，这些启动子仅在特定细胞类型或组织中有表达活性，或在细胞及组织的特定发育阶段具有活性。当使用 Cre 转基因小鼠与 Flox 小鼠交配时，插入 Flox 的 DNA 序列在表达 Cre 的特定细胞类型或组织中被删除。另一种重组系统是酵母 FLP/FLP 识别靶标（FLP recombination target, FRT），其机制与 Cre/loxP 重组系统类似，可以作为 Cre/loxP 的替代工具。

CRISPR/Cas9 系统由 CRISPR 基因和 Cas9 核酸内切酶组成，目前发现 CRISPR/Cas 有 6 种（Ⅰ～Ⅵ）类型，其中Ⅱ型由 3 种成分组成：靶特异性 CRISPR 衍生 RNA（crRNA）、靶独立反式激活 RNA（tracrRNA）和 Cas9 核酸酶，其广泛应用于基因工程中。CRISPR/Cas9 技术编辑胚胎基因组主要包括 3 个步骤：①从超排卵的雌性中分离受精卵；②将 sgRNA 和 Cas9 mRNA 递送到受精卵中；③随后将胚胎转移到假孕动物中以产生 F_0 代。

其他基因敲除方法：①锌指核酸酶（zinc finger nuclease，ZFN）技术，优点是非常迅速，整个过程仅需要几个月；对所有菌株中都有效；不会导致外源 DNA 的掺入；缺点是存在脱靶效应。②转录激活因子样效应核酸酶（transcription activator-like effector nuclease，TALEN）技术，优点是操作的便捷性及较高的基因靶向特异性，缺点是存在脱靶效应。

三、遗传修饰小鼠潜在的安全问题

基因修饰技术可以在很大程度上促进医学、农业生产、药物研究的快速发展。现代生物技术可以在不相关的生物物种（包括植物、动物和微生物）之间转移遗传物质，可以指定要转移的基因，甚至可以做到突变实验动物的任何基因、大的 DNA 序列（包括染色体的倒位和异位），甚至突变实验动物的一个碱基，所有这些都可能导致新型实验动物的产生。在实验动物科学研究中应用基因工程对 DNA 进行体外操作，添加或删除一个特殊的 DNA 序列，然后导入早期的胚胎细胞中，产生遗传结构得以修饰的动物。目前利用基因修饰技术已建立了许多理想的人类疾病动物模型。但是，在生态方面，如果基因修饰动物的外源基因向野生群转移，便可能污染到整个种质资源基因库。因此，为了防止基因修饰动物和正常野生群动物交配，从而防止发生基因污染，生物学家们已广泛重视并采取了一系列相应的措施。一般说来，包括表达病毒受体的转基因动物，通常不会感染该种系病毒。如表达脊髓灰质炎病毒受体的转基因小鼠，通过人工接种病毒，可以产生病毒感染，并产生和临床类似的组织病理学改变。但该模型和人类疾病不同，如果从口腔感染该病毒，病毒在小鼠肠道内复制不充分或没有复制。如果这种动物到野外，一般不会成为脊髓灰质炎病毒的新宿主。因此，对于一种新的转基因动物，应当深入研究，以确定其安全性。

鉴于此，对于基因修饰动物有关的工作需要进行危险度评估，主要考虑其插入基因的危害及对工作人员的威胁，考虑插入基因是否会产生毒性、致病性、致敏性和抗生素抗性等；对于操作者，需要考虑其是否为易感宿主、对实验室工作人员是否有危害、是否有传播可能、是否有治疗方法等。危险度评估是一种动态发展的工作，必须结合最新进展，进行适当评估，保证基因修饰动物的安全应用。

四、制备遗传修饰小鼠的注意事项

（一）从业人员的资质与培训

1. 培训内容　①基因编辑技术原理：如 ESC 打靶、CRISPR/Cas9、TALEN、ZFN 等常用的基因编辑技术的原理和工作机制。②实验操作方法：详细介绍基因编辑实验的操作步骤，包括设计 sgRNA 或引物、细胞转染或注射、筛选阳性克隆等。③安全注意事项：强调实验过程中的安全操作规范，包括个人防护装备的正确佩戴、生物安全柜的正确使用、废弃物处理的规范等。④应急处理措施：针对可能发生的实验事故或意外，培训人员如何快速、有效地应对和处理，包括生物泄漏、化学品泼溅等情况。

2. 培训形式　①课堂培训：通过讲座、研讨会等形式，向实验人员介绍相关知识和操作技巧。②实践操作：提供实验操作的实践机会，让实验人员亲自动手进行基因编辑实验，并在导师或专业人员的指导下逐步提升操作技能。③在线培训：提供在线视频教程、电子书籍等资源，供实验人员自主学习和提高。

3. 资质要求　①学历背景：通常要求实验人员具有相关领域（如生物学、生物技术、遗传学等）

的本科或以上学历。②相关经验:优先考虑具有相关实验室工作经验或基因编辑实验经验的人员。③证书资质:可以考虑参加相关的培训课程并通过相应的考试,取得相关的证书资质,如实验室安全管理证书、基因编辑技术培训证书等。④持续培训和评估:实验人员需要定期接受持续的培训和学习,以跟进最新的技术和安全标准。实验室应定期对实验人员的技能和知识进行评估,确保其符合实验要求并且能够安全操作。

(二)实验室条件

1. **生物安全柜**　实验室应该配备适当类型和等级的生物安全柜,以提供对实验操作的物理隔离和生物安全性保护。

2. **消毒设备**　实验室必须配备适当的消毒设备,用于对实验器具、培养物、废弃物等进行消毒处理。消毒设备的选择应考虑对目标物的适用性、消毒效果和安全性。

3. **废弃物处理系统**　废弃物处理系统应设有合适的容器和设施,用于安全收集、存储和处理实验产生的废弃物。

4. **实验室操作规程和培训**　实验室应建立完善的操作规程,包括实验操作流程、安全操作指南、应急措施等,并对实验人员进行培训。

5. **个人防护装备**　实验人员在进行实验操作时,应佩戴适当的个人防护装备,如实验服、手套、护目镜、口罩等,以保护自身安全。根据实验性质和要求,可能需要额外的个人防护装备,如防护靴、防护面罩等。

6. **安全标志和紧急设施**　实验室内应设置明显的安全标志,包括应急出口、紧急停止按钮、紧急淋浴和眼部冲洗设施等,以便在紧急情况下迅速采取措施。定期检查和维护这些紧急设施,确保其正常运作。

7. **定期审查和更新**　实验室安全条件应定期进行审查和评估,发现问题及时进行整改和更新,以保持实验室环境的安全性和洁净度。

8. **动物设施与许可证**　拥有配套动物设施,并取得相应级别的使用许可证。

(三)个人防护装备

1. **实验服**　实验人员应穿戴专用的实验服,确保全身覆盖,避免直接接触实验物质。实验服应选择合适的材质,能够提供足够的防护,如防水、防化学物质渗透等。实验服应定期更换和清洁,以保持其防护性能。

2. **手套**　实验人员在进行基因编辑实验时,应佩戴耐化学腐蚀的手套,以防与有害物质接触。手套的材质应选用与实验操作相匹配的耐化学物质材料,如乳胶、丁腈、氯丁等。手套应选用合适的尺寸,确保穿戴舒适并且紧密贴合手部皮肤,避免因手套松动而导致污染。

3. **护目镜**　实验人员应佩戴符合标准的护目镜,以防实验操作中的飞溅物或化学物质对眼造成伤害。护目镜应具备足够的防护性能,能够阻挡化学物质和固体颗粒的侵入。在进行操作时,护目镜应保持清洁和透明,以确保实验人员能够清晰地看到操作过程。

4. **口罩(根据需要)**　如果实验操作中存在粉尘、气溶胶或挥发性有机物等可能对呼吸系统造成危害的因素,实验人员应佩戴口罩。口罩的选择应根据实验操作的具体要求和风险评估进行,可以选择一次性口罩或者防毒面具等。

5. **其他防护装备**　根据实验操作的特点和风险评估的结果,可能需要额外的防护装备,如防护靴、防护面罩、防护围裙等。

（四）生物安全等级

1. **评估实验所涉及的基因编辑技术和材料**　首先，对实验所使用的基因编辑技术进行评估，不同的基因编辑技术可能存在不同的生物安全风险。其次，评估实验所使用的材料，这些材料可能携带有害基因、毒性基因或传染性基因等。

2. **确定适当的生物安全等级**　根据对基因编辑技术和材料的评估结果，确定适当的生物安全等级（参见第九章）。如果实验中涉及对人类或动物病原体的基因编辑，可能需要更高级别的生物安全等级。

3. **遵守相应的操作规程和安全标准**　根据确定的生物安全等级，制定相应的操作规程和安全标准，包括实验室设施要求、个人防护装备要求、操作流程、废弃物处理等内容。实验人员必须严格遵守，确保实验操作在安全环境中进行，避免对人员、实验室和环境造成危害。

4. **定期审查和更新**　生物安全等级的评估和确定应定期进行审查和更新，特别是在实验技术或材料发生变化、新的风险被发现时。实验室负责人和安全管理人员应定期对实验室的生物安全措施进行审查和评估，确保其符合最新的安全标准和法规要求。

（五）标识与储存

1. **标识**　每个遗传修饰小鼠或相关生物样品都应具有唯一的标识符，如编号、条形码或标签。标识符应清晰、易读，并能够长期保持不褪色或模糊，以确保识别的准确性。标识符还应包括相关信息，如样品来源、基因编辑类型、基因型、存储日期等重要信息，有助于后续追溯和管理。

2. **储存容器**　遗传修饰小鼠的相关生物样品应储存在符合要求的容器中，如标有规格、耐受性和防漏性的冻存管、培养皿或移液管等。储存容器应具有密封性，防止样品受到空气、水分或污染物的污染和损害。

3. **储存条件**　遗传修饰小鼠的相关生物样品应按照适当的储存条件进行保存，包括温度、湿度和光照等因素。通常情况下，冻存小鼠胚胎、精子、细胞系等样品时，应将其储存在低温设备中（通常为液氮），以防止样品降解和失活。

4. **存储位置**　根据标识符信息，将遗传修饰小鼠的相关生物样品存放在指定的存储位置，如冷冻库、液氮罐等设备中。存储位置应定期清理和维护，确保温度和湿度稳定，并避免与其他可能造成污染的物质接触。

5. **活体动物保存**　遗传修饰小鼠必须饲养在无特定病原体（specific pathogen free，SPF）级实验动物房内，并做好笼具的标记及严格的交配记录。还应做好基因型鉴定，防止不同品系遗传修饰小鼠之间的无序交配。同时必须具备防止遗传修饰小鼠逃逸的设施。

6. **记录和管理**　建立完整的样品管理系统，记录每个样品的标识符信息、存储位置、存储条件、存储期限等相关信息。实验室应制订相应的管理程序，包括样品的入库、出库、转移、丢失或损坏等情况的记录和处理。

（六）事故处理

1. **紧急通知和报告**　任何发生实验事故、生物泄漏或意外暴露的情况，应立即向实验室负责人或安全管理人员报告。实验室负责人应立即通知相关部门，如实验室安全部门、医务室等，并根据情况通知上级主管部门或应急救援机构。

2. **人员安全**　在发生事故时，首要考虑的是保障实验人员的安全。受伤人员应立即接受急救，并转移到安全地点。如有必要,应立即撤离实验室并封锁相关区域,防止事故蔓延。

3. **污染控制** 针对生物泄漏或意外暴露情况,应立即采取措施控制污染源,如使用吸收材料吸收泄漏物、封锁泄漏区域等。对于可能造成环境污染的情况,应采取措施限制物质扩散,并在可能的情况下通知相关环保部门协助清理。

4. **应急处置** 根据具体情况制定应急处置方案,采取相应的措施,如紧急冲洗、吸入给氧、药物治疗等,以减轻或消除伤害。如涉及化学物质泄漏或接触,应根据材料安全数据表提供的信息进行应急处置,如中和、稀释或清除。

5. **事故调查和记录** 发生事故后,应立即展开调查,确定事故原因和责任,并做好记录。调查结果应用于改进实验室管理和操作规程,以免类似事故再次发生。

6. **危险废物处理** 对于涉及的危险废物,如受污染的实验器具、吸收材料等,应按照相关法规要求进行分类、包装和处置。

7. **培训和演练** 定期对实验室人员进行应急处置培训和演练,以提高他们应对突发事件的能力和应变能力。

(七)伦理审查

动物伦理审查是开展动物实验的必要环节,也是保障动物福利的有效手段。本章第一节详细介绍了实验动物伦理与福利的概况、要求及审查。故本部分侧重介绍遗传修饰小鼠伦理审查的范围、评估和审查后结果的备案等。

1. **审查范围** 伦理审查委员会应审查研究项目的研究设计、动物使用计划、实验目的、预期结果等内容,以评估实验对动物福利和社会影响的潜在风险。审查还应包括对实验所涉及的基因编辑技术和相关技术的伦理考量,如基因修改的可能影响、动物遭受的潜在痛苦等。

2. **审查内容** ①动物福利评估:伦理审查委员会应评估实验对参与实验的小鼠个体的福利是否受到保护,包括生理和心理方面的影响。应考虑的因素包括实验过程中可能产生的疼痛、痛苦或不适及适当的饲养环境、饲养条件等。②社会影响评估:伦理审查委员会还应评估实验可能对社会、环境或其他相关利益方的影响,包括潜在的道德、社会、文化和环境影响等。应考虑遗传修饰小鼠实验可能带来的道德争议、公众关注度、社会接受度等因素。③合规性评估:伦理审查委员会应评估实验项目是否符合相关的伦理标准和法律法规,包括动物实验伦理准则、动物福利法规等。

3. **审查结果和建议** 伦理审查委员会应根据审查结果提出审查意见和建议,包括对实验设计的改进或调整建议、对可能存在的伦理问题的警示、对动物福利的保障措施等。

4. **审查记录和报告** 伦理审查委员会应将审查过程、意见和建议记录在案,并向相关主管部门和研究人员提供审查报告。

(八)信息共享与透明度

1. **实验设计和方法的公开** 实验设计和方法应尽可能详细地记录并公开,包括基因编辑技术的选择、小鼠品系的选取、实验操作步骤、样本处理方法等。实验设计和方法的公开可以通过科研论文、研究报告、实验室网站、科学会议演示等方式进行。

2. **实验数据的共享** 实验数据应及时进行共享,包括原始数据、结果数据、图表、统计分析等。可以通过科研论文的附录、科学数据共享平台、科学社交网络等途径共享实验数据。

3. **结果的公开和发表** 实验结果应尽早公开和发表,以便其他研究人员能够及时了解和使用。结果的发表可以通过科研论文、科学期刊、会议报告等方式进行。

4. **质量控制和标准化** 实验数据应符合一定的质量控制标准,以确保数据的准确性和可靠性。标准化实验方法有助于不同实验室之间的结果比较和复制,促进数据的一致性和可重复性。

5. **合作研究和资源共享** 鼓励合作研究和资源共享,可以加快科研进展,减少资源浪费。可以通过建立合作研究项目、共享实验设备、共享实验动物品系等方式进行资源共享。

6. **公开评审和审查** 对实验设计、方法和结果进行公开评审和审查,可以帮助发现潜在的问题和改进方案,从而提高研究的质量和可信度。公开评审和审查可以通过科研论文的同行评审、科学会议的专题讨论等方式进行。

第三节　动物实验生物安全规范

2021 年 4 月 15 日,我国正式颁布实施《中华人民共和国生物安全法》,标志着我国生物安全进入依法治理的新阶段。近年来,实验动物引起的实验室生物安全事件时有发生,给实验人员、环境和公众造成严重影响,时刻提醒人们生物安全风险不容忽视。

一、动物实验生物安全概述

生物安全是指由现代生物技术的开发和应用对生物多样性、生态环境和人体健康所造成的危险或潜在风险。与普通实验生物安全不同,动物实验生物安全除了涉及病原微生物操作,还涵盖动物感染实验的相关操作或感染动物的处理。因此,动物实验室生物安全应从动物实验操作、动物伦理和实验前后动物的处置等多方面进行规范要求。规范的动物实验室生物安全管理和操作体系不仅能够消除传染性动物实验的安全隐患,避免环境污染,也能够保障动物实验的技术规范和动物福利伦理,提高科学研究的严谨性、准确性和可行性。

(一)动物实验生物安全隐患的来源

1. 实验动物是生物医学实验研究的第一要素。在开展动物实验的过程中,如果使用微生物学质量控制不合格的动物,易引入人畜共患病和动物烈性传染病病原,从而造成其他实验动物、实验人员和实验环境的污染,危害人员和动物的安全。特别是,当使用野生动物开展实验研究时,其所携带的潜在病原可能对人类造成致命危害。因此,使用标准化的实验动物可以从源头避免生物安全事件的发生。

2. 实验设施设备是开展动物实验重要的基础支撑,如动物饲养室、笼具、笼架、实验手术器械及检测仪器等。根据实验所涉及的生物因子的危害程度和采取的防护措施情况,实验设施可分为不同的生物安全等级。为了保障实验的顺利开展及实验人员、实验动物和环境的安全,不同的生物安全等级实验室需要配备相应等级的实验设施设备。对实验设施设备的选择或使用不当、设施设备的维护和检查不力等都是导致生物安全危害的重要因素。

3. 实验操作不当可致动物实验生物安全隐患。如不当抓取、固定动物可能导致人员被咬伤、抓伤及动物逃脱,导致病原体扩散。实验废弃物未分类、无害处理,会引发人员伤害及环境污染。

4. 基因安全问题成为当前生物安全领域亟待关注的重要议题。因为随着基因编辑技术的快速发展,借助基因修饰动物开展实验研究已成为主要的研究手段。

（二）动物实验中潜在的生物安全风险

1. **常规操作中的风险**　在动物实验中,对动物的饲养管理(如饲喂、换笼)和实验操作(如抓取、固定、给药、取材)都需要与动物密切接触。因此,可能存在以下风险:操作人员被动物咬伤、抓伤;操作时产生气溶胶、动物的排泄物或分泌物,可能造成操作人员感染或环境污染;动物逃逸;操作人员被利器刺伤引起人员的感染;采集样本时样本的渗漏或洒溅等。

2. **特殊操作中的风险**　实验动物在进行病原微生物接种、解剖操作时,实验人员有可能接触高剂量的病原微生物,若操作不得当便会造成人员的感染及环境的污染。另外,在对感染性实验动物进行影像学检查时,若未做好生物安全风险评估与防护,以及实验结束后对环境和实验设备的消毒,极有可能造成设备器材和环境的污染。

3. **实验废弃物及样本处理中的风险**　动物实验过程中会产生多种废弃物,如动物的排泄物、分泌物、毛发、血液、各种组织样本、动物尸体,以及相关实验器具、废水、废料等。所有废弃物应分类回收并进行无害化处理。

4. **实验结束后清场中的风险**　感染性动物实验结束后,需要对实验仪器、设备、环境进行消毒处理。如果消毒不彻底会造成实验人员感染或污染外界环境,同时,可能会引起环境中长期存在病原,导致后续实验的污染。除此之外,在使用消毒剂进行环境消毒处理时,若对消毒剂使用不当,也可能会造成对实验仪器、设备的损害和影响实验室人员和动物的健康。

二、动物实验的基本原则与生物安全规范

（一）开展动物实验时应遵守的一般原则

1. 实验动物饲养和使用要遵守国家相关法律法规。
2. 明确使用实验动物的理由和目的。
3. 明确实验所使用动物的种类和数量,动物的数量应满足统计学要求。
4. 完善操作规程,避免或减轻因实验对动物造成的不适和痛苦。这包括使用适当的镇静、镇痛或麻醉方法;禁止不必要的重复操作。
5. 严格按程序处理实验后的动物,包括麻醉、镇痛、实验后的护理和安乐死。
6. 实验过程中要求保证实验动物的良好生活条件,包括饲养环境、符合要求的饲料及精心护理等。
7. 研究人员和实验动物操作人员应接受实验动物的基本知识和操作技能等方面的培训。
8. 使用过程中要保证周围环境和实验人员的安全。

（二）动物实验生物安全规范的基本内容及措施

1. 实验动物应从具有实验动物生产许可证的单位购买,并且在动物到达动物实验设施后进行至少1周的隔离检疫。
2. 开展动物实验前,应向具有实验动物使用许可证的单位提交"动物实验申请"和"实验动物福利与伦理审查申请"。获得批准后,在动物设施内指定的区域饲养和实验。
3. 动物实验人员须经过专业培训,取得上岗证,持证上岗。
4. 在实验过程中更换专门的工作服、佩戴帽子、手套、口罩等防护装备,按照实验室要求进入操作

区域。非实验用品（如食物、饮水等）一律不得带入动物实验室。

5. 在动物实验过程中（包括检查、收集标本、给药、治疗或实验操作等），对动物进行抓取、保定和固定应选用正确的方法，使用设计合理的工具，尽量减少限制时间。在限制的过程中，如果动物发生损伤或严重的行为改变，应暂停或禁止限制，并给予处理或治疗。

6. 对动物实施手术操作的过程中，一定要使用适当的镇静、镇痛或麻醉方法。严格按照实验操作规程开展实验，防止发生血液、体液外溅或被刀片、针头刺伤等事件，避免生物污染。

7. 实验结束后的动物、标本及所使用的材料等必须按规定程序妥善处理。

8. 含有感染性实验材料的动物实验应在生物安全柜内进行，并在使用结束后及时清洁消毒。所有实验废弃物、动物尸体、动物笼具等，均需消毒灭菌处理后方可拿出实验室。

（三）各级动物生物安全实验室的生物安全规范要求

动物实验生物安全规范的实施须依据研究工作所涉及的生物安全等级。在不同的动物生物安全等级（animal biosafety level, ABSL）实验室内开展动物实验须遵守其特定的生物安全规范要求。根据所研究病原微生物的危害程度强弱，动物生物安全实验室可划分为 ABSL-1、ABSL-2、ABSL-3 和 ABSL-4（表 10-2）。

表 10-2　不同等级动物生物安全实验室比较

安全等级实验室	研究所涉及的生物因子	操作规范基本要求	所配备屏障及安全设备
ABSL-1	对人体和环境危害较低，不会引发健康成人疾病的实验	对动物实施标准化饲养管理及监测	穿戴专门的实验服、帽子、手套等
ABSL-2	病原体可经由皮肤损伤、消化道、黏膜感染，引起人类疾病	在 ABSL-1 基础上另加以下要求：限制无关人员进入；张贴"生物危险"警告标志；制定安全手册；所有感染性废物及笼具需消毒后再清洗	在 ABSL-1 基础上另加以下要求：配备生物安全柜、物理阻隔装置及其他个人防护物品；配备高压消毒设备；配备洗手槽
ABSL-3	能够通过呼吸道使人传染严重的甚至是致死疾病的致病因子	在 ABSL-2 基础上另加以下要求：离开实验室前对实验服进行消毒	在 ABSL-2 基础上另加以下要求：负压通风，配备Ⅱ级或Ⅲ级生物安全柜；有传染性动物的室内应戴模压面罩或防毒面具
ABSL-4	对人有高度危险性，通过气溶胶途径传播或传播途径不明的、尚无预防治疗措施的致病因子	在 ABSL-3 基础上另加以下要求：人员必须脱下全部日常服，穿戴特殊防护服；离开设施前，必须脱下防护服进行消毒、淋浴；所有废物必须消毒后再处理	在 ABSL-3 基础上另加以下要求：配备Ⅲ级生物安全柜；有专用的供气、排气、真空和消毒系统

1. **一级动物生物安全（ABSL-1）实验室**　实验室与建筑物中的一般通道无须隔开，实验过程中无需专门的防护设备。生物安全规范如下。

（1）实验人员须经实验室负责人批准后，方可进入实验室开展实验工作，其他人员未经批准不得进入实验室。

（2）须告知进入实验室人员潜在危害，符合特定要求人员方能由负责人批准进入。并且实验室要制定生物安全手册，供需要进入的工作人员阅读并按程序执行。

（3）进入实验区域应穿专门的实验服，并且实验室工作服不能穿到其他区域。

（4）在实验区内禁止饮食、吸烟、处理角膜接触镜及化妆等。

（5）所有操作均应按规程仔细小心进行,使气溶胶的产生减至最低限度。

（6）工作完成后须对实验场地进行卫生清扫,并及时对溅落的微生物材料进行消毒。

（7）所有污染的液体或固体废弃物在处理前应去除污染。感染动物尸体需用防漏、有盖容器运出并焚化。需要运至实验室外进行消毒处理的污染材料,应装入坚固、密闭的容器。

（8）动物用笼具应用满足清洁要求的洗涤剂进行清洗。

（9）实验人员在使用微生物材料及动物后,离开实验室之前均应洗手。

（10）实验室应有防昆虫及鼠类的措施。

2. 二级动物生物安全（ABSL-2）实验室　对人体和环境有中等危害或具有潜在危险性致病因子的研究需在 ABSL-2 实验室进行。生物安全规范如下。

（1）实验人员须经过病原性物质操作培训和意外事故应急处理方法培训等,才能被批准进入 ABSL-2 实验室开展实验,并由能胜任的科研人员监督管理。

（2）向工作人员说明特殊实验的危险性,并要求他们严格遵守操作规范。

（3）禁止高度易感人群,如孕妇或免疫受损人员进入 ABSL-2 实验室。

（4）在进入实验区的入口处应标明的"生物危险"警告标志包括:通用的生物危险性标志、传染性物质种类、实验室负责人信息,以及进入实验室的特殊要求。

（5）根据传染因子的情况,开展实验前采集并保存所有实验人员及有被感染危险的其他人员的本底血清样本。

（6）实验人员须穿着专用实验室防护外衣、罩衣、长衣或工作服,戴护目镜、口罩、面罩等,处理动物时要戴双层手套。

（7）正在开展实验的过程中限制外人进入实验室。

（8）某些产生传染性气溶胶的工作应在生物安全柜或其他物理封闭设备内进行。

（9）要特别注意避免被动物抓伤、咬伤,防止经皮肤感染。

（10）与实验无关的动物不允许放在实验室内。

（11）离开实验室时,应把所有用过的实验物料在实验室内消毒处理,严禁带出实验室。

（12）笼具须经过高压灭菌或去除病原微生物后方可洗涤。

3. 三级动物生物安全（ABSL-3）实验室　由于 ABSL-3 实验室内研究的是能够经呼吸道传播的病原性物质,为了避免动物及其排泄物污染外界环境,所以 ABSL-3 实验室内采取的是负压,即便发生设施破损或密封不严的情况,实验室内的污染空气也无法泄漏到外界环境中。另外,实验室内的动物饲养在带滤过帽的笼盒、负压式独立换气笼盒或隔离器内。在 ABSL-3 实验室内应配备Ⅱ级或Ⅲ级生物安全柜,排出的空气至少有一道高效微粒过滤,空气不允许在建筑物的其他区域循环使用。在满足 ABSL-2 的生物安全规范的基础上,还应注意以下问题。

（1）有传染性动物的室内应戴模压面罩或防毒面具。

（2）动物实验时应加戴防撕咬手套,替换时或实验结束后以无菌方式摘除,并与动物废弃物一同消毒处理。

（3）所有涉及传染性材料的活动都应在封闭单元中的生物安全柜或其他物理封闭设备内进行,不得在敞开的实验台进行敞口容器操作。

（4）实验结束后,生物安全柜及其他封闭设备的工作面均应进行消毒,除去污染。

（5）须严格执行系统内的维修制度和消毒措施。

4. 四级动物生物安全（ABSL-4）实验室　设施内采取负压通风,并且通风系统有防止气体逆流的装置。ABSL-4内所有的动物必须饲养在隔离器内。感染性材料的操作必须在Ⅲ级生物安全柜中进行。ABSL-4内开展的研究工作必须严格遵守ABSL-1～3的生物安全规范,此外,还应注意以下几点。

（1）工作人员须接受过专业的微生物知识培训,熟悉工作中所涉及的危害及可采取的预防措施。

（2）进入实验室的人员必须脱下包括内衣裤的全部日常服装,穿戴携带有生物维持系统的特殊防护服装后再进行相关实验操作。离开设施前,必须脱下防护服进行消毒、淋浴后再离开。

（3）禁止单独进入开展工作,必须遵守双人工作制度。

（4）工作人员必须进行医学检测。

第四节　动物实验室规范化准入培训

为了规范实验人员正确地使用实验动物及动物实验设施,并保障人员安全及动物相关研究项目的顺利开展,各高校及科研院所通常会对拟进入动物设施开展实验的人员进行动物实验室规范化准入培训,培训的内容通常包括:实验动物设施的介绍;动物实验申请流程及其管理制度的介绍;动物实验相关概念、原则、准备及注意事项的介绍;动物实验室安全及动物福利伦理的介绍等多个方面。动物实验室规范化准入培训将极大降低由动物实验所引起的生物安全风险。

一、动物实验室规范化准入培训的必要性

实验动物所造成的风险和危害存在于实验动物的引种、繁育、运输、使用和废弃物处理等各个环节。

1. 避免引种、繁育或运输不当引起人员感染和环境污染　不合格的或未经有效检验检疫的动物被直接用于实验教学或科研可能会造成传染病的流行和传播,增加实验人员感染人畜共患病的潜在风险。另外,动物的运输和暂存不当会加大实验动物与野鼠的接触概率,进而可能使野鼠所携带的病原体传染给实验动物,造成实验人员的感染和实验环境的污染,危害人员和环境安全。

2. 避免不规范的实验操作造成人员伤害　进入实验动物设施必须按要求穿戴实验服、手套、口罩等。因为实验动物携带的病原体、毛发、分泌物和排泄物等可能通过皮肤、消化道、呼吸道使相关人员感染,或造成某些过敏体质的人出现过敏反应。除此之外,通过培训练习对动物的抓取、固定和相关实验操作,以避免不当操作造成实验人员被动物咬伤或抓伤,又或是由于对动物固定不牢固、麻醉剂量不合适等原因,引起实验人员被扎伤、划破。伤口接触动物的唾液、血液、排泄物、分泌物或污染的环境后,均可能引起感染,甚至由于接触人畜共患病病原而发病死亡。另外,动物实验过程中,常常会使用麻醉剂对动物进行麻醉或安乐死。如使用气体性麻醉剂时,对麻醉仪使用不恰当便会对实验人员造成吸入性伤害。

3. 避免动物尸体及其废弃物处置不合理造成生物安全风险　动物实验过程中常常会产生大量的动物尸体和废弃物。将动物尸体和各种废弃物混放将为生物安全埋下隐患。例如,将注射器针头、刀片等利器扔在普通垃圾里造成回收垃圾人员被扎伤、划伤;将动物尸体与用过的棉签、卫生纸、手套、口罩等废弃物混放在一起,加大了动物尸体无害化处理的难度与成本;甚至有人将动物尸体和实验废弃物随意丢弃,扔到生活垃圾回收处,这都可能会造成人员受伤、病原微生物外泄,存在引发生物安全事件的风险。

二、动物实验室规范化准入培训的内容

1. 实验动物设施的介绍　实验动物设施是指进行实验动物饲养、保种维持、生产、实验研究、试验或制造等设施的总称。根据空气净化和对微生物控制程度,实验动物环境设施可分为普通环境、屏障环境和隔离环境。在不同等级的环境设施内开展动物实验,需要遵守不同的管理制度和要求。例如,屏障环境主要用于饲育无特定病原体(SPF)级实验动物。在屏障环境内,要确保一切进入屏障的人、动物、饲料、水、空气、铺垫物及各种用品均须经过严格的微生物控制。通常在屏障设施内部,空气、人、物料、动物均为单向流通路线。实验人员需要换上灭菌服、戴上口罩、灭菌手套,尽量减少与动物的直接接触。有急性上呼吸道感染者、急性皮肤炎症,尤其有化脓灶者,不能进入屏障环境;吸烟或饮酒后30分钟内不能进入屏障环境的洁净区。一切个人物品如钥匙、手表、饰物等禁止带入洁净区。洁净区使用的任何工具、用具必须专用,而且尽可能为耐消毒处理材料制作,未按规定处理的任何物品不能带入洁净区。各级动物生物安全实验室的生物安全规范要求详见本章"第三节　动物实验生物安全规范"。

2. 动物实验申请流程及其管理制度的介绍　动物实验的申请流程一般为:①向所在机构实验动物管理与使用委员会提交开展动物实验的申请,并接受实验动物福利与伦理审查。②参加动物实验的人员接受动物实验室规范化准入培训,并通过考核。③向实验动物中心申请预约所需实验场地和笼位。④签署"动物实验协议"和"动物尸体处理约定"。签署协议后,工作人员根据动物数量、笼位数、实验周期核算实验费用,实验人员需要预缴实验费。⑤获得动物设施门禁权限,在严格遵守动物中心规章制度的情况下开始动物实验。实验结束后,解除对实验场地和笼位的占用。

为了严格控制动物实验环境不受病原微生物的危害,保护工作人员及使用人员安全,保护动物的福利,维持环境的生物洁净度,实验动物中心通常会制定一系列管理制度,包括但不限于:动物实验室使用遵循登记制度、着装与工作规范、门禁与物品管理、废弃物分类处理、禁止外来动物入内、动物单向流动规则、动物福利保障、仪器设备使用与维护规定等。

3. 动物实验相关概念、原则、准备及注意事项的介绍　动物实验是指在实验室内,为了获得有关生物学、医学等方面的新知识或解决具体问题而使用动物进行的科学研究。设计动物实验时必须遵循科学性、经济性和伦理性三大原则。在充分了解实验动物的生物学特性和解剖生理学特点的基础上,选择符合研究目的的实验动物。由于在医学研究中,那些生物学特性和解剖生理特点与人类相似的实验动物更具有实际意义,因此,我们应当从动物模型与人类在疾病特点的相似性、年龄的相似性、群体分布的相似性等多方面去考虑和选择动物。除此之外,还应选用经微生物、寄生虫学、遗传学、环境及营养控制的标准化实验动物,这样能排除生物因素、遗传因素、环境及营养因素对实验结果的干扰。除了动物的选择,人们还需要准备实验场地、实验技术、实验器械、药品、试剂和人员等,以保障动物实验的顺利进行。

4. 动物实验室安全　实验动物通常采取集中饲养,因此一旦发生病原体感染,极易造成动物群体疾病的暴发和流行。并且,多数病原属于人畜共患病病原体,可同时引起人和动物感染,造成更大危害。2010年,某高校师生在开展羊的剖宫产实验时,因为所购买的实验动物不合格,造成参与实验的28名师生被感染国家乙类传染病病原体——布鲁氏菌。该病原体可导致感染者关节疼痛、不孕不育,严重影响生活和工作。为了保障实验动物和人员的安全,同时避免对环境造成污染,规范和加强动物实验室安全显得尤为必要。

动物实验室生物危害主要来源于患感染性疾病的实验动物及其产生的气溶胶。后者是感染动

物在观察期间通过呼吸、排泄、病理组织取材等过程中所产生的含有感染源的悬浮于空气中的固态或液态颗粒所组成的气态分散系统。为了有效防范这些生物危害,动物实验室应采取以下基本安全措施:①将实验动物设施设定为单独区域,与办公和其他实验场所分开;②动物实验人员需培训并"持证上岗";③动物应从具有"实验动物生产许可证"的正规单位购买,不同品种或品系、不同来源的动物需分开饲养,不同对象、不同内容实验分室进行;④人员、动物、物料严格按照设施要求进出动物房;⑤实验废弃物专门放于指定位置统一处理,动物尸体由专门机构进行无害化处理。

5. **实验动物伦理与福利** 实验动物是人们开展生物医学研究必不可少的"伙伴",为科学进步、社会发展和人类健康作出了巨大的贡献。在开展动物实验过程中,科研人员应当从维持生命、维持健康、维持舒适这3方面保障动物的需求,遵循实验动物伦理要求,保障动物福利。1959年,Russel和Burch在 *Principles of Humane Experimental Techniques* 中首次完整提出科学研究中动物实验的"3R"原则,即代替(replacement),减少(reduction),优化(refinement)。这为在生命科学研究中保障动物福利提供了重要的途径和方法。依据"3R"原则,科研人员可以用低等动物代替高等动物,用无脊椎动物代替脊椎动物等进行研究,或者采用培养的人和非脊椎动物的细胞或组织、采用计算机模型等代替动物的使用;也可以通过共用动物,使用高质量的实验动物(如SPF级实验动物、近交系动物)及合理的实验设计等方法减少动物的使用数量;还可以通过改善动物设施、饲养管理、实验条件和实验操作技术,尽量减少实验过程对动物机体的损伤,减轻动物遭受的痛苦和应激反应。通过采用以上方法保障动物福利,实现人和实验动物和谐相处。

第五节　实验动物尸体及相关废弃物处理

实验动物教学、科研实验结束后会产生实验动物尸体、脏器及其相关废弃物。相关废弃物主要包括实验动物解剖后的血液、组织液及擦拭物、针头、注射器、手套、垫料等动物实验相关物品。动物实验期间产生的动物尸体及废弃物必须严格按照相关规定处理,任何部门和个人不得随意丢弃实验动物尸体,不得私自掩埋或焚烧,严禁食用和出售,否则一切后果由使用者自行负责。

一、实验动物尸体的处理

(一)常规性动物尸体处理方法

1. 严格按照GB 14925—2023《实验动物　环境及设施》、GB 19489—2008《实验室　生物安全通用要求》要求,对未使用过或仅用作常规科研、检定、检验、教学的实验动物尸体及废弃物,由持有许可证的商业性废物处置机构集中焚烧处理。

2. 动物实验完毕,各实验室应将实验动物尸体全部移交动物中心处置,并严格办理交接手续,填写《实验动物回收登记表》,注明动物尸体是否具有潜在危害性。

3. 实验动物中心设置专用的动物尸体暂存室,并配备低温冰柜,用于冷藏无潜在生物危害的教学科研用实验动物尸体,并由专人负责动物尸体回收工作。实验动物尸体暂存室应易于通风和清洁消毒,远离饲养室和实验室,以避免交叉污染。

4. 贮存动物尸体的冰柜,不得放置其他物品。每次投入动物尸体后,须及时关好冰箱门,并注意保持周围环境整洁。每次在动物尸体清理后,应关闭冰柜电源,用温水加消毒液擦拭清洁冰柜,用消毒液拖擦周围地面,30 分钟后重新启动冰柜电源。

5. 常规性动物实验结束后的动物尸体,必须用专用动物尸体袋包装,记录处置人姓名、动物种类、数量和处置时间,放入冰柜冷冻保存,严禁将动物尸体与其他废弃物混合装运。专用塑料袋由实验动物中心提供,分大号、小号,根据需要分别包装。

(二)感染性动物尸体处理方法

1. 若实验动物意外死亡并怀疑因传染病引起,则应在进一步治疗前查明病因。当发生实验动物传染病时,应立即向实验动物管理委员会和有关部门报告,并视具体情况立即采取相应必要的措施。当发生人畜共患病时,应立即向实验动物管理委员会报告,并立即上报当地卫生防疫部门,采取紧急措施,防止疫情蔓延。同时,对相关人员要进行严格检疫、监护和预防治疗。

2. 对于接受病原体感染、染毒和放射性实验的实验动物尸体和废弃物,必须用塑料袋包装,放置专门标记的冰柜,并尽快交由具备《危险废物经营许可证》资质且核准经营危险废物类别相符的单位集中处理。

二、动物实验相关废弃物的处理

(一)无害化处理前的灭菌与消毒

1. **高压蒸汽灭菌**　感染性动物实验废弃物、设备和玻璃器皿均可通过高压蒸汽灭菌去除污染。

2. **气体灭菌**　对于无法进行压力消毒的器械或物品,通常采用化学蒸气灭菌,如环氧乙烷。此过程需确保感染性废物能够充分暴露于化学蒸气中,并维持足够的时间以达到灭菌效果。

3. **化学试剂消毒**　此种方法适用于处理液体废物和物体表面,对表面无孔和无吸附作用的废弃物,消毒效果较好。常用的化学消毒剂有酸、碱、醛、乙醇、过氧乙酸、过氧化氢等。消毒方法应根据污染种类、污染程度、蛋白含量等确定使用化学消毒剂的种类、浓度及消毒时间。

(二)动物实验废弃物的处理方法

1. **工作服、口罩和手套等动物实验相关废弃物**　实验动物饲养或动物实验过程中使用的一次性工作服、口罩、帽子、手套等动物实验相关废弃物,应按固体废物收集于固体废弃物桶中。如果是感染性动物实验所产生的废弃物须先行高压蒸汽灭菌后,再存放于黄色具有生物危害标志的专用固体废弃物桶中。

2. **锐利物品**　动物实验过程中使用的一次性注射器及针头、刀片、玻璃仪器等锐利物品收集到黄色利器盒中统一进行处理。处理接触过有感染性或潜在危害实验动物的锐利器具,应使用防刺破手套,先进行高压消毒,再收集到有生物危害标志的黄色利器盒中统一进行处理。

3. **排泄物、污秽垫料等废弃物**　实验动物饲养期间产生的正常动物的排泄物、污秽垫料等废弃物,应用塑料袋包装、扎紧袋口密封,置于学校指定的垃圾回收区,由后勤管理处按相关规定处理。对于有感染性或潜在危害动物的污秽垫料,须经高压蒸汽灭菌消毒后回收到专用塑料袋中,放置于具有生物危害标志的黄色垃圾桶中。

4. **废水等**　处理感染性实验动物室所产生的废水,必须穿戴手套和穿防护服,先进行彻底高压蒸汽灭菌后方可排出。对有多种成分混合的废弃物,应按危害等级较高者处理。

第六节　实验动物逃逸及咬伤应急措施

在医学生物实验课或进行动物实验时,难免会接触实验动物。但由于缺乏经验、心理因素、操作不当或捉拿手法错误等原因,可能存在被实验动物抓伤、咬伤等潜在风险。一旦出现上述情况,应保持镇静,正确的应对措施可有效地避免惊吓动物和二次伤害,也可以有效降低伤者感染的概率。

一、实验动物逃逸的处置

（一）实验动物逃逸的处置方法

为确保实验动物的安全、科研秩序的正常进行及实验室和实验人员的安全,实验动物逃逸后可以采取以下处置方法。

1. 立即停止实验　在发现实验动物逃逸后,应立即停止实验活动,确保实验人员和其他人员的安全。

2. 追踪并捕捉动物　第一发现人应立即追踪实验动物,同时通知授课教师或动物饲养室管理人员,共同进行动物的捕捉工作。如果动物逃逸迅速、难以直接捕捉,可使用专用的动物捕捉网等设备进行捕获。

3. 处理逃逸动物　逃逸的动物原则上应一律处死,如实验需要必须保留此动物,则要求实验人员给出必要且充足的理由。同时,逃逸的动物不可放回原笼,并标记好逃逸动物。

4. 清理与消毒　在实验过程中发生动物逃逸时,应对动物逃逸路线及动物喷溅出的血液、分泌物进行擦拭消毒,并组织二次消杀,以防止疾病的传播。

5. 后续处理　实验结束后,对实验过程中产生的废液、固体物料、动物尸体、标本等应进行无害化处理。处理方法包括化学方法和物理方法,如使用化学试剂进行消毒处理,或采用高压蒸汽灭菌和焚烧等手段。

（二）注意事项

1. 实验人员应保持冷静,按照规定的步骤进行处置,避免恐慌和混乱。

2. 捕捉逃逸动物,应注意保护自己的安全,避免与动物发生直接接触,以防受伤或感染疾病。

3. 应严格遵守相关的卫生和安全规定进行清理和消毒,确保环境的卫生和安全。

4. 对于实验动物的处置应遵循相关法律法规和伦理原则,确保实验的合法性和道德性。

（三）追捕实验动物逃逸的详细步骤

1. 立即报告并启动应急预案　第一时间向实验室负责人或相关管理部门报告动物逃逸情况。启动实验室的应急预案,确保所有相关人员了解并遵循应急预案的指示。

2. 确定逃逸动物的位置　根据逃逸动物的特性（如大小、颜色、习性等）和逃逸时间,初步判断动物可能的逃逸路径和藏匿地点。搜索实验室内部及周边区域,特别注意角落、墙角、管道、有开口的仪器内等可能藏匿动物的地方。

3. 选择合适的追捕方法　①物理抓捕:对于小型动物,如小白鼠、兔子等,可使用长柄镊子、动物捕捉网、粘鼠板等工具进行抓捕。确保抓捕过程迅速且动物不受伤。②化学抓捕：对于大型动物或难以直接抓捕的动物，可使用麻醉枪进行麻醉后抓捕。这需要专业人员操作，确保安全。③食物诱捕：在逃逸动物可能出现的区域放置食物，吸引动物出现后进行抓捕。

4. 执行追捕行动　根据逃逸动物的位置和特性，选择合适的抓捕方法。安排足够的人员参与追捕行动，确保行动迅速且有效。

5. 后续处理　成功抓捕逃逸动物后，根据实验要求和动物状态决定是否继续实验。对逃逸动物进行必要的检查和处理，确保动物健康并符合实验要求。

二、实验动物的抓咬伤分类

1. SPF 级实验动物抓咬伤　高校使用的实验动物一般都是 SPF 级，以及检疫合格的不带病原微生物的健康动物。

2. 普通级实验动物抓咬伤　如普通级豚鼠、兔等抓伤。

3. 非标准化实验用动物抓咬伤　如犬、猫、羊、猪、猴等咬伤。

三、实验动物抓咬伤的处置方法

实验人员被实验动物抓咬伤后，伤口处置包括彻底冲洗和规范清创处置。伤口处置越早越好，就诊时如伤口已结痂或者愈合则不主张进行伤口处置。冲洗或者清创时如疼痛剧烈，可给予局部麻醉。

1. 实验室内应配备急救卫生箱，箱内装有紧急护理所需要的基本物品：如脱脂棉、纱布、创可贴、消毒液（如 75% 乙醇、碘伏、过氧化氢）、抗生素等。被动物抓咬后，皮肤无破损一般无需采取医治措施。

2. 当被普通级实验动物抓咬伤，应先清洗局部皮肤，再在伤处局部皮肤区涂抹 3% 碘伏。被普通级比格犬咬伤时，视咬伤时伤口的大小和深浅、出血的多少而定。伤口较小，出血较少的伤口可先挤出伤口处血液，再用 0.3% 过氧化氢溶液棉球消毒伤口，用干棉球擦干后再外贴创可贴；伤口较大、出血较多时，应送医院进行治疗。

3. 当被 SPF 级以上实验动物咬伤，导致皮肤破损，动物的唾液、体腺会导致破损处的黏膜污染，如伤口不大可进行简单消毒处理，具体处理方法如下：被 SPF 级大小鼠抓伤皮肤较表浅时，应尽快用清水、3% ～ 5% 的肥皂水或者 0.1% 苯扎溴铵溶液反复冲洗受伤部位，至少 15 分钟，边清洗边从近心端向远心端轻轻挤压伤口，排出污血，降低被污染程度，禁止用嘴去吸伤口处的污血。然后用 3% 碘伏、75% 乙醇擦拭消毒伤口，也可以用也可以视实际情况对伤口用纱布或创可贴进行包扎止血。在缺乏确切信息证明实验动物完全健康的情况下，所有感染动物都应被视为潜在的病原微生物携带者。如被携带病原微生物或者攻毒动物抓伤或咬伤，应立即送往医院进行救治。

4. 当被 SPF 级以下动物咬伤或被来源、背景、微生物质量不明确的动物、感染的实验动物等咬伤或伤势较严重时，应详细了解动物供应商的经营资质、该批动物的来源和疫苗接种情况，确保原始个体档案的真实可靠。如无法对以上资料的真实性作出判断时，须根据国家疾病预防控制局、国家卫生健康委印布的《狂犬病暴露预防处置工作规范（2023 年版）》来判断狂犬病暴露等级，并采取不同的处理措施。

（1）狂犬病暴露等级

1）Ⅰ级暴露：接触或者饲喂动物，或者完好的皮肤被舔舐。

2）Ⅱ级暴露：裸露的皮肤被轻咬，或者无明显出血的轻微抓伤、擦伤。

3）Ⅲ级暴露：单处或者多处贯穿性皮肤咬伤或者抓伤，或者破损皮肤被舔舐。或者开放性伤口、黏膜被唾液或者组织污染，或者直接接触蝙蝠。

（2）狂犬病暴露规范处理

1）判定为Ⅰ级暴露者一般无感染风险，清洗暴露部位即可，无须进行医学处置。

2）判定为Ⅱ级暴露者，应处置伤口并接种狂犬病疫苗。确认为Ⅱ级暴露且严重免疫功能低下者，或者Ⅱ级暴露者其伤口位于头面部且不能确定致伤动物健康状况时，按照Ⅲ级暴露者处置。

3）判定为Ⅲ级暴露者，应处置伤口并注射狂犬病被动免疫制剂和接种狂犬病疫苗。

此外，还应立即报告带教老师，在接受适当清洗及消毒止血后，须立即送往医院进行诊治，并告知医生咬伤人的实验动物信息如：进行的实验、动物的种类和使用的试剂等。根据咬人动物的分级种类和健康状况确定是否进行抗血清治疗，是否注射破伤风和狂犬病疫苗或免疫球蛋白。

5. 对于特别严重的人畜共患病原微生物必须严加防范，并按照《中华人民共和国传染病防治法》的要求进行上报并处置。还应做好相关记录，填写实验动物咬伤记录表，写明被咬伤者、被咬时间、地点、伤口性质、被咬动物种类、动物来源、实验用动物一般情况等。

📝 习 题

一、不定项选择题

1. 实验动物福利伦理委员会对动物实验的审查内容有（　　　）

A. 项目的研究设计

B. 动物实验的目的、方法和条件

C. 动物使用计划

D. 动物实验实施方案

E. 实验动物福利相关措施

2. 关于遗传修饰小鼠的饲养管理，不正确的措施是（　　　）

A. 严格记录小鼠的基因型和表型信息

B. 随意混合不同品系的小鼠

C. 定期检测小鼠的健康状况

D. 使用消毒的饲料和水源

E. 控制饲养环境的温度和湿度

3. 以下哪项不是遗传修饰小鼠实验前需要考虑的生物安全问题（　　　）

A. 实验小鼠的基因稳定性和遗传纯度

B. 实验小鼠与野生小鼠的隔离

C. 实验小鼠的饲养环境

D. 实验小鼠的毛色

E. 实验人员的生物安全培训

4. 关于遗传修饰小鼠的伦理审查，描述正确的是（　　　）

A. 不需要进行伦理审查

B. 只需要考虑实验的科学性

C. 只需要考虑动物的福利

D. 需要综合考虑实验的科学性、动物福利和潜在风险

E. 只需要考虑实验的社会影响

5. 在遗传修饰小鼠实验中,避免基因污染的措施是(　　　)

A. 随意混合不同品系的小鼠

B. 定期更换饲养设备

C. 允许实验小鼠与野生小鼠接触

D. 采取严格的隔离措施

E. 随意丢弃实验废弃物

6. 遗传修饰小鼠实验中常用的安全隔离措施不包括(　　　)

A. 独立的饲养室　　　　　B. 高效过滤系统　　　　　C. 定期清洁和消毒

D. 随意使用消毒剂　　　　　　　　　　E. 严格的进出控制

7. 动物实验中潜在的生物安全风险包括(　　　)

A. 动物保定不当造成人员被咬伤、抓伤,或造成动物逃逸

B. 操作人员被利器刺伤或划伤

C. 采集样本时样本的渗漏或洒溅

D. 实验操作时产生的气溶胶或动物的排泄物、分泌物等引起操作人员的感染及环境的污染

E. 实验动物在进行病原微生物接种、解剖操作时,操作不得当造成人员的感染及环境的污染

8. 不可带入动物实验室的物品有(　　　)

A. 实验动物　　　　B. 实验器材　　　　C. 动物试剂　　　　D. 实验记录本　　　E. 个人水杯

9. 如果动物实验中所使用的致病因子可通过呼吸途径造成人员感染甚至死亡,该动物实验应在(　　　)动物生物安全实验室开展

A. BSL-1　　　　　B. ABSL-1　　　　　C. ABSL-2　　　　　D. ABSL-3　　　　　E. ABSL-4

10. 实验动物所造成的风险和危害存在于(　　　)环节

A. 实验动物引种　　　B. 实验动物繁育　　　C. 实验动物运输

D. 实验动物使用　　　E. 废弃物处理

11. 动物实验室生物安全防范的基本措施包括(　　　)

A. 将实验动物设施设定为单独区域,与办公和其他实验场所分开

B. 实验人员进入动物房之前须培训并持证上岗

C. 实验动物应从具有实验动物生产许可证的正规单位购买

D. 人员、动物、物料严格按照设施要求进出动物房

E. 动物尸体及相关废弃物应统一回收并由专门机构进行无害化处理

12. 进入实验动物屏障环境内开展实验时,以下操作不规范的是(　　　)

A. 实验人员需要换上灭菌服、戴上口罩、灭菌手套,尽量减少与动物直接接触

B. 有急性上呼吸道感染者、急性皮肤炎症不能进入屏障环境

C. 个人物品,如手机、戒指、饰物等可带入屏障环境

D. 吸烟或饮酒后30分钟内不能进入屏障环境的洁净区

E. 洁净区使用的任何工具、用具必须专用

13. 正确处置逃逸实验动物的方法是(　　　)

A. 被逃逸动物惊吓并大声呼喊寻求帮助

B. 赶紧打开实验室大门,防止动物滞留实验室

C. 立即停止实验活动,确保实验室人员和其他人员安全

D. 捕获的实验动物还可继续进行实验

E. 实验过程中发生动物逃逸时,动物逃逸路线及动物喷溅出的血液、分泌物进行擦拭即可,无须组织二次消杀

二、判断题

1. 实验动物必须按照不同的来源、不同的品种、品系和不同的实验目的,分开饲养。(　　)

2. 严禁从无《实验动物质量合格证明》的单位或从农贸市场购买动物作为实验动物。(　　)

3. 实验小鼠的性情比较温和,一般不会主动攻击或咬人,即使抓取不当也不会被其咬伤。(　　)

4. 未经伦理审查的科研项目不准立项,但学术论文可以发表。(　　)

5. 遗传修饰小鼠的生物安全风险仅限于实验室内,不会对环境和社会造成影响。(　　)

6. 使用遗传修饰小鼠做实验,实验人员无需接受生物安全培训。(　　)

7. 使用遗传修饰小鼠做实验,饲养环境对小鼠健康状况和实验结果无影响。(　　)

8. 实验动物屏障设施内部,空气、人、物料、动物均为单向流通路线。(　　)

9. 开展动物实验之前,应向所在机构实验动物管理与使用委员会提交开展动物实验的申请,并接受实验动物福利与伦理审查。(　　)

10. 为方便清理,动物实验后的尸体和其他废弃物可放在一起集中清理。(　　)

11. 贮存动物尸体的冰柜,可以放置其他物品。(　　)

12. 常规性动物实验结束后的动物尸体,需用专用的动物尸体袋包装,并记录处置人姓名、动物种类、数量和处置时间。(　　)

13. 动物实验过程中使用的一次性注射器及针头、刀片、玻璃器皿等锐利物品收集到黄色利器盒中应统一进行处理。(　　)

14. 实验动物应从具有实验动物生产许可证的单位购买,并且在动物到达动物实验设施后进行至少1周的隔离检疫。(　　)

15. 被普通级动物咬伤或被来源、背景、微生物质量不明确的动物、感染的实验动物等咬伤或伤势较严重时,应立即报告带教老师,在接受适当清洗及消毒止血后,立即送往医院进行诊治。(　　)

16. 追捕到的逃逸实验动物可以放回原笼继续进行饲养和动物实验。(　　)

💡 答案

一、不定项选择题

1. ABCDE　2. B　3. D　4. D　5. D　6. D　7. ABCDE　8. E　9. DE　10. ABCDE
11. ABCDE　12. C　13. C

二、判断题

1. √　2. √　3. ×　4. ×　5. ×　6. ×　7. ×　8. √　9. √　10. ×　11. ×　12. √　13. √　14. √
15. √　16. ×

（白　亮　龙　瑶　李红芳　张淑雅　王　蓉　王亚云　田　菲）

第十一章 辐射类实验的安全知识

辐射类实验是指在实验过程中涉及一些粒子辐射或高能高频电磁波辐射相关的实验。广义的辐射可分为电离辐射和非电离辐射。电离辐射是指携带足以使物质原子或分子发生电离现象的能量的辐射,一般包括粒子辐射及高能电磁波。此类辐射对实验人员危害较大,包括放射性物质及产生电离辐射的设备仪器,是本章主要介绍的内容。

非电离辐射是指能量较低,并不能使物质原子或分子产生电离的辐射,主要是一些低能量的电磁辐射。尽管其能量较低,但部分非电离辐射也会对实验人员造成一定的安全损伤,如紫外线对眼或皮肤的伤害,以及等离子体生物医学实验中高压脉冲电源等,也会辐射高频电磁波对电子器件及生理健康产生影响。

本章将从辐射类实验概述、电离辐射的防护与管理、放射性同位素实验安全、放射性废弃物的处理、电磁辐射类实验的防护与管理、等离子体生物医学实验安全、辐射类实验工作人员的管理及事故应急处理七方面进行介绍。

第一节 辐射类实验概述

辐射类实验旨在研究不同形式的辐射对物质的作用机制,探索辐射能量转化、物质辐射效应、辐射剂量测量及防护等科学问题。这类实验在医疗、工业、能源等领域发挥着极其重要的作用,本节重点介绍辐射源、辐射类实验和辐射防护的基本原则。

一、辐射源

辐射是一种能量传播的方式,以高速粒子或电磁波的形式向周围空间或物质发射并在其中传播能量。在广义上,辐射概念包括声辐射、热辐射、电磁辐射及粒子辐射等,其中,电磁辐射及粒子辐射更受关注。广义上电磁辐射的范围很广,从无线电波(移动、联通信号发射塔等)、微波、紫外线等,一直到 X 射线和 γ 射线。依能量高低分为非电离辐射和电离辐射。辐射源是指能够发出辐射的源头,这些辐射可以是电离辐射或非电离辐射。辐射源可以分为天然辐射源和人工辐射源两大类。天然辐射源主要包括宇宙射线、天然放射性核素、天然电磁辐射等。人工辐射源包括医疗照射、核能生产、工业和农业应用等。以下是电离辐射和非电离辐射的具体内容。

1. **电离辐射** 电离辐射包括高能电磁辐射电磁波和粒子辐射,高能电磁辐射电磁波指 X 射线和 γ 射线,不包括无线电和射频波等低能电磁辐射;粒子辐射包括 α 粒子、β 粒子、中子等。X 射线和 γ 射线及其他粒子辐射在与物质的原子作用时,都能间接或直接地使原子产生电离。通常,辐射防护的主要关注对象是电离辐射。电离辐射能量高,能使物质发生电离作用的辐射,包括直接致电离辐射(如 α 粒子、β 粒子等)和间接致电离辐射(如中子、γ 射线、X 射线等)。

2. 非电离辐射　非电离辐射是指波长大于 100nm 的电磁波,是一种能量低、无法电离物质的辐射,但是会改变分子或原子之旋转、振动或价层电子轨态,如可见光线、红外线、射频辐射、激光、低能紫外线等。这类辐射的能量不足以使原子或分子电离,因此对人体和环境的潜在影响通常较低。

二、辐射类实验室

1. 电离辐射实验室　电离辐射实验室是专门用于研究和处理电离辐射的实验室,致力于深入探索电离辐射的特性和影响进行各种实验和研究。这类实验室通常保存有国家级的电离辐射计量标准,并配备了如测氡仪、β 剂量仪、γ 辐射剂量防护仪表等各种专业的设备和仪器,用于测量、分析和评估电离辐射的强度、分布和潜在影响。其主要任务包括电离辐射活度、中子及 β 剂量的量值传递服务。同时,这些实验室也对外开展各类 X 射线治疗、诊断和防护仪器的校准服务,确保这些设备在使用过程中的准确性和安全性。

2. 非电离辐射实验室　非电离辐射实验室是专门用于研究和处理非电离辐射的实验室。其主要进行非电离辐射的剂量学、生物学效应、环境影响等方面的研究。尤其着重探讨非电离辐射对人体健康的影响,如心血管系统的功能紊乱和组织细胞损伤等。此外,还可能进行非电离辐射源的开发、测试和应用,如无线通信设备、医疗设备中的非电离辐射源等。实验室配备各种测量、分析和评估非电离辐射的设备和仪器,如射频辐射测量仪、红外线热像仪、光谱分析仪等,用于测量非电离辐射的强度、频率、分布等参数。虽然非电离辐射对人体的潜在影响通常被认为较低,但实验室仍会采取必要的安全措施和环境控制措施。实验室工作人员需要接受专业培训,了解非电离辐射的安全操作规程和防护措施。实验室应配备有适当的防护装备,如防护服、防护眼镜等,以减少工作人员接触非电离辐射的风险。

三、辐射防护的基本原则

1. 辐射防护的基本原则　辐射无处不在,全世界人均受到天然本底辐射照射剂量为 2.4mSv/a。但是通过合理正当的辐射防护和必要的安全管理措施,可以充分利用辐射,造福人类,并有效避免辐射所产生的危害或使辐射危害最小。辐射防护所遵循以下三个基本原则。

(1)正当性原则:在判断辐射实践正当与否时,一般需要综合考虑政治、经济、社会等多方面的因素。辐射防护仅是其中应考虑的一个方面。简单地说,辐射实践的正当性即得大于失、利大于弊。

(2)防护最优化原则:在考虑了社会和经济因素后,应确保受照射的可能性、受照射的人员数目和个人所受到辐射剂量的大小,均应保持在可合理达到的尽可能低的水平,而不是盲目追求无限地降低剂量。

(3)剂量限值的应用原则:除了患者的医疗照射,任何个人受到来自监管辐射源的计划照射的剂量和不能超过相应的剂量限值。个人剂量限值是最优化原则的约束条件,是国家法规规定的强制性限值。

2. 外照射防护三要素　外照射是指来自体外的电离辐射对人体的照射,根据外照射的特点,尽量减少和避免辐射从外部对人体的照射,使人体所受照射不超过规定的剂量限值。辐射防护的三要素如下。

（1）缩短时间：减少接触辐射源时间，因为人体所受辐射照射的累积剂量和照射时间成正比，时间越长，所受的剂量越多。

（2）增大距离：增加人与辐射源之间的距离，因为人体所受辐射照射剂量和人与放射源之间距离的平方成反比，即距离辐射源越远越好。

（3）设置屏蔽：在人体和辐射源之间设置屏蔽，当缩短时间和增大距离的措施的有效性和方便性受到限制时，合适的屏蔽体是有效的防护措施。屏蔽体一般选用原子序数较高、密度较大的物质，如铅、铁、钢等；建筑材料可选用水泥、砖、砂石等，并应有足够厚度。

四、辐射防护的实际应用与日常管理

在实际工作中，通常将上述三种防护手段组合应用，具体内容如下。

1. 辐射的日常防护　每个人在日常生活中都会受到一定程度的天然辐射影响，其中，来自宇宙射线的为 0.4mSv/ 年，来自地面 γ 射线的为 0.5mSv/ 年。此外，人类的很多活动也都会有辐射，如人们摄入的空气、食物、水中的辐射照射剂量约为 0.25mSv/ 年；戴夜光表每年有 0.02mSv；乘飞机旅行 2000km 约 0.01mSv；每天抽 20 支烟，每年有 0.5 ～ 1mSv；一次 X 线检查一般为 0.023mSv，如果是骨折需要全套检查人体吸收的辐射量大概 0.1mSv 等。经过长期观察和调查，这些日常剂量对人体并未造成危害。

2. 放射工作人员个人剂量监测　①个人剂量计是一种用于测量每个放射工作人员在工作时所受辐射剂量的仪器，常用的有个人剂量计、胶片剂量计和热释光剂量计等。对于比较均匀的辐射场，当辐射主要来自前方时，剂量计应佩戴在人体躯干前方中部位置，一般在左胸前；当辐射主要来自人体背面时，剂量计应佩戴在背部中间。②个人剂量计在非工作期间必须避免受到人工辐射的照射，用完后统一交至当班制程质量控制领班或负责人处妥善保管。③工作人员工作时，应将个人剂量计随身正确佩戴，禁止放在机器上面。④个人剂量计应防止摔落、振动，妥善保管以防丢失。⑤根据 GBZ 128—2019《职业性外照射个人监测规范》规定，当职业照射受照剂量大于调查水平时，应记录个人监测的剂量结果，并作进一步调查。本标准建议的年调查水平为有效剂量 5mSv，单周期的调查水平为 5mSv/（年监测周期数）。

第二节　电离辐射的防护与管理

电离辐射防护的基本原则是确保人员、环境和社会免受电离辐射的潜在危害。本节围绕电离辐射的防护与管理，重点介绍电离辐射防护剂量限值、放射性装置的安全管理与使用、放射源的安全管理与使用三方面的内容。

一、电离辐射防护剂量限值

1. 辐射量单位　辐射量的国际标准单位是 sievert，标准译名为希沃特，其得名于瑞典生物物理学家 Rolf Maximilian Sievert，单位符号为 Sv，单位名称为希［沃特］，定义是每千克（kg）人体组织吸收 1 焦耳（J），为 1 希沃特。希沃特是个非常大的单位，因此，通常使用"毫希沃特（mSv）""微希沃特

（μSv）"，简称毫希伏、微希伏。1Sv=1 000mSv，1mSv=1 000μSv。

2. **辐射剂量限值** 剂量限值指受控实践使个人所受到的有效剂量或剂量当量不得超过的值。为了保护工作人员和公众的健康，国际辐射防护委员会对辐射剂量制定了辐射防护剂量限值体系，辐射防护剂量限值体系对职业照射和公众照射有明确的剂量限值。

（1）对于职业照射：连续 5 年内的平均有效剂量为 20mSv；连续 5 年中任何一个年份中的年有效剂量 50mSv，但 5 年内有效剂量总和不超 100mSv；眼晶体的年当量剂量 150mSv；四肢（手、足）或皮肤的年当量剂量 500mSv。

（2）对于公众照射：年有效剂量为 1mSv；特殊情况下，连续 5 年的年平均有效剂量不超过 1mSv，其中某单一年份中的年有效剂量可为 5mSv；眼晶体的年当量剂量 15mSv；四肢（手、足）或皮肤的年当量剂量 50mSv。

3. **辐射剂量限值的安全评价** ①职业照射的剂量限值的安全评价：根据统计，职业性放射工作人员每年所接受的平均有效剂量不超过年限值的 1/10。这是因为年有效剂量的分布通常遵从对数正态函数分布，即多数工作人员受照剂量很低，接近或超过限值的人数很少，其算术平均值为 2mSv。据中国疾控中心辐射安全所统计，截至 2022 年底，全国放射诊疗及工业领域放射单位合计 9 万家，工作人员近百万人。目前，我国医院放射工作人员个人剂量监测率在 95% 以上，年有效剂量为 0.3～0.5mSv，较其 2000 年的水平下降了 70%，仅为限值的 1.5%。职业性疾病病例数从 2012 年的 32 例降至 15 例，下降 53%。②公众照射剂量限值的安全评价：我国现行国家标准 GB 18871—2002《电离辐射防护与辐射源安全基本标准》规定了公众年有效剂量限值为 1mSv/ 年。该标准适用于电离辐射防护和辐射源安全，适用范围包括医学、工业、农业、教学科研、核能生产等，以及涉及天然源照射的活动。公众照射剂量限值包括年有效剂量不超过 1mSv，特殊情况可至 5mSv，眼晶体年当量剂量不超过 15mSv，皮肤年当量剂量不超过 50mSv。值得注意的是，这里的 1mSv 是指关键人群组的平均剂量估计值，而非个人剂量限值，即并非特定一人一年的有效剂量超过 1mSv 就不安全。实际上本底辐射的剂量一个人约有 3.13mSv。因此，公众剂量限值实际上设定在一个非常高的安全标准之上。在实际操作中，辐射防护措施通常会确保公众受到的辐射剂量远远低于限值。

二、放射性装置的安全管理与使用

1. **射线类装置分类** 根据《放射性同位素与射线装置安全和防护条例》规定，射线装置按照对人体健康和环境可能造成危害的程度，从高到低分为Ⅰ类、Ⅱ类、Ⅲ类，按照使用用途分为医用射线装置和非医用射线装置（表 11-1）。

表 11-1 射线类装置分类

装置类别	医用射线装置	非医用射线装置
Ⅰ类 射线装置	能量大于 100MeV 的医用加速器	生产放射性同位素的加速器（不含制备 PET 用放射性药物的加速器） 能量大于 100MeV 的加速器
Ⅱ类 射线装置	放射治疗用 X 射线、电子束加速器	工业探伤加速器

装置类别	医用射线装置	非医用射线装置
Ⅱ类 射线装置	重离子治疗加速器	安全检查用加速器
	质子治疗装置	辐照装置用加速器
	制备 PET 用放射性药物的加速器	其他非医用加速器
	其他医用加速器	中子发生器
	X 射线深部治疗机	工业用 X 射线 CT 机
	数字减影血管造影装置	X 射线探伤机
Ⅲ类 射线装置	医用 X 射线 CT 机	X 射线行李包检查装置
	放射诊断用普通 X 射线机	X 射线衍射仪
	X 射线摄影装置	兽医用 X 射线机
	牙科 X 射线机、放射治疗模拟定位机	
	乳腺 X 射线机及其他高于豁免水平的 X 射线机	

注：PET 指正电子发射计算机体层显像仪（positron emission computed tomography）。

（1）Ⅰ类为高危险射线装置，发生事故时可以使短时间受照射人员产生严重放射损伤，甚至死亡，或对环境造成严重影响。

（2）Ⅱ类为中危险射线装置，发生事故时可以使受照人员产生较严重放射损伤，大剂量照射甚至导致死亡。

（3）Ⅲ类为低危险射线装置，发生事故时一般不会造成受照人员的放射损伤。

2. **放射性装置管理责任制度** ①使用放射性同位素和加速器、中子发生器及含放射源和射线装置（简称放射源）的单位，应当办理放射安全工作许可证；已办理了放射安全工作许可证的单位，在有效期结束前三个月，到市环保局办理换证手续；放射源报废和退役的，应提前到市环保局办理报废和退役手续。②上述单位按放射安全许可要求，准备相关材料到市环保局政务办理大厅进行申报。市环保局审核相关材料后，报省环保局审批（其中涉外放射源还需到生态环境部审批）。③放射源使用单位，辐射防护应当符合国家《电离辐射防护与辐射源安全基本标准》。④放射源及其设施的设计、建造和安装单位必须具有国家认可的资质和产品合格证，新购放射源必须有国家统一编号。⑤新建、扩建、改建的放射源建设项目，建成调试后，在试运行三个月内，向市环保局申请验收，经市环保局验收合格后方可使用。

三、放射源的安全管理与使用

1. **放射性核素存放** 放射性核素的存放是一个涉及严格规定和高度专业化的过程，旨在确保人员安全和环境保护。还需要一个可靠、便利且有适当屏蔽设施的储源室，其屏蔽程度取决于放射性核素的剂量和水平。储源室应加锁，由专职人员保管，并在储源室外设置醒目的"电离辐射"标志。此外，必须安装标准的防护屏障，如防护罩、防护盒、防护袋等，并在包装上明确标注放射性物质的安全性质、类型、级别等信息。放射性核素的放置应合理有序、分门别类，并用标签识别，易于取放，每次取放应限于需要部分。备用或每月用完的放射性核素(包括放射性药物)必须放置在储源室中。不可在储源室内直接打开储存放射源的容器取核素,以免污染容器及储源室。

2. 放射性核素贮存和运输　放射性核素贮存的储源室应定期进行剂量监测,确保储存环境的辐射水平在安全限值以下。储存的放射性物质应及时登记,内容包括生产单位、到货日期、核素种类、理化性质、活度和容器表面擦抹试验结果等信息。储源室应配备辐射屏蔽、自动报警装置等安全设施,确保存储期间的安全。操作人员应接受专业培训,并配备适当的防护装备,如防护服、呼吸器等。

放射性物品的运输应遵守国家相关法规和规定,如《放射性物品运输安全管理条例》等。运输包装放射性核素应使用经过合格认证的运输包装进行封装,确保核素的密封和安全性。运输包装应明确标出核素的种类、危险级别和相关风险提示,以便于人员正确识别和操作。运输通道应选择远离居民区和敏感地区,以降低风险。运输路线应经过严格规划和评估,避免经过高风险区域。同时,运输过程需要制订详细的运输计划,包括路线选择、交通工具选择和可能的紧急情况应对措施等。运输计划应充分考虑天气、交通状况等因素,确保运输过程的安全和顺畅。运输过程中应接受相关部门的监督和管理,确保运输活动的安全和合规。运输过程中应制定应急预案,包括紧急情况下的应对措施、人员疏散方案等。运输人员应接受相关培训,了解应急预案的内容和操作程序。

3. 放射性核素管理　国家规定采购与使用放射性核素实行许可证制度。医院或实验室应根据工作实际需要,在规定允许使用量范围内,制订年度采购计划。根据《放射性药品管理办法》规定,医院核医学科的人员配备、仪器设备、防护设施等分为3类,不同类别有不同的使用权限。

医用放射性物质的操作使用人员必须经过授权及专业培训并取得上岗证后持证上岗。医用放射性物质的操作使用必须严格按照《操作使用说明书》和《操作规程》的操作步骤,正确规范操作使用,严禁违章操作。对所有放射性物质建立分类账册,确保账实相符。认真填写《定期自查记录》《运行故障和事故记录》等,以备查。

4. 放射性药物操作的防护要求　放射性药物操作的防护要求必须严格遵守以确保人员安全和防止环境污染。

(1)操作区域:操作放射性药物应在高活区内进行,并采取适当的防护措施。操作区域应设有明显的"电离辐射"警示标志。

(2)防护设施:使用前,药物应有适当的屏蔽措施。在给药时应使用注射器防护针套,并缩短难以屏蔽时的操作时间。放射性碘化物操作应在通风柜内进行。

(3)工作台面:操作放射性药物应在衬有吸水纸的托盘内进行。

(4)个人防护:工作人员应穿戴个人防护用品,如铅防护衣、铅眼镜、口罩、帽子、一次性手套等。特别地,操作人员应戴铅围脖注意保护甲状腺。同时,操作人员应避免皮肤直接暴露于放射性药物。为确保安全,禁止在操作区域内进食、饮水、吸烟或进行无关工作及存放无关物质。

(5)污染处理与监测:一旦发现有地面污染或操作人员体表污染,应立即用测定仪测定剂量,封闭及圈划污染区域。经领导同意后采取相应措施,予以清除,以减少放射性强度。污染区域应标明日期、剂量、核素种类等信息。

工作人员操作后离开工作室前,应洗手和作表面污染监测。若污染水平超过相应的导出限值,应采取去污措施。从控制区取出的任何物件都应进行表面污染水平监测。

(6)操作规范:①操作前确认患者的身份和医嘱的正确性,准备适当的设备和工具,如注射器、针头等,确保操作区域的清洁和无菌。②操作过程中严格按照放射物质操作规程实施,确保药品准确注射到患者体内。注意避免药品污染和交叉感染。③操作后,正确处理和处理废弃物,以确保辐射的安全性。对操作区域进行彻底清理和消毒,以防止辐射残留和交叉感染。

四、放射源安全使用制度

1. 放射源安全操作规章制度　①全体放射人员应自觉遵守防护规定,尽量缩短时间,增加距离,使用屏蔽,避免不必要的照射,降低照射剂量。②操作开机前应穿戴好防护用品,如铅帽、铅围裙、铅眼镜、铅手套等,照射时铅房门必须关闭。③在机房门口醒目处装挂电离辐射标志牌,并经常检查联锁装置功能是否正常,加强对机房外非有关人员防护管理工作。④积极开展放射防护剂量监测工作,包括个人剂量监测和工作环境监测,并针对监测结果分析原因,及时改进防护措施。⑤工作人员工作时间不得佩戴金属饰品,如耳环、戒指、项链等。⑥尽量减少透视下的骨插管、骨折整复、示教、取异物等次数与时间,必要时采用点射,尽量减少曝光时间,控制个人受照剂量。⑦禁止滥用放射线,如孕妇特别是妊娠前三个月、婴儿、儿童尽量避免使用。⑧在现有条件下,尽可能使放射部门建筑物的防护设施符合规定要求。新建筑物一定要按规定设计、施工,检查合格后方可使用。

2. 放射源使用和贮存的安全防护要求　①放射源的使用场所应有相应的辐射屏蔽,并设置放射安全禁区黄线,安装带报警的剂量测量仪器。②存放和使用放射源场所应当设置放射性警示标志。附近不得放置易燃、易爆、腐蚀性物品。③辐照设备或辐照装置应有必要的安全联锁、报警装置或者工作信号。④放射源的包装容器上应当设置明显的放射性标志并配有中文警告文字。⑤使用放射源单位,在购置新源时,应与放射源生产单位(或原出口国或废源集中贮存设施)签订废弃放射源贮存和处置协议。⑥使用放射源单位产生的放射性废气、废水和固体放射性废物应按有关规定进行必要的处理和处置,到达国家规定的标准后外排或送有资质的单位进行处置。

3. 放射源安全报告与放射性检测　①放射源统一编号报告,在放射源到企业后,将填写源编号的申购表报市环保局备案。②发生放射源丢失、被盗、火灾和放射性污染事故时,应在第一时间内向市环保局、市公安局报告,并同时报当地政府和环保、公安部门。③使用放射源单位应编制放射源的安全使用和安全保卫状况年度评价报告,于每年11月底前报行政辖区内的环保分区或县级市环保局,同时报市环保局。④产生放射性废气、废水和固体放射性废物处置的单位,应将处理、处置状况向行政辖区内的环保分局或县级市环保局报告。⑤环保部门在接到放射性同位素使用和安全状况年度评价报告后,对使用单位进行年度检测,具体内容为:放射安全的管理机构、人员岗位培训落实状况;放射源使用、登记记录;废旧放射源回收协议和回收证明;操作规程、安全制度、管理制度落实状况;事故应急预案落实状况;辐射屏蔽、剂量测量、报警、警示标志、安全联锁装置检查;核定放射源周围环境的放射性监测数据。

4. 日常安全管理制度与事故应急响应措施　①建立放射源使用登记制度,在贮存、领取、使用、归还放射源时,应进行登记、检查,确保账物相符。②制订放射源使用操作程序,职责到人,并在工作场所悬挂。③建立健全安全保卫制度,落实防火、防盗、防丢失、防泄漏安全职责制。④制订详细的事故应急预案,对各类事故的应急响应程序要落实到职责人。⑤发生放射源丢失、被盗、火灾和放射性污染事故时,应立即启动事故应急预案。

5. 放射事故处理与应急处理规章制度　放射设备在诊断运行过程中,工作人员一定要坚守岗位,密切观察辐射源运行状态,并注意红、黄、绿灯变化情况,如有异常情况应立即关机。一旦发现放射事故应采取以下措施,并启动放射性事故应急预案。

(1)所有工作人员、陪侍人员均须迅速、全部撤离现场,并在安全地带设立警戒人员,以防其他人误入。

(2)立即报告主管领导及专业维修人员,及时排除故障。若事故情况严重,应向卫生、公安、环保部门报告。

（3）在排除故障过程中，工作人员一定要按规定穿戴防护衣帽、手套，加强个人防护。

（4）排除故障后，经严格测试，确保放射源到位并调至国际标准后，方可解除警戒，交付使用。

第三节　放射性同位素实验安全

放射性同位素实验是一种实用的研究方法，由于其涉及放射危险性，实验过程中必须严格遵循正确的操作方法和防护措施。

一、放射性同位素实验概述

同位素是指具有相同质子数但中子数各异的原子。其中具有放射性的同位素，又称为放射性同位素或不稳定核素。放射性同位素实验，泛指利用放射性同位素开展研究的实验方法。放射性同位素原子核不稳定，会不断地释放出射线，如 α 射线、β 射线等。原子核发生 α 衰变或 β 衰变时，所形成的子核往往处于激发态能级。由于激发态的不稳定性，会通过放射 γ 射线，也称 γ 光子的方式退激或级联退激到基态。在这一过程中，原子核由高能态自发地向低能态跃迁，称为 γ 跃迁或 γ 衰变。直至原子核转变为稳定的同位素，整个过程统称为核衰变。目前，放射性同位素广泛应用于多个领域，如通过放射性同位素核衰变时释放的射线来进行化学反应机制、生物体内代谢过程及材料结构研究等。

放射性同位素实验的主要优势在于其独特的标记和追踪能力。通过将放射性同位素标记到特定的化合物或生物分子上，能够追踪到化合物和生物分子的位置、数量等动态变化。常用的核素包括 ^{14}C、^{3}H、^{125}I、^{32}P、^{35}S 等。对于小分子化合物，^{14}C 和 ^{3}H 是较为理想的放射性核素。但是，^{3}H 标记由于其标记物易与环境中的 ^{1}H 原子发生交换，导致其稳定性较差使其应用受到了一定的限制，已较少使用。^{125}I 主要用于标记蛋白或多肽类药物，而 ^{32}P 则多用于核酸标记类结合实验等。接下来，将以 ^{32}P 标记核酸探针实验为例，详细介绍与放射性同位素相关的安全操作和防护规范。

二、^{32}P 同位素实验安全操作与防护规程

^{32}P 作为分子探针的主要标记物质，已成为生物医学实验室主要的放射源之一。

（一）对 ^{32}P 同位素生物安全性的认识

由于生物医学实验室所使用的 ^{32}P 半衰期较短，其放射强度远低于 ^{14}C 等放射性元素。在实际操作中，实验人员仅使用有机玻璃板作为防护屏就可以实现对 ^{32}P 的有效防护。

生物医学实验中所使用的 ^{32}P 是纯 β 放射性核素，其在空气中的最大射程为 620cm；在组织及水中的最大射程为 7～8mm；在机体组织深度 3～4mm 处大部分射线被吸收，只有小部分具有最大能量的 β 粒子，其射程可达 8mm。^{32}P 放射线 90% 以上在达到 3mm 厚的皮肤组织时被吸收，所以通常不损伤深层组织。由于 ^{32}P 的放射特性，使 ^{32}P 在实验中更易于防护。使用 ^{32}P 放射性同位素的实验人员需要经过严格的辐射防护培训、通过考核取得培训合格证后方可使用相关种类的同位素实验材料。

（二）^{32}P 同位素生物医学实验操作规范

在 ^{32}P 同位素实验中容易出现的实验操作失误,通常出现在以下环节,需要特别注意以下 3 点。

1. 从离心管中吸取同位素溶液时　同位素 ^{32}P 常规包装是在铅铜保护盒中放置一个有机玻璃瓶,瓶中再放置小离心管存放 ^{32}P 标记核酸溶液。不同厂家出产时,溶液会有颜色,便于实验人员观察并作为一种警示标志。在吸取同位素溶液前,首先将离心管离心,使黏着在离心管盖上的同位素溶液沉降于管底,否则打开离心管卡口时容易将同位素溶液甩出来,造成严重同位素溶液污染。

2. 将同位素加入其他实验试剂时　使用微量移液器将同位素溶液加入其他实验试剂中时,应在试剂溶液中反复吹打、清洗微量移液器枪头,使移液器枪头在使用完毕后同位素残余尽量减少。

3. 试剂混合后杂交管一定要盖紧　在杂交炉中使用杂交管时,由于杂交管内温度随杂交炉内的温度升高逐渐上升。杂交管内空气体积不断膨胀,管内产生一定压力。如果杂交管盖得不紧,在杂交过程中会使含有同位素的试剂混合液爆开、泄漏出来,造成严重的杂交炉等设备污染。

（三）^{32}P 同位素实验废物处理流程

1. 实验人员自身检测　为 ^{32}P 同位素实验人员同时配备两台辐射检测仪。一台在实验时随时监测放射性物质在环境中的含量;另一台在实验人员进出同位素实验区域时对实验人员进行自身检测,保证同位素实验室外部放射性安全。

2. 同位素废物存储　在同位素实验室内部,应设有专门空间放置 ^{32}P 同位素废物存储箱及铅桶。所有废物均按时间存放,只有超过半衰期 10 倍(^{32}P 半衰期为 14.3 天,10 倍即 143 天)以上的废物经放射仪检测无害后,才能进入废物处理过程。

3. 实验台面处理　实验结束后应及时清理实验台面和实验室,并对台面、地面、工作人员体表及有关实验用品的表面污染和剂量率水平进行放射监测,并做好记录、存档,发现污染应按应急预案进行去污处理。

4. 实验废弃物处理　同位素实验结束后,离开控制区前,脱去外层一次性聚乙烯(PE)手套,放入固体废物箱,内层乳胶手套确保无污染后再进行其他操作。监督区设置的垃圾桶收集普通非放射性废物。当遇到操作台面上液体或固体容器盛满时,操作人员须及时通知实验室管理人员并协助管理人员将放射性 ^{32}P 废液送至废物库。若操作不当在实验中放射性物质泼洒造成局部轻微污染时,应按应急预案进行去污处理。

5. 实验器具处理　凡是带有 ^{32}P 同位素污染的可重复使用器具,必须完成清污达标后方可贮存备用。确保没有污染的器具才可在水池中清洗,清洗时应注意下水保持通畅避免下水堵塞外溢。每次实验的放射性废物应及时存放入放射性废物库。吸头、手套、擦拭纸等放射性固体废物应按核素分类用塑料袋包装后放入固体废物桶。废物桶应注明同位素种类、收集时间等。

三、凝胶迁移实验注意事项

凝胶迁移或电泳迁移率实验(electrophoretic mobility shift assay, EMSA)是一个涉及 ^{32}P 同位素的重要实验,同样需要遵从放射性实验操作规范。

1. EMSA 实验方法和原理　EMSA 是一种用于研究 DNA 结合蛋白和其相关的 DNA 结合序列相互作用的生物医学实验技术,可用于对 DNA 结合蛋白结合特性定性和定量分析。这一技术最初用于研究 DNA 结合蛋白,目前也用于研究 RNA 结合蛋白和特定的 RNA 序列间相互作用等实验领域。

EMSA 实验原理是将纯化的蛋白和细胞粗提液和 ^{32}P 同位素标记的 DNA 或 RNA 探针一同保温,在非变性的聚丙烯凝胶电泳(polyacrylamide gel electrophoresis,PAGE)中,依据 DNA- 复合物或 RNA- 复合物比非结合的探针移动慢的实验原理,分离复合物和非结合的探针。

EMSA 实验中,当检测如转录调控因子一类的 DNA 结合蛋白,可用纯化蛋白、部分纯化蛋白或细胞核抽提液。在检测 RNA 结合蛋白时,依据目的 RNA 结合蛋白的位置,可用纯化或部分纯化的蛋白,也可用核细胞或胞质抽提液。同位素标记的探针按照研究的结合蛋白的不同,可以是双链或者单链。竞争实验中采用含蛋白结合序列的 ^{32}P 标记的 DNA、RNA 片段或特异寡核苷酸片段,以确定 DNA 或 RNA 结合蛋白的特异性。在存在竞争的特异和非特异片段的情况下,依据复合物的特点和强度以确定特异性结合的特性。

2. EMSA 实验步骤　①首先用 ^{32}P 标记待测的 DNA 片段、RNA 片段或特异寡核苷酸片段,然后同细胞核或细胞质蛋白质提取物一起温育,形成 DNA、RNA- 蛋白质复合物。②将混合物加样到非变性的 PAGE 中,使蛋白质与 DNA、RNA 保持结合状态的条件下进行电泳分离,并用 ^{32}P 同位素放射自显影特点显现具放射性标记的 DNA、RNA 条带位置。

如果细胞蛋白提取物中不存在可与 ^{32}P 标记的探针 DNA、RNA 结合的蛋白质,那么所有的 ^{32}P 同位素探针都将集中在凝胶底部;反之,将会形成 DNA- 蛋白质或者 RNA- 蛋白质复合物。由于凝胶阻滞的原因,其特有的 ^{32}P 标记的探针 DNA 或者 RNA 条带都将滞后出现在较靠近凝胶顶部的位置,进而对 DNA、RNA 结合蛋白和特定的 DNA、RNA 序列间相互作用的定性和定量特性进行观察研究。

3. ^{32}P 同位素标记替代技术　EMSA 实验技术是用 ^{32}P 同位素标记人工合成的寡核苷酸形成探针。然而,由于同位素的放射性较强,且半衰期为 14.3 天,所以从 ^{32}P 同位素定购到探针标记、再到完成试验,必须在 14 天内完成,多种因素的影响限制了其在实验中的应用。

随着现代科技的发展,非同位素标记探针的 EMSA 试验技术应运而生,其中包括以地高辛标记探针的非放射 EMSA 实验技术。但是实验观察到地高辛标记的探针纯化后灵敏度弱,实验结果信号较弱,其使用也受到了限制。近年来,以生物素标记探针的 EMSA 实验技术,配合化学发光技术,较好解决了探针灵敏度的问题。

目前,随着生物素标记探针 EMSA 实验技术的普及和广泛应用,传统的以 ^{32}P 同位素标记的放射性实验正在逐渐被替代。这一变化不仅反映了科学技术的进步,也表明了研究者们对于更安全、更环保的实验方法的不断追求。

第四节　放射性废弃物的处理

放射性废弃物是指含有放射性核素或被其污染,且其浓度或比活度大于国家审管部门规定的清洁解控水平,并且预计不再利用的物质。在生物医学领域,放射性同位素和放射性药物在疾病诊断、治疗及科研中发挥着不可或缺的作用。然而,这些应用过程中产生的放射性废弃物,由于其特殊的物理和化学性质,对环境和人体健康构成潜在威胁。因此,对生物医学相关放射性废弃物的安全、有效处理显得尤为重要。

一、放射性废弃物的分类

生物医学相关放射性废弃物根据形态主要可分为液体废物、固体废物和气体废物。

1. **液体废物**　主要来源于放射性药物的制备和使用过程,如剩余的放射性药物溶液、清洗废水等。这些废液中含有一定量的放射性核素,需要特殊处理。

2. **固体废物**　包括使用放射性同位素进行示踪实验后产生的动物尸体、废弃的放射性药品包装、防护用品等。这些固体废物通常具有较高的放射性水平,需要妥善处置。

3. **气体废物**　主要来源于放射性药品制备和使用过程中产生的放射性气体,如氚气、氪气等。这些气体废物虽然体积较小,但也需要特殊处理以防泄漏和扩散。

二、放射性废弃物的处理方式

放射性废弃物的处理方式主要包括安全处置和最终处置两种方式。

1. **安全处置**　是指将放射性废弃物暂存在封闭系统中,限制其释放到空气、水体、土壤等环境介质中的过程。这种处置方式通常用于短期储存或等待进一步处理的放射性废弃物。安全处置主要包括以下措施。

（1）建立专门的放射性废弃物储存设施,确保设施符合国家安全标准,并配备必要的防护设备和监测设备。

（2）对放射性废弃物进行分类储存,避免不同性质的废弃物相互污染。

（3）定期对储存设施进行检查和维护,确保其正常运行和安全性。

（4）在储存期间,对放射性废弃物进行监测和管理,确保其放射性水平不超过安全限值。

2. **最终处置**　是指将放射性废弃物永久性地安置在专门的处置场所中的过程。这种处置方式旨在长期控制放射性废弃物的放射性水平,确保其对环境和人体健康的影响最小化。最终处置主要包括以下方式。

（1）深地质处置:将放射性废弃物埋入地下深处的稳定岩层中,通过地质屏障将放射性物质与生物圈隔离。这种方式是目前国际上广泛采用的放射性废弃物处置方式之一。

（2）海洋处置:将放射性废弃物投放到海洋中,利用海洋的稀释和扩散作用降低放射性水平。然而,这种方式存在一定的争议和风险,需要谨慎评估和实施。

（3）高空散布:将放射性废弃物通过飞行器投放到高空大气层中,利用大气层的稀释和扩散作用降低放射性水平。然而,这种方式也存在一定的风险和挑战,需要谨慎考虑和评估。

三、放射性废弃物处理的注意事项

在处理生物医学相关放射性废弃物时,需要遵守以下注意事项。

1. 严格遵守国家相关法规和标准,确保处理过程的安全性和环保性。

2. 对不同性质的放射性废弃物选择合适的处理方法,并严格控制处理过程中的条件和参数。

3. 采取有效的防护措施,确保操作人员和公众的健康和安全。这包括佩戴防护服、手套、护目镜等防护用品,以及保持处理区域的通风和清洁。

4. 对处理后的放射性废弃物进行长期监测和管理,确保其不会对环境和人体健康造成长期危害。

四、放射性废弃物的处理步骤

1. **放射性废液的处理**　放射性废液作为生物医学领域常见的废弃物之一,其处理过程需要高度的专业性和严谨性。以下是对放射性废液处理流程的详细介绍。

（1）收集和存储：在生物医学实验中，产生的放射性废液首先需要被及时、安全地收集。收集时，应使用具有防渗透、防挥发性能的专用容器，并确保容器的密封性良好，避免废液泄漏。收集后，废液应存储在专门的放射性废液存储设施中，这些设施应具备良好的通风、防火、防爆等安全条件。

（2）预处理：在正式处理之前，放射性废液可能需要经过一系列的预处理步骤，包括调节废液的pH、去除悬浮物、分离有机和无机成分等，以便后续处理过程更加高效、安全。预处理过程中，应严格遵循操作规程，并采取相应的防护措施，确保操作人员的安全。

（3）处理：放射性废液的处理方法多样，常见的包括化学沉淀法、离子交换法、蒸发浓缩法等。具体方法的选择需要根据废液的成分、放射性水平、处理目标等因素综合考虑。在处理过程中，应严格控制处理条件，如温度、压力、反应时间等，以确保处理效果符合国家标准。同时，处理过程中产生的废气、废渣等也需要妥善处理，避免二次污染。

（4）监测与评估：在处理过程中，需要对放射性废液进行实时监测和评估，包括监测废液的放射性水平、化学成分等指标，以及评估处理效果是否符合要求。通过监测和评估，可以及时发现并解决问题，确保处理过程的安全性和有效性。

（5）排放或处置：经过处理后的放射性废液，如果放射性浓度小于或等于"公众导出食入浓度"的废液可作非放射性废液处理，排入下水道系统。此外，也可将废液注入容器存放 10 个半衰期后，排入下水道系统。如废液中含有长半衰期核素，可先固化，然后作放射性固体废物处理。在排放过程中，应采取相应的安全措施，防止对环境和人体造成污染。

2. **放射性固体废物的处理**　放射性固体废物的处理是确保环境和人员安全的重要环节。以下是关于放射性固体废物处理的主要步骤。

（1）收集：①分类收集。根据放射性固体废物的性质，如可燃与不可燃、有无病原体及毒性等，进行分类收集。②污物桶要求。收集放射性固体废物的污物桶应具有外防护层和电离辐射标志，以确保操作安全。③放置位置。污物桶的放置点应避开工作人员作业和经常出入的地方，以减少不必要的辐射暴露。④塑料袋使用。污物桶内应放置专用塑料袋直接收纳废物，装满后应及时转送。

（2）存放：①贮存要求。放射性固体贮存应符合放射卫生防护要求，贮存间应安装通风设备，出入口有电离辐射标志。②容器标记。废物袋、废物桶及其他存放容器必须在显著位置标注废物类型、核素种类、比活度范围和存放日期等信息，以便于管理和监控。

（3）排放及转移：①短半衰期核素处理。对于短半衰期核素（半衰期 < 15 天），存放 10 个半衰期后，当放射性比活度降低至 7.4×10^4 Bq/kg 以下时，可作为非放射性废物处理。②长半衰期核素处理。长半衰期放射性废物应暂存放于衰变室，待其放射性水平降低后再进行后续处理。最终，这些废物应交由具有专业资质的机构进行回收和处理。③废弃密封放射源处理。GBq 量级以下的废弃密封放射源必须存放在具有足够外照射屏蔽能力的设施中，待进一步处理。

3. **放射性废气的处理**　放射性废气处理是确保环境安全的重要措施。针对放射性气体废物，主要有物理净化和化学净化两种处理方法。

（1）物理净化方法：①过滤是一种通过物理隔离的方式，使放射性废气通过滤料，从而去除废气中的气溶胶等放射性物质。常见的滤料有沸石、陶粒、石英砂等。但过滤方法对于放射性废气中物质的大小、化学性质、浓度等有一定的限制。②吸附是将放射性物质吸附在吸附剂上，使放射性物质得以去除。常用的吸附剂包括活性炭、沸石、多孔陶瓷等。吸附法具有适用范围广和处理效率高等优点。③洗涤是通过洗涤装置，利用液体与气体接触，将废气中的污染物转移到液体中，从而净化废气。④衰变储存适用于短寿命的放射性核素。通过储存使放射性核素自然衰变至低放射性或无放射性水平,再进行排放或处理。

这些方法在处理放射性废气时各有特点,但普遍存在处理成本较高的问题,特别是在处理大规模废气时。

（2）化学净化方法：①吸附法与物理吸附相似,但更注重利用化学反应将放射性物质固定在吸附剂上。这可以通过选择合适的吸附剂和条件来实现高效净化。②扩散稀释法通过增加废气体积或将其与大量清洁空气混合,从而降低放射性物质的浓度。这种方法适用于低浓度放射性废气的处理。③衰变储存法同样利用放射性核素的衰变特性,但更侧重于在化学环境中加速衰变过程。这可以通过添加催化剂或改变环境条件来实现。

总之,放射性废气的处理需要综合考虑废气的性质、处理成本及环境安全等因素。在实际应用中,通常会结合多种方法来实现高效、安全的废气处理。

第五节　电磁辐射类实验的防护与管理

电磁辐射类实验是指围绕电磁辐射现象开展的一系列科学实验,旨在探究电磁辐射的各种特性和规律,如电磁辐射的机制、传播途径、与物质的相互作用等。通过这类实验,可以更深入地了解电磁辐射的本质,研究电磁辐射对不同材料、生物体等的影响,测试和开发减少电磁辐射危害或利用其特性的方法和技术。

一、电磁辐射的基本概念

电磁辐射是一种能量以电磁波的形式通过空间传播的物理现象。任意一个振动的电荷在其周围都产生电磁场,并发射电磁波向远方辐射能量。电磁辐射的波长愈短,频率愈高,其辐射的量子能量就愈大。

电磁辐射有广义和狭义之分。由于现实环境中广泛存在的电磁辐射是各种不同强度和频段范围的非电离辐射,因此人们把非电离辐射特定为狭义的电磁辐射。本节主要讨论狭义的电磁辐射类实验的防护与管理。

二、电磁辐射的综合影响

（一）电磁辐射的传播途径

电磁辐射从辐射源到受体,主要通过三个传播途径：导线传播、空间辐射和复合传播。

1. **导线传播**　即依靠电磁耦合以导线为载体进行传输的过程。当射频装置与其他设备使用同一电源供电时,或当它们之间有电器连接时,电磁能量（信号）可通过导线传播。除此之外,信号的输出输入电路位于强电磁场中时,也会获取干扰信号,并将干扰信号传播。

2. **空间传播**　即电磁能量向空间发射的过程。电子电气设备在运行时,会向四周辐射电磁能量,类似于一个多型发射天线,充当辐射传播的载体。这些电磁能量产生的空间辐射可分为两类：①以场源为圆心,半径小于一个波长,传播以电磁感应为主的电磁能,将能量施加于邻近的电子装置、仪器设备和人体上；②以场源为圆心,半径大于一个波长传播电磁能量,以空间放射形式将能量作用于人体和敏感元件表面。

3.**复合传播** 导线传播和空间传播的联合作用可造成复合传播污染。

（二）电磁辐射对人体的生物效应

电磁辐射的健康效应表现为热效应、非热效应和累积效应三种生物效应。

1.**热效应** 是指电磁能由人体转化为人体内部的热能。将人体视为电磁场中的导电媒质，人体内部分子在外场作用下不停发生极化和磁化，相互摩擦和碰撞，使机体内部温度升高。当热量达到一定程度时，会杀死生物细胞，导致机体受损的现象，这是电磁辐射热效应。这种热作用可能造成对中枢神经系统的损害，引起心血管系统失调，损伤眼部，甚至影响遗传等。

2.**非热效应** 是外部电磁辐射对人体内部的低电磁干扰造成的，对人体有损害。人体的器官和组织都存在微弱的电磁场，它们稳定有序，吸收外部电磁并不会引起体内温度明显升高，但人体固有的电磁场受到干扰导致体内平衡状态的微弱电磁场遭到破坏，引起血液、淋巴及细胞的变化，人体因此遭受损伤。长时间的高频辐射可破坏脑组织细胞，引起神经系统机能紊乱，减少血细胞中白细胞和红细胞数量，并使血凝时间缩短等。

3.**累积效应** 主要是指当人体遭到电磁辐射的热效应和非热效应后，在本身修复完成以前，又受到电磁辐射，其伤害程度便可能发生累积，久之会成为永久性病态，危及生命。

（三）电磁辐射对设备的辐射效应

电磁辐射对设备的辐射效应是指电磁辐射作用于电子设备等而产生的各种影响。各种电子电气设备，特别是高频设备的广泛应用和窄间布置密度的大幅增加，都会形成干扰电磁场，对设备产生或大或小的影响。

1.**干扰效应** 电磁辐射可能会干扰设备的正常运行，特别是在无线通信设备中，无线电磁波辐射可能导致信号传输的干扰、降低设备的接收质量及导致通信不稳定。对于计算机设备，电磁辐射同样会产生干扰，尤其是在接近高压输电线路、电力变压器等电源设备时，电磁场强度较高，会对计算机内部的电路产生干扰，引发计算机系统崩溃、数据丢失等故障。

2.**损伤效应** 电磁辐射可能对电子设备的敏感元件、电路等造成物理性损伤。例如，电子设备中的传感器、集成电路等部件对电磁波辐射非常敏感，较高强度的电磁波辐射可能导致设备内部电路受到损坏，从而影响设备的性能和可靠性。电磁辐射还可能引起设备中电子元件的局部加热，进而损坏电子元件，甚至导致设备损坏。

3.**闩锁效应** 电磁辐射可能引发集成电路异常的电流通路，影响设备的稳定性和可靠性。当电磁辐射到达集成电路等半导体器件时，可能会在器件内部引发瞬间的高电流脉冲。这种脉冲可能会导致寄生的双极型晶体管被触发导通，形成低阻通路，从而引发闩锁效应。

4.**静电放电效应** 电磁辐射可能引发静电积累和放电，对设备造成损害。电磁辐射可以使电子设备或物体表面的电荷分布发生改变。当辐射能量足够时，会导致电荷的积累和分离，在局部形成较高的电场强度。随着电荷不断积累，当电场强度超过周围介质的击穿场强时，便可能引发静电放电，将积累的电荷快速释放，形成瞬间的电流和电火花。

5.**性能下降** 电磁辐射的频率非常高，能对电子设备产生干扰，影响其正常工作和性能。在医疗设备中，如X射线机、磁共振设备等，强大的电磁波辐射可能对设备的正常工作产生不可逆转的影响，甚至影响到患者的安全。

三、电磁辐射的防护方式

对于电磁辐射问题,应侧重于防而非治,如今已有许多方法可以防止电磁辐射污染。电磁辐射防护必须根据电磁辐射源、电磁敏感体、传播途径三方面来进行防护,旨在隔离辐射源和敏感体,切断传输途径。

1. **电磁屏蔽技术** 电磁波是电磁能量传播的主要方式,电磁屏蔽是通过切断电磁波的传播途径,减弱电磁波的辐射强度,使其在允许的范围内,从而消除其干扰。电磁屏蔽有主动屏蔽和被动屏蔽之分。前者是采用特殊手段将辐射源屏蔽起来,以减少电磁辐射对周围用电设备正常运行的影响。后者是指防止外部电磁波进入敏感体室内,即屏蔽室和个人防辐射防护。不论是主动屏蔽还是被动屏蔽,电磁屏蔽的机制都是通过屏蔽体产生损耗来减少电磁能量的传输。这些损耗包括:电磁波遇到屏蔽体,在屏蔽体表面的反射导致的反射损耗;电磁波进入屏蔽体在屏蔽体内传播时,部分能量转化为热量被屏蔽材料吸收导致的吸收损耗;电磁波进入屏蔽体内,在屏蔽体内部多次反射导致的多次反射损耗。通过损耗电磁辐射能量达到防辐射、防干扰的目的。

电磁屏蔽是最有效、最常用的防辐射、防干扰措施。电磁屏蔽作为抑制电磁辐射的基本方法,可以将其分为磁场屏蔽和电场屏蔽两种。磁场屏蔽是使用高磁导率的金属材料封闭磁力线,这样当磁场变化时,金属表面会产生涡流,从而起到屏蔽作用。电场屏蔽的工作原理是利用金属板或金属网良导体(或导电性能好的非金属)组成屏蔽体并良好接地,使辐射的电磁能量在屏蔽体上感应出电流,通过地线流入大地。屏蔽材料的性能是屏蔽效果好坏的关键,最常用的屏蔽材料是金属良导体。通常将金属制成片状、板状或网状的外壳来进行屏蔽。

2. **接地技术** 接地是将带有电磁屏蔽的屏蔽体接地,其目的是进一步抑制电磁辐射,消除公共阻抗的耦合效应,保障人身和设备的安全。接地分为静电接地、射频接地和高频接地。

(1)静电接地是指将带静电物体或有可能产生静电的物体(非绝缘体),通过低电阻的良导体与大地构成电气回路的接地。静电接地电阻一般要求不大于10Ω。

(2)射频接地是指把射频场源屏蔽体内的射频电流(感应生成)导入大地,形成等电势分布,使屏蔽体不成为射频辐射的二次场源,即通过低阻导线将设备屏蔽体与大地之间连接,形成电气通路,为高频干扰信号提供通路。

(3)高频接地是指将设备屏蔽体与大地或大地上公共点器件之间,采用低电阻导体连接起来形成电流通路,使屏蔽系统与大地之间形成等电势分布的一种接地方法。

接地的方法有:单点接地、多点接地和混合接地。对于辐射源频率小于1MHz的低频部分采用就近单点接地,以避免接地体之间的耦合影响,有利于减少干扰。而对于辐射源频率大于10MHz的设备采用多点接地为宜,但多点接地容易产生公共阻抗耦合问题,接地时必须使接地电阻非常小,而且接地线也要控制在几毫米范围内。混合接地是指根据具体需要同时采用单点接地和多点接地。

3. **滤波** 滤波也是防电磁辐射和电磁干扰有效措施之一,它在允许有用信号频率分量通过的同时,又能阻止其他干扰频率分量通过。一般滤波器都是由电阻、电容、电感等元件构成的网络,截止线路上的杂波信号。在电子电路中,电感线圈有通直流,阻交流作用,而电容有阻直流,通交流的功能。

4. **吸收防护** 吸收防护主要是利用吸收材料吸收一部分电磁辐射能量,使电磁波能量减少,达到防护目的。如在防护微波辐射污染方面,可以采用橡胶作为吸收材料。当微波射入吸收材料时,吸收材料表面由于电磁感应而产生了感应电流。由于吸收材料一般都不是理想的导体,其中必然存在一定的电阻,因此会在吸收材料内产生热损耗,保护设备、人员安全。

5. 远距离操作防护　根据电磁辐射的原理,近场区电场强度与辐射源到被照体之间的距离平方成反比。因此,适当增加辐射源与被照体之间的距离,可较大幅度地衰减电磁辐射强度,减少被照体受电磁辐射的影响。

四、人员防护措施

1. 防护衣是由铜丝或铝丝和棉丝或柞蚕丝编织而成,在衣领和袖口处衬有薄布。"柞蚕丝—铜丝"金属织布的屏蔽效率达 90% 以上。

2. 防护眼镜的基本材料是金属丝或金属膜,新型的眼镜是由化学处理工艺加工的有均匀微孔的金属薄片,装在活动启闭的轻型眼镜架上。

3. 防护头盔由网眼细小的铜网制成。它既可做成封闭型,覆盖人的整个头部,也可做成半罩式,只覆盖人的头顶和部分面部。

运行人员和辐射防护人员必须向进入辐射危密区域的人员说明他们在该区域的活动范围、安全程序和应采取的预防措施,包括加速器的运行情况、联锁装置和警告装置的使用、各种标志的意义等。

第六节　等离子体生物医学实验安全

等离子体是固体、液体、气体之后的物质存在第四态,是高能态的物质存在形式。自 2000 年以来,由于等离子体技术的突破,人类可以在大气压下产生接近室温的低温等离子体,使得等离子体在生物医学上的应用成为可能,并推动新兴的等离子体生物医学学科快速发展。

一、等离子体生物医学概述

等离子体生物医学是一门研究低温等离子体在生物医学领域应用的交叉学科,涉及物理学、化学、生物学和医学等多个领域。低温等离子体是一种由离子、电子和中性粒子组成的电离气体,具有独特的物理和化学特性,如高反应活性、可产生多种活性粒子和光子等。在生物医学领域,低温等离子体技术已广泛应用于杀菌消毒、皮肤病治疗、癌症治疗、材料表面改性、药物递送及促进伤口愈合等方面。随着学科的快速发展,国内相关研究团队也日益壮大。由于等离子体生物医学涉及多学科的交叉融合,且实验操作涉及高电压、气体放电、电磁辐射、生物安全等多方面的因素,因此实验安全操作显得尤为重要。本节将介绍低温等离子体特点及其生物医学应用,以及相关实验的安全及注意事项,以供该领域的研究人员、学生参考,确保实验顺利安全进行。

二、低温等离子体的特点

1. 非平衡态　低温等离子体最显著的特点之一是它通常处于非平衡态。这意味着在低温等离子体中,电子的温度远高于重粒子(如离子和中性原子)的温度。具体而言,电子的温度可以达到数万至数十万度,而气体的温度则接近于室温。

2. **高反应活性** 由于电子温度高,低温等离子体中存在大量的高能电子。这些高能电子具有足够的能量来打断化学键,促进各种化学反应的进行。因此,低温等离子体具有很高的反应活性,被广泛用于各种化学反应和材料改性过程。

3. **宏观温度低** 尽管电子温度很高,但由于重粒子温度低,整个系统的宏观温度保持在较低水平。这使得低温等离子体可以在接近室温的条件下进行操作,从而避免了高温可能带来的设备损坏和安全隐患,也有利于直接接触生命体及生物组织。

4. **高能量传递效率** 在低温等离子体中,电子从电场中获得能量,并通过碰撞将能量传递给分子。这种能量传递过程具有高效率,使得低温等离子体能够迅速加热和激活气体分子,促进化学反应的进行。

5. **可控性强** 低温等离子体的特性可以通过改变电源参数、气体组成和压力气体流量等因素进行调控。例如,通过调整电源的电压、频率和波形等参数,可以控制等离子体的电子密度、温度和化学组成。这种强可控性使得低温等离子体能够满足不同应用的需求。

6. **产生多种活性粒子** 低温等离子体能够产生多种活性粒子,如激发态分子、自由基、离子等。这些活性粒子在化学反应中起着重要作用,可以加速反应过程、改变反应路径或引发新的化学反应。因此,低温等离子体在化学合成、材料改性、生物医学等领域具有广泛的应用前景。

三、低温等离子体生物医学应用

1. **杀菌消毒** 低温等离子体中的活性粒子(如活性氧、氮物种等),能够破坏微生物的细胞膜和DNA结构,从而达到灭菌和消毒效果。与传统的化学消毒剂相比,低温等离子体具有无残留、无刺激、无耐药性等优点,特别适用于医疗器械、手术室、病房等场所的消毒。这种消毒方式不仅高效,而且对环境友好,不会产生有害的副产物。

2. **皮肤病治疗** 低温等离子体在治疗各种皮肤病方面显示出显著的效果。它能够促进皮肤细胞的再生,加速伤口愈合,并且对减轻炎症和疼痛具有积极作用。例如,对于湿疹、银屑病等顽固性皮肤病,低温等离子体治疗能够显著改善患者的症状,提高生活质量。

3. **促进伤口愈合** 低温等离子体处理能够促进伤口愈合的过程。它可以通过促进细胞增殖、加速血管生成以及减少炎症反应等机制,加速伤口的愈合速度,并减少瘢痕的形成。这种治疗方法对于烧伤、创伤等造成的伤口特别有效,可以显著缩短愈合时间,提高治疗效果。

4. **药物和基因递送** 低温等离子体技术可以用于改善药物和基因载体的表面性质,增强其与细胞的相互作用,提高细胞膜通透性等,从而提高药物和基因的递送效率。通过调节等离子体的参数,可以实现对药物和基因载体表面的精确处理,使其更易于被细胞识别和摄取。这种技术对于提高药物的疗效和降低不良反应具有重要意义。

5. **材料改性** 在组织工程中,低温等离子体技术可用于改善生物材料的表面特性,如亲水性、粗糙度等,从而促进细胞黏附和增殖。此外,低温等离子体还可以调节细胞外基质的形成,提高植入物的生物相容性和稳定性。这对于提高组织工程产品的质量和效果具有重要意义。

6. **生物分子的相互作用** 低温等离子体与蛋白质、核酸等生物大分子的相互作用可用于研究分子结构和功能,以及开发新型生物传感器。通过等离子体处理,可以改变生物分子的表面性质和化学环境,从而揭示其结构和功能之间的关系。这种技术对于生物医学研究具有重要意义,有助于深入了解生物分子的作用机制和疾病的发生发展。

7. **牙科应用** 低温等离子体可用于牙齿美白、牙齿表面处理及牙周病治疗。通过等离子体处理,可去除牙齿表面的色素和污垢,实现牙齿美白的效果。同时,低温等离子体还可以改善牙齿表面的光滑度和硬度,提高牙齿的耐磨性和抗腐蚀性。此外,对于牙周病等疾病的治疗,低温等离子体也可通过破坏细菌细胞膜和DNA结构的方式,达到杀菌消毒的效果。

8. 美容应用　低温等离子体技术为肌肤护理和抗衰老治疗带来了创新的方法。通过低温等离子体处理,可以深入肌肤表面,促进皮肤细胞的再生和胶原蛋白的生成,从而有效改善肌肤的弹性和紧致度。此外,低温等离子体还能有效去除皮肤表面的死皮细胞和污垢,使肌肤更加光滑细腻。对于青春痘、色斑等肌肤问题,低温等离子体技术也展现出良好的治疗效果,通过破坏细菌细胞膜和抑制炎症反应,帮助肌肤恢复健康状态。低温等离子体美容技术以其非侵入性、无不良反应的特点,成为现代美容行业的一种重要选择。

9. 癌症治疗　低温等离子体在癌症治疗方面也展现出一定潜力。它能够产生活性氧和氮物种等活性粒子,这些粒子可以选择性地损伤癌细胞的细胞膜和DNA,从而抑制肿瘤细胞的增殖并促进凋亡。此外,低温等离子体还可以通过激活免疫系统来增强机体对肿瘤细胞的攻击能力。与化疗药物结合使用,低温等离子体还可以提高药物的疗效并降低不良反应。

四、等离子体实验室安全规范

1. 安全制度及操作规程　①实验室安全工作制度:实验室应建立安全工作制度,并不断完善,确保所有实验操作都符合安全标准。制度中应明确实验室的安全目标、安全责任、安全操作规程等内容。②设备安全操作规程及注意事项:对于实验室内的主要设备,如高压电源、放电装置等,应编制详细的安全操作规程及注意事项。操作规程应明确设备的正确使用方法、操作步骤、安全注意事项及应急处置措施等。

2. 安全监督与事故处理　①安全监督:实验室应设立专职或兼职安全员,负责监督实验室安全规程的执行情况。安全员应定期检查实验室,检查设备状态、安全设施、安全操作规程的执行情况等。②事故处理:在发生人身或设备事故时,安全员应立即参与事故调查处理。事故处理应遵循"四不放过"原则,即事故原因未查清不放过、责任人员未处理不放过、整改措施未落实不放过、有关人员未受到教育不放过。

3. 高压实验安全管理　①任务下达:高压实验工作应由实验室技术负责人下达任务,明确实验目的、要求和安全注意事项。②人员配备:进行高压实验时,实验人员不得少于2人,并指定其中一名为实验负责人。实验负责人应具备相应的专业知识和经验,能够全面掌控实验过程并确保安全。③实验方案编写与审批:对于涉及主要实验设备的重要实验项目,实验负责人应组织编写高压实验方案。方案中应明确实验任务、时间、接线、使用设备、人员名单及分工、操作步骤、安全措施和安全监护人等关键信息。实验方案应由实验室技术负责人审批,确保方案的合理性和安全性。④实验过程监控:在实验过程中,应严格遵守安全操作规程,确保实验人员和设备的安全。实验负责人应密切关注实验过程,及时发现并处理异常情况。

4. 防火措施　①防火物资配备:实验室各个工作台边上应放置灭火毯等防火物资,以便在发生火灾时能够及时采取措施。②防火巡查与演练:实验室应定期进行防火巡查,确保防火设施完好有效。定期进行防火演练,增强实验人员的防火意识和应急处理能力。

5. 其他安全措施　①通风与排气:实验室应保持良好的通风条件,确保实验过程中产生的有害气体能够及时排出。②个人防护:实验人员应佩戴适当的防护装备,如防护眼镜、防护服等,以防止实验过程中可能发生的意外伤害。③危险物品管理:实验室内禁止存放易燃易爆物品,确保实验室的安全环境。对于其他危险物品,应严格按照相关规定进行管理和存储。

遵循以上安全规范,可以确保放电等离子体实验室的安全运行,为实验人员提供安全、有序的实验环境。

五、等离子体放电实验注意事项

1. **实验前准备**   实验人员应充分了解和掌握实验的具体内容、目的、原理以及操作步骤。同时,确保自己已经掌握了实验所需的所有安全知识和技能。检查电源、气源、通风等设备是否处于正常工作状态,验证防护装备如防护眼镜、手套、实验服等是否完好,并符合实验要求。

2. **高压部分连接与绝缘处理**   在加高压之前,应遵循以下步骤以确保安全。①连接检查:仔细检查高压部分连接线,确保没有短路或断路现象。②绝缘处理:对高压部分进行充分的绝缘处理,与实验台等周围物品保持安全距离。③电源开关检查:确认实验装置的电源开关有明显可见的断开点,以便在紧急情况下能迅速切断电源。

3. **升压过程与异常情况处理**   在升压过程中,应严格遵循以下安全操作。①缓慢升压:升压过程应缓慢进行,并随时监测电压,确保不超过实验设置的最高数值。②异常情况处理:若发现设备过热、火花放电等异常情况,应立即降低电压、关闭电源,并停止实验。对实验设备和电子器件进行充分放电接地后,方可进行检查。查明原因并处理后,方可恢复实验。

4. **高压放电操作与检查**   在检测高压接线等部位时,应使用高压放电操作棒,并遵循以下步骤。①使用高压放电操作棒:对实验设备和器件进行接地放电。②操作注意事项:使用接地放电操作棒时,手不得超过握柄部分的护环,以防触电。③直接检查:接地放电结束后,可直接用手检查高压接线等是否正常。

5. **实验结束后的清理与关闭**   实验结束后,应进行以下操作以确保实验室安全。①拆除临时接线:拆除自装的临时接线电路,保持实验室整洁。②清理现场:清理实验现场,确保没有遗留的杂物或危险品。③关闭电源和气源:关闭所有电源和气源,确保实验室安全。

6. **电磁屏蔽防护**   对于涉及脉冲电源的实验,特别是微秒及纳秒脉冲电源,应采取电磁屏蔽防护措施。①电磁辐射影响:了解脉冲电源产生的高频电磁辐射可能对周围电器和人体产生的影响。②屏蔽措施:可制作不锈钢柜子将脉冲电源放置其中,以屏蔽其电磁辐射对周围电器的影响,并保护人体生理机能。

7. **眼部保护**   在观察等离子体时,应特别注意眼部保护:①避免直接观察:不可用眼直接长时间(30秒以上)观察等离子体的发光状态。②使用护目镜:如确实需要观察,应戴上专用的护目镜进行观测。

8. **定期维护与检查**   为确保实验室设备的正常运行和实验安全,应定期进行以下工作。①设备检查:对实验设备进行定期检查和维护。②损坏更换:如发现设备损坏或异常,应及时报修并更换。

第七节   辐射类实验工作人员的管理及事故应急处理

为了有效预防和规范各类辐射事故的应急处置,提高应对辐射事故能力,最大限度地控制和减少事故造成的危害和后果,确保公众和工作人员的健康安全,需要对辐射类实验工作人员进行规范的管理,并制定事故应急处理方案。

一、辐射类实验设备工作人员岗位职责

根据《放射性同位素与射线装置安全和防护条例》的要求,结合本单位辐射类装置的使用实际,为安全使用防护管理好本单位辐射类装置。各使用单位应明确辐射类装置管理机构及各级负责人职责,包括管理负责人、防护负责人、管理人员及工作维护人员等。

1. **管理负责人职责**　①认真贯彻执行国家颁布的辐射源使用与防护的有关规定和条例,对辐射类装置的安全使用、防护、人员设施的配备负全面管理职责。②根据《放射性同位素与射线装置安全和防护条例》的要求,对在用、备用、拆卸的辐射类装置的使用管理、安全防护负责,组织制定辐射类装置防护管理机构、安全防护管理制度及相应的有关规程,确保辐射防护工作符合国家有关规定和标准。

2. **防护负责人职责**　①对辐射类装置的保管、使用、防护负全面职责。②负责管理辐射类装置的使用,到达国家规定的安全防护要求,确保辐射防护工作符合国家有关规定。③制定辐射类装置的安全防护管理制度及安全操作规程,从技术措施上保证辐射类装置的安全使用。④组织有关人员对辐射类装置防护、使用、保管,每季度不少于一次检查,并做好检查记录。

3. **管理人员职责**　①认真贯彻执行国家颁布的放射性同位素使用、防护的有关规定和条例,对本部门辐射类装置的安全使用、防护、人员设施的配备负全面管理职责。②负责管理本部门辐射类装置的使用、存放,到达国家规定的安全防护要求,确保辐射防护工作符合国家有关规定。③负责管理本部门维护人员的业务学习及专业培训,对维护人员务必持证从事本部门辐射类装置的维护工作。

4. **工作维护人员职责**　①遵守辐射类装置安全防护管理制度中的各项规定,并严格按制度执行。②遵守辐射类装置的安全操作规程,按规程要求维护好放射性装置,并保证放射性装置的正常安全使用。③遵守国家制定的辐射源的各项规定,严格按标准工作。④负责对辐射类装置进行安装、调试、校准及日常维护工作。

二、辐射类实验设备安全操作及防护

1. **安全操作规程**　①遵守国家颁布的辐射源与辐射类装置的有关规定和条例,根据标准安装、使用操作与维护。②依据操作手册或说明书正确使用与维护。③在辐射源周围工作时,长期工作地点务必距离1m以外。④检测、调试、维护辐射类装置时,工作人员务必穿戴放射防护劳动保护用品。⑤更换辐射类装置时,务必关掉射线源,更换工作完毕方可打开辐射源的封闭块。⑥在辐射源周围工作一般不要超过2小时,超过2小时的工作应轮流操作。⑦距放射源2m内,不许进行电焊,如务必电焊,应暂时将辐射源关掉。⑧不允许人为损坏辐射源壳体的密封性能,不允许砸、敲、甩辐射源壳体。

2. **安全防护管理制度**　①按照国家规定制定辐射类装置防护组织机构与职责。②按照有关规定对放射性同位素许可登记,由市级卫生防疫部门对放射性装置每年定期进行监测、检查,对维护工作人员进行定期专业培训及体检,以保证安全使用辐射类装置。③辐射类装置的安装、拆卸、转移、维护、测试由各部门从事维护工作人员进行,技术人员进行协调并协同参加,其他人员不得随意参与。④现场安装辐射源检测仪表后,应请辐射防护监督部门测量现场周围的辐射剂量,若超过规定标准,应采取相应的屏蔽措施。⑤定期检查辐射源壳体的闭塞块(即开关)性能,保证闭塞块手柄转动灵活,使辐射源处于十分安全完好状态下工作。⑥辐射类装置务必设有安全警告标志,设定安全防护距

离,以防他人随意接近。⑦辐射类装置专业维护人员,务必经过市级防疫部门进行专业防护安全知识培训,掌握放射防护相应护辐射类装置。⑧备用、拆卸存放在供应科仓库的辐射类装置务必统一存放在较为安全的地方,务必存放在安全的屏蔽专用箱内,务必由专人负责并掌管专用箱钥匙。⑨辐射源不得与易燃、易爆、腐蚀性的物品放在一起,其储存场所务必具有防火、防盗、防泄漏的安全防护措施。⑩若辐射类装置封闭损坏或失效时,则禁止使用;一旦辐射部件损坏,在辐射源周围圈起一个5m直径的范围,竖立一个警告标记,禁止行人走近此范围。⑪发生辐射类事故时,立即采取防护措施,保护事故现场,控制事故影响,并立即向环保、公安部门报告。⑫禁止抛弃辐射类装置。

三、辐射类实验工作人员防护与管理制度

1. **工作人员防护管理制度** ①辐射工作人员要认真学习国家放射卫生法规、标准,接受定期健康体检、个人剂量监测和防护知识培训,持《放射工作人员证》上岗。②辐射工作人员要熟练掌握业务技术,增强辐射防护意识,工作时必须采取时间、距离防护措施,穿戴个人防护用品,严格掌握X线检查适应证,避免非必要照射。③辐射工作人员在透视前必须做好暗适应,在不影响诊断质量的前提下,应尽可能在"高电压、低电流、厚过滤、小视野"下工作。④辐射工作人员要经常检查X射线机、工作指示灯等设备,使其处于最佳工作状态,机房内严禁堆放与诊断无关的杂物。⑤有专职或兼职辐射防护管理人员,要建立健全辐射类装置使用、维护、监督监测等档案。

2. **工作人员管理规章制度** ①准备参加辐射工作的人员,必须进行体检,不适合者不得参加。②根据省防疫站及有关部门要求,每年组织辐射人员进行体检,并将检查情况记入个人健康档案。③建立辐射人员健康档案。④放射保健休息期间,不得接触辐射源。⑤辐射人员每季进行一次血常规检查,必要时可进行全面体检,以保证工作人员身体健康。⑥不适合从事辐射工作的人员,如18岁以下者、孕妇或其他情况下,可酌情调换工作,或者给予减少接触、短期脱离等处理。⑦辐射人员的劳保措施,按国家劳保部门和有关部门的现行规定执行。⑧及时送事故受射人员到医疗卫生防护单位进行剂量测定,视受照剂量和损伤情况,作出相应的处理,并记入本人保健档案。

3. **机构管理与操作人员培训** ①辐射源使用单位应设立辐射安全管理机构,建立安全组织,实行"一把手"负责制。②管理与操作人员要进行岗位培训并获得上岗证书。每年进行辐射安全方面的环保专业培训,内容包括辐射安全知识、放射安全管理制度和事故应急处理等。③辐射源实行专人保管,实行管理、使用分离原则,杜绝"以使带管"现象,防止辐射源失控现象。

4. **辐射剂量监测规章制度** ①凡在单位从事辐射工作的人员都必须按要求参加个人剂量监测。②剂量计须戴在工作服左胸前,严禁随意打开或不佩戴。③工作结束后,严禁将剂量仪放置工作间,应远离工作场所,放置办公室。④禁止将剂量计放置工作台进行大剂量长时间照射,工作时必须佩戴,违者从严处理。⑤保管好个人剂量计,损坏、丢失剂量仪按规定向负责人赔偿损失。

四、辐射类实验事故应急预案

1. **总则** 根据《中华人民共和国放射性污染防治法》和《放射性同位素与射线装置安全和防护条例》等相关法规,为加强辐射防护安全,规范和强化应对突发辐射类事故的应急处置能力,提高师生员工对放射事故应急防范的意识,最大限度地保障辐射工作人员与公众的安全,维护正常和谐的辐射诊疗秩序。为确保辐射类事故早发现、速报告、快处理,建立快速反应机制,制定应急预案。

2. **应急组织** 成立辐射类事故应急处理工作领导小组,组长为本单位法人代表,副组长为主管领

导及辐射实验室负责人,成员各相关人员组成。

3. **应急组织主要职责** ①负责组织应急准备工作,调度人员,指挥其他各应急小组迅速赶赴现场,首先采取措施。②保护工作人员和公众的生命安全,保护环境不受污染,最大限度控制事态发展。③对辐射类事故的现场进行组织协调,安排救助,禁止无关人员进入,保护现场,指挥辐射类事故应急救援行动。④迅速、正确判断事件性质,负责向上级行政主管部门报告辐射污染事件应急救援情况。⑤负责恢复本单位正常秩序,稳定受照人员情绪等方面的工作。

4. **应急控制措施** ①在辐射控制区进出口及其他适当位置,设有电离辐射警告标志和工作指示灯。②一旦有应急事件发生,工作人员应首先关闭辐射源,保证其他人员立即脱离有害射线,并进行下一步的处理,同时保护自己,减少伤害。③工作人员应按照上级要求佩戴剂量计。如有事故发生,应即启动应急指挥系统,按照应急处理机构的人员和措施进行。

5. **辐射源屏蔽外壳破损和掉源事故的应急处置** ①保护现场,立即疏散无关人员。②立即对可能接受超剂量人员,进行脱衣、清洗等医学处理。③立即报告县级以上环保部门。④在放射事故现场设立一个警戒区,并设立电离辐射警示标志。⑤由辐射安全的专业部门及人员对辐射源屏蔽体进行测量,评价其安全性能。⑥对于不能正常使用的辐射源,按照辐射源回收协议进行处理。⑦做好记录,并对事故原因进行分析。

6. **事件报告制度** ①辐射类装置一旦出现超剂量照射发生放射事故的情况,应立即将人员情况及具体照射量必须于1小时内报告医务室。辐射事故发生后应立即停止使用有关仪器,并进行检修。②辐射源丢失、被盗的辐射类事故由保卫科向公安机关报告;造成环境辐射污染的,还应当同时报告当地环境保护部门;人体受到超剂量照射的放射事故由医务科向市级疾病预防控制中心报告。③不按规定程序和时限报告或者阻挠、干扰有关科室执行职责的,对有关责任科室和责任人员追究行政责任;发现或者遇到问题时,应首先报告科室负责人。④由科室负责人上报医务科,再由医务科上报上级部门。程序可参照国家《放射性同位素与射线装置安全和防护条例》规定,在2小时内填写《辐射事故初始报告表》,向当地环境保护部门和公安部门报告。造成或者可能造成人员超剂量照射的,还应同时向当地卫生行政部门报告

7. **保障措施** ①放射卫生科和急诊专家组成技术专家小组保障技术。②医院总务科、医务科和保卫科负责后勤工作保障。③先由医院支付保障经费,事件结束后再定责任。④放射科与放射卫生科、急诊科、临床相应科室、保卫科、后勤和院长办公室保障保持联络。⑤时常根据《放射性同位素与射线装置安全和防护条例》等进行学习,依法行医,提高预防突发事件发生的保障意识。

8. **应急电话** 政务服务便民热线:12345;公安报警电话:110;医疗急救电话:120。

五、辐射类实验事故的应急处理措施

辐射事故是指放射源丢失、被盗、失控,或者放射性同位素和射线装置失控导致人员受到意外的异常照射。

1. **辐射事故分级** 根据《生态环境部(国家核安全局)辐射事故应急预案》,按照辐射事故的性质、严重程度、可控性和影响范围等因素,将辐射事故分为特别重大辐射事故、重大辐射事故、较大辐射事故和一般辐射事故四个等级。

(1)特别重大辐射事故(Ⅰ级):凡符合下列情形之一的,为特别重大辐射事故。

1)是指Ⅰ类、Ⅱ类放射源丢失、被盗、失控造成大范围严重辐射污染后果。

2)放射性同位素和射线装置失控导致3人以上(含3人)急性死亡。

3）放射性物质泄漏，造成大范围（江河流域、水源等）放射性污染事故。

4）国外航天器在我国境内坠落造成环境放射性污染的事故。

（2）重大辐射事故（Ⅱ级）：凡符合下列情形之一的，为重大辐射事故。

1）是指Ⅰ类、Ⅱ类放射源丢失、被盗、失控。

2）放射性同位素和射线装置失控导致2人以下（含2人）急性死亡或者10人以上（含10人）急性重度放射病、局部器官残疾。

3）放射性物质泄漏，造成局部环境放射性污染事故。

（3）较大辐射事故（Ⅲ级）：凡符合下列情形之一的，为较大辐射事故。

1）Ⅲ类放射源丢失、被盗或失控。

2）放射性同位素和射线装置失控导致9人以下（含9人）急性重度放射病、局部器官残疾。

3）铀（钍）矿尾矿库垮坝事故。

（4）一般性辐射事故（Ⅳ级）：凡符合下列情形之一的，为一般辐射事故。

1）Ⅳ、Ⅴ类放射源丢失、被盗或失控。

2）放射性同位素和射线装置失控导致人员受到超过年剂量限值的照射。

3）铀（钍）矿、伴生矿严重超标排放，造成环境放射性污染事故。

2. 辐射防护用品　辐射防护用品有防护铅衣、防护靴、防护手套、防护屏风、防护眼镜等。

3. 辐射应急用品　辐射应急药品有：①放射损伤防治药，如雌三醇、尼尔雌醇、炔雌醇等；②放射性核素阻吸收药，如碘化钾片、普鲁士蓝等；③吸附或沉淀药，如药用活性炭、硫酸钡、氢氧化铝等；④其他药品，如盐酸阿扑吗啡、吐根酊、双醋酚丁等。辐射应急物资有：除污染洗消器械、担架、救护车、去污箱。

4. 辐射事故应急处理措施

（1）当发生人体受超剂量照射事故时，应迅速安排受照人接受检查或者在指定医疗机构救治，同时对危险源采取应急安全处理措施。

（2）当发生工作场所放射性核素污染事故时，应采取以下应急措施。

1）立即撤离所有工作人员，封锁现场，切断一切可能扩大污染范围的环节，迅速展开检测，严防对食物、牲禽及水源等环境的污染。

2）对可能受到放射性核素污染或者放射损伤的人员，立即采取暂时隔离和应急救援措施，在采取有效个人安全防护的情况下，组织人员彻底清除污染，并根据需要实施其他医学救治及处理措施。

3）迅速确定放射性核素种类、活度、污染范围和污染程度。

4）污染现场尚未达到安全水平以前，不得解除封锁。

5）非密封源污染事故的处置：根据监测分析掌握的核素种类及大致活度，初步判定污染范围及污染水平，研究确定去污方法。当放射性液体污染墙壁、地面、设备时，采用吸水纸或脱脂棉吸干，处理时应从污染较轻处向污染较重处进行。若有放射性粉尘污染，可使用吸尘器或湿抹布收集，湿抹布不可重复使用。经第一步的处理，用表面沾污仪测定污染水平，根据污染水平选择使用水冲洗、草酸擦洗、络合剂二乙胺四乙酸二钠盐（EDTA-Na$_2$）络合处理。人的手、皮肤或衣服受到污染后，手和皮肤使用棉签（蘸10%的EDTA-Na$_2$洗液）擦洗污染处2～3分钟后再用清水冲洗。受污染衣服、处理后的湿布等沾污废料完全收集并按放射性固废管理要求进行处置。

（3）当发生放射源丢失、被盗事故时，事故单位应当保护好现场，并认真配合公安部门进行立案、侦破丢失的放射源。

（4）事故发生后协助卫生环保行政部门有关人员赶赴事故现场，核实事故情况，估算受照剂量，判断事故类型级别,提出救治措施及救治方案,迅速进行立案调查;协助公安机关负责事故现场的勘察、收集证据、现场保护和立案调查,并采取有效措施控制事故的扩大。

📝 习 题

一、不定项选择题

1.电磁辐射是指（ ）

A.空间中静止电荷产生的电场

B.空间中静止电荷产生的磁场

C.由空间共同移送的电能量和磁能量以电磁波的形式从辐射源发射到空间的现象

D.物质内部的能量转换过程

E.电荷的运动状态发生改变但不会产生辐射

2.电磁屏蔽技术的主要目的是（ ）

A.增加电磁辐射强度

B.消除电磁波的干扰

C.加速电磁波的传播

D.提高电磁敏感体的敏感度

E.减弱电磁波的辐射强度

3.接地技术中,( )适用于辐射源频率小于1MHz的低频部分

A.静电接地　　B.射频接地　　C.高频接地　　D.多点接地　　E.混合接地

4.放射性实验需要采取的正确措施是（ ）

A.佩戴个人辐射剂量计,可以知道当天接受的剂量和累积剂量,并将其控制在安全水平下

B.实验时必须戴好专用的防护手套、口罩、穿工作服,实验完毕,立即洗手或洗澡

C.实验时,力求迅速、熟练,尽量减少被辐射的时间,并应尽可能地利用夹具、机械手来操作,以便远离辐射源,同时应设置隔离屏蔽

D.运行人员和辐射防护人员必须向进入辐射危密区域的人员说明他们在该区域的活动范围、安全程序和应采取的预防措施

E.以上都是

5.下列不符合辐射源安全管理要求的是（ ）

A.领取及归还辐射源时,须进行登记

B.辐射源贮存室应当经常让卫生员打扫卫生

C.储存室里不得放置乙醇等易燃挥发性液体

D.定期进行放射剂量检测

E.辐射源仪器门口必须挂明显的电离辐射标记

6.关于放射性废弃物的处理,正确的是（ ）

A.少量的含有放射性物质的废水,可直接用大量水稀释后冲入下水道

B.放射性固体废物可暂时放回贮存室

C.放射性废液可用烧杯等先收集,并放实验室角落等待进一步处理

D.实验后直接将含有放射性成分的气体通过公共净化排风系统排出

E. 放射性废液通过适当处理后,是可以排放到下水道的

7.等离子体生物医学实验中正确的是( )

　　A. 在不了解实验目的情况下,直接帮别人做放电实验

　　B. 打开高压电源,直接旋转并调节电压到目标位置

　　C. 实验前,应确保气路已经开启,高压电源接线牢固可靠,并与周围操作台保持安全绝缘距离

　　D. 脉冲电源实验不需电磁屏蔽箱,设备无需隔离

　　E. 放电异常情况下,关闭电源后可直接上手调整高压线路接线

8.辐射源包括( )

　　A. 微波炉　　　　B. 医用 CT 机　　　C. 质子束治疗仪　　D.^{127}I　　　　E.^{60}Co

9.等离子体放电实验中错误的是( )

　　A. 可直接用眼长时间观察等离子体放电状态

　　B. 打开电源,应该缓慢提高电压

　　C. 高压部分线路要确保连接牢固

　　D. 做好接地

　　E. 高压部分要与周围环境做好绝缘

10.在内照射情况下,α、β、γ 放射性物质的危害程度依次为( )

　　A. α＞β＞γ　　　　B. γ＞β＞α　　　　C. γ＞α＞β　　　　D. γ＝α＞β　　　　E. α＞β＝γ

11.电离辐射能使物质原子或分子中的电子成为( )

　　A. 消失　　　　　B. 中子　　　　　C. 质子　　　　　D. 自由态　　　　E. X 射线

12.遵照 GB 18871—2002《电离辐射防护与辐射源安全基本标准》的规定,各种放射实践使公众中有关关键人群组的成员所受到的平均剂量估计值中,特殊情况下,如果 5 个连续年的年平均剂量不超过 1mSv,则某一单一年份的有效剂量可提高到( )

　　A. 2mSv　　　　　B. 3mSv　　　　　C. 4mSv　　　　　D. 5mSv　　　　　E. 6mSv

13.下列不属于放射源散落事故的主要响应行动的是( )

　　A. 人员撤离并隔离散落区域

　　B. 戴呼吸防护器,穿防护服

　　C. 辐射评价人员到场进行评价支持

　　D. 为现场处置建立外照射屏蔽装置

　　E. 为现场处置建立安全范围标志

14.放射源火灾事故的主要响应行动错误的是( )

　　A. 为防止受到污染,先找仪器监测,确认没有环境污染,再灭火、救人

　　B. 按常规灾害应对程序处理,首先灭火、救人

　　C. 隔离事故区域

　　D. 让非必要人员离开事故区域

　　E. 做好个人防护再行动

15.国家标准对应急响应人员的剂量控制水平的要求中,一般应急行动不大于( )

　　A. 20mSv　　　　　B. 50mSv　　　　　C. 100mSv　　　　　D. 300mSv　　　　E. 500mSv

16.α 粒子的初始动能范围( )

　　A. 5～9MeV　　　B. 5～9GeV　　　　C. 5～9keV　　　　D. 5～9eV　　　　E. 5～0.9eV

17.中子被物质吸收后,常伴随着的变化不包括( )

A. 辐射俘获　　　　B. 中子慢化　　　　C. 产生放射性核素　　D. 生产放射源　　　E. 具有放射性

18. ^{60}Co 源的 γ 射线的平均能量为（　　　）

　　A. 1.17MeV　　　B. 1.25MeV　　　C. 1.33MeV　　　　D. 0.75MeV　　　　E. 0.55MeV

19. 辐射防护的目的（　　　）

　　A. 避免确定性效应的发生, 将随机性效应的发生率降低到可以合理达到的最低水平

　　B. 避免有害的确定性效应的发生

　　C. 降低随机性效应的发生概率

　　D. 彻底消除辐射的危害

　　E. 消除辐射的生物学效应

20. 进行 ^{32}P 同位素实验时, 至少为实验人员同时配备（　　　）台辐射检测仪

　　A. 1　　　　　　B. 2　　　　　　C. 3　　　　　　D. 4　　　　　E. 5

21. 在 EMSA 试验中, 可以被 ^{32}P 标记的物质是（　　　）

　　A. 蛋白质　　　B. 酶　　　　　C. 胆固醇　　　　D. RNA　　　　　E. DNA

22. EMSA 实验中, 可以替代 ^{32}P 同位素进行核酸探针标记的物质是（　　　）

　　A. 脂肪酸　　　B. 丽春红　　　C. 生物素　　　　D. 结晶紫　　　　E. 亚甲蓝

二、判断题

1. 电磁辐射是电荷的运动状态发生改变或者物质内部的能量转换等多种因素共同作用的结果。（　　　）

2. 电磁屏蔽技术只能主动屏蔽, 无法被动屏蔽。（　　　）

3. 接地技术的目的是进一步抑制电磁辐射, 消除公共阻抗的耦合。（　　　）

4. 放射性核素药品用完可直接扔到医疗垃圾桶里。（　　　）

5. 放射性设备操作可由实验的学生自行操作。（　　　）

6. 用蘸有 75% 消毒乙醇的抹布擦拭放射性贮藏室的桌面、物件等, 进行消毒。（　　　）

7. 实验人员只要经过实验室的常规实验操作培训, 就可以从事 ^{32}P 放射性同位素相关实验。（　　　）

8. 使用完毕的 ^{32}P 同位素实验废物可以直接放入垃圾桶, 进入常规实验室废物处理过程。（　　　）

9. 使用高频的脉冲电源时, 要进行电源的屏蔽防护。（　　　）

10. 放射性固体废物放置一段时间后可以直接掩埋处理。（　　　）

11. 可直接用手碰触等离子体射流感受温度。（　　　）

12. 半衰期只有 1 天的放射性核素废液可直接倒入卜水道。（　　　）

13. 在人类的生活环境中, 在任何地方和任何时刻都会受到电离辐射的照射。（　　　）

14. 人员离开控制区, 必须进行体表污染检查。（　　　）

15. 太阳光是电离辐射。（　　　）

16. 放射性物质在体外进行的照射称为外照射, 放射性物质在体内进行的照射称为内照射。（　　　）

17. 在控制区内只要严格按规定穿戴辐射防护用品, 就不会受到辐射照射。（　　　）

18. 空气污染不仅有内照射风险, 而且还有外照射风险。（　　　）

19. 进入高辐射区前, 必须使用便携式仪表测量辐射水平。（　　　）

20. 工作人员可以使用电子剂量计测量场所辐射水平。（　　　）

答案

一、不定项选择题

1. C 2. E 3. A 4. E 5. B 6. E 7. C 8. BCE 9. A 10. A 11. D 12. D 13. C
14. A 15. B 16. A 17. B 18. B 19. A 20. B 21. DE 22. C

二、判断题

1. √ 2. × 3. √ 4. × 5. × 6. × 7. × 8. × 9. √ 10. × 11. × 12. × 13. √
14. √ 15. × 16. √ 17. × 18. √ 19. √ 20. ×

（吴春生　姚　璐　许德晖　卢晓云　郭　宁）

第十二章　虚拟仿真实验与实验数据安全

随着教育数字化时代的到来,虚拟仿真实验建设作为高等教育信息化的重要组成部分,已进入高速发展快车道,在高校的实践教学中得到广泛应用,对提升实验教学效果、扩展实验教学内容发挥了重要作用。虚拟仿真实验使用虚拟现实、多媒体、人机交互等技术,构建高度仿真的虚拟实验环境和实验对象,可实现真实实验难以达成的教学目标。这些虚拟实验帮助解决了实验教学中的安全问题,提供了立体化的知识呈现,并增强了学生的主动性、积极性和创造性,不仅可以帮助学生验证理论知识,还提供了动手操作的机会,促进了学生对实验步骤和整体实验意义的理解,还鼓励学生进行创新和探索。虚拟仿真实验虽然避免了传统实验中直接接触有害物质和危险环境的风险,但仍然存在一些安全问题和挑战。

第一节　虚拟仿真实验

虚拟仿真实验是一种基于计算机技术的模拟实验方法,通过建立数学模型和物理仿真模型,利用计算机软件对实验进行模拟和模拟计算得到实验结果,减少实验资源和时间的消耗,提高实验效率。它在许多领域的科学研究和工程应用中发挥着重要的作用。与传统实验相比,虚拟仿真实验具有更好的可控性、可重复性和安全性,能够减少资源投入,提高实验效率。其具体优势如下。

（1）可控性:在虚拟仿真实验中,可以精确地调整各种实验条件,观察和记录实验过程中的各个参数和变量,以获得更准确的实验结果。

（2）可重复性:在实验过程中,可以随时保存实验数据和结果,方便进行重复实验和对比分析,提高实验结果的稳定性和可靠性。

（3）安全性:在一些需要高风险操作或在特殊环境中进行实验的领域,可以通过虚拟仿真实验来避免潜在的危险和损失。

（4）低成本,无伤害:虚拟仿真实验能够模拟多种实验场景,可以满足学生对不同实验的需求。例如,学生可以在不受时间和空间限制的情况下,随时随地进行学习;通过虚拟仿真实验能够使学生了解不同实验仪器的操作流程及注意事项等内容,掌握各种仪器的使用方法;可以完成包括物理、化学、生物、机械、机电等多个学科的实验操作;可以根据自己的喜好选择不同类型的实验课程,通过自主设计、操作、训练等方式,可以模拟各种真实场景,在虚拟的场景中完成各种实验操作;除此之外,虚拟仿真实验还能完成对学生的实验考核,见图12-1。

一、虚拟仿真实验管理注意事项

尽管虚拟仿真实验具有许多优势,为确保获得更好的学习效果,虚拟仿真实验在管理、学习和使用过程中也存在需要注意的问题。

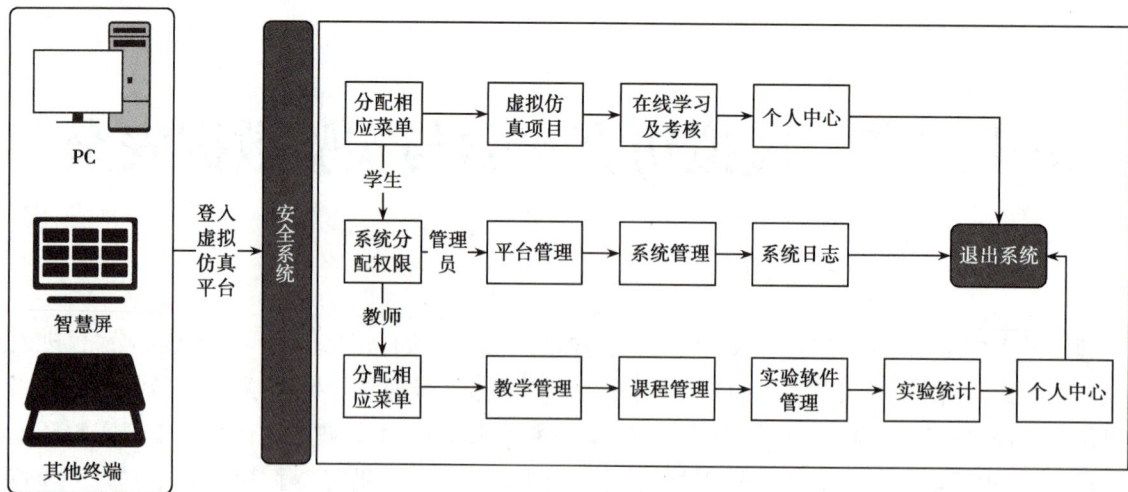

图 12-1　虚拟仿真实验流程示意图

1. 教学资源配置　注意遵循"虚实结合、相辅相成、能实不虚"的指导原则,合理配置教学资源。对于可以在实验室实施且易于操作的实验项目,允许学生在实验室进行实际的实践练习,而不采用虚拟仿真技术。

2. 软硬件环境　软硬件环境需达到虚拟仿真实验运行的要求。一是网络环境需要部署高带宽无线网络和大容量存储设备。二是在硬件设备方面,需要将服务器部署到大型计算机集群,实现云服务器集群,并为其配备平板电脑和其他终端设备。三是在软件研发方面,需要开发具有三维显示效果的移动终端软件和具有智能分析能力的服务器软件。

3. 用户操作规程　虚拟仿真实验用户要遵守安全操作规程,不得进行破坏性操作,不得随意修改密码和配置参数,不得修改或删除系统文件。开设实验的部门设有专业维护人员进行故障记录及处理。

二、虚拟仿真实验学习注意事项

1. 理解虚拟实验目的和原理　这是使用虚拟实验系统的第一步。虚拟实验系统的目的是为学生提供实验经验,帮助学生理解实验过程和原理,并培养其实验技能。

2. 合理安排虚拟实验的使用时间　虚拟实验系统通常是在线上进行,学生可以根据自己的时间安排选择使用虚拟实验系统的时间,避免过度依赖虚拟实验系统而影响其他学习任务的完成。

3. 注意实验过程中的安全问题及解决措施

（1）安全问题

1）数据安全:虚拟仿真实验通常需要收集和处理大量的数据,包括实验设计、操作过程和结果数据。这些数据的存储和传输需要确保安全,防止数据泄露或被未授权访问。

2）软件安全:虚拟仿真实验软件可能会成为黑客攻击的目标,因此需要定期更新和修补安全漏洞,确保软件的安全性。

3）隐私保护:在进行虚拟仿真实验时,可能会收集用户的个人信息和行为数据。保护这些信息的隐私,防止滥用,是必须考虑的安全问题。

4）心理安全:对于一些涉及敏感内容的虚拟仿真实验,如医学或心理学实验,需要考虑对参与者的心理影响,确保实验内容和方法不会对他们的心理健康产生负面影响。

（2）解决措施

1）加强数据加密和访问控制,确保数据安全。

2）定期对虚拟仿真实验软件进行安全检查和更新。

3）制定严格的数据隐私保护政策和程序。

4）在设计实验时考虑参与者的心理安全,必要时提供心理支持。

4. 积极参与虚拟实验系统的互动学习过程　虚拟实验系统提供了一个互动的学习环境,实验人员可以通过观察、控制和操作虚拟实验中的参数,获得实验数据和结果。在使用虚拟实验系统时,应积极参与、主动思考,并与教师或其他同学进行交流和讨论,以加深对实验过程和原理的理解,提高学习效果。

三、虚拟仿真实验使用过程注意事项

1. 确定研究目标和假设　在开始仿真实验之前,需要明确研究目标和假设,为仿真实验的设计和结果的解释提供明确方向。

2. 保持技术设备的良好状态和网络的稳定性　在使用虚拟实验系统时,需要保证使用的电脑或设备处于正常工作状态,并保持网络的稳定连接,以免影响实验操作和结果的准确性。

3. 充分利用虚拟实验系统提供的资源　虚拟实验系统通常会提供一系列学习资源,如实验指导书、视频教程等。学生可以通过提前研读,熟悉实验内容和操作步骤,为实验的顺利进行做好准备。

4. 选择适当的仿真软件和模型　根据研究的具体需求,选择适合的仿真软件和模型。不同的仿真软件和模型有不同的特点和限制,需要根据具体情况进行选择。

5. 设置合适的参数和条件　在进行仿真实验时,需要根据研究的要求和实际情况设置合适的参数和条件,包括初始条件、边界条件和外部影响等。

6. 进行多次仿真运行　为了提高仿真实验的可靠性和稳定性,通常需要进行多次仿真运行。通过对多次运行结果的分析和比较,可以得到更可信的结论。

7. 收集和分析仿真数据　在完成仿真运行后,需要收集和分析仿真生成的数据,包括对输出结果的统计和可视化等。通过对数据的分析,得出结论和提出建议。

8. 进行灵敏度分析　为了评估模型对参数和条件的敏感性,可以进行灵敏度分析。通过改变参数和条件的取值,观察输出结果的变化情况,可以了解模型的稳定性和可靠性。

9. 比较实验结果和实际情况　在进行仿真实验时,需要将实验结果与实际情况进行比较。如果有实际数据可用,可以将仿真结果与实际数据进行对比,以评估仿真模型的准确性和适用性。

10. 进行结果验证和可重复性测试　通过重新运行仿真实验或将实验数据提供给其他研究者复现,可以验证结果的准确性和可靠性。

11. 正确对待实验结果　虚拟实验系统准确模拟了实验过程和结果,但结果可能与实际实验存在差异。学生在使用虚拟实验系统进行实验时,应正确对待实验结果,分析结果背后的原因,并和实际实验结果进行对比和讨论,从而更好地理解实验的本质。

12. 进行讨论和反馈　在使用虚拟实验系统的过程中,学生应充分利用教师和同学的资源和经验,定期与他们进行讨论和交流,共同解决实验中遇到的问题和困惑,并接受反馈和指导,提高实验操作的准确性和实验成果的质量。

科技发展赋能教育,虚拟仿真实验系统成为一种有益于学生学习的工具,但在使用过程中,学生需要注意理解实验目的和原理、合理安排时间、注意安全问题、积极互动参与学习；在进行仿真实验时，需要仔细设计和执行，严格控制参数和条件，并对结果进行准确分析和解释，以得出可靠的结论。同时，还应考虑模型的局限性和不确定性，并不断改进和验证模型，以提高仿真实验的可信度和实用性。只有正确使用虚拟仿真实验系统，才能更好地掌握实验技能和理解实验原理，提高学习效果。

第二节　网络数据安全

信息化是社会发展的总体趋势和社会前进的动态过程，标志着社会从有形物质主导到无形信息主导的根本性转变。随着实验数据的数字化和网络化程度不断提升，网络数据安全问题也在日益增多并趋于复杂。

一、网络数据概述

1. 网络数据的定义与特征　网络是指由计算机或者其他信息终端及相关设备组成的按照一定的规则和程序对信息进行收集、存储、传输、交换、处理的系统。网络数据是指通过网络产生、收集、传输、存储和处理的各种电子数据，广泛存在于网络空间中，用以支撑开展各类与信息通信技术相关的活动。网络数据作为信息时代的重要资源，具有以下特征。

（1）客观记录性：在信息技术领域，网络数据是信息系统或网络后台层面处理信息所用的二进制信息单元，是一种以数字化形式呈现信息的载体或媒介，是对信息内容的客观记录，不受主观干扰地反映客观事实。目前，网络数据来源广泛、规模庞大，且具有动态性和实时性。

（2）技术依赖性：随着信息技术的快速发展，网络逐渐渗透到社会的各个领域。网络设备和系统不断地处理数据，网络数据的生成、传输、存储、分析等，均依赖一定程度的技术支持，数据的有效性、可访问性和可用性也受到技术发展水平和应用状况的限制。

（3）工具价值性：网络数据不仅是信息技术领域的研究对象，也是推动社会进步和经济发展的重要资源。通过对网络数据的分析和应用，发掘数据之间的关联，实现数据的互操作和集成，为数据驱动的分析和决策提供支持，优化流程与提高效率，实现数据的最大价值。

2. 医学实验中的网络数据　实验研究是生物医学领域重要的研究方法，医学实验数据作为实验研究的产物，记录了实验的过程和结果，根据实验类型的不同，可以区分出"干实验数据"（dry bench data）和"湿实验数据"（wet bench data）两大类别。

"干实验"是指使用计算机和生物信息学技术进行的实验，如基因组学、蛋白质组学、生物信息学分析等。这包括从大规模数据中提取信息，进行生物信息学建模、统计分析、基因表达分析、通路分析等，而不涉及直接的实验室实际操作。"干实验数据"是指通过计算机模拟和生物信息学方法分析处理得到的数据，此类数据不直接涉及生物样本的操作，而是利用算法和模型对已有的生物数据进行挖掘和分析，尽管其存在较多的网络数据安全风险，但并不是本节关注的重点。

在医学实验中，还有一种重要的数据类型称为"湿实验数据"。"湿实验"通常指的是在实验室中进行液体和生物样本处理的实验，如分子生物学实验、细胞生物学实验等。这包括从生物体中提取DNA、RNA、蛋白质等，进行 PCR、免疫印迹、细胞培养等实验过程。"湿实验"需要在实验室中处理样本，使用化学试剂、生物材料等，并通常需要使用实验室仪器和设备。"湿实验数据"是指在实验室环境中通过生物学实验获得的数据。这些数据是通过运用分子、细胞、生理学等实验方法,对生物样本(如细胞、组织、血液等)进行实验操作所获得的有关生物学特性、生理过程、药物反应等方面的数据。此类数据通常来自实验室中的具体操作,可反映生物体在特定条件下的生理和病理变化。在目前的网络化时代,部分"湿实验"的实验室通过网络收集产生的现实环境中的数据,并采用大量网络技术对部分不易操作的实验项目进行虚拟仿真实验。如通过远程监控设备收集患者的生理指标数据、通过在线调查收集患者的症状和病史信息等。这些数据不仅具有实时性和动态性,还能够跨越地域限制,实现数据资源的共享和整合。因此,这些数据在数据的整个生命周期与网络数据之间存在着密切的互动关系。以下是对这一关系的进一步阐述。

(1)数据获取与传输:实验数据通常通过实验室设备、仪器或技术手段获取,如显微镜、流式细胞仪、PCR仪等,而数据类型则包括但不限于实验结果的电子文档、影像数据、生物信息学数据、远程监测数据等。虽然这些数据直接来自实验现场,但在虚拟仿真实验中,这些数据可能需要通过网络进行传输和共享。例如,研究团队可能需要将这些实验数据上传至实验室信息系统或科研平台,以便团队成员或合作伙伴进行虚拟仿真、远程访问和分析。

(2)数据存储与管理:实验数据通常需要进行有效的存储和管理,以确保数据的安全性和可用性。这可能涉及实验室内部的数据管理系统,也可能需要利用网络技术来进行远程存储和备份。例如,实验室可能将数据存储在云服务器或科研平台上,以便实现跨地域的数据访问和共享。因此,在医学实验中,保证数据的保密性、完整性和可用性是存储管理的重要目标。

(3)数据分析与处理:实验数据的分析和解释通常需要借助计算机软件和数据处理工具,进行进一步的分析和处理,以提取有效信息并支持实验研究的进展。这涉及数据清洗、特征提取、模式识别、统计分析等方法和技术。在这个过程中,网络数据可用作参考资料或支持数据分析的工具。例如,研究人员可能利用网络数据中的生物信息学数据库或文献资料来验证实验结果或进行数据解读。

(4)数据共享与合作:实验数据的共享和合作是推动科学研究和促进学术交流的重要方式之一。在这个过程中,网络技术扮演着关键的角色,如通过科研平台、在线会议、共享数据集等方式进行数据交流和合作,以促进数据的再利用和交流。

综上所述,网络数据主要存在于网络空间,是以电子方式对信息的记录。这些数据具有便利的获取途径,可为研究者提供了丰富的研究资源。随着信息技术的不断发展和完善,网络数据在医学研究中也扮演着越来越重要的角色。"湿实验数据"与网络数据虽然在形式和获取途径上有所不同,但二者间存在着密切的关系和互动。在医学实验场景中,通过综合利用"湿实验数据"和网络数据,医学研究人员能够更加全面地理解生物学特性和疾病机制,从而推动医学科学的进步和创新。

二、网络数据安全概述

1. **网络数据安全的定义**　根据《中华人民共和国网络安全法》的相关规定,网络安全是指通过采取必要措施,防范对网络的攻击、侵入、干扰、破坏和非法使用,以及预防意外事故,使网络处于稳定可靠运行的状态,确保网络数据的完整性、保密性、可用性。因此,实验室操作中的网络数据安全,是指需要采取必要措施和操作规范,使网络数据在生命周期运行的全过程中处于有效保护和合法利用的状态,以及具备保障持续安全状态的能力。

我国坚持网络安全与信息化发展并重,遵循积极利用、科学发展、依法管理、确保安全的方针,推进网络基础设施建设和互联互通,鼓励网络技术创新和应用,并积极开展网络空间治理。通过制定并不断完善网络安全战略,明确保障网络安全的基本要求和主要目标,提出重点领域的网络安全政策、工作任务和措施。随着信息技术的迅速发展,网络环境大大便利了数据的存储和利用,同时也加大了数据被泄露、篡改、损坏的风险,可能对国家、社会及科研人员等相关利益者的合法权益造成影响。网络数据安全在当前的信息化社会中显得尤为关键,特别在医学实验领域,数据的完整性、保密性和可用性直接关系到实验结果的准确性和可信度。

此外,医学实验数据往往还涉及个人的健康医疗信息、遗传信息等敏感个人信息。这些信息一旦泄露或被非法利用,将对个人合法权益造成严重侵犯。因此必须遵循《中华人民共和国个人信息保护法》《中华人民共和国生物安全法》《中华人民共和国人类遗传资源管理条例》的规定。此外,医学实验数据还可能包含涉及国家安全和公共卫生的重要数据,其安全性直接关系到国家安全和社会稳定,需要遵循《中华人民共和国数据安全法》的规定。因此,医学实验室应当采取一系列合理和适当的管理与技术保障措施,确保使用网络数据过程的合法性和合规性。在严格遵守相关法律法规和伦理规范的基础上,保护个人信息安全、社会公共利益和国家安全。只有在确保相关网络数据在符合安全要求的前提下,才能更好满足开展医学实验的需求,为医学实验提供安全、可靠的数据支持,推动生物医学研究的进步和发展。

2. 网络数据安全的影响因素

(1)网络安全事件频发:计算机网络作为开放式系统,技术水平的不断提高及网络架构的日益复杂,网络安全事件发生的可能性也在不断增大。第一,各类软硬件设施的漏洞,可能导致数据获取失败、数据传输中断、数据完整性被破坏等事件频出,导致后续的数据分析结果失去准确性。第二,网络技术滥用引发的网络安全事件,违法操作行为超出了数据开发和利用的正常阈值,引发数据安全与隐私风险。第三,计算机病毒、勒索软件、网络攻击等故意破坏网络安全的事件,可能导致网络数据被窃取或泄漏,保密数据遭到泄密,产生数据安全风险。

(2)保护制度和管理措施不足:在网络数据的传输、处理等过程中,面临多种安全威胁,如果存在保护力度较小、保护方式不当或缺少相应保护措施等问题,数据可能面临被第三方恶意截获、剽窃的风险,导致数据泄露,从而造成巨大损失,或遭到伪造、篡改,降低数据的准确性使得数据本身失去价值和意义。

(3)安全意识缺失:网络数据的控制者、管理者、使用者等相关利益主体对网络数据的安全认知不足,缺乏安全保障意识,对于网络空间的安全风险隐患没有清晰的认知,过分信任他人或是过分依赖网络信息技术,认为设备环境安全系数高,忽视对数据采取存储备份等安全措施,以及实施长期安全保障策略,逃避安全管理责任。

3. 网络数据安全保护要求　为了保护网络数据安全,确保网络数据的合法、安全、可靠存储、传输和处理,有效防范网络数据泄露、滥用和篡改,维护国家安全、社会稳定和公民权益,我国已构建起涵盖法律法规、政策和标准的多层次、全方位的制度体系。此体系要求建设、运营、维护和使用网络的相关机构应提高网络安全意识和水平,依照法律、行政法规的规定和国家标准的强制性要求,遵循网络安全标准体系,以保障网络安全、稳定运行,有效应对网络安全事件,防范网络违法犯罪活动。应坚持积极防御、综合防护,对网络数据可能遇到的各种安全威胁和风险进行认真分析,采取行之有效的安全策略,并通过技术和管理手段加以实现,确保整个网络信息系统安全、稳定、可靠地运行。这不仅能够保障网络数据信息的完整性、可用性、保密性和可信性,形成一套完整的网络数据安全保障体系,提高网络安全保护能力,维护网络空间安全和秩序。网络数据安全具体保护要求如下。

(1)网络信息系统安全:网络信息系统安全的保障需要通过等级保护制度、监测预警制度和安全责任制度来实现,具体如下。

1）等级保护制度：等级保护制度是我国网络安全领域最基础的制度，它是为保障网络安全而建立的一套分级管理和保护措施。该制度旨在建立一个全面的网络安全管理体系，保护国家关键信息基础设施、重要数据和信息系统的安全，防范网络安全威胁和风险，维护国家安全和社会稳定。该制度将我国全部的网络信息系统划分为五个等级，不同等级对应不同的网络安全要求和保护措施，网络安全等级越高，要求的安全标准和措施越严格。因此，网络安全等级保护制度要求对相关信息系统进行评估、分级和维护，全面梳理各类网络，并根据网络的功能、服务范围、服务对象和处理数据等情况，依据相关标准科学确定网络的安全保护等级，识别可能存在的安全威胁和风险，履行安全保护义务，保障网络免受干扰、破坏或者未经授权的访问，防止网络数据泄露或者被窃取、篡改。全面梳理分析网络安全保护需求，加强对于安全通信网络、安全区域边界、安全计算环境的防护，制定符合网络安全保护等级要求的整体规划和建设方案。采取防范计算机病毒和网络攻击、网络侵入等危害网络安全行为的技术措施，以及监测、记录网络运行状态、网络安全事件的技术措施，制定相应的风险控制策略，有针对性地开展整改，确保问题得到有效解决，及时消除风险隐患，补强管理和技术短板，提升安全防护能力。

具体来说，网络安全等级保护制度包括以下几方面内容：①网络安全等级划分：根据国家和行业的实际情况，将网络系统、信息系统和关键信息基础设施划分为不同的安全等级，划分的依据可以包括系统的重要性、敏感程度、功能特点以及可能面临的安全威胁等因素。②安全保护要求：针对不同等级的网络系统和信息系统，制定相应的安全保护要求和措施。这些要求和措施涉及网络设备的配置、安全设置、访问控制、数据加密、应急响应等方面，以确保系统的安全性和可靠性。③安全评估和认证：对网络系统和信息系统进行安全评估和认证，以验证其是否符合相应的安全等级要求，包括对系统架构、安全策略、技术措施、应急预案等方面进行全面的审查和检测。④安全监测和响应：建立网络安全监测和响应机制，及时发现和应对网络安全事件和威胁。这包括对网络流量、系统日志、异常行为等进行实时监测，以及制定相应的应急预案和处置措施。⑤安全培训和管理：加强网络安全人才培训和管理，提高相关人员的安全意识和技能水平。这包括对系统管理员、安全运维人员、用户等进行安全培训，加强安全管理和监督。

2）监测预警制度：设立安全监控中心，对整个网络进行安全监控，开展网络安全认证、检测、风险评估等活动，收集、汇总、分析系统漏洞、计算机病毒、网络攻击、网络侵入等网络安全信息，组织开展网络安全及数据安全风险信息的获取、分析、研判、预警工作，及时发现并处置安全事件。建立健全网络安全风险评估和应急工作机制，制定网络安全事件应急预案，并定期组织演练，在发生危害网络安全的事件时，立即启动应急预案，并按照规定向有关主管部门报告，按照事件发生后的危害程度、影响范围等因素对网络安全事件进行分级，并采取相应的应急处置与补救措施，消除安全隐患，防止危害扩大。

3）安全责任制度：坚持"谁主管谁负责、谁运营谁负责、谁使用谁负责"的原则，落实网络安全责任制，明确各方责任。制定内部安全管理制度和操作规程，建立、健全有关技术安全管理和技术安全应用的各项规则、标准，并以此作为监管、自律审核、测试的依据，建立有效的自查、现场检查、非现场检查机制，形成网络安全管理制度体系。进行安全风险评估，提出风险控制策略，建立安全模型、系统安全结构，制定有关系统运行环境、组织机构、软件、硬件、网络、数据、设计、开发、维护、操作和应急等各项规章制度。确定组织机构建设，明确负责网络安全管理工作的职能部门，明确承担安全主管、安全管理员等职责的岗位，落实网络安全保护责任。开展网络安全相关教育与培训，采取多种方式培养网络安全人才，建立健全人才发现、培养、选拔和使用机制，为做好网络安全工作提供人才保障。

（2）网络数据安全：网络数据安全需要了解以下几个方面的内容。

1）网络数据分级分类：按照数据分类管理、分级保护的思路，遵循合法合规、可执行、时效性、自主性、差异性、客观性等原则，对网络数据进行分级分类。在分类方面，按照不同类型网络数据涉及的数据安全相关法律法规、指南标准、政策或行业要求等规定进行分类，识别某一数据所对应的全部类别，明确标识，并根据每一类别的数据实施不同的管理要求。如涉及个人，应依据《中华人民共和国个人信息保护法》的规定，划分识别出个人信息、敏感个人信息及匿名化数据；如涉及人类遗传资源信息，则应依据《中华人民共和国人类遗传资源管理条例》进行分类，可以划分为人类遗传资源信息和非人类遗传资源信息。在分级方面，明确分级对象颗粒度，依据数据对应类别，分析其是否符合各类数据相关法律法规、指南、标准、政策要求，考虑数据重要程度和安全风险级别及可能造成的损害和影响程度。依据《中华人民共和国数据安全法》，划分出核心数据、重要数据和一般数据，针对不同级别的数据实施不同安全保护措施，重点在于授权管理、身份鉴别、访问控制管理，对网络数据采取备份、加密、访问控制等必要措施，保障数据免遭泄露、窃取、篡改、毁损、丢失、非法使用，保护数据安全。对已有具体政策或法律法规明确规定的数据（如人类遗传资源信息），则应根据相关法律法规对有明确规定的特定数据分级，并依据相关规定进行重点保护。同时，需要考虑所有网络数据的数量、形式等可能对数据分级产生的影响。

此外，数据的类别级别可能因时间变化、政策变化、安全事件发生、不同场景下的敏感性变化或相关行业规则不同而发生改变，因此，需要对数据分类分级进行定期审核并及时调整，采用定性或定量方法进行判定，定性判定需要明确判断依据、原则、标准等内容，定量判定应明确判定依据、标准、方法等。相应的类别级别变更后，原有的安全管理方式不再适用。

2）个人信息保护：根据《中华人民共和国个人信息保护法》，个人信息是以电子或者其他方式记录的与已识别或者可识别的自然人有关的各种信息，不包括匿名化处理后的信息。其中，敏感个人信息是一旦泄露或者非法使用，容易导致自然人的人格尊严受到侵害或者人身、财产安全受到危害的个人信息，包括生物识别、宗教信仰、特定身份、医疗健康、金融账户、行踪轨迹等信息，以及不满十四周岁未成年人的个人信息。个人信息处理者只有在具有特定目的和充分必要的情况下，并采取严格的保护措施，才能处理敏感个人信息。

在收集与使用个人信息时，应当遵循合法、正当、必要的原则，公开收集与使用规则，明示收集与使用信息的目的、方式和范围，并经被收集者同意。同时，采取技术措施和其他必要措施，确保其收集的个人信息安全，防止信息泄露、毁损、丢失，不得窃取或者以其他非法方式获取个人信息，不得非法出售或者非法向他人提供个人信息。

个人信息处理者应当根据个人信息的处理目的、处理方式、个人信息的种类及对个人权益的影响、可能存在的安全风险等。可采取下列措施确保个人信息处理活动符合法律、行政法规的规定，并防止未经授权的访问以及个人信息泄露、篡改、丢失：制定内部管理制度和操作规程；对个人信息实行分类管理；采取相应的加密、去标识化等安全技术措施；合理确定个人信息处理的操作权限，并定期对从业人员进行安全教育和培训；制定并组织实施个人信息安全事件应急预案等。

此外，基因及其表达数据，特别是涉及个体基因异常信息的基因或基因组数据，对于疾病机制、疾病诊疗和预测等具有重要价值。同时，这也是个体和人类的遗传重要信息，应当遵循《中华人民共和国人类遗传资源管理条例》等在保障个体权益、履行审批流程等方面的特殊规定。

3）重要数据保护：根据《中华人民共和国数据安全法》的规定，重要数据是指一旦遭到篡改、破坏、泄露或者非法获取、非法利用，可能危害国家安全、公共利益的数据，国家数据安全工作协调机制统筹协调有关部门制定重要数据目录，加强对重要数据的保护。重要数据的处理者应当设立数据安全负责人和管理机构,落实数据安全保护责任。数据安全负责人应当具备数据安全专业知识和相关管理工作经历,由数据处理者决策层成员担任,其有权直接向网信部门和主管、监管部门反映数据安全情况。数据安全管理机构在数据安全负责人的领导下,履行的职责包括:研究提出数据安全相关重大决策建议;制订实施数据安全保护计划和数据安全事件应急预案;开展数据安全风险监测,及时处置数据安全风险和事件;定期组织开展数据安全宣传教育培训、风险评估、应急演练等活动;受理、处置数据安全投诉、举报;按照要求及时向网信部门和主管、监管部门报告数据安全情况。

第三节　实验数据管理及使用安全

实验数据安全不仅关乎科学研究的可信度,还可能涉及国家安全、社会公共利益和公民合法权益。因此,实验数据管理和使用安全也成了备受关注的焦点问题。

一、实验数据概述

1. **实验数据的性质**　当前,生物医学领域的研究朝着数据密集、数据驱动、全球合作化的方向发展。医学、生物信息学等综合交叉学科的发展迅速,特别是自"十四五"规划以来,科技部发布了"生物与信息融合""科技创新2030—'新一代人工智能'"等重点专项,旨在进一步加强新一代信息技术和生物医学大数据深度融合,医疗卫生信息化建设成为我国信息化发展战略的重点,为健康中国战略迈向纵深提供坚实的数据基础。医学实验数据来源于医学科学研究活动,属于"科学数据"的范畴。根据《科学数据管理办法》的相关规定,科学数据主要包括在自然科学、工程技术科学等领域,通过基础研究、应用研究、试验开发等产生的数据,以及通过观测监测、考察调查、检验检测等方式取得并用于科学研究活动的原始数据及其衍生数据。因此,实验研究是获取科学数据的重要途径,实验数据是推动科学研究进步的基础资源。然而科学数据并不包括实验原始记录和思考交流过程,如实验室笔记本、初步分析和论文草稿,也不包括实物实验材料,如实验室样品、细菌菌株、实验动物等。

生物医学领域的研究在大数据时代正迎来新的发展机遇,相应地,对于实验数据的管理也应当遵循国家对于科学数据的相关规定。作为大数据时代科技信息资源的重要组成部分,科学数据是国家科技创新发展和经济社会发展的重要基础,具有明显的潜在价值和可开发利用价值,贯穿于科技创新活动的全过程并在广泛应用过程中增值,是信息时代传播速度最快、影响面最广、开发利用潜力最大的科技资源。随着我国科技投入不断增加,科技创新能力不断提升,科学数据呈现出"井喷式"增长,而且质量大幅提高。海量科学数据对包括生物医学在内的多个学科领域的科研活动更是带来了冲击性影响,科学研究方法发生了重要变革,科技创新越来越依赖于大量、系统、高可信度的科学数据。

2. **实验数据的类型**　实验数据作为医学科学数据,内容丰富、来源广泛、结构复杂,是医学研究的结果,也是重要的医学科技资源。根据不同的标准,可以对实验数据进行不同角度的分类。

（1）数据来源:医学实验数据的初次收集目的即为研究,是指在生命科学和生物医学科学问题的相关研究实施过程中产生的数据。这具体包括生命科学、生物医学、基础医学（涉及基因组等组学）、公共卫生防控、涉及人体的临床研究（个体信息、疾病和研究结果）等。数据的来源决定了数据管理的具体要求,如将涉及人的健康研究数据用于研究,为保护个人参与者的权益,应进行伦理审查,而基础医学研究来源的数据,除了直接涉及人的生物样本,通常不需要伦理审查。此外,不同来源的数据也随着技术融合、跨学科合作的研究模式而不断融合发展,从原有相对割裂的基础研究、临床研究,逐渐发展为转化研究、精准医学和系统研究。

（2）数据状态:根据数据是否已经完成收集的状态,实验数据可以分为现有数据和前瞻性数据。这两者在研究应用计划及其方案、管理策略等方面均有所不同。现有数据是指已经收集完毕并可供分析的数据,常被用于回顾性分析、模式识别及理论验证等方面,提供了丰富的历史信息和实证基础,以确保研究结果的准确性和可靠性。而前瞻性数据是指尚未收集但计划在未来进行收集的数据,通常基于特定的研究目的和设计,通过前瞻性的实验获取,能够弥补现有数据的不足,对于探索新的治疗方法、预防策略及疾病发生机制等方面具有重要意义。

（3）数据结构化程度:医学实验数据记录格式繁多,如文字、数字、图像、视频等,数据的储存方式和提供方式也不同。根据数据的结构化程度,可以分为结构化数据、半结构化数据和非结构化数据三类。结构化数据一般是指可以使用关系型数据库表示和存储,可以用二维表来逻辑表达实现的数据,因其存储和排列的规律性强,可以存储于数据库或数据管理系统,便于后续整合、分析与挖掘。半结构化数据可以视为结构化数据的一种形式,包含相关标记用于分隔语义元素及对记录和字段进行分层,但不符合关系型数据库或其他数据表的形式关联起来的数据模型结构,数据的结构和内容往往混在一起,缺乏明显的区分。非结构化数据是没有固定结构的数据,包括研究初始产生的所有格式的文档、文本文件、图片图像和音频或视频信息等,一般采取直接整体进行存储。

（4）数据归属:根据数据的归属及支配、控制的主体不同,可以将实验数据分为公共数据和私有数据。公共数据是指公开发布、公众可以随时调取或使用的数据,广义的公共数据包括政府部门掌握,用于决策和管理的数据。私有数据,是指因数据产生、收集和处理的贡献,数据掌握在或归属于个人、机构或团体,通常不对公众开放的数据。私有数据通常限制使用范围,在一定情况下可以转化为公共数据。例如,在完成个人和机构的权利行使及其收益,如发表文章使用者补偿费用等,经过个人、机构的授权发布或发表,私有数据即可成为公共数据。

（5）风险和价值:从数据价值、数据安全管理角度进行综合分类,有助于确定保护数据的基线安全控制措施和管理要求,也与数据分级分类的安全保护要求相匹配。限制数据也称为保密数据或受控数据,如果未经授权披露、更改或销毁数据可能会给个人或数据所在机构造成重大损害或损失风险,应提供高级别的安全管理,限制数据需要经过授权,未经授权披露承担法律责任。有些须根据国家法律法规规定的程序进行审批,未经审批和/或备案禁止共享或发布。如满足一定数量的涉及人类遗传资源信息的数据,须完成安全审查之后才能对外提供。公开数据如果未经授权披露、更改或销毁数据,且对数据主体个人或其所在机构造成的风险很小或没有风险,通常不需要保密措施或者只需要低级别的保密措施。管理的重点是防止未经授权的修改或销毁处理,禁止恶意修改或销毁。私有数据如果未经授权披露、更改或销毁数据,可能会给数据主体或数据持有者带来中等程度的风险。通常情况下,未明确归类为限制数据或公开数据的机构数据应视为私有数据。对私有数据应采用合理的安全控制水平。

二、实验数据管理措施

加强和规范实验数据管理,提升数据质量与保障数据安全,对进一步提升我国科学数据工作水平,促进科技创新、经济社会发展和国家安全支撑保障能力具有重要意义。根据《科学数据管理办法》的相关规定,科学数据管理工作实行国家统筹、各部门与各地区分工负责的体制。科学数据的行政主管机构是科技部,负责全国科学数据的宏观管理与综合协调,主要职责包括组织研究制定数据管理政策和标准规范,协调推动数据规范管理、开放共享及评价考核工作,推动国家科学数据中心建设与发展,建设与维护国家科学数据网络管理平台及数据。开展数据处理活动及研究开发数据新技术,应当有利于促进经济社会发展,增进民生福祉,符合社会公德和伦理,遵循安全可控、充分利用的原则,加强统筹领导和规划设计,坚持保障数据安全与发展并重,通过有效的管理手段保障数据安全和数据应用的有效平衡。

具体而言,应当依照法律法规的规定,结合医学实验开展的实际情况,建立健全数据安全管理规章制度、操作规程及技术规范。根据数据自身在生命周期各阶段的状态、特征、规律,加强数据收集、存储、传输、共享、使用等流程的安全管理工作,制定、实施、定期更新数据管理办法、流程及管理和培训规划等。在数据分类分级的基础上,进一步明确不同安全级别数据的安全保护要求,完善数据管控、属性管理、身份识别、行为追溯、黑名单等管理措施,健全防篡改、防泄露、防攻击、防病毒等安全防护体系。

1. **数据收集**　加强数据收集合法性管理,采取数据加密、链路加密等防控措施,防止数据收集过程中数据被泄露。从源头处做好对数据质量的把控,明确数据收集格式,确立好统一的元数据描述规范,实现多源异构的数据组织与描述,形成规范化的数据集,开展数据质量评估、审查,建立科学数据质量控制体系,保证数据的准确性和可用性。

对于采集涉及人类遗传资源信息(利用含有人体基因组、基因等遗传物质的器官、组织、细胞等遗传材料产生的信息资料)等重要数据,应采取更加严格的管理措施。根据规定和科技部相关部门的流程进行审批或备案,并且事先告知人类遗传资源提供者采集目的、采集用途、对健康可能产生的影响、个人隐私保护措施及其享有的自愿参与和随时无条件退出的权利,征得人类遗传资源提供者书面同意。对于涉及人的生命科学和医学研究(以人为研究参与者获取生物样本与信息数据的研究),应当切实保护研究参与者的隐私权,如实将研究参与者个人信息的收集、储存、使用及保密措施情况告知研究参与者并征得同意。申请初始伦理审查时,应当向伦理审查委员会提交信息数据的来源证明。

2. **数据存储**　按照有关法规标准,根据数据规模、访问频率和安全需求,配备适当的数据存储设施,包括硬件设备和软件系统,选择合适的数据存储架构和介质,定期对存储设备进行安全检查和维护,确保设备的正常运行和数据的安全存储。涉及云上存储数据时,应当评估可能带来的安全风险,与云服务商签订严格的数据安全协议,明确双方的责任和义务,对存储在云上的数据进行加密和访问控制,防止数据被非法访问和泄露。根据数据使用规则确定数据的存储周期,数据存储周期不应超出数据使用规则确定的保存期限,应定期清理过期数据。加强存储过程中访问控制安全、数据副本安全、数据归档安全管控。实施访问控制机制,按照系统的用户身份及其归属的用户组的身份来允许、限制或禁止其对系统的登录或使用,对系统中的信息资源项进行访问、输入、修改、浏览等操作的权限管理。建立可靠的数据容灾备份机制,定期进行备份和恢复检测,验证备份数据的完整性和可用性,建立介质存取、验证和转储管理制度,确保数据能够及时、完整、准确恢复,对过期但仍有保存价值的数据进行归档处理,实现长期保存和历史数据的归档管理。

3. **数据传输**　在数据传输前,加强传输过程中的接口安全控制,进行全面的安全评估,确保在通过接口传输时的安全性。同时,使用加密技术、身份验证技术和数据完整性校验技术,确保传输双方的身份真实可信,保证数据以安全的方式传输给指定的对象,防止数据被窃取或篡改。及时进行数据核查与校验,比对原始数据与导入数据的一致性,确保原始数据被正确、完整地导入到接收方。对于核查过程中发现的缺失数据,应根据业务需求进行补全或标记处理,通过数据去重算法或工具,查找并删除重复导入的数据,避免数据冗余,对于具有唯一性要求的特定值进行逐一核对,确保数据的唯一性。定期对数据传输过程进行安全审计,检查接口安全控制、加密技术应用等方面的执行情况。利用日志分析、流量监控等手段,对数据传输过程进行实时监控,及时发现并处理潜在的安全风险。

4. 数据共享　明确数据的密级和保密期限、开放条件、开放对象和审核程序等,按要求公布数据开放目录,清晰列出可共享的数据资源及其相关信息。优化数据共享流程,通过在线下载、离线共享或定制服务等方式向社会开放共享,提供多种多样的检索方式及检索途径,制定统一的引用标准规范。必要时,搭建数据共享平台,整合各类数据资源,对不同级别的数据进行评估,确定不同的共享规范和访问控制权限,对共享和发布的数据建立可溯源体系,实现数据的分析审计和跟踪溯源,确保数据的合规性和安全性。对于政府决策、公共安全、国防建设、环境保护、防灾减灾、公益性科学研究等需要使用相关数据的,应当无偿提供;确需收费的,应按照规定程序和非营利原则制定合理的收费标准,向社会公布并接受监督。涉及国家秘密、国家安全、社会公共利益、商业秘密和个人隐私的数据,不得对外开放共享;确需对外开放的,要对利用目的、用户资质、保密条件等进行审查,并严格控制知悉范围。

三、实验数据使用安全规范

实验数据的最终价值在于使用。通过对相关数据的整合、分析、挖掘、对比、总结等过程,得出研究结果,为推动数据驱动的科学研究进展提供重要支撑。在使用实验数据开展研究时,为保障数据安全,应当重点关注数据使用方面的安全规范,严格遵守数据使用规定,通过组织开展数据安全教育培训,确保相关从业人员掌握安全管理所要求的知识和技能,保障数据活动流程合规,加快数据资源的整合与应用,促进数据密集型医学研究的可持续发展。

1. 数据使用权限分配　根据岗位职责和工作需要,为数据使用人员分配适当的权限,并定期对权限设置进行审查和更新,以适应业务发展和人员变动的情况。

2. 数据使用申请及审批　加强数据使用过程中的申请及批准流程管理,要求数据使用者在使用数据前提交申请,明确数据的用途、范围、使用时间等信息,确保申请符合相关规定和授权要求。建立严格的权限审批流程,设立专门的审批机构或负责人,对申请进行认真审查,确保申请符合相关规定和授权要求。对于涉及敏感数据或重要数据的申请,应实行更严格的审批程序,如多级审批、专家评审等。

3. 数据使用监控与记录　建立完善的数据使用监控系统,对数据的使用进行实时监控和记录,确保数据在可控范围内使用,及时发现和处置数据越权使用、滥用或未经授权的访问等违规行为。建立数据使用黑名单制度,对违规使用数据的部门或个人进行记录和处理,防止类似事件再次发生。同时,建立完善的日志留存机制,加强日志留存及管理工作,记录数据使用过程中的所有操作和行为,包括访问时间、访问人员、访问内容等,加强日志的保密性和安全性管理,杜绝篡改、删除日志的现象发生。

4. 明确数据使用责任　各数据使用部门和数据使用人应严格遵守数据使用规定,按照申请所述用途与范围使用数据。建立违规使用数据的举报和处罚机制,鼓励内部积极监督和报告违规行为。

习 题

一、不定项选择题

1. 网络数据安全包括（　　　）
   A. 完整性　　　　　B. 保密性　　　　　C. 可用性　　　　　D. 不可抵赖性　　　　　E. 可控性

2. 以下信息中,敏感个人信息有（　　　）
   A. 健康医疗信息
   B. 遗传信息
   C. 生物识别信息
   D. 未满十四周岁未成年人的个人信息
   E. 匿名化信息

3. 虚拟仿真实验中,数据安全的保护措施包括（　　　）
   A. 制定严格的数据隐私保护政策和程序
   B. 使用强密码
   C. 限制数据访问权限
   D. 定期更新和修补安全漏洞
   E. 所有以上选项

4. 在虚拟仿真实验中,学生应该避免的是（　　　）
   A. 使用未经授权的软件
   B. 修改系统文件
   C. 未经允许修改实验设置
   D. 将账号和他人共享
   E. 所有以上选项

5. 虚拟仿真实验特别需要注意的安全问题是（　　　）
   A. 确保实验设备没有故障
   B. 防止网络安全攻击
   C. 保持实验环境的清洁
   D. 用电安全
   E. 消防安全

6. 实验数据的全生命周期的管理措施包括（　　　）
   A. 数据收集　　　　B. 数据存储　　　　C. 数据传输　　　　D. 数据共享　　　　E. 数据销毁

7. 实验数据的安全使用规范包括（　　　）
   A. 数据使用权限分配
   B. 数据使用申请及审批
   C. 数据使用监控与记录
   D. 明确数据使用责任
   E. 所有以上选项

二、判断题

1. 在进行虚拟仿真实验时,不需要担心电气安全,因为所有的操作都是虚拟的。(   )

2. 虚拟仿真实验平台应该有适当的用户权限管理,以防止未授权访问。(   )

3. 科学数据主要包括在自然科学、工程技术科学等领域,通过基础研究、应用研究、试验开发等产生的数据,以及通过观测监测、考察调查、检验检测等方式取得并用于科学研究活动的原始数据及其衍生数据。(   )

答案

一、不定项选择题

1.ABC   2.ABCD   3.E   4.E   5.B   6.ABCDE   7.E

二、判断题

1. ×   2. √   3. √

（郎　曼　马　艳　王　玥）

参考文献

[1] 任尉香. 新时代大学生创新能力培养对策探究 [J]. 产业与科技论坛, 2022, 21（6）: 223-224.

[2] 汤银娟, 朱柏霈, 周意淳, 等. 基于学生团队的基础医学阶段本科生实践能力培养模式构建与实践 [J]. 湘南学院学报（医学版）, 2023, 25（1）: 66-68.

[3] 和彦苓. 实验室安全与管理 [M]. 2 版. 北京: 人民卫生出版社, 2022.

[4] 王利. 高校实验室消防安全风险因素及管理建议 [J]. 化工安全与环境, 2023, 36（10）: 15-16.

[5] 何锋, 蒋波, 王荷兰. 高校重点实验室消防安全与火灾处置探析 [J]. 今日消防, 2023, 8（5）: 37-39.

[6] 玄大悦, 王春雷, 刘贵彤, 等. 英国兰卡斯特大学实验室安全管理体系及借鉴 [J]. 实验技术与管理, 2022, 39（1）: 245-248.

[7] 林鹏, 向云飞, 安瑞楠. 水电智能化安全管理对加强高校实验室安全建设的启示 [J]. 实验技术与管理, 2021, 38（6）: 7-12.

[8] 卢庆新. 大型仪器设备的安全使用和维护保养 [J]. 化学工程与装备, 2020（11）: 200-201.

[9] 刘艳凤, 侯巨梅, 陈秀莲. 高校实验室危险化学品全流程管理的探索与实践 [J]. 实验室科学, 2024, 27（2）: 187-192.

[10] 李悦天, 刘雪蕾, 赵小娟, 等. 基于危险性类别分析的实验室危险化学品风险管控研究 [J]. 实验室研究与探索, 2024, 43（3）: 260-264.

[11] 徐善东. 医学与医学生物学实验室安全 [M]. 3 版. 北京: 北京大学医学出版社, 2019.

[12] 刘长宏, 宋典达, 赵文霞, 等. 高校实验室特种设备: 气瓶安全管理实践研究 [J]. 中国现代教育装备, 2023（1）: 41-43.

[13] 严冬琳, 江宏兵, 潘永初, 等. 医学实验室液氮操作的风险分析、控制和应急处置 [J]. 科教导刊, 2021, 31（11）: 147-149.

[14] 叶冬青. 实验室生物安全 [M]. 3 版. 北京: 人民卫生出版社, 2021.

[15] 张俊. 病原微生物实验活动中的生物安全风险评估 [J]. 医药卫生, 2021（2）: 35.

[16] 杜天海, 杨庆先. 病理实验室生物安全现状分析及防护策略探讨 [J]. 中国病原生物学杂志, 2022, 17（5）: 620-622.

[17] 张焕敏, 计胜峰, 孙思思. 人体解剖学实验室安全管理体系构建 [J]. 新课程研究, 2021, 574（6）: 92-93.

[18] 李立家, 肖庚富, 杨飞, 等. 基因工程 [M]. 2 版. 北京: 科学出版社, 2018.

[19] 刘志国. 基因工程原理与技术 [M]. 4 版. 北京: 化学工业出版社, 2022.

[20] 刘恩岐, 师长宏, 谭冬梅. 医学实验动物学 [M]. 2 版. 北京: 科学出版社, 2024.

[21] 瞿涤, 鲍琳琳, 秦川. 动物生物安全实验室操作指南 [M]. 北京: 科学出版社, 2020.

[22] 郭筠,黄开胜,吕志刚,等. 高校核技术及应用学科科研项目的辐射安全管理［J］. 实验技术与管理,2023,40（2）:1-6.

[23] 张二春,江乃丽,张珍,等. 核医学诊疗中辐射防护安全风险的根本原因分析及对策研究［J］. 中国医学装备,2023,20（11）:128-133.

[24] 周晓英,刘革平,蔡颖. 虚拟仿真实验的设计与教学应用［M］. 北京:高等教育出版社,2021.

[25] 尉小荣,徐建,李洋洋. 高校国家级示范性虚拟仿真实验教学课程建设与应用现状分析［J］. 实验科学与技术,2022,20（3）:1-6.

[26] 关健. 医学科学数据共享应用治理管理［M］. 北京:科学技术文献出版社,2023.

[27] 谭宏儒. 院前急救心肺复苏研究进展［J］. 中外医学研究,2023,21（31）:181-184.

附　录

附录具体内容见二维码。